中国历代易学家与哲学家

白卓然 张漫凌 编撰

黑龙江人民出版社

序　言

什么是哲学？概括地说,哲学是理论化、系统化的世界观,是自然科学、社会科学和思维科学的抽象和总结。哲学所探讨和深入的领域:一是客观世界;二是人的主观世界;三是如何使人的主观意识与客观世界高度融洽。"哲学"一词,最早起源于古希腊,其内在含义为"爱智慧"。自古以来,《易经》一直被视为中国哲学的源头,所以说,《易经》与哲学有着密不可分的关系。

（一）

中国是一个经历了数千年历史的古老国家。在悠久的历史发展长河中,产生了无数历史文化瑰宝。《易经》就是诸多瑰宝中一颗最为璀璨的明珠,被誉为"群经之首,大道之源"。《易经》是一部以占筮为主的古老哲学著作,它具有卜筮、哲学、科学、历史等多种属性。它的发展经历了漫长的历史时期,最早产生于人类文化雏形出现的远古时代。那时,人类生产力水平极其低下,为了人与人在生产和生活之间的相互交流,人们创造了最简单的笔画或文字符号,用来记录和表述自然界阴阳、变化和物态间的相互转移,以及在事物变化中人们想要达到的某种愿望。这便是《易经》产生的最重要的基础。最初的《易经》,虽然带有浓厚的宗教和迷信色彩,但它却与理性的哲学共存一体,处处体现了思辨的特色。八卦、六十四卦的最初创立,原是供占卜用的,但卦中却包含了丰富的哲学思想。不过在当时,人们还不能清楚地认识它。直到春秋末年,孔子及其弟子们为阐释《易经》而创作了《易传》,《易经》的哲学思想才被充分揭示出来。

在原始社会,人们认识自然的能力低下,总是认为世间存在着一种超自然的力量,把天想象为有意志的主宰之神。根据文献记载,到了唐尧时代,人们开始使用阴阳历。颛顼时期责令南正掌管天上的事情,责令火正掌管地上的事情,初步有了把人与神、天与地的界限划清的想法,这是认识上的一大进步。唐尧时代阴阳历的产生,使人们的注意力从神主宰天向自然主宰天转化,人们开始关注到太阳和月亮的行踪,初步形成"自然之天"的概念。

《易传》产生后,《易经》有了明显的哲学色彩。它以伟大的启示力和无穷的诱惑力开启了历代哲人的头脑,它将哲学引向了一个光辉的方向。对以阴(--)、阳(—)两个符号来表现宇宙万物及其发展变化,对由阴、阳既对立又统一的两部分组成《易经》中的卦画系统来揭示不断发展变化的宇宙时间和空间,表达物与物的相互关系有了新的理解和认识,对阴、阳的概念有了明确的哲学解释,将哲学辩证思维的内涵进一步注入其中。

《易经》八卦最初是由人类始祖伏羲所创设的,到了商周之际,由周文王、周公推演为六十四卦,并创建了卦辞和爻辞。后经孔子及其弟子们进一步完善,才形成后来千古传承的《易经》和《易传》。《易经》八卦所代表的世间万物,大体可分为四个系统。一是代表时空:即震为东方,为木;兑为西方,为金;离为南方,为火;坎为北方,为水;巽为东南方,为木;坤为西南方,为土;乾为西北方,为金;艮为东北方,为土。二是代表自然物:如天、地、雷、风、水、火、山、泽;马、牛、龙、鸡、豕、雉、狗、羊等。三是代表人类家庭的构成部分:如父、母、长男、长女、中男、中女、少男、少女等。四是代表生命体:如头、腹、足、股、耳、手、口、目等。六十四卦所代表的系统、方面和事物,在八卦的基础上进一步扩大。它的六十四种数字模型,含有三百八十四爻、四千零九十六种变化,模拟着世界上的各种事物及其推移发展,确实达到了"范围天地之化而不过,曲成万物而不遗"的程度。八卦和六十四卦所代表事物的共同基础就是"阴"和"阳"两个符号,这也是构成万事万物的本质。阴、阳两个符号的产生以及对其哲学内涵的发掘,使我们可以从差异和统一两个不同角度去认识世界并进行科学归纳。从而得到对世界的正确认识并使这种认识趋向于一致。

(二)

《汉书·艺文志》记载曰:"易道深矣,人更三圣,世历三古。"就是说,《易经》经历了远古、中古和近古的伏羲、周文王和孔子之手,才成为目前这部博大精深,涉及哲学、政治、经济、宗教、军事、医学、天文、算术、文学、音律、艺术、武术等诸多学科,且其哲学内涵愈发丰富,影响遍及世界的一部奇书。

《易经》经过"三圣"之手后,又经历了各朝各代的研究和探索,诸多易学家和哲学家在《易经》原有的基础上,从不同角度对其进行了深入的诠释和阐发,使其愈来愈受到更多人的关注,逐渐成为一门专门学问,产生了诸多学派,被称之为"易学"。中国古代易学和哲学的发展,大体经历了这样几个阶段:(1)先秦时期。这一时期的思想学说呈现出放射性和多样化的特点,通过百家争鸣,各抒己见,产生了许多不同的学术观点和哲学流派,分别有儒家、道家、墨家、名家、阴阳家等。主要代表人物为老子、孔子、墨子、惠施、邹衍、荀子等先贤。后来儒、道两家脱颖而出,占据了主导地位。正是在这一时期,孔子及其弟子们所编撰的《易传》赋予易学以充分的哲学内涵,使哲学逐渐成为易学的主体,为后来的易学发展奠定了坚实的基础。(2)两汉时期。这是易学和哲学发展的第一个高潮期。在这一时期,以董仲舒为代表的大儒,发展儒家学说,提出了"天人感应,君权神授"和"罢黜百家,独尊儒术"的观点和理论,并将五行学说延伸为"仁、义、礼、智、信"五德,对当时的社会政治和思想形成了冲击性影响。这一时期,以象数易为主导的易学成为主流。先后涌现了孟喜、焦赣、京房、荀爽、虞翻、陆绩等许多著名易学家和哲学家,孟喜提出的"卦气说"和京房所提出的"灾变说"是这一时期易学的主要理论。当时,虽然也曾有过义理易的萌芽,但在象数易面前只是一股微不足道的支流,没有发挥主导性作用。(3)晋唐时期。这时的易学和哲学进入了玄学阶段。一些学者将《老子》《庄子》和《周易》合称为三玄,极力加以推崇,论事论物必在"三玄"之上。而在易学方面,随着象数易的发展,论《易》愈发烦琐庞杂,涌现了许多难以理解和参透的释《易》之说,众说纷纭,杂乱无章。这时,以王弼为代表的易学精英,率先推出了《周易注》,倡导儒道结合,以传解经,尽扫当时充斥于易学界混乱不堪、无所遵循的以象说易倾向,王弼扫象后,易学界进入了较为理性的以义理说易的阶段。王弼的思想,后来由韩康伯和孔颖达等人发展和完善,成为一段时期内易学和哲学的主流。(4)两宋时期。这是易学和哲学发展的另一个高潮期。这一时期,易学和哲学再次产生诸多流派,不同主张和见解纷呈。在易学上,一是以陈抟为首的图书学派;二是以邵雍为代表的数学派;三是由胡瑗首倡,程颐为代表的义理学派;四是以张载为代表的气学派。这一时期,易学与理学高度融合,是最为璀璨的理学易阶段。释《易》的各方各派,坚持自己的学说,以理论学,以理论易,各抒己见,争执不下,侃侃而说理,娓娓而谈易,使理学成为这一时期易学的中枢。到了南宋时期,出现了朱熹等大儒家,将理学推到了各类学说的顶峰,占据了绝对的统治地位。这一时期,还出现了改革派理论家和政治家王安石,试图以"新故相除"来推行变法;也出现了以陆九渊为首的心学派先驱者,主张"人心即道",为后来心学派的长足发展奠定了坚实的基础。(5)明清时期。这一时期,易学和哲学逐渐进入了复古的朴学阶段。先后涌现了来之德、黄宗羲、方以智、顾炎武、王夫之、惠栋、张惠言、马国翰等诸多易学家和哲学家,他们在易学研究上虽然也有象数派和义理派之分,但都不惜花费大量的精力研究、考证和整理古代易学、经学和古代哲学,努力发掘古代易学、经学和哲学文献,以古代的经籍典章否定汉以后的学术发展和理论,在学术界刮起了一股强烈的复古之风。朴素的易学与哲学成为这一时期的学术主流,主导了各学科的发展,这是易学和哲学的朴学时期。(6)近现代的易学和哲学。随着科学的发展和社会的进步,易学和哲学逐步和现代科学相结合,使其更多地融入唯物辩证法的成分。出现了如杭辛斋、章炳麟、尚秉和、王国维、熊十力、冯友兰、金岳霖、张岱年、冯契等大量的具有近现代思想的易学家和哲学家,他们越来越注重从科学的角度看待和研究易学和哲学,使易学和哲学的发展范围进一步拓宽,研究领域和内容不断扩大,方法也不断创新。尤其是易学,已从古老的禁锢中解放出来,也不再局限于中国国内,而越来越被世界各国所熟知和接受。随着时间的推移,易学已经成为一种新的辩证法的理论基础,成为被相当多的人接纳的世界观,在现实生活中越来越凸显其不可替代的重要作用。

(三)

纵观中国易学和哲学发展史,我们不能不为其如此绵延和广博而感到神奇和骄傲。为此,我们借鉴《中国易经学会》《武汉易学大讲堂》和《百度人物搜》等诸多人物资料,编撰了这本《中国历代易学家与哲学家》,意在和那些易学和哲学的初学者共同回顾在我国悠久的历史发展过程中,中国易学和哲学的深厚与紧密的关系,沿着其简要的发展线索和演进脉络,粗略掌握中国易学和哲学发展的一些表浅知识。由于编者能力有限,所借鉴的资料也不够完整,所以书中难免有许多错误和不当之处,还望读者批评指正。

白卓然　张漫凌
2018 年 2 月

上古及先秦时期

伏　羲 / 2
神　农 / 2
黄　帝 / 2
周文王 / 3
周　公 / 4
管　仲 / 4
老　子 / 5
关　尹 / 6
孔　子 / 6
姑布子卿 / 7
商　瞿 / 7
子　夏 / 8
曾　子 / 8
子　思 / 9
黔　娄 / 10

墨　子 / 10
杨　朱 / 11
惠　施 / 12
慎　到 / 13
孟　子 / 13
田　骈 / 14
宋　钘 / 15
庄　子 / 15
尹　文 / 16
邹　衍 / 16
公孙龙 / 17
荀　子 / 18
鬼谷子 / 19
韩　非 / 19
蔡　泽 / 20

西汉时期

河上公 / 22
司马季主 / 22
韩　婴 / 22
董仲舒 / 23
刘　安 / 23
田　何 / 24
王　同 / 24
周王孙 / 24
丁　宽 / 24
杨　何 / 25
孔安国 / 25
东方朔 / 25
司马谈 / 26
司马迁 / 26
田王孙 / 27
孟　喜 / 27
施　雠 / 28
梁丘贺 / 28
焦延寿 / 29
费　直 / 29
高　相 / 30
张　禹 / 30
翟　牧 / 30
五鹿充宗 / 30
朱　云 / 31
严君平 / 31
京　房 / 32
刘　向 / 35
刘　歆 / 35
扬　雄 / 36
彭　宣 / 37

东汉时期

崔 篆 / 40　　郑 玄 / 44
范 升 / 40　　荀 爽 / 46
樊 英 / 40　　王 畅 / 47
王 充 / 41　　宋 衷 / 47
张 衡 / 42　　刘 表 / 47
马 融 / 42　　阴长生 / 48
王 符 / 43　　徐从事 / 48
范 丹 / 44　　淳于叔通 / 49
朗 颛 / 44　　魏伯阳 / 49

三国、两晋、南北朝时期

王 朗 / 52　　陆 绩 / 53
虞 翻 / 52　　王 肃 / 53
诸葛亮 / 53　　荀 凯 / 54

荀 辉 / 54	庾 阐 / 63
管 辂 / 55	葛 洪 / 63
荀 融 / 55	干 宝 / 64
姚 信 / 55	孙 盛 / 65
荀 粲 / 56	韩康伯 / 66
阮 籍 / 56	张 璠 / 67
何 晏 / 57	徐 邈 / 67
范长生 / 57	崔 浩 / 68
嵇 康 / 58	褚仲都 / 68
钟 会 / 58	刘 瓛 / 68
王 弼 / 59	范 缜 / 69
向 秀 / 60	萧 衍 / 70
郭 象 / 61	徐遵明 / 70
黄 颖 / 61	周弘正 / 71
裴 頠 / 62	张 讥 / 71
欧阳建 / 62	卢景裕 / 72
郭 璞 / 63	卫元嵩 / 72

隋、唐、五代时期

陆德明 / 74
侯　果 / 74
孔颖达 / 74
孙思邈 / 76
吕　才 / 76
李通玄 / 77
僧一行 / 78
李鼎祚 / 78

崔　憬 / 79
彭构云 / 80
韩　愈 / 80
刘禹锡 / 81
李　翱 / 82
柳宗元 / 82
彭　晓 / 83

宋朝时期

陈　抟 / 86
徐子平 / 86
种　放 / 87
许　坚 / 87
穆　修 / 88

李之才 / 88
孙　复 / 89
胡　瑗 / 89
宋　咸 / 90
石　介 / 90

欧阳修 / 91	李　光 / 107
李　觏 / 92	郑刚中 / 108
刘　牧 / 93	郭　雍 / 108
邵　雍 / 94	张行成 / 109
倪天隐 / 95	李　衡 / 109
周敦颐 / 95	沈　该 / 109
司马光 / 96	都　絜 / 110
张　载 / 97	程大昌 / 110
王安石 / 98	杨万里 / 111
程　颢 / 99	程　迥 / 112
程　颐 / 100	朱　熹 / 112
苏　轼 / 101	袁　枢 / 114
龚　原 / 102	戴师愈 / 114
游　酢 / 103	张　栻 / 115
杨　时 / 103	薛季宣 / 115
邵伯温 / 104	蔡元定 / 116
陈　瓘 / 105	吕祖谦 / 117
张　根 / 105	吴仁杰 / 118
耿南仲 / 106	王　炎 / 118
朱　震 / 106	陆九渊 / 118

杨　简／119
林　至／120
陈　亮／120
叶　适／121
黄　干／122
王宗传／123
蔡　渊／123
蔡　沈／124
冯　椅／125
魏了翁／125
真德秀／126
白玉蟾／127

朱　鉴／127
赵汝梅／128
方逢辰／128
王应麟／129
林光世／129
李　过／130
方实孙／130
王　湜／130
税与权／131
胡方平／131
雷思齐／131

元朝时期

许　衡／134
保　巴／134
董　楷／135

胡一桂／136
吴　澄／137
胡炳文／137

龙仁夫 / 138　　李　简 / 142
俞　琰 / 139　　萧汉中 / 142
黄　泽 / 139　　解　蒙 / 142
赵　采 / 140　　曾　贯 / 142
董真卿 / 140　　钱义方 / 143
王申子 / 140　　陈应润 / 143
张　理 / 141　　陈致虚 / 143

明朝时期

朱　升 / 146　　胡　广 / 149
梁　寅 / 146　　曹　端 / 150
刘　基 / 147　　薛　瑄 / 150
赵　㧑 / 147　　吴与弼 / 151
鲍　恂 / 147　　刘定之 / 153
欧阳贞 / 148　　王　恕 / 153
叶子奇 / 148　　陈献章 / 154
方孝孺 / 149　　罗　伦 / 155

胡居仁 / 155　　张邦奇 / 168
蔡　清 / 156　　季　本 / 168
罗钦顺 / 157　　郑善夫 / 169
湛若水 / 157　　薛　侃 / 169
王守仁 / 158　　舒　芬 / 170
马　理 / 159　　丰　坊 / 170
王廷相 / 159　　薛　甲 / 171
何孟春 / 160　　胡　经 / 171
钟　芳 / 161　　吕　怀 / 171
陈　琛 / 161　　杨　爵 / 171
黄　绾 / 162　　唐　枢 / 172
唐　龙 / 163　　王　畿 / 172
崔　铣 / 163　　李舜臣 / 173
韩邦奇 / 164　　熊　过 / 173
吕　楠 / 165　　卢　翰 / 173
黄　芹 / 165　　叶　山 / 174
林希元 / 165　　姜　宝 / 174
金贲亨 / 166　　罗汝芳 / 174
梅　鷟 / 167　　陈士元 / 175
王　艮 / 167　　徐师曾 / 176

09

林兆恩 / 176	焦　竑 / 187
朱睦㮮 / 177	陈　第 / 188
陆西星 / 177	苏　浚 / 188
鲁邦彦 / 178	李廷机 / 188
万民英 / 178	郭子章 / 189
来知德 / 178	姚舜牧 / 189
章　潢 / 180	崔师训 / 190
孙应鳌 / 181	邹元标 / 190
李　贽 / 181	徐三重 / 191
万廷言 / 182	魏　浚 / 191
邓元锡 / 182	顾允成 / 192
贺　泚 / 183	岳元声 / 192
杨时乔 / 183	郝　敬 / 193
沈一贯 / 184	李本固 / 194
张献翼 / 184	薛三省 / 194
曾朝节 / 185	沈瑞钟 / 194
潘士藻 / 185	王九灵 / 195
唐鹤征 / 186	高攀龙 / 195
吴中立 / 186	逯中立 / 196
钱一本 / 187	程汝继 / 196

张介宾 / 196
孙慎行 / 197
王三善 / 197
吴桂森 / 198
陈际泰 / 198
陈祖念 / 199
方时化 / 199
卓尔康 / 199
赵献可 / 199
耿　橘 / 200
曹学佺 / 200
程玉润 / 201
钱士升 / 201
钱继登 / 202
文翔凤 / 202
刘宗周 / 202
陈仁锡 / 203

陆梦龙 / 203
董守谕 / 204
孙奇逢 / 204
黄道周 / 205
黄端伯 / 205
张次仲 / 206
方孔炤 / 206
张镜心 / 207
倪元璐 / 207
何　楷 / 208
林胤昌 / 208
刘曰曦 / 209
秦　镛 / 209
喻国人 / 209
李陈玉 / 210
程道生 / 211

清朝时期

黎遂球 / 214	周　渔 / 225
刁　包 / 214	李　颙 / 225
来集之 / 215	朱彝尊 / 225
贺贻孙 / 215	胡　渭 / 226
朱朝瑛 / 216	徐世沐 / 226
连斗山 / 216	冉觐祖 / 226
傅以渐 / 216	张　英 / 226
黄宗羲 / 217	方柔如 / 227
方以智 / 217	乔　莱 / 227
钱澄之 / 218	李光地 / 228
顾炎武 / 219	陈　图 / 228
应扚谦 / 219	陈梦雷 / 228
黄宗炎 / 220	查慎行 / 229
王夫之 / 220	纳兰性德 / 230
董　说 / 222	胡　方 / 230
曹本荣 / 223	王心敬 / 230
王宏撰 / 223	李　塨 / 231
毛奇龄 / 224	杨名时 / 231

薛　雪 / 232
陆奎勋 / 232
朱　轼 / 233
吴启昆 / 233
任启运 / 234
晏斯盛 / 234
魏荔彤 / 234
惠士奇 / 235
江　永 / 235
张　叙 / 236
程廷祚 / 236
陈　法 / 237
潘思榘 / 237
惠　栋 / 238
魏　枢 / 238
全祖望 / 239
黄元御 / 239
沈孝瞻 / 240
庄存与 / 240
茹敦和 / 241

汪　宪 / 241
戴　震 / 241
钱大昕 / 242
刘一明 / 243
金　榜 / 244
邵宝华 / 244
吴　鼐 / 245
王　琬 / 245
孙星衍 / 246
张惠言 / 246
江　藩 / 247
焦　循 / 248
阮　元 / 248
李富孙 / 249
宋咸熙 / 249
臧　庸 / 250
端木国瑚 / 250
任铁樵 / 251
宋翔凤 / 251
许桂林 / 251

苏秉国 / 252　　　丁叙忠 / 257
方　申 / 252　　　彭申甫 / 257
朱骏声 / 252　　　金士麟 / 258
李道平 / 253　　　俞　樾 / 258
黄式三 / 253　　　何秋涛 / 258
姚配中 / 254　　　张步骞 / 259
曾　钊 / 255　　　黄以周 / 259
马国翰 / 255　　　唐宗海 / 260
丁　晏 / 256　　　沈竹初 / 260
凌　堃 / 256　　　皮锡瑞 / 260

近、现代

魏元旷 / 264　　　章炳麟 / 265
张锡纯 / 264　　　尚秉和 / 266
叶德辉 / 264　　　王国维 / 267
谭嗣同 / 265　　　胡朴安 / 268
杭辛斋 / 265　　　黄元炳 / 268

吴承仕 / 268	于省吾 / 278
袁树珊 / 269	宗白华 / 278
潘谷神 / 269	方东美 / 279
刘师培 / 269	闻一多 / 280
丁超五 / 270	朱谦之 / 280
熊十力 / 270	高　亨 / 281
徐乐吾 / 271	沈宜甲 / 281
钱玄同 / 271	李镜池 / 281
胡　适 / 272	金景芳 / 282
郭沫若 / 272	屈万里 / 282
蒋伯潜 / 273	苏渊雷 / 283
沈仲涛 / 273	张岱年 / 283
顾颉刚 / 274	唐君毅 / 284
范文澜 / 274	牟宗三 / 285
梁漱溟 / 274	艾思奇 / 285
薛学潜 / 275	韦千里 / 286
冯友兰 / 275	黄寿祺 / 286
金岳霖 / 276	冯　契 / 287
钱　穆 / 277	任继愈 / 288
杨献珍 / 277	饶宗颐 / 289

南怀瑾 / 290	成中英 / 296
殷海光 / 290	陈鼓应 / 296
汤一介 / 291	邵伟华 / 297
庞　朴 / 292	刘大均 / 297
李泽厚 / 293	黎　鸣 / 298
李学勤 / 293	赵汀阳 / 298
方立天 / 294	梁之永 / 299
张立文 / 295	许向东 / 299

上古及先秦时期

概要

上古及先秦时期,是我国易学和哲学发展的萌芽时期。这一时期,在易学上,由伏羲画卦而创设了八卦,后又经历了炎帝、黄帝,到周文王、周公的反复推演,将八卦发展为六十四卦,并配以卦辞和爻辞,使《周易》初步成书。进入春秋战国时期,又经孔子及其弟子们释《易》、作《易传》,终于形成了《周易》的完整本,即目前《经》和《传》合一的版本。这一时期,是《易经》的初生和萌芽时期,《易经》经历了由卜到筮的过渡,易学人物也呈现了半史实半神话的状态。在哲学上,随着《易经》和甲骨文的出现,不同学术上的各宗各派也相继产生,儒家、道家、墨家、名家、阴阳家等不同流派纷纷创立并推出自己的学说,各种论争和攻讦不断,呈现了"百家争鸣"的繁荣景象。这一时期的学术萌芽,为后来的易学和哲学发展奠定了坚实的基础。

伏 羲

（具体生卒年代不详）中华民族的人文始祖。生于新石器时代早期。其出生地目前尚有争议，有人认为其生于古代的成纪（今为甘肃省东南部，即天水附近），也有人认为其生于山东济宁一带。伏羲又称伏戏、伏牺、宓牺、庖牺、包牺、皇羲等，或称羲皇、牺皇、皇牺。也有人说伏羲即太昊，是中国古代神话传说中的部落酋长和人类始祖。传说伏羲姓风，后迁徙于陈仓，定都于陈宛丘（今河南淮阳）。

伏羲是三皇之首。他团结统一了古代华夏各个部落，取蟒蛇的身、鳄鱼的头、雄鹿的角、猛虎的眼、红鲤的鳞、巨蟒的腿、苍鹰的爪、白鲨的尾、长须鲸的须，合并而创设了中华民族的图腾——龙。从此代代相传，使中华民族成为龙的传人。

伏羲曾仰观天象，俯察地理，根据云、雾、雷、雨、风、电和山川、河流、地貌以及飞禽走兽的活动变化状态，概括出自然界的阴阳变化之理，创造了八卦，以八种简单而又寓意深刻的符号来涵盖天地间的万事万物。

伏羲教人们织网捕鱼，从而使人类从原始的狩猎状态进入到最初的畜牧业生产；他明确了婚嫁制度，创造了历法，发明了乐器，教人们制作和食用熟食，结束了人类身披树叶、茹毛饮血的野蛮状态；他制造了书契，确定了姓氏，起用和任命官员，初步实现了人类社会由血缘家族向氏族社会的过渡。他是人类文化的最早启蒙者。

神 农

继伏羲之后的另一位中华民族的人文始祖，即炎帝，亦称神农氏。距今大约5 500年至6 000年前生于厉山（今湖北省随州市厉山县），也有人说其生于姜水（今属宝鸡市境内）。他是传说中农业和医药的发明者。

神农是上古时代三皇五帝中一位贤明的帝王。后来同黄帝共同作为中华民族的化身而被代代传颂。他遍尝百草，教人医疗和农耕，被世人尊称为"药王""五谷王""五谷先帝""神农大帝""地皇"等等。

相传伏羲氏所作之易，经十九传而传至神农氏。神农氏扩大了易象的运用，用《益卦》卦象，发明了耕作；用《噬嗑卦》卦象，发明了市场交易；用阴阳升降消长之象，奠定了中医基础等等。他复演八卦为六十四卦，创造了《连山易》。

黄 帝

黄帝与神农（炎帝）、伏羲共同被后人称为中华民族的始祖。据史料记载，黄帝生于公元前2697—前2599年间，为少典之子。其本姓公孙，因长期居于姬水，后改姓为姬。又因居地临轩辕之丘（今河南新郑西北部），故号轩辕氏。后来因创业并建都于有熊（今河南新郑），又称有熊氏。成为部落首领之后，因崇尚土德祥瑞，故而号称黄帝。

神农氏末年，各部落间相互侵伐，暴虐百姓。黄帝乃修德振兵，治乱抚民。率熊、罴、貔、貅、貙、虎等部族，渡四方，与炎帝后裔战于阪泉之野，三战而得志。蚩尤作乱，黄帝又率众部族与蚩尤战于涿鹿之野，并擒杀蚩尤。从此，众人拥戴黄帝为首领而取代炎帝。

伏羲之易，至神农氏之后又经八传而至黄帝。黄帝治易，涉及甚广，制器尚象，钩深致远。其发明了文字、音律、干支、五行、天文、历算、舟车、宫室、杵臼及棺椁衣衾，并依据易之所示而建礼制，兴礼乐，治百官，济万民，不断开拓中华文化。

黄帝之易，以坤为首位。认为坤象地而属土，而附属于地面上的万物，无一不是由坤土滋养而得以生存。按照春生、夏长、秋收、冬藏的规律，年复一年，周而复始完成着各自生发、兴盛和衰落的过程，由此黄帝时期崇土而作《归藏易》。

后人所传《黄帝内经》是在《易经》的基础之上所编纂的一部医学典籍。其中涵盖了天文学、生物学、地理学、人类学、经络学等各方面的知识，并且运用朴素的辩证法思想，按照天人合一的观点，对人体的解剖、生理、病理以及疾病的诊断、治疗与预防，做了较为全面的阐释，成为中国医学发展的理论基石。因此，《黄帝内经》完全可以称为中医领域的《易经》，是《易经》在中医领域开拓与发挥的结果。

周文王

（前1152—前1056年）周朝的奠基者。姓姬，名昌。周太王之孙，季历之子。传说周太王公亶父的少子季历和其孙姬昌皆性情和顺，为人谦恭，是贤德之人。公亶父有意传位给他们。季历的两位兄长太伯和仲雍为实现父愿，让位于季历，奔荆蛮远避，使季历顺利继位，称西伯侯。此后，西伯侯又传位于姬昌，姬昌继承父位之后，改称西伯昌。为进一步整饬朝纲，他礼贤下士，起用能人，得到太颠、闳夭、散宜生、鬻熊、辛甲等人辅佐，周国势力日益强盛。当时，姬昌和九侯（或称鬼侯）、鄂侯（或称邘侯）共同任商朝三公。商纣王见三公势力日渐强大，十分畏惧，借故虐杀了九侯和鄂侯。见姬昌不服，又听信崇侯虎谗言，将姬昌囚于羑里（今河南汤阴北）。后因姬昌灵活施计，向纣王献出洛西等地，方得获释。姬昌获释后回到封地，益行善政，大得人心，诸侯纷纷归附，使其顺利得任西方诸侯之长。

姬昌在位期间，力促虞（今山西平陆北）、芮（今陕西大荔南）两国抗争和解，进一步提高了威望。同时多次用兵，先伐犬戎获胜，继而又因密须（今甘肃灵台西南）侵犯阮（今甘肃泾川东南）、共（今甘肃泾川北）一带，出兵伐灭密须，使周的北方得到不断巩固。随后他又挥师向东，战胜了黎（或称耆、饥）国，又伐邘（今河南沁阳西北），逼近商王畿边界。最后攻克崇国（今陕西长安西北），并在此修建了新都丰京。姬昌也从岐邑迁都于丰京。姬昌在位五十年,后卒于程(今陕西咸阳东北),葬于咸阳周陵。

姬昌被囚于羑里时,用了七年,计两千多个日夜,以蓍草为工具,反复推演,潜心研究,使八卦与六十四卦更加完善,作卦辞于每卦之中,将国事、家事、人生哲理,尽量融入其内。于是,我国历史上的著名典籍《周易》诞生了。

周公

(约前1100—?)即周公旦。西周时期著名政治家、思想家、军事家、教育家。被尊为"元圣",儒学先驱。周文王的正妃太姒,生子十人,依次为:伯邑考、武王发、管叔鲜、周公旦、蔡叔度、曹叔振铎、成叔武、霍叔处、康叔封、冉季载。按着孟仲叔季的兄弟排列顺序,周公旦也称"叔旦"。

周公旦摄政七年,先后辅佐文王、武王、成王,为周王朝的建立以及政权的巩固立下了不可磨灭的功勋。他曾先后两次辅佐周武王东伐纣王。武王死后,继位的成王尚处幼年,由他摄政当国。在平定了商纣王之子武庚、周武王之弟管叔、蔡叔、霍叔以及东方各国的武装反叛之后,尝试推行封建制,营建东都成周(洛邑),形成明确的治理范围。同时制作礼乐,还政于成王。这些举措,在巩固与发展周朝统治上起到了关键性作用,对中国历史的发展产生了深远影响。

周公在当时不仅是卓越的政治家、军事家,而且还是个多才多艺的诗人、学者,同时又是中国古代教育的杰出开创者,他以商代灭亡和"三叔"反叛活动为鉴,尤为重视处于统治地位的奴隶主贵族及其子弟的政治道德教育、治术教育和勤政教育,要求做到"敬业保民""明德配天""明德慎刑""有孝有德""力农无逸"等等,主张充分发挥"颂""诰"对奴隶主及平民的教育作用。后来的孔子在教育思想上与周公存在着深刻的渊源关系,在教育实践上也存在着继承关系。对于周公一生的功绩,《尚书·大传》概括为"一年救乱,二年克殷,三年践奄,四年建侯卫,五年营成周,六年制礼乐,七年致政成王"。

据传,在文王推演六十四卦之后,周公为求得六十四卦真义,来到蔡山祭祀先祖,寻根溯源,研究易图。其隐于蔡山之中,茗蒙茶、究八卦、研重卦,反复精研卦义,甚至数日不出。根据《河图》《洛书》等易图的指引,进一步完善了六十四卦卦辞并作三百八十四爻爻辞,使《周易》最终成书,传遍朝野。周公的言论多存于《尚书》的《大诰》《康诰》《多士》《无逸》《立政》等篇章之中。

管仲

(约前723—前645年)中国古代著名的哲学家、政治家、经济学家、军事家。姬姓,管氏,名夷吾,字仲,别称管子、管敬仲,安徽颍上人。春秋时期法家代表人物,被誉为"法家先驱""圣人之师""华夏文明的保护者""华夏第一相"。齐僖公三十三年(前698年),管仲开始辅佐齐公子纠。齐桓公元年(前685年),管仲任齐相。他在任内大兴改革,富国强兵,使齐国在较短时间内发展成为实力强大的诸侯国。齐桓公四十一年(前645年),管仲病逝。

　　管仲著有《管子》一书,原书八十六篇,至唐亡佚十篇,今存有七十六篇,此书虽托名管仲著,其实和先秦许多典籍一样,既非其一人所著,又非一时之书,它是一部稷下黄老道家学派的文集汇编。《管子》全书,内容庞杂,汇集了道、法、儒、名、兵、农、阴阳、轻重等百家之学。但思想主流是黄老道家之学,特点是将道家和法家思想有机结合起来,既为法治找到了哲学基础,又将道家思想切实落实到社会人事当中。书中还积极吸收儒、墨等学派的思想精华,将礼仪和等级纳入其中,主张礼法结合,倡导确立严格的等级名分体系及以之为基础的社会道德规范。管子一书中的《心术上》《心术下》《白心》《业内》《水地》《形势》《宙合》《枢言》《九守》《正》《形势解》《版法解》《势》等文章侧重于用道家哲学来阐释法家政治,通常被认为是黄老道家后来汇集的作品,集中反映了黄老道家道法结合、兼容并包的学术特点。其中《水地》提出了水是万物本原的思想,学术界有人认为这是管仲的思想。在《心术》上下、《白心》《内业》中,提出了精气为万物本原的精气说,认为万物、包括人都产生于精气;精气是一种精细的气。"凡物之精,此则为生,下生五谷,上为列星""精也者,气之精者也"。还认为道是"虚而无形",不能被感官直接感知,口不能言,目不能见,耳不能听。这种精气论在中国哲学发展史上有着重要意义,对后来王充、柳宗元等著名学者学术观点的形成都产生了一定影响。后人认为,《管子》在诸子百家中占有十分重要的地位,是研究古代黄老道家哲学、政治、经济、法律等各方面学说的珍贵资料。

老子

(约前571—前471年)我国古代最伟大的哲学家和思想家,道教始祖。姓李名耳,字伯阳,谥号聃。楚国苦邑(今河南鹿邑东)厉乡曲仁里人。

　　老子曾任周朝守藏室之史,他博学多才,传说孔子也问礼于他。老子晚年因见周王室衰微,遂乘青牛西去,行至函谷关写成了五千言的《老子》,即《道德经》。并点化了守卫函谷关的总兵尹喜,使尹喜也弃官同老子西行。行至盩厔(今陕西周至县附近),见此处山清水秀,峰峦起伏,遂驻足留步,结草为楼,修行说经。此处成为道教的发源地。

　　老子的思想和学说,充分体现在其《道德经》之中。他继承了黄帝《归藏经》的体系,借鉴和发展了《易经》中的辩证法思想,揭示了诸如阴阳、刚柔、强弱、进退、上下、先后、大小、多少、难易、祸福、正反、亲疏、利害、贵贱、出入、生死、母子、损益、歙张、兴废、主客、与夺等众多矛盾关系,倚重坤柔。其守静、贵柔、尊阴、无为的主导思想和"道生一、一生二、二生三、三生万物"的宇宙生成论以及数字推测法,被认为是在《周易》的成卦程序和易有两仪、四象、八卦的启示下衍生出来的。也有人认为当今所传《易经》的图像,皆为老子所遗。

关 尹

春秋末期哲学家、教育家。周朝大夫。也称关令尹喜、关令尹、尹喜,号文始先生。据传,其后来得道成仙,证位为无上真人,玉清上将,成为天府四相之一。至元二年(1266年)加封文始尹真人、无上太初博文文始真君。关尹在道教中地位崇高,常配祀于老子侧。《古今图书集成》载:"时人莫知老子西游,关尹喜见紫气,知有真人当过,物色而遮之,果得老子。"于是,关尹执弟子礼,向老子请教,老子亦知其奇,应其所求,著《道德经》五千余言,留传世上,并尽传关尹以内外修炼之法。其后随老子"俱游流沙,莫知所终"。

关尹传述老子的哲学思想,认为阴阳的天然属性可以涵盖、类比人和社会的一切属性,如上下、君臣、父子、男女、正反、刚柔⋯⋯自然界的木、火、土、金、水这五种物质的属性,也可以涵盖、类比人和社会的一切属性,如人有魂、神、意、魄、精,天有风、热、湿、燥、寒,行有仁、礼、信、义、智,情有怒、喜、思、忧、恐⋯⋯把这些概括并进行"齐辑"的排列整合,就可以进行怨恩、取与、谏教、生杀,或心、气、形,以及阴阳、成败、消长的论理。他说:"物生于土终变于土,事生于意终变于意",认为意和土始终处于事物中心的位置。还说:"精神水火也,五行互生灭之。其来无首其往无尾。""五行之运,因精有魂,因魂有神,因神有意,因意有魄,因魄有精。五者,回环不已⋯⋯"他所提出的五行精神的逻辑框架,还没有解决其具体结构关系的问题,还是初步的。关尹的著述留下的《关尹子》,又名《文始经》《关令子》,全名《文始真经》。其中多为研读老子之学的心得体会,发而为文。可惜今大部已亡佚,难以知其全貌。

孔 子

(前551—前479年)我国春秋末期著名的学者、思想家和教育家,儒家学派的创始人。名丘,字仲尼,鲁国陬邑(今山东省曲阜东南)人。

孔子有弟子三千,贤弟子七十二人,他曾带领众弟子周游列国十四年。晚年致力于古文献的整理,修《诗》《书》,定《礼》《乐》,释《周易》,作《春秋》。其思想以"仁"为核心,即"爱人",极力倡导和推行"仁政";以"礼"为规范,主张"克己复礼";提倡"正名",认为"君君、臣臣、父父、子子"都应当实副其"名";注重"学"与"思"的结合,提出"学而不思则罔,思而不学则殆"的观点;首创私人讲学,倡导因材施教,"有教无类",

"学而不厌,诲人不倦";强调"君子学道则爱人,小人学道则易使"。进入西汉以后,孔子学说的影响日益深远,成为两千余年封建社会的文化正统,至今仍影响着中国乃至世界文化的发展。

除《论语》记载了孔子的主要言论和见解外,孔子对《易经》的发展和传承也做出了很大贡献。他在晚年对《周易》进行了很深的研究,与其弟子留下了《易传》,即《十翼》来诠释《周易》。司马迁说"孔子晚而喜《易》","读《易》韦编三绝"(《史记·孔子世家》)。《论语》中也有两处专门记载了孔子论《易》之言:一是《述而》,一是《子路》。《述而》记孔子言:"加我数年,五十以学《易》,可以无大过矣。"认为《周易》能够帮助人进德修业,指导人生,减少过失。在《子路》中,他说:"南人有言:'人而无恒,不可以作巫医'。善夫!""不恒其德,或承之羞。"又说:"不占而已矣。""不恒其德,或承之羞"是《周易》恒卦的九三爻辞,孔子以南人无恒心,不可作巫作医来解释恒卦九三的爻辞,强调了卦爻辞中人的道德修养与行为的关系。孔子认为善《易》之人,不应该专注于占筮,而应该把主要注意力放在揭示事物的内在规律上。认为《周易》的主要功能在于提高人的道德修养,而不是占问吉凶祸福。孔子特别重视《周易》卦辞中蕴含的哲学道理,认为玩味、探索《周易》卦爻辞,重点在于理解、体会其义理。他与弟子们所编撰的《易传》,也主要是从义理上对《周易》进行诠释,对后来诸多学者解《易》带来了深刻影响,为义理学派的产生打下了坚实的基础,开拓了《周易》由占筮之书向哲学著作顺利过渡的路径。

姑布子卿

春秋战国时期著名相术士。姓姑布,字子卿。善于相术,据传通过看相对生命的认知已经到了出神入化的程度。他先后给孔子和赵简子看过相。在为孔子看相时,他说孔子有像尧一样的面颊,像舜一样的红色眼睛,像禹一样的脖项,像皋陶一样的鸟嘴。从前面看,其相貌过人,有王者气概;但从身后观察,却是肩高耸,背瘦弱。这些缺陷,会使其一生郁郁而不得志,无坐朝堂的富贵之命。后来孔子的命运完全证实了姑布子卿相断的准确。关于姑布子卿的生平轶事,在《史记·越世家》中略有记载。

商 瞿

(前522—?)孔子的学生,孔门传道者之一。姓商,名瞿,字子木,春秋末年鲁国人。商瞿喜好《易经》,于是孔子向他传授《易经》。后来商瞿又将《易经》传授给楚人子弘,子弘传给江东人矫子庸疵,矫疵传给燕人周子家竖,周竖传给淳于人光子乘羽,光羽传给齐人田子庄何,田何传给东武人王子中同,中同传给菑川人杨何,杨何以《易》入仕,出任当朝中大夫。

商瞿对《易》学研究颇深,卜筮十分灵验。一次商瞿与同学出游,临行时说:"今日出游,必遇暴雨,请诸位携带雨具,以防挨淋。"这时天气晴朗,万里无云,毫无下雨的征兆。不料午时以后,突然狂风大作,乌云翻滚,电闪雷鸣,顷刻间大雨倾盆。因商瞿和同伴们事先早有准备,才躲过了这场大雨。事后同学们问商瞿:天晴时,你是怎么知道要下雨呢?商瞿回答道:"月离于毕,俾滂沱矣。我昨夜见月宿于毕,故知今日定然有雨。"还有一次,有个人因丢鸡请商瞿占卜,商瞿问明丢鸡的时间及周边环境,想了想说:"可经至东邻的废马厩去寻,定有朕兆。"结果确实在东邻家的废马厩中发现了被蛇咬死的鸡。

在《易》学上的造诣,商瞿胜于孔子的另一个学生子夏,他是孔门《易》学的重要传道者之一。

子夏 (前507—?)孔子的著名弟子和得意门生。姓卜,名商,字子夏,春秋末年晋国温(今河南温县西南)人。子夏是孔子后期学生中的佼佼者,他才思敏捷,精通《诗》《春秋》《礼》《易》等,常因其见解独到而深得孔子赞许。《论语》中收集了他许多著名的言论,如"博学而笃志,切问而近思,仁在其中矣""百工居其肆以成其言,君子学以致其道""日知其所亡,月无忘其所能,可谓好学也已矣""虽小道,必有可观者焉""仕而优则学,学而优则仕"等等。孔子死后,子夏讲学于魏国西河(今山西济水、黄河一带),魏文侯、李克、吴起等均为他的学生。

子夏受孔子《易》学的影响,既潜心研究《易经》卦爻、象数等古义,又注重领会孔子由《易》之古义所创发的"观其德"的哲学新义,在《易》学上呈现了新老并蓄的特征,此特点在当时较为突出。现有《子夏易传》十一卷存世,但也有人认为此书乃为后人伪作。

曾子 (前505—前435年)春秋末期著名思想家,孔子的晚期弟子之一。名参,字子舆,鲁国南武城(今山东嘉祥县)人。曾子性情沉静,举止稳重,为人谨慎,待人谦恭,以孝著称。齐国欲聘其为卿,他因在家孝敬父母,辞而不就。曾提出"慎终(慎重地办理父母的丧事),追远(虔诚地追念祖先),民德归厚(注重人民的道德修养)"的主张。还提出"吾日三省吾身"的修养方法,即"为人谋而不忠乎?与朋友交而不信乎?传不习乎?"等。作为孔子的弟子,他积极推行儒家主张,传播儒家思想。在《大学》中,他明确提出三纲(明明德、亲民、止于至善)、八目(格物、致知、正心、诚意、修身、齐家、治国、平天下)的观点,说:"古之欲明明德于天下者,先治其国;欲治其国者,先齐其家;欲齐其家者,先修其身;欲修其身者,先正其心;欲正其心者,先诚其意;欲诚其意者,先致其知。致知在格物。格物而后知至,知至而后意诚;意诚而后心正,心正而后身修,身修而后家齐,家齐而后国治,国治而后天下平。"他精辟地论述了阴阳之气,说:"阳之精气曰神,阴之精气曰灵,神灵者品物之本也。"明确指出人在万物天地中的地位,说:"天之所生,地之所养,人为大矣。"孔子的孙子子思曾师从于他,后来子思的门人又把儒家学说传授给孟子。因此可以说,他上承孔子之道,下启思孟学派,对孔子的儒学学派思想既有继承,又有发展和建树,是孔子学说的主要继承人和传播者,在儒家文化中具有承上启下的重要地位。他与孔子、颜子、子思、孟子比肩,被后人共称为五大圣人。曾子参与编写了《论语》,还撰写了《大学》《孝经》《曾子十篇》等作品。

子思

(前483—前402年)春秋末期著名思想家。本名孔伋,字子思,鲁国人。孔子之孙。相传他曾受业于孔子的弟子曾子。一度迁居卫国,又到宋国,晚年才返回鲁国。子思发挥了孔子的"中庸"思想并加以系统化,使之成为自己学说的核心。他宣传儒家"诚"的道德观念,并视之为世界的本原。后来的孟子受业于子思的门人,全盘接受并进一步发挥了他的学说,从而建立了思孟学派。子思在儒家学派的发展史上占有重要地位,他上承孔子中庸之学,下开孟子心性之论,并由此对宋代理学产生了重要而积极的影响。北宋徽宗年间,子思被追封为"沂水侯",元文宗至顺元年(1330年),又被追封为"述圣公",后人由此而尊他为"述圣",受儒教祭祀。

子思作为春秋末期儒家的重要代表,其中庸思想对后世影响深远。"中庸"一词最早出现在《论语》一书中,然而它作为一种思想方法却有久远的历史渊源。据说,尧让位于舜时就强调治理社会要"允执其中"。周公也力倡"中德",他曾经强调折狱用刑时要做到"中正"。孔子进一步提出了"中庸"的概念,并把它作为最高的道德准则。子思作《中庸》一书,集《周易》和《论语》之大成,对孔子《中庸》思想进行了系统阐述。全书以"中庸"为最高道德和自然法则,讲述天道和人道的关系,把"中庸"从"执两用中"的方法论提到了世界观的高度。子思认为,喜怒哀乐的情感还没有发泄出来的时候,人们的心是平静的,无所偏倚,这就叫作"中";如果情感发泄能合乎节度,没有过与不及,这就叫作"和"。"中"是天下万事万物的根本,"和"是天下共行的大道。人如果能把"中""和"的道理推而广之,那么天地之间一切都会各安其所,万物也都各遂其生了。子思的书在秦代以后多已亡佚,他的思想和著述散见于《阙里志》《韩非子》《意林》《说苑》《文选注》《中论》《吕氏春秋》等典籍中。《汉书·艺文志》中提到《子思》二十三篇,今天所能看到的由后人校勘的《子思》共六卷,第一卷《记问》《杂训》《居卫》;第二卷《巡狩》《公仪》《抗志》;第三卷《补遗》;第四卷《附录》;第五卷《祠墓古迹》;第六卷《世职》。经过校勘的《子思》,在形式上仍然是系统完整的。后来,有学者经考证认为,《易传》一书也是由子思和孟子所撰写的。

黔娄 战国初期齐稷下先生,齐国有名的隐士和著名的道学家。号黔娄子,鲁国人。鲁恭公曾聘为相,齐威王请为卿,皆被其拒绝。后隐居于济之南山(今济南千佛山),凿石为洞,终年不下,专心著述。尽管家徒四壁,然而却励志苦节,安贫乐道,其洁身一世的端正品行为世人所称颂。

黔娄从小饱读诗书,专攻道家学说,曾著书四篇,名为《黔娄子》。此书旨在阐扬道家法理,由伏羲氏凭天降河图神龟显示八卦之数,而研究天地生成的道理,重在从天地运行的气数,来求得宇宙变化的理教。认为:先天而生其性,后天而成其质,从无形而生有形,为一切事物生成演化的步骤。他以阴阳相感,天人合一的原理来说明天地之间先有阴阳,有阴阳则再有感应,有感应则有变化,有变化再有感应,如此循环激荡,变化无穷,如此洞悉古今万事万物生克辅消之道,阐明了"常的无定便是变,变的有定就是常"的道理。此说既可验证人的"变态心理",也可验证人的"常态行为",又可预知和验证一个国家的盛衰兴替。黔娄不但努力宣扬道家理论,而且身体力行。尽管家徒四壁,却立志苦节,安贫乐道,一心向学,他视荣华富贵如过眼烟云,不参与争名逐利,从而获得极高的评价。他与其妻同下田耕作,晨兴理荒秽,戴月荷锄归。穿的是自己纺织缝纫的衣服,吃的是自己种植的五谷蔬菜,过着与世无争的生活。黔娄死后,孔子的高徒曾参前往吊唁,看到黔娄停尸在破窗下,身着旧长袍,垫着烂草席,用白布覆盖着,由于白布短小,上下盖不严,十分感叹。东晋诗人陶渊明曾作《咏贫士》赞曰:"安贫守贱者,自古有黔娄,好爵吾不荣,弊服仍不周""不戚戚于贫贱,不汲汲于富贵"。

墨子 (约前468—前376年)战国初期著名的思想家、哲学家、政治家、军事家、社会活动家和自然科学家。名翟,鲁国山东滕州市人。墨子是宋国贵族目夷的后代,生前担任过宋国大夫。他是中国历史上唯一一位农民出身的哲学家。他所创立的墨家学说,在先秦时期影响很大,与儒学并称"显学"。他提出了"兼爱""非攻""尚贤""尚同""天志""明鬼""非命""非乐""节葬""节用"等观点。他以兼爱为核心,以节用、尚贤为支点,广泛宣扬其学说。他还创立了以几何学、物理学、光学为突出成就的一整套科学理论,在当时的百家争鸣中,有"非儒即墨"之称。

墨子哲学思想的主要贡献是在认识论方面。他以"耳目之实"的直接感觉经验为认识的直接来源,他认为判断事物的有与无,不能凭个人的臆想,而要以大家所看到的和听到的为依据。在名实关系上,他提出了"非以其名也,以其取也"的命题,主张以实正名,名副其实。墨子认为,人的知识来源可分为三个方面,即闻知、说知和亲知,而这些都是感官认知。感官有了初步认知后,还要加以综合、整理、分析和推论,方能达到"明知"的境界。他把知识来源的三个方面有机地结合起来,并上升到理性认识,在当时的认识论领域中独树一帜。

在宇宙观上,墨子认为,宇宙是一个连续的整体,宇宙个体和局部都是由这个整体分离出来的,都是这个统一整体的组成部分。由此他认为,时空既是有穷的,又是无穷的。对于整体来说,时空是无穷的,而对于部分来说,时空则是有穷的。在此基础上,他还提出了自己的运动论思想,把时间、空间和物体运动统一起来,联系在一起。他认为,在连续统一的宇宙中,物体的运动表现为在时间中的先后差异和在空间中的位置挪移。若没有时间先后和位置远近的变化,也就无所谓运动。对于物质的本原和属性问题,墨子也有精辟的论述。在先秦诸子中,老子最早提出了物质的本原是"有生于无"。墨子则坚决反对老子的这一思想,提出了万物始于"有"的主张。他说:"无"有二种,一种是过去有过而如今没有了,如某种灭绝的飞禽,不能因其已不存在而否定其曾为"有";一种是过去就从来没有过的事物,如天塌陷的事,这是本来就不存在的"无",它不会生"有",原来存在过而后来不存在的更不是"有"生于"无"。

墨子的思想及其言论主要收录于《墨子》这部著作中。据说这本书是墨子的弟子及再传弟子根据墨子的言行整理出来的。其内容广博,包括政治、军事、哲学、伦理、逻辑、科技等诸多方面。此书分为两部分:一部分记载墨子言行,阐述墨子思想,主要是反映前期墨家思想和理论;另一部分为《经上》《经下》《经说上》《经说下》《大取》《小取》等六篇,一般称作墨辩或墨经,着重阐述墨家的认识论和逻辑思想,还包含了许多自然科学的内容,主要反映后期墨家的思想。

杨朱

(约前395—前335年)战国初期伟大的思想家、哲学家。字子居、子取,秦国(或魏国)人。杨朱是杨朱学派的开创者,当时与儒家、墨家并驾齐驱。杨朱主张"贵己""重生""人人不损一毫"的思想。其所创学派在战国时期独树一帜,与儒、墨相抗衡,卫道之庄周,对孟子学说加以排斥与攻击。或因非议儒、墨,后世学者对其却而止步;加之秦始皇焚书坑儒,汉武帝独尊儒术,因而到了汉代中期,杨朱学派即销声匿迹,沉隐民间。至东晋,由张湛作《列子·杨朱篇》,其学说才复行于世。

杨朱理论核心为"贵己",或曰"为我"。后世多斥杨朱之说"自私""颓废""堕落"。但杨朱思想和理论的产生,有其时代的客观原因。春秋晚期和战国早、中期,诸侯纷争,各诸侯国相互侵伐。儒家所倡导的"贵公贵仁"之说,已成为虚伪之谈。杨朱愤世而倡导"贵己"之说,曰:"古之人,损一毫利天下,不与也;悉天下奉一身,不取也。人人不损一毫,人人不利天下,天下治矣。""善治外者,物未必治;善治内者,物未必乱。以若之治外,其法可以暂行于一国,而未合于人心;以我之治内,可推之于天下。"杨朱认为生命比一切都重要,而生命对人只有一次而已。因此,他所强调的只是个人利益,而不重视国家利益,从而导致了无君论。杨朱无著述流传,在《庄子》中的《缮性》《让王》等篇,《吕氏春秋》中《贵生》《不二》《执一》等篇,《淮南子》中《精神训》《道应》《诠言》《氾论》等篇,以及《韩非子》《说苑》《法言》等古籍中均记述有杨朱思想,道教也是从这些古籍中吸取了杨朱思想。

惠 施 (前390—前317年)战国时期著名的政治家、哲学家。"名家学派"的开山鼻祖和主要代表人物。名施,别名惠子,宋国商丘(今河南商丘)人,一生多在魏国生活。惠施学问渊博,为魏王所尊崇。魏王经常聆听惠施讲学,十分赞赏惠施的博学,并委以重任。他曾同魏王到徐州,朝见齐威王,还为魏国制定过法律。惠施是战国时期合纵抗秦的主要组织者和支持者,他主张魏国、齐国和楚国联合起来对抗秦国,并建议齐、魏互尊为王。魏惠王在位时,惠施因与张仪不合而被逐出魏国。他先到楚国,后来回到家乡宋国,并在宋国与老乡庄子成为朋友,经常在一起辩论学问。魏惠王死后,张仪失宠,惠施才重返魏国。后来为魏国出使楚国,又为伐齐存燕而出使赵国。数年后逝世,终年七十三岁。

惠施的著作没有流传下来,他的哲学思想只是通过其他人的转述而为后人所知。《庄子·天下》说:"惠施多方,其书五车。"赞他知识丰富,书也很多。有个名叫黄缭的人曾问惠施:"天地所以不坠不陷、风雨雷霆之故",他不假思索,随口回答,说得头头是道。《庄子》中有惠施的"历物十事",展示他通过分析物理的十个命题,表达其"合同异"的思想,他说,"大同而与小同异,此之谓小同异;万物毕同毕异,此之谓大同异。"阐明了事物本身的同一和差别的相对性。惠施认为事物都有相同之处,同时又有差别。事物的相同和差别是相对的,他们同处于一个统一体中。在"名"与"实"的关系上,他从现实存在出发,承认"实"是第一性的,而"名"只是"实"的反映,是第二性的。惠施把一切事物看作处于变动之中,例如他说:"日方中方睨,物方生方死",认为太阳升到正中,就开始西斜了;一件东西生下来,就会走向死亡。这种看法在一定程度上揭示了事物矛盾运动的辩证过程,有着重要的理论价值。如今,在《荀子》《韩非子》和《吕氏春秋》等书中也可以找到惠施思想和言论的一些片段。

慎 到 （约前390—前315年）战国时期从道家分出来的法家代表人物、法家创始人之一。又称慎子，赵国邯郸人。慎到通五经，精于黄老之术，尤长于《易经》。齐宣王时曾长期在稷下讲学，是稷下学宫最有影响的学者之一。与田骈、接子、关尹等人交往甚密。慎到与老子、庄子都崇尚自然，虽出发点相同，但归宿相差甚远。老子鼓吹"绝圣弃智，复古归朴"；庄子在"完美自然"的前提下，对人类社会充满绝望之情；慎到承认天地的伟大，但同时相信人们能够处理好与自然的关系。他以"因循自然"的哲学体系，推导出政治上较系统的法、术、势理论，为法家政治理论增添了新鲜血液。他提倡重"势"和"无为而治"，其中，重"势"是为了重视法律，他认为君主只有掌握了权势，才能保证法律的执行。"无为而治"则体现"君臣之道：臣事事而君无事"，即国君不做具体工作，具体工作应在"事断于法"的前提下，尽量让臣下去做，使得"下之所能不同"，而都能为"上之用"，从而达到"事无不治"的目的。慎到还提出了"谁养活谁"的问题，认为国君由百姓供养，其权力是由百姓授予的，而非天子自己取得。因此，国君、天子为国家、为民众是当然的义务。这就从根本上打破了传统的"君权神授"说。

从表面上看，慎到主张的因循自然、清静而治与依法治国是相矛盾的。实际上，他所提倡的是在法治的基础上依照事物的本性，顺遂自然，法也必须遵循自然本性。很明显，这种思想是老庄道学与法家思想的合流。慎到著有《慎子》一书，《史记》介绍说有"十二论"，徐广注释说："今《慎子》，刘向所定，有四十一篇"，《汉书·艺文志》著录为四十二篇，宋代《崇文总目》记为三十七篇，清代刻入《守山阁丛书》编为七篇。现存《慎子》共有七篇，录有《威德》《因循》《民杂》《德立》《君人》《知忠》《君臣》。可见，《慎子》的亡佚相当严重。除上述篇目外，还存有佚文数十条。

孟 子 （前372—前289年）战国时期伟大的思想家、教育家，儒家学派的代表人物，与孔子并称"孔孟"，亦被后人称为"亚圣"。名轲，字子舆、子车、子居，邹城（今山东邹城市）人。鲁国贵族孟孙氏的后裔。孟子受业于子思的门人，其一生的经历与孔子相似，过着长期的私人讲学生活。中年以后怀着政治抱负，带着学生周游列国，盛时"后车数十乘，从者数百人"。

孟子主张"性善论"。他认为，尽管社会各成员之间分工不同且有阶级差别，但他们的人性却是同一的。他说："故凡同类者，举相似也，何独至于人而疑之？圣人与我同类者。"他把统治者和被统治者摆在同等地位，探讨所具有的普遍人性。在政治上，他继承了孔子的德治思想，并将其发展为仁政学说，提出以仁政为中心的王道，把"亲亲""长长"的原则运用于政治。为缓和阶级矛盾，维护统治阶级的长远利益，他还提出了一个富有民主性精华的著名命题,即"民为贵,社稷次之,君为轻"。认为如何对待人民,对于国家的治乱兴亡,具有极端的重要性。在教育上,他继承和发挥孔子"有教无类"的思想,把全民教育当作实行仁政的手段和目的。一方面,主张"设为庠序学校以教之";另一方面,要求当政者要身体力行,率先垂范,"君仁,莫不仁;君义,莫不义;君正,莫不正"。要以榜样的力量,教化百姓。他把道德规范概括为四种,即"仁、义、礼、智"。把人伦关系概括为五种,即"父子有亲,君臣有义,夫妇有别,长幼有序,朋友有信"。他认为,在仁、义、礼、智四者中,仁、义最为重要,仁、义是基础,是孝、悌。而孝、悌是处理父子和兄弟血缘关系的基本道德规范。他认为如果每个社会成员都用仁、义来处理各种人与人的关系,封建秩序的稳定和天下的统一就有了可靠保证。

孟子哲学思想的最高范畴是天,他继承了孔子的天命思想,剔除了其中残留的人格神的含义,把天想象成为具有道德属性的精神实体。他说:"诚者,天之道也。"认为诚是天的本质属性,认为天是人性固有的道德观念的本原。他的思想体系,包括政治思想、伦理思想和教育思想,都是以天这个范畴为基石的。孟子所留下的著作是其言论的汇编,由孟子及其弟子共同编写而成。共七篇十四卷,包括《梁惠王》上、下,《公孙丑》上、下,《滕文公》上、下,《离娄》上、下,《万章》上、下,《告子》上、下,《尽心》上、下,共计三万五千余字。南宋时期朱熹将《孟子》与《论语》《大学》《中庸》合在一起为《四书》,成为家传户诵的书。

田骈

(约前370—前291年)战国时期的思想家、哲学家。又名田广,一名陈骈,人称"天口骈",齐国人。田骈是齐国临淄稷下道家学派的中坚人物。他的学说主要表现了一个"齐"字。他认为从"大道"来看,万物是齐一的,即一致的。这种齐一或一致的说法,被封建统治阶级和士大夫阶层的人物奉作格物、致知、修身、齐家、治国、平天下的宗旨。在他看来,对待事物的最好办法是任其自然变化,强调"变化应求而皆有章,因性任物而莫不宜当"。他反对"好得恶予",认为"好得恶予,国虽不大为王,祸灾日至"。他的这种思想,与当时稷下学派的另一个代表人物慎到的思想相近,他们都讲究抽象的法治论,认为治国没有法就会变乱,必须事断于法,一切以法律为依据;但同时又讲究"势",强调"势"的作用,且强调到过分的程度,认为只要权重位尊,就能令行禁止,否认贤智人才的作用,否定尚贤使能,不懂得夺取天下、巩固政权要用得其人。

田骈从学于彭蒙,得不言之教。主张"齐万物以为首",要求摆脱各自的是非利害,回到"明分""立公"的自然之力,从"不齐"中实现"齐"。它所倡导的这种学说被称为死人之理,非生人可行,是一种难以琢磨、脱离实际的"诡怪"理论。田骈的作品和观点,在后来诸子,如《荀子》中有所论述。《汉书·艺文志》在道家篇中记录有《田子》二十五篇,今均已亡佚。

宋 钘

(约前370—前291年)战国时期哲学家,宋尹学派创始人及主要代表人物。又称宋子、宋牼、宋荣、宋荣子。宋国宋城(今河南省商丘市睢阳区)人。宋钘继承老子思想,提倡"接万物以别宥为始",主张"情欲寡""见侮不辱",反对诸侯间的兼并战争。孟子和庄子都很尊敬他,尊他为"先生"。他是战国时期道家学派的先驱,也是名家的创始者。他讲"崇俭""非斗",因此,有人误以为他是墨翟的弟子。庄子说他"与尹文同道,为华山之冠以自表。接万特以别有宥为始,以聏全欢,以调海内。人见侮不辱,救民之斗,禁攻寝兵,救世之战。以此周游天下。上说下教,虽天下不取,强聒而不舍"。他在稷下著书一篇,今已无可考。《汉书·艺文志·小说家》记《宋子》有十八篇,今亦亡佚,仅存辑本。

庄 子

(约前369—前286年)战国时期著名的思想家、哲学家和文学家。道家学派的主要代表人物之一。名周,字子休,宋国蒙人,其先祖是宋国君主宋戴公。庄子做过宋国地方的漆园吏,因其学问广博,楚威王听说他的才学后,曾派使者带着厚礼,请他做相国,然而他却无意仕途,断然拒绝。后来竟辞去原有的官职,专心以游历和研究学问为生。

庄子是最早提出"内圣外王"的人,这一思想后来被儒家所接受,并带来深远的影响。庄子洞悉易理,深刻指出"《易》以道阴阳";庄子的"三籁"思想与《易经》三才之道相合。他在哲学上,继承和发展了老子的思想,认为"道"是客观真实的存在,是宇宙万物的本原,是无限的,"无所不在"的,是"先天地生"的。他认为,"天"与"人"是相对立的两个概念,"天"代表着自然,而"人"则指人为的一切,即与自然相背离的一切。庄子主张顺从天道,而摒弃人为,摒弃人性中那些"伪"的杂质。他提倡与天地相通的"德"。在他看来,真正的生活是自然而然的,并不需要去教导什么、规定什么,而是要忘掉和丢掉什么。因此,后天的政治宣传、礼乐教化、仁义劝导都是人性中的"伪",所以要摒弃它。他提倡不滞。在他看来,不滞就是与自然无所违,不凝滞于任何思想和利益,从而达到圣人不凝滞于物的境界。他认为,只有不滞于任何事物,才可乘物以游心,而不被任何思想和利益所累及、所奴役,才是全生。庄子的思想和哲学观点,对中国后世哲学、艺术和宗教观念都产生了深远的影响,在中国思想和哲学发展史上占有崇高的地位。庄子留下了大量著作,司马迁说:"庄子著书十万余言",而今本《庄子》

仅存三十三篇六万五千余字,分内篇、外篇、杂篇三部分。内篇有《逍遥游》《齐物论》《养生主》《人间世》《德充符》《大宗师》《应帝王》,外篇有《骈拇》《马蹄》《胠箧》《在宥》《天地》《天道》《天运》《刻意》《缮性》《秋水》《至乐》《达生》《山木》《田子方》《知北游》,杂篇有《庚桑楚》《徐无鬼》《则阳》《外物》《寓言》《让王》《盗跖》《说剑》《渔父》《列御寇》《天下》等。庄子的著作以寓言、重言和卮言为主,其行文逍遥自由,狂洋恣肆,想象丰富,气势壮阔,瑰丽诡谲,意出尘外,在先秦诸子文章中被视为典范之作。

尹文 (前360—前280年)战国时期哲学家。与宋钘齐名,先期属稷下道家学派。世称"尹文子",齐国人。他的思想特征以道家为主,兼儒、墨合于自家道法,广收并纳各派学说,与宋钘共同创建了"宋尹学派",成为稷下名家的代表人物。其学说很受公孙龙的赞赏。宋尹学派主张以"宽""恕"为处理人与人之间关系的总原则,"设不斗争,取不随仇""见侮不辱,救民之斗"。主张在国与国之间"禁攻寝兵,救世之战",禁止攻伐,息止兵事,反对诸侯间的兼并战争。为了达到利天下的目的,在内心修养方面,提倡"以情欲寡浅为内",认为人类的本性就是欲寡而不欲多,"人我之养,毕足而止""五升之饭足矣"。提出"接万物以别宥为始",力图从主观上清除荣辱、誉非、美恶的界限,要求做到"定乎内外之分,辨乎荣辱之境",不因普天下人的赞誉而更受到鼓励,也不因普天下人的非议而更加沮丧。认为,若能做到人人"见侮不辱",就不会互相争斗,而能够"救民之斗",天下就安宁了。

宋尹学派还认为,"物固有形,形固有名","此言名不得过实,实不得延名"。就是说,事物的"名"要与"实"相称。"正名自治,奇名自废"。只有名副其实的"名",才是正确的"名",这种"名"就自然会被人们所采用;而名不副实的"名"是不正确的"名",这种"名"就自然会被人们所淘汰。这种唯物主义的名实论,是战国时期较早出现的名实论。尹文流传于世的著作唯有《尹文子》一书,收于《汉书·艺文志》名家系列。尹文的书汉末已有很多脱误,三国魏文帝时,山阳仲长氏曾整理编纂,编有《大道》上、下两篇,近人长沙王启湘再次加以订正训释,编成《尹文子校诠》,分为上下卷,并附有逸文。

邹衍 (前324—前250年)战国时期阴阳家学派和五行学说的代表人物。又称邹子,战国末期齐国临淄(今山东临淄东北)人。他以阴阳观念为核心,创立了阴阳五行学说、"五德终始说"和"大九州说",是稷下学宫的著名学者。其学说对后来象数派《易》学的发展有重大影响。

齐宣王时，邹衍曾就学于稷下学宫，他先学儒术，后改攻阴阳五行学说。其创立的阴阳五行学说在当时影响很大。他认为历史上任何王朝兴替和制度的改变都是按照五德（即五行之德）转移的顺序进行循环的，而五德转移是仿照自然界的五行相生克，即土克水生金、木克土生火、金克木生水、火克金生土、水克火生木的规律进行的。人类社会的发展变化同自然界一样，也是受土、木、金、火、水五种物质元素支配的，历史上每一朝代的更替都体现了五行生克的必然性。李善注引《七略》曰："邹子有终始五德，土所不胜，木德继之，金德次之，火德次之，水德次之。"邹衍所倡导的这种"五德终始说"成为后来西汉谶纬说的理论基石。这种阴阳五行思想对后代哲学、医学、历法、建筑等诸多领域都带来了很大影响，尤其被汉代董仲舒的新儒学所吸收，成为支持"君权神授"学说的理论框架。

在阴阳五行说的基础上，邹衍还提出"先验后推"的理论，并将此运用到地理上，提出"大九州"说，他认为中国虽然名为"赤县神州"，但仅是全世界八十一州中的一州。世界每九州为一个集合单位，合集为"大九州"，每州都有小海环绕，大九州则有大海环绕，再往外便是天地的边际。因他的观点"闳大不经"，被人称为"谈天衍"。邹衍所说州数虽在数量上不够准确，但在战国时期却惊世骇俗，影响巨大。对中国地理学后来的发展产生了重大影响。据史料记载，邹衍著有《主动》《终始》《大圣》等百余篇，十余万言。《汉书·艺文志》收录《邹子》四十九篇，《邹子终始》五十六篇，清马国翰所编《玉函山房辑佚书》中载有其遗说。

公孙龙

（前320—前250年）战国时期的哲学家、思想家。名家代表人物。字子秉，战国时期赵国人。曾做过平原君的门客。其主要著作为《公孙龙子》，西汉时共有十四篇，唐代分为三卷，到了北宋遗失了八篇，至今只残留六篇，编作一卷。其中最重要的两篇是《白马论》和《坚白论》，书中提出了"白马非马"和"离坚白"的论点，表达了他名辨思想的核心内容。与他齐名的另一位名家代表人物是惠施。在《公孙龙子》一书中，公孙龙主要研究和论证了概念的内涵和外延，探讨了事物的共性和个性所具有的内在矛盾，他力图夸大这种矛盾，并极力否认二者间的统一，所以最后得出违背常理的结论。如白马不是平常所说的马，对颜色中的白和质地的坚硬他要分开来论述。另外，他在《指物论》中还着重论述了指与物的关系。他认为，"指"就是事物的概念或名称，"物"是具体事物，它们的关系也就是物质与意识的关系。他在《通变论》中论述了对运动和变化的看法。在《名实论》中则深入探讨了名与实的关系。以上五篇组成了公孙龙完整的学说体系。《公孙龙子》的注释本，现有宋朝人谢希深的注本，明朝人傅山的注本以及清朝陈澧的《公孙龙子注》，近代陈柱的《公孙龙子集解》，王启湘的《公孙龙子校诠》、谭戒甫的《公孙龙子刑名发微》、庞朴的《公孙龙子研究》、伍非佰的《中国古名家言》等，都可以作为研究公孙龙思想和学说的参考资料。

荀 子

（前313—前238年）战国末年著名思想家、政治家、文学家。名况，字卿，又称荀卿。战国末年赵国（今山西南部）人。荀子生活的年代正是中国社会由长期分裂割据走向统一的重要历史时期，当时社会基本形成了秦、齐、楚三国对峙的局面。荀子晚年，秦王嬴政已经即位。他去世时，距秦灭六国而最后统一中国的公元前221年仅有短短的十几年时间。战国末期各诸侯国纷纷完成了封建化的过程，此时，在思想文化领域的争鸣也出现了相互吸收和相互融合的特点，人们对某些社会问题的看法逐步达成共识。荀子是整个先秦思想的集大成者，韩非子是法家思想的集大成者，《吕氏春秋》的作者则囊括了儒、法、墨、道、名等各家各派学说，成为当时杂家的代表。

在战国的百家争鸣时期，荀子曾到齐国都城临淄的大学——稷下学宫讲学，受到齐王的尊崇，授予标有"列大夫"头衔的宅第。在齐襄王复国当政期间，荀子受封"三为祭酒"，成为当时社会上最有影响的学术领袖。这时，荀子曾对强盛的齐国寄予厚望，以为齐能"调一天下，制秦楚"，从而结束七雄割据的战乱状态。但是由于齐湣王穷兵黩武、齐襄王叶公好龙、齐建王庸碌无为，使齐国的政治形势发生了逆转。荀子在齐国不断受到谗言中伤，他无奈心怀失意离开齐国而赴楚。在楚国，他谒见了"四大公子"之一的春申君黄歇，被任命为兰陵（今山东苍山县兰陵镇）令。不久，却又遭到小人诽谤，被春申君辞退。之后，荀子返回故乡赵国，一度成为赵成王的座上宾，与其共同商讨政治、经济和军事形势。但是赵国毕竟是个弱小的国家，不具备统一天下的条件。当荀子看到西方的秦国迅速成为强盛的国家，一反"儒者不入秦"的惯例，立即访问秦国，深入考察秦国的城乡治理、政治经济变化，晤见秦昭王和秦国名相范雎、自己的学生李斯，向他们陈述政治主张，建议秦国"节威反文"，参合礼法，文武并用。他的这些建议不但没有被秦王所采纳，最后连他的学生韩非子和李斯也同他分道扬镳，放弃了他所主张的儒法合流、恩威并用的政治思想，而是用法家思想帮助秦王统一了中国。但秦统一后短命而亡的历史事实却证明了荀子所主张的礼法并用、王霸统一的治国之道是正确的，这一理念被汉代以后的封建统治者所接受并沿用。

荀子晚年应春申君之邀，再次回到楚国任兰陵令。春申君死后，于公元前238年他解职在家专门编纂、整理一生的论述，最后逝于兰陵。今人所传《荀子》三十二篇多为荀子本人所作，《大略》以下六篇，或许是弟子们根据荀子所言的记述。

《荀子》一书中涉及《易经》共有四处。他继承孔子的观点和学风，认为"善为礼者不相，善为易者不占"（《大略》），不把《周易》视为推断吉凶祸福的典籍，这与他所坚持的无神论思想是一致的;在其所著的《非相》中,引用《周易》坤卦六四爻中"括囊""无咎无誉"来讥讽腐儒;在《大略》中引用《周易》小畜卦初九爻辞"复自道,何其咎"说明《春秋》所以称秦穆公为贤君,皆因他能及时回头,悔过自新;他解释《周易》咸卦,从卦象中观察而论述刚柔,认为卦中各爻分别表现了不同的刚柔属性。所谓刚柔,不过是阴阳的另外一种说法而已。荀子的学说,仍以孔子学说为宗,所不同的是荀子提出了人性皆恶的观点,认为人出生以后不能放任自流,必须时时以礼义来矫正自我,他由此而树立了礼治和法治相结合的政治观,坚持儒家"正名"之说,反对天命,反对信奉鬼神。

鬼谷子

中国古代著名思想家、道家代表人物,兵法集大成者,纵横家的鼻祖。姓王,名诩,又名王禅、王通,号玄微子。战国初年卫国朝歌(今河南鹤壁市淇县云梦山下)人。鬼谷子长于养性持身和纵横捭阖之术。著名的纵横家苏秦和张仪是他最杰出的两个弟子。据说孙膑和庞涓也是他的弟子。

鬼谷子一生游历,鬼谷是其经历或最终隐居讲学的地方。鬼谷子最擅长兵法和纵横术,因此称他为兵家和纵横家的祖师。其传世的重要著作《鬼谷子》一书十四篇即以"捭阖"开篇,以纵横之术为总起,多角度、多层次地阐述了言辞技巧及游说者自身所应该具备的品德修养,展示了纵横家应有的风貌。而作为兵家,在鬼谷子的思想中诸如"钓语""不争不费"与后来兵家的"以静观动""上兵伐谋""出奇制胜""欲擒故纵"等用兵之法也如出一辙。作为纵横家和兵家,鬼谷子的思想基调和理论基础是道家思想。在鬼谷子的思想体系中,突出体现了"道为万物的本源"这一基本观点。如在讲述事物皆相反相成时,他反复申明"将与歙之,必固张之""将与费之,必固兴之""将与夺之,必固予之""欲闻其生反默,欲张反睑,欲高反下,欲取反与"等等,都是从老子那里一脉相承下来的。他反复强调事物的对比和相互转化,以辩证的思维来观察世事。鬼谷子还潜心于修身养性和医道,南朝时期的陶弘景在其所著《本经》《持枢》《中经》等书籍中专门对鬼谷子这方面的才能进行了记述。

总之,鬼谷子学问渊博,以黄老"心术"论世御事,讲求内外损益之理,并将此思想在其一生的行为中发扬光大。其生性淡泊、朴而不露,超脱尘世,退隐讲学,其闪光的思想充分展现在《鬼谷子》一书中。

韩非

(约前280—前233年)战国时期杰出的思想家、哲学家、散文家。法家思想的集大成者。韩王之子,别名韩非子、韩子。韩国都城新郑(今河南郑州市新郑)人。韩非与秦相李斯都是荀子的学生,其才华过人,文章出众。他曾对《道德经》做过深入研究,将自己的学说追本溯源于道家黄老之术。在其由韩国出使秦国期间,过人的才华被秦王嬴政所赏识并因此而得到重用。但由于秦相李斯在灭六国统一天下的大计中,首先要灭掉韩国,与韩非的意见相左,李斯担心秦王嬴政被韩非的计谋所蒙蔽,于是上疏陈明利害,设计将韩非抓捕入狱逼其服毒自杀。

在哲学上,韩非反对天命思想,主张天道自然。他认为"道"是万物发生发展的根源,"道"先天地而存在。有了"道",才有万物,"天得之以高,地得之以藏,维斗得之以成其威,日月得之以恒其光""宇内之物,恃之以成"(《解老》)。他在中国哲学史上第一次提出了"理"这个哲学概念,并论述了它与"道"的关系。认为,"道者万物之所成也,理者成物之文也"(《解老》)。"理"在韩非看来,就是事物的特殊规律。他指出"定理有存亡,有生死,有盛衰""物之一存一亡,乍死乍生,初盛而后衰者,不可为常"(《解老》)。他还第一次提出"矛盾论"的概念,其中包含了丰富的辩证法,在中国哲学史上有着卓越的贡献。韩非著有《韩非子》一书,共二十卷五十五篇,约十余万言,在体裁上,有论说体、辩难体、问答体、经传体、故事体、解注体、上书体七种。辩难体与经传体为韩非首创。在内容方面,则宣扬了法、术、势、君道等理论,文章条理清楚,用意深刻,其中较著名的篇目有《孤愤》《说难》《奸劫弑臣》《显学》《五蠹》《扁鹊见蔡桓公》等,韩非的理论当时达到了先秦法家理论的最高峰。

蔡泽

战国末期著名谋士、雄辩家。燕国纲成(今张家口怀安县)人。蔡泽从小聪颖好学,成年以后一面周游列国,一面从师继续学习,并到处谋求官职,但很长时间没有得到重用。蔡泽离开燕国后首先来到赵国,却很快被赵国驱逐,随即又赶往韩国、魏国,一路坎坷,被强盗抢走了锅鼎之类的炊具,最后来到秦国。受到秦昭王召见,并拜为客卿,很快代范雎出任秦相。在秦昭王、秦孝文王、秦庄襄王、秦始皇四朝任职。他曾奉召出使燕国,使燕太子丹入秦做人质。他还献计秦王出兵灭掉西周。在哲学上,他倾向于道家,主张"功成身退",说:"夫旧时之序,成功者去。""语曰:'日中则移,月满则亏'。物盛则衰,天地之常数也。进退盈缩,与时变化,圣人之常道也。"在担任相国数月后,见有人中伤他,怕被杀害,便托言有病将相印归还秦王。秦王封他为纲成君。从此他便居留秦国,钻研《周易》。由于受道家和阴阳家的影响,他擅长于运用阴阳消息说来解释《周易》中的义理。如之前在劝说范雎于相位退下时,就用了"物盛则衰""与时变化"来解释《周易》乾卦上九爻辞"亢龙有悔"的道理,说服范雎应乘禄位高时及时退下,若身居高位而不知及时引退,或将带来杀身之祸。范雎听从了蔡泽的劝说,及时辞去相位而归隐。

蔡泽的生平与记事多载于《史记·范雎蔡泽列传》和《战国策·秦策》中。

概 要

西汉时期是我国古代易学和哲学蓬勃发展的时期。这一时期，著名思想家、哲学家和政治家董仲舒提出了"天人感应"和"罢黜百家，独尊儒术"的"大一统"学说，把神权、君权、父权、夫权贯穿在一起，逐步形成了帝制神学体系，使儒学成为中国社会的正统思想。在易学上，则迎来了从先秦的"卜筮之学"到"经学"的转变时期。西汉初期，从韩婴、田何等人收徒传授《易经》，到田何的再传弟子杨何被汉武帝确立为第一个《易经》博士，即奠定了西汉易学发展的基础。随着汉宣帝即位后西汉经学的分化，各经学的分支分别被立于学官，出现了施雠、孟喜、梁丘贺三家易学的竞争。施氏易上承田何、丁宽的易学，属于谨守师说一派；孟氏易以参入"阴阳灾变"的思想为特点，在易学上标新立异；而梁丘氏易则长于占筮，"专行京房（另一京房，杨何弟子）法"。虽然孟氏易一度受到梁丘氏的百般诋毁，但在当时阴阳灾异说日渐盛行的背景下，孟氏易还是于宣帝末年与施氏、梁丘氏易同被立于学官。西汉时期是象数易学由发端到逐步兴盛的时期，孟氏易开启了象数易学的先河，焦延寿、京房等人随之而起，京房发展了"卦气、灾变说"，使这一时期的《易经》理论主流逐渐形成，最后完成了这一时期易学的转型。

西汉时期

河上公

方仙道的开山祖师,黄老哲学、道家思想的集大成者。姓名和具体出生年代不详。亦称"河上丈人""河上真人"。

河上公是东方沿海一带著名方士,在河滨结草为庵,与其弟子安期生将黄老哲学与燕齐之地的神仙学说结合起来,创造了方仙道文化,此举在道家向宗教演变中发挥了作用,奠定了基础,在道家、方仙道和道教中均占有一定的历史地位。

河上公喜爱并钻研《周易》和《道德经》,将《周易》和《道德经》贯通作释。汉文帝在位之时,对老子的《道德经》推崇备至,经常诵读,但对于《道德经》中的许多章句却有所不解,于是驾临河上公河边的寓所,屈尊请教,感悟颇深。后来道家无为而治的思想成为汉文帝治国理政的主要思想体系,其开辟的文景之治也应与此有一定关系。

河上公最主要的贡献是为老子的《道德经》作注,编撰了《道德真经注》,又名《河上公章句》,此书为后人推崇,一直流传至今。

司马季主

西汉术数名家。楚国人,曾游学于长安(今陕西西安)。对《周易》深有研究,通经术,善占筮。认为《易经》六十四卦是文王在伏羲所创八卦的基础上经推演重卦而得,这种说法对后世影响很大。

司马季主属象数派,他善于以卦爻之象和阴阳之术占算时日、吉凶和鬼怪灾异之事,他把《周易》作为预测吉凶祸福的方术,曾摆设卦摊、开卜馆于长安市东,专门以为人占卜吉凶谋生。史上所载最有名的是中大夫宋忠和博士贾谊探访问卜之事。司马季主认为,善占筮的功德和作用很大。

关于司马季主为人占筮之事,均记于《史记·日者列传》之中。

韩婴

(前200—前130年)西汉著名学者、经学家。今文诗学"韩诗学"的开创者,被世人尊称为"韩生"。燕(今北京市)人。汉文帝时为博士。景帝时,任常山王刘舜太傅。武帝时,曾因政见不同与董仲舒辩论,坚持己见,不为所屈,史称"其人精悍,处事分明,仲舒不能难也"。韩婴酷爱并深研《诗经》,兼治《周易》。当时由于燕、赵好诗,故其诗学比易学影响更加深远。韩婴解诗与齐、鲁风格大不相同,他反复推敲揣摩《诗》意,杂引《春秋》或古事,以诗证事,而非引事以明《诗》,燕、赵诗风皆本于韩婴。赵子、淮南贲生都是韩婴的高徒。后来赵子传蔡谊,三传后形成韩诗的王学。清马国翰《玉函山房辑佚书》辑有《韩诗故》二卷、《韩诗内传》一卷、《韩诗说》一卷。

韩婴虽以诗学见长,但后人也有认为他的诗学不如易学精深。其对《周易》经传的理解和解释,继承了孔子《十翼》中《彖》《象》《文言》等解经的传统,取哲理、人道教训方义居多。据近人考证,《周易集解》《周易正义》中引用的《子夏易传》,疑为韩婴的著述。现存《韩诗外传》中,也常见引用《周易》经传文对诗文加以解释。如引用《系辞》解释诗文:"传曰:'易简而天下之理得矣。'忠易为礼,诚易为辞,贤人易为民,工巧易为材。"其易学著述,存于《韩诗》二卷中,此书后来亦亡佚。

董仲舒 （前179—前104年）西汉著名思想家、哲学家、政治家、教育家,今文经学大师,汉代新儒学的奠基者。广川郡（今河北景县广川镇大董古庄）人。汉景帝时为博士,汉武帝元光元年（前134年）任江都易王刘非国相10年,后因言灾异而被下狱;元朔四年（前125年）赦免出狱后,任胶西王刘瑞国相,四年后告病归乡。此后居家著书立说,但由于受汉武帝尊重,朝廷每议大事,汉武帝均令使臣赴其家中咨询,听取并采纳他的重要建议。

董仲舒以《春秋公羊传》为依据,将西周以来的宗教天道观和阴阳五行学说结合起来,以儒家思想为核心,部分吸收法家、道家、阴阳家等流派的思想,把神权、君权、父权、夫权融为一体,建立了"罢黜百家,独尊儒术"的崭新思想体系,使其成为西汉的官方统治哲学。董仲舒学说体系的核心是"天人感应"说,他认为"道之大原出于天",自然、人事都受制于天命,因此反映天命的政治秩序和政治思想也应该是统一的,即统一于天命、天道之下。他将《周易》中的阴阳五行发展演化为"仁、义、礼、智、信"五常之说,以五常来标示五行。将人的人品纳入一年四季节气的变化之中,把影响四季变化的阴阳五行看作是君臣父子之道的具体体现。说到底,其哲学思想是天命论与阴阳五行说相结合的产物。此外,他还宣扬"黑、白、赤三统"不断循环的历史观。其著述《春秋繁露》中有对《周易》经传的引注和解释。

董仲舒一生经历了文景之治、汉武盛世等西汉王朝的繁盛历史时期。他以统一当时庞杂纷乱的社会思想观念,推尊儒术而成为极其重要的历史代表人物。

刘 安 （前179—前122年）西汉时期思想家、道家、文学家。西汉初年宗室,汉高祖刘邦之孙。孝文帝八年（前172年）,封为阜陵侯,孝文帝十六年（前164年）,封为淮南王。刘安幼时即喜好读书鼓琴,辩驳善于文辞,不喜欢嬉游打猎。封为侯王后,注意抚慰百姓,为百姓所爱戴。他曾招宾客方术之士数千人,亲自主持编写《鸿烈》,后称《淮南子》,为后人留下一份宝贵的精神财富,被誉为"汉人著述中第一流"的巨著。《淮南子》原有"内书"二十一篇、"外书"三十三篇和"中书"八卷,全书以道家思想为主轴,内容涉及哲学、政治、伦理学、史学、文学、经济学、物理、化学、天文、地理、农业水利、医学养生等诸多领域,是汉代道家学说中最重要的代表作。不过流传至今《淮南子》只剩下"内书"二十一篇。《淮南子》一书吸取了《老子》《庄子》,特别是《黄老帛书》的思想资料,成为集黄老学说大成的理论著作,它不仅对"道""天人""形神"等问题提出了独到见解,同时又在继承春秋时的"气"说与战国中期稷下黄老之学"精气"说的基础上,提出了"元气论"的概念和系统的宇宙生成论,蕴含着丰富的史学研究价值和精神智慧。刘安还著有《淮南王赋》八十二篇、《群臣赋》四十四篇、《淮南歌词》四篇、《淮南杂星子》十九卷,还有《淮南万毕术》《离骚传》等。刘安也是世界上最早尝试热气球升空的实践者,是中国豆腐制作的创始人。

田 何 西汉今文易学的开创者,田氏易学派的创始人。字子庄(子装),号杜田生,淄川(今山东淄博市)人。西汉初年迁居杜陵(今陕西西安东南)。一生专门研究《周易》,孔子授《易》,经五传至田何。有人认为,秦始皇焚书,《易经》也未得以保存,后经田何口授,方传于后世。他将《周易》传授于众弟子,先后授《易》于王同、周王孙、梁项生、丁宽、服生等人。后来,又授《易》于杨何。施雠、孟喜、梁丘贺也从田何学《易》,是田何的四传弟子。

惠帝时,田何已年老体衰,退居家中守道不仕。惠帝多次亲临其家聆听《易》道。因田何治《易》影响深广,使西汉立为博士的诸多今文易学家,皆尊其为师。后来传世的易学,都出自他的传授。

王 同 字子仲,东武(今山东诸城市)人。通晓《周易》,曾师从田何学易,又将易学传授于鲁周霸、莒衡胡等人。著有《易传》数篇。

周王孙 河南洛阳人。易学大师田何的弟子。曾师从田何学习《易经》,著《易传周氏》二篇。后又将《周氏传》古义精髓传授给前来学易的丁宽。周王孙是"训诂"学派的奠基者之一。

丁 宽 西汉著名文学家、今文经学家、易学大师。字子襄,梁国睢阳(今河南商丘睢阳)人。梁孝王时,任将军,曾率兵抗击吴楚七国叛军,平定了七国之乱。其玄孙女丁姬为汉哀帝之母。

梁项生从师田何学《易》时，丁宽还只是梁项生的随从，但他喜爱并细心留意《易经》，下功夫精心读《易》，很快超过了梁项生。于是直接向田何讨教，尽得其学。学有所成后，丁宽东归梁国睢阳，谓门人曰："易以东矣。"丁宽来到洛阳，又师从周王孙学《易经》古义，并作《易说》三万字，侧重于训诂，从字义上释《易》，推出当时广为流传的《小章句》。后来，丁宽传《易》学给田王孙，田王孙又传给施雠、孟喜和梁丘贺，由此使《易》学有施、孟、贺三家之学。《汉书·艺文志》辑有丁宽所著《丁氏》八篇，清马国翰《玉函山房辑佚书》辑有《周易丁氏传》二卷。

杨何 西汉经学家。字叔元，淄川（今山东淄博市）人。汉武帝时任中大夫。曾从师田何学《易经》。汉武帝设立《五经》博士之后，他第一个被立为《易经》博士。后来他传《易》于司马迁之父——司马谈。著有《易传杨氏》二篇，现已亡佚。《史记·太史公自序》记有："太史公学天官于唐都，受易于杨何，习道论于黄子。"

孔安国 （约前156—前74年）西汉经学家。字子国，孔子第十世孙。鲁（今山东曲阜）人。少学《诗》于申培，受《尚书》于伏生。孔安国学识渊博，汉武帝时任博士，擢升谏大夫，官至临淮太守。武帝末年，汉鲁恭王刘馀为扩建王府宫室，拆除了孔子古宅，得到藏于墙壁中的古文《尚书》《礼记》《论语》及《孝经》，孔安国奉诏将古文改写为当时通行的隶书，并为之作传，成为《古文尚书》的创始人。另外，孔安国还著有《古文孝经传》《论语训解》等。

孔安国精心研读《周易》，认为八卦为伏羲根据《河图》《洛书》所示而画，曰："《河图》者，伏羲氏王天下，龙马出河，遂则其文以画八卦。《洛书》者，禹治水时，神龟负文而列于背，有数至九，禹遂因而第之以成。"（《尚书·洪范传》）据传他还著有《尚书·孔氏传》，后经明清学者考证而否定。

东方朔 （约前154—前93年）西汉文学家、术数家。字曼倩，平原厌次（今山东德州陵县）人。东方朔传说很多，被后人视为"神仙"。据《独异志》卷上记载："汉东方朔，岁星精也。自入仕汉武帝，天上岁星不见。至其死后，星乃出。"《太平广记》卷六称有黄眉翁指母以语朔曰："昔为我妻，托形为太白之精，今汝亦此星之精也。"另据《列仙全传》记载，东方朔仕汉武帝为太中大夫，武帝晚年好仙术，东方朔博文广识，常以神仙灵怪、方外异事说于汉武帝。东方朔善星历，其啸则尘飞漫落。据《汉武帝内传》记载，东方朔乘龙飞去，不知所终。

东方朔思维敏捷,滑稽多智,语言诙谐。武帝时,先后任常侍郎、太中大夫等职。经常在武帝面前谈笑取乐,有时也谈政治形势、国家得失、振农强国之策,但汉武帝始终把他当作一名俳优看待,未予重用。

东方朔一生著述颇丰,著有《答客难》《非有先生论》等。据传还著有术数书《灵棋经》二卷。《汉书·艺文志》辑有《东方朔》二十篇,可惜今已散佚。明人张溥编有《东方太中集》收于《汉魏六朝百三家集》中。

司马谈

(？—前110年)西汉史学家、思想家,司马迁之父。夏阳(今陕西韩城)人。在汉初为五大夫,汉武帝建元至元封年间,任太史令。元封元年(前110年),汉武帝东巡至泰山,在山上举行祭祀天地的典礼,即所谓封禅大典。司马谈当时因病留在洛阳,未能参加典礼,遗憾郁闷而死。

司马谈学识广博,主要表现在三个方面:一是"学天官于唐都"。唐都是汉代著名星象观测专家,所谓学天官,就是学观测日月星辰的天文之学;二是"受易于杨何"。杨何是汉初著名传《易》者之一,《易》学占卜预测与日月星象有密切关系;三是"习道论于黄子"。黄子即黄生,擅长黄老之术,曾在景帝面前讨论汤王伐桀、武王伐纣这两件事情的性质,表达了当时统治者的思想倾向。司马谈的这些学问特长,为后来做太史令打下了基础,也反映了他的思想与统治者思想的一致性。在任太史令期间,他对先秦的思想发展历史做了深入广泛的研究,认为当时流行的阴阳、儒、墨、名、法等各派学说互有短长,唯有道家思想能够综合各派之长,"立俗施事,无所不宜"。他将研究成果整理撰写成《论六家要旨》一文,对各派特点分析解剖精当,成为先秦思想史与哲学史研究的珍贵文献。文中对先秦各家各派的评说,不仅对其子司马迁后来为先秦诸子作传有着深刻的启示,而且也为西汉末年名儒刘向、刘歆父子为先秦诸子分类奠定了基础。作为太史令,司马谈虽然没能亲自动手撰写一部通史,却为司马迁撰写《史记》积累了大量的第一手资料,为《史记》的最终完成做出了重要贡献。

司马迁

(前145—前90年)西汉伟大的史学家、思想家、文学家。司马谈之子,被后世尊称为史迁、太史公、历史之父。字子长,夏阳(今陕西韩城南)人。

司马迁幼年耕牧,10岁起开始学习古文典籍。大约在汉武帝元光、元朔年间,曾向今文家董仲舒学习《春秋公羊传》,向古文家孔安国学习《古文尚书》。司马迁生性喜欢游历,20岁时,从京师长安南下漫游,足迹遍及江淮流域和中原地区,到处考察民俗,采集传说。不久入仕为郎中，担任汉武帝的侍卫和扈从，多次随驾西巡。元封三年(前108年)，司马迁继承其父司马谈之职，出任太史令，负责掌管天文历法及皇家藏书。从而接触到大量史官所藏珍贵图书典籍。太初元年(前104年)，他与唐都、落下闳等人共同修订完成了《太初历》，替代了秦以来一直沿用的《颛顼历》，顺应了当时社会发展和生产生活需要。此后司马迁开始筹划撰写纪实史书。其间，因在朝廷公开为降将李陵辩护而获罪下狱，并遭受腐刑。出狱后复任中书令，继续发愤著书，终于完成了中国第一部纪传体书籍《史记》的撰写，对后世史学的形成和发展产生了深远影响，为中国人民和世界人民留下了一笔宝贵的文化遗产。

除专注于对历史的研究外，司马迁对《周易》也进行了深入研究。留下了"伏羲之纯厚，作易八卦""文王拘于羑里时，推演八卦作重卦而有六十四卦"等文字。司马迁还著有《报任少卿书》《素王妙论》等。

田王孙 西汉经学家、《易》学博士。砀县(今河南永城县东北)人。曾跟随丁宽学《易经》，立为博士。此后又将其所学之《易》传授于施雠、孟喜、梁丘贺三人，使《易》学有了施、孟、梁三家之学。

孟 喜 西汉学者、经学家、今文易学"孟氏学"的开创者。字长卿，东海兰陵(今山东苍山县兰陵镇)人。其父孟卿因研究《礼记》《春秋》而成名。由于长期从事研究《礼记》和《春秋》，孟卿深感属于儒家礼节规范的《礼记》内容过于繁杂，生活中应用不便；而《春秋》中涉及的内容也太多，不便于记忆，在现实中作用不大。因此，不让儿子孟喜钻研《礼记》和《春秋》，而让他跟从田何的再传弟子，当时很有名气的田王孙学习《易经》。

由于孟喜专心攻读《周易》，成绩斐然。他将《周易》六十四卦的推演规律和天文知识及自然气候变化紧密结合，创建了《孟氏易》。其特点是：以《周易》卦象的变化来解说地球一年节气的演化，推出十二消息卦。即以六十四卦配四时、十二月、二十四节气、七十二候，形成卦气学说。十二消息卦将地球一年之中的气候冷热、消息变化，归结为阴消阳长或阳消阴长，将每个月的气候变化和《周易》六十四卦中的某一卦相互对应。这就将《易经》内容和天文地理紧密联系起来。

孟喜的卦气学说讲的是对气候的预测，又通过气候变化来推测国事人事，论证吉凶祸福。唐代天文学家僧一行在《大衍历议·坤议》中说："十二月卦出于孟氏章句，其说易本于气，而后以人事明之。"孟喜关注《易经》八卦及六十四卦与日历之间的关系，他指出：一年的四季、十二月、二十四节气、七十二候，每月三十日，一节气十五日有余，一候五日有余，以此而与八卦之中的六十四卦相联系，又与每卦之中的六爻相配合，从而把六十四卦和年月日紧密关联起来。

孟喜在《孟氏易》中还提出六日七分法，即为了将六十四卦中的每一爻与一年之中的每一天相配，按照中国古代创造的四分历，将一年的总长度三百六十五点二五天平均分配到六十四卦之中，每卦所得为六日七分，从而得出了六日七分法。

孟喜及其学派用符号、形象和数字来解释气候，进而推测宇宙万物的变化，被后人称为"象数之学"，此学逐渐被借用来研究探讨天文、历法、乐律等方面的知识。东汉时的虞光世传《孟氏易》，五传至三国时期的虞翻。虞翻作《周易注》《易律历》《周易集林》《周易日月变异》等书，发展了孟喜的学说。到了唐代，天文学家僧一行用《孟氏易》的观点来推算黄道，准确地得出黄道的角度，这是世界历史上人类首次预测黄道的尝试。宋代时，道学家陈抟也对孟喜的学说进行了认真研究，并将其纳入道家之学，对后来朱熹创建的宋明理学产生了深刻影响。到了清代，易学家惠栋在其所著《易汉学》中进一步阐发了孟氏学说的特点，深刻分析了孟氏学后来演变为预测学的主要原因，使以孟氏学为基础的易学发展到一个新的高度。总之，孟喜所传下来的孟氏学，对中国易学的不断演化和推进起到了重要作用。同时，他还有力地促进了自然科学的发展，在这方面，对后世的影响也是巨大的。

由于汉宣帝始终不看重孟喜的易学，认为其离经叛道，因此也不重用孟喜，使其在仕途上一直不顺利。举孝廉后孟喜仅做了郎官、曲台署长，后来又调到丞相府做了一段丞相助手。孟喜的学生白光、翟牧都做到博士，他们修订了由孟喜创造的《孟氏易》，最终使孟喜的学说在西汉后期形成了三个学派，即孟氏易、白氏易和翟氏易，从而分裂了孟氏易学。

施雠　（约前100—?）西汉经学家、今文易学"施氏学"的开创者。字长卿，沛（今安徽濉溪）人。施雠为田王孙的终生弟子，从小就跟从其学习《周易》，一直侍奉到田王孙去世。公元前73年立为博士，专治群经。汉宣帝时，曾在石渠阁与诸儒讨论五经的异同，雄辩滔天，由此而名声大噪。后来将所学之《易》传授于张禹、鲁伯。张禹又向下传授于彭宣，于是"施氏易"有了张、彭之学为其传承。现著作已佚，清马国翰《玉函山房辑佚书》辑有《周易施氏章句》一卷。

梁丘贺　西汉经学家、今文易学"梁丘学"的开创者。字长翁，琅玡郡诸（今山东诸城）人。梁丘贺先从师于京房（杨何弟子，另外一个京房）学《易经》，后来与孟喜、施雠共同投于田何的再传弟子田王孙门下深入钻研《易经》，学习成果显著。汉宣帝时，召为郎。因其为人谨慎，谋事周密，且占筮多有应验，深得宣帝器重。先后被提任为太中大夫、给事中，官至少府，并立为博士。梁丘贺所创立的易学，与孟喜、施雠、京氏易同被列为官家易学，对后世产生了较大影响。

晚年，梁丘贺将其易学传授于其子梁丘临。梁丘临学问精熟，更为汉宣帝所器重，选了十位才子跟从梁丘临学《易》并讲学，梁丘临将所学易学传授于五鹿充宗，五鹿充宗又向下传于士孙张、邓彭祖、衡咸等人。由此"梁丘易学"有了士孙、邓、衡之学。今著作已佚。清马国翰《玉函山房辑佚书》辑有《周易梁丘章句》一卷。

焦延寿

西汉大学者、易学家。字赣，梁（今河南商丘市南）人。焦延寿出身贫贱，曾因好学而得到梁敬王的资助。汉昭帝时，开始做官，曾任郡吏察举，补小黄令（小黄，当时为西汉陈留郡的属地，位于今河南兰考县附近）。任职期间，常先知奸邪，致使为盗者不敢轻举妄动。因其"爱养吏民，化行县中"，不久被举荐推升到外地为官。由于政绩优异，深得朝廷信任，官职不断升高。最后卒于小黄。

焦延寿酷爱《易经》并专心研读，自称得易学大师孟喜真传，他的学生京房也认为"延寿易即孟氏学"。而孟喜的正传弟子"翟牧、白生不肯，皆曰非也"。其实，"焦延寿独得隐士之说，托之孟氏，不相与同"。焦延寿长于以灾变说易，注重易象，"以风雨寒温为候，各有占验"。这一占断方法后来被其弟子京房继承和发挥，将以灾变说易的方法发挥到极致，在易学史上形成了深远的影响。

焦延寿推演《周易》，以一卦变六十四卦，六十四卦变四千零九十六卦，并在每卦之下以韵文繇辞作解，用以占验吉凶，由此撰成《焦氏易林》十六卷，一直留存至今。此外，他还著有《易林变占》等，今已亡佚。

费直

西汉民间易学家、古文易学"费氏学"的开创者。字长翁，东莱（今山东莱州市）人。曾因善治《易》而任为郎官，后任单父（今山东省单县境内）县令。

费直以古文古字本治《易》，称《古文易》。他"长于卦筮，亡章句"，专以"彖""象""系辞"等解说《周易》上下经文，开创了训诂史上以《传》附《经》的先河。据《魏志·高贵乡公记》所载：以传附经，始于费直和郑玄，而后传至王弼。汉宣帝、元帝（前73—前33年）间，传《易》者已有施雠、孟喜、梁丘父子、京氏（前京房）四家被列入官学。而费氏之学因传古文而无师授，一直未被列入官学，只在民间流传，使其成为《古文易》学中民间《易》的代表,到了东汉,流行得更加广泛。陈元、郑众、马融、郑玄、荀爽等人均习其学。三国时魏人王弼注《易》也多采用其说。追溯起来,现今流传的《易经》与"费氏学"也有很深的渊源。

费氏易学,不讲卦气和阴阳灾变,而是以《易传》的文义解释《易经》,侧重于《易经》中义理的发掘,对《周易》经传的注疏,往往采取揭示哲理和人道教训的方式,其易学后来发展成一个重要流派——《易经》注疏中的义理学派。清马国翰《玉函山房辑佚书》辑有《费氏易》一卷、《周易分野》一卷。

高 相　西汉文人、经学家。沛(安徽濉溪)人。治《易》与费直同时。无著述与章句,专以阴阳灾异说《易》,自言其所学出于田何弟子丁宽。其学初在民间流传,后传其子康及兰陵毋将永。后来,康因通晓《周易》而晋授为郎,毋将永也因知《易》而官至豫章都尉。汉《易》有高氏之学,但仅传于民间,并未列为官学。

张 禹　(？—前5年)西汉今文经学家。字子文,河内轵县(今河南济源东南)人,后移居莲勺。

张禹幼年就喜欢随家人到集市的看相摊前驻足观看,久而久之,粗略了解了一些占筮、卜卦之术,且能从旁插言。由于从小受到熏陶,长大后便拜当时的名家施雠为师,跟随施雠学习《易经》。同时,又从师于琅琊王阳、胶东庸生学习《论语》。不久均能熟悉掌握。由于其所学深厚,被推荐为郡文学。甘露年间,又被诸儒推荐做了博士。初元年间(前53—前50年),擢升光禄大夫,专授太子学习《论语》。河平四年(前25年)代王商任丞相,封安昌侯。

张禹一生喜《易》,从施雠学《易》,又将所学尽传后人。彭宣跟从张禹学习《易经》,并将其发扬光大,于是"施氏之易"有了张、彭之学。

翟 牧　西汉经学家。字子兄,沛郡(今安徽濉溪县西北)人。酷爱《易经》,与兰陵白光同时向孟喜学《易》,为孟喜的弟子,在汉《易》分化为施、孟、梁丘三家以后,努力传授和推进孟氏学,使《孟氏易》之后又有了翟、白之学。

五鹿充宗　西汉儒家学者、经学家。复姓五鹿(以居地为姓氏),名充宗,字君孟,卫之五鹿人。五鹿充宗受学于弘成子,专门研究今文易中的"梁丘学"。

五鹿充宗为人耿傲,锋芒毕露。汉元帝曾赞其"心辨善辞,可使四方"。宦官石显当权时,权倾朝野,五鹿充宗与石显结为党友,先后被提任为尚书令、少府。汉成帝即位后,石显失势,五鹿充宗也受株连而被贬为玄菟太守。

五鹿充宗以其善辩多次与当时诸易家辩论易学,多数人因畏其权势,不敢与之争论。唯有博士朱云敢与争辩,并多次将其驳倒。当时人称"五鹿岳岳(形容长角的样子),朱云折其角"(《汉书·朱云传》)。

五鹿充宗的主要著述《略说三篇》收录于《汉书·艺文志》中。

朱 云

西汉经学家。字游,平陵(今陕西咸阳西北)人。年少时,喜好交友,轻财仗义。四十岁时,才拜师读书。下苦功钻研《易经》《论语》等书籍。元帝时,因与少府五鹿充宗辩论易学获胜,遂授予博士。成帝时,迁任杜陵令、槐里令。

朱云为人性格狂直,多次上书抨击朝廷大臣。他指斥众朝臣尸位素餐,请斩佞臣安昌侯张禹(曾担任汉成帝的师傅),以警厉众臣。这件事使成帝大为恼火,欲诛杀朱云。此时,朱云抓住御殿栏槛不放,仍拼死直谏,直到栏槛折断。经众臣求情,成帝才慢慢平复怒气,并下令保留折断的殿槛,以鼓励直谏之臣,警示众人。后来,朱云仍因数次触怒权贵而获罪受刑。

朱云晚年辞官教学授徒,七十岁卒于家中。其受《易》于白子友,其学与"梁丘易"有所不同,他以其易学多次与五鹿充宗进行辩论,并屡屡获胜,在当时受到广泛赞誉。

严君平

(前86—前10年)西汉道家学者、思想家。本名庄遵,字君平,蜀郡(今四川成都)人。喜好黄老,终身不仕。汉成帝在位时(前32—前7年),曾隐居成都市井中以卜筮为业,卜筮时,依筮龟以忠孝信义诲人,"因势导之以善"。日得百钱即收摊回家闭门读书。由于他不慕仕宦,节操清奇,故声名远播,很受敬重。五十岁后,归隐专心著述。他曾授徒于郫县平乐山。在山上培育出得意弟子扬雄。在平乐山他生活了四十余年,去世后也埋葬于郫县平乐山。在山上他还做过"王莽服诛,光武中兴"的预言,提前二十多年准确预测了"王莽篡权"和"光武中兴"等重大历史事件。

严君平曾引《周易》经传文义解释老子的《道德经》,将易学和黄老之学结合起来,诠释阴阳变易之说。他一生留下了两部最重要的著作,即《老子道德真经指归》和《易经骨髓》。

京 房

（前77—前37年）西汉易学大家，音律学家、今文易学"京氏学"的开创者。本姓李，字君明，东郡顿丘（今河南清丰西南）人。

京房从师于焦延寿学《易》，深得"焦氏易"真谛。他把焦延寿以灾异说《易》的做法推向极端，无处不讲，并以之干政，使这一流派一时间声名大作，产生了前所未有的影响。焦延寿看出了京房以《易》干政的危险性，曾不无忧虑地说："得我道以亡身者，京生也。"最后结局果然不出焦氏所料。元帝初元四年，京房以孝廉晋升为郎，后立为博士。他屡次上疏，毫不讳言，以灾异推论时政得失。又不惧权臣，劾奏中书令石显等人专权，最终被排挤出朝廷中枢，先出任魏郡太守，后经石显等人罗织罪名，将其下狱，直到死于狱中。

京房把《周易》当作占算吉凶的典籍，说《易》侧重于占候之术，创造了许多以《易经》占算的体例。占算中，除了进一步发挥孟喜的卦气说，还将阴阳五行的观点融会进去。京房易学在焦氏易和孟喜卦气说的基础上主要有以下几个方面的发展：

①八宫说。京房创建了八宫学说。将六十四卦分置于八宫，每宫由八卦组成。以乾、震、坎、艮、坤、巽、离、兑八个经卦为各宫的本宫卦，以本宫卦为基础，根据爻位自下而上的阴阳变化顺序，分列其他各卦，初爻变则为一世卦，二爻同变则为二世卦，三爻同变则为三世卦，四爻同变则为四世卦，五爻同变则为五世卦，然后返回再变四爻为游魂卦，一、二、三爻又变为归魂卦。

八纯上世	乾	震	坎	艮	坤	巽	离	兑
一世	姤	豫	节	贲	复	小畜	旅	困
二世	遁	解	屯	大畜	临	家人	鼎	萃
三世	否	恒	既济	损	泰	益	未济	咸
四世	观	升	革	睽	大壮	无妄	蒙	蹇
五世	剥	井	丰	履	夬	噬嗑	涣	谦
游魂	晋	大过	明夷	中孚	需	颐	讼	小过
归魂	大有	随	师	渐	比	蛊	同人	归妹

八宫卦象图

京房所创建的八宫易学体系是一个全新的体系,它不同于《周易·序卦传》中所排列的《易经》各卦顺序。其中充分体现了京房看待和解释《易经》的一种新的思维模式。

②世应说。在八宫说的基础上,京房还对卦中的六个爻逐一分析,确定了主从关系,认为每一卦六爻之中只有一个主爻,一卦的性质皆由主爻来决定和支配,所占筮事物的吉凶悔吝取决于卦主。应爻与主爻相隔的距离,确定了其是否有主应关系。如一爻与四爻、二爻与五爻、三爻与六爻之间皆为主应关系,一阴一阳则相辅,同为阴或同为阳则相敌。京房的世应说在前人的基础上,进一步完善了《易经》的象数占筮体系,使《易经》象数占筮的内容更加充实。

③飞伏说。京房认为,事物的阴阳变化总是处于显与隐、有与无、往与来等相互矛盾的状态。显者即为飞,隐者即为伏;来者即为飞,往者即为伏;有者即为飞,无者即为伏。京房的飞伏理论体现了你中有我,我中有你,事物中主要因素与从属因素相混杂与相互转化的状态。如在解释离卦时,京房曰:"离本于纯阳,阳气贯中,禀于刚健,见乎文明。阳为阴主,阳伏于阴也。是以体离为日为火,始于阳象,而假以阴气。纯用刚健不能明照,故以阴气入阳,柔于刚健而能顺。柔中虚见火象也。"飞伏说的创建,对于分析卦中爻与爻,以至于卦与卦之间的关系更加透彻,能够由表及里,由静到动,不再局限于表面或局部,更加容易捕捉事物的内在联系,发现和揭示事物的本质。京房的飞伏说进一步丰富了《易经》的卦爻理论。

④五行说。京房认为:"八卦分阴阳,六位五行,光明四通,交易立节,天地若不变易,不能通气。五行迭终,四时更废。"他把《易经》的卦爻与五行紧密相连:将乾、兑卦与金,坤、艮卦与土,震、巽卦与木,坎卦与水,离卦与火联系在一起,在此基础上推而广之,从而将各卦各爻与五行体系全部连接在一起,以五行元素配以《易经》卦爻,借以阐发宇宙间事物的发生、发展以及相互间的联系与影响。京房强调:"阴阳运行,一寒一暑,五行互用,一吉一凶,以通神明之德,以类万物之情。""且《易》者,包备有无,有吉则有凶,有凶则有吉。生吉凶之义,始于五行,终于八卦。"京房的五行说,丰富了《易经》卦爻的内容和形式,体现了自然界五行元素无处不在的基本思想。

⑤纳甲说。京房用八宫卦配以十天干,以阳卦配阳干,阴卦配阴干,形成了独特的纳甲体系。具体为:乾卦纳甲壬,其内卦纳甲,外卦纳壬;坤卦纳乙癸,其内卦纳乙,外卦纳癸;震卦纳庚;巽卦纳辛;坎卦纳戊;离卦纳己;艮卦纳丙;兑卦纳丁。《易经》六十四卦中除掉八经卦以外的其他卦,分别视内卦和外卦所属的纯卦来纳甲,如屯卦下卦为震上卦为坎,即纳庚戊;临卦下卦为兑上卦为坤,即纳丁癸,等等。京房的纳甲说,是基于乾坤为天地阴阳之本的易学思想,将甲乙壬癸看作是阴阳之终始,即乾为天,为

阳;坤为地,为阴。六十四卦始于乾坤阴阳,终于乾坤阴阳,阴阳二气贯穿于万事万物的始终。在历法的十天干中,开头的甲为阳,乙为阴;末尾的壬为阳,癸为阴。故而乾卦纳甲壬,坤卦纳乙癸。八经卦中的其他六卦,是按照《说卦传》中"乾坤生六子"的反相顺序,阳卦配阳干,阴卦配阴干。纳甲法在一定程度上反映了宇宙间各类事物生与被生的关系,表达了天地阴阳的自然之道。

⑥纳支说。除纳甲外,京房还将十二地支纳入八宫卦中。其实,广义的纳甲也包含了纳支。纳支所遵循的原则同纳甲一样,也是阳卦纳阳支,阴卦纳阴支。纳支也可称之为纳音。从历法来看,冬至所在之月或建子之月为一年之始,音律中二十二律以黄钟为首,创建音律时确定黄钟从冬至开始,因此,黄钟恰好切在乾卦初九时位,纳支为子。此起点确立后,京房又根据音律的三分损益法,按十二支来算,隔八生律,纳其他各支。隔八生律即:律起于黄钟子位时,正切在乾卦初九爻。从子位起算,经历子、丑、寅、卯、辰、巳、午、未八位,而至林钟未位,切在坤卦初六爻,于时为六月。再从未位起算,经历未、申、酉、戌、亥、子、丑、寅八位,而至泰簇寅位,切在乾卦九二爻,于时为正月。如此隔八相生,得出全部十二律及其地支所对应的爻位。根据"天道左旋,地道右旋"的规则,阳卦顺配,阴卦逆配。乾卦由子起,初爻至上爻自下而上分别配子、寅、辰、午、申、戌。震卦所配与乾卦相同;坎卦从初爻至上爻配寅、辰、午、申、戌、子;艮卦从初爻至上爻配辰、午、申、戌、子、寅。坤卦由未起,初爻至上爻自下而上分别配未、巳、卯、丑、亥、酉;巽卦从初爻至上爻配丑、亥、酉、未、巳、卯;离卦从初爻至上爻配卯、丑、亥、酉、未、巳;兑卦从初爻至上爻配巳、卯、丑、亥、酉、未。八卦纳支的突出特点是:阳卦起于子顺行,乾、震两卦相同;阴卦起于未逆行。从巽卦开始与地支相配的顺序则有所跳跃,巽卦初爻与坤卦外卦的地支始配,离、兑两卦也以此类推,配以不同的地支。纳支说是京房利用八宫卦中卦爻的阴阳属性与自然界时序推移转换深入结合的阐释,见解独到,为后人所沿用。

⑦贵贱说。京房为了使六十四卦中每卦的爻位同社会人事相结合,对爻位的等级进行了区分。采用《乾凿度》中的归纳法来确定各爻的地位,即:初爻为元士,二爻为大夫,三爻为公卿,四爻为诸侯,五爻为天子,上爻为宗庙。在卦爻中,展示了人的社会地位由低而高,逐次变化的状态。在《京氏易卦》中,处处表现出"列贵贱者存乎位"的思想。如他在解乾卦时讲"九三三公为应",解否卦时讲"上九宗庙为应",解恒卦时讲"三公治世,应于上九庙宇"等等,这些都以卦中的爻位明确指代了人在社会中的等级和地位,使卦爻与当时的社会现实紧密结合起来。

⑧六亲说。京房还从另外的角度,即通过六亲的形式来标示卦爻。分别以官鬼、妻财、天地(父母)、福德(子孙)、同气(兄弟)来具体比拟五行之间的生克比和等关系。

· 34 ·

六亲说是京房五行说的重要体现。他将《序卦传》中"有天地然后有万物,有万物然后有男女,有男女然后有夫妇,有夫妇然后有父子"的思想运用到卦爻上,使之更加具体化,这是京房对易卦体系的发展和创新,使易卦体系更加系统和完备。现在看来,虽然这一理论中有诸多牵强附会或逻辑上的糟粕,但其中也有不少因素使易卦体系得到进一步发展和丰富,使易经的层次不断多样化,各种功能相互依存、相互制约,天人感应的基本思想得到更充分的体现。

此外,京房还根据音律学改良乐器,将过去只有四孔而对应宫、角、徵、羽的笛子改为五孔,增加了"商"音,合成五音,这一发明一直被后人沿用。

刘 向 (约前77—前6年)西汉经学家、文学家、目录学家。原名刘更生,字子政,沛(今江苏沛县)人。刘向为楚元王刘交四世孙。汉宣帝时,任散骑谏议大夫,元帝时,任宗正。因反对宦官弘恭、石显而被拘捕下狱,免为庶人。成帝即位后,复得进用,任光禄大夫,改名为"向",后官至中垒校尉。刘向曾奉命领校秘书,负责校阅经传诸子诗赋等书籍,他所撰《别录》一书,是我国最早的图书目录学著作。曾治《春秋谷梁传》,著《九叹》等辞赋三十三篇。现多以亡佚。今存《新序》《说苑》《列女传》等书籍,《五经通义》原集也已遗失,只有清人马国翰辑本,还有明人所存《刘中垒集》。

刘向钻研《周易》,推崇五行说,其所著《洪范五行传论》,即以阴阳五行之说为本,讲述了灾异及占验之事。在讲灾异时,他经常引用孟喜、京房的卦气说,也曾以阴阳灾异论说时政得失。刘向虽未留下完整的易学著作,但他所提出的许多易学观点,却对易学的传承和发展起到了积极的推进作用。

刘 歆 (约前53—23年)西汉末年的著名学者、目录学家、天文学家、数学家、古文经学派的开创者。字子骏。后改名秀,改字颖叔,刘向之子,沛(今江苏沛县)人。

刘歆少年时即通习今文《诗》《书》,后又钻研今文《易》和《春秋谷梁传》等。以学识渊博、善经学及文学而被汉成帝重视并召见,任黄门郎。汉成帝河平三年(公元前26年),又受诏与其父刘向领校"中秘书",负责管理核校内秘府藏书。刘向死后,他继承父业,继续整理六艺群书。在刘向所编撰的《别录》基础上,修订编撰了中国历史上第一部图书分类目录《七略》,对中国目录学做出了重大贡献。王莽篡权执政后,设立古文博士,刘歆被任为国师,不久因参与谋杀王莽事件败露而自杀。

刘歆喜爱并推崇《周易》,在其所撰《七略》中将《周易》列为群经之首,从此使六艺经传系统的顺位发生了根本性的改变。从武帝元光年间开始，《周易》的地位虽然已经得到官方认可，却始终屈居于《诗》《书》《礼》之下，刘歆首次提出：" 《易》与《春秋》，天人之道也。"据《汉书·艺文志·六艺略序》载刘歆言曰："六艺之文，《乐》以和神，仁之表也；《诗》以正言，义之用也；《礼》以明体，明者著见，故无训也；《书》以广听，知之术也；《春秋》以断事，信之符也。五者，盖五常之道，相须而备，而《易》为之原。故曰'《易》不可见，则乾坤或几乎息矣'，言与天地为终始也。"他用《周易》来统领整个经学系统，将《易经》视为中国文化的最高经典。

刘歆的易学体系中包含了各方面的丰富学问，如音律学、天文学、历史学、宗教学、社会学、政治学等等。他博学多才，西汉以来第一次尝试以八卦解释河图，以《洪范》解释洛书，提出了"河图八卦说"，为后人深入研究和探讨《周易》的本源开拓了新的思路。

刘歆讲易重卦气，他研究天文历法以孟喜和京房的卦气说为依据，将《周易》中的卦爻数与五行紧密联系并深入推演，根据《太初历》修订编撰了我国史书上第一部记载完整的历法书《三统历》。结合音律学，以黄钟为天统，林钟为地统，太簇为人统，并配之以乾与坤两卦象，再配十二律、十二月、十二辰。《三统历》是对孟喜和京房的卦气说的继承和发展。近代学者章太炎说："孔子以后的最大人物是刘歆。"易学家顾颉刚则称刘歆为"学术界的大伟人"。

扬 雄 （前53—18年）西汉末年的著名学者、文学家、思想家。本姓杨，杨雄好奇异，特立标新，自易姓为扬，字子云，蜀郡成都（今四川成都郫县友爱镇）人。扬雄少而好学，博览群书，多识古文奇字，酷爱辞赋。因天生口吃不善言谈，故喜独自思考。家中贫苦，却不慕富贵。曾师从道家学者严君平学习《道德经》《易经》等，四十岁后，开始游学于京师，被大司马王音召为门下史，又推荐为待诏。后经蜀人杨庄引荐，被喜爱辞赋的汉成帝召入宫中，侍从祭祀、游猎等，任给事黄门郎，官职一直很低微，历成、哀、平"三世不徙官"。王莽称帝后，扬雄曾校书于天禄阁。后来由于受他人牵连，在即将被捕时坠阁自杀未遂。复召为大夫。

扬雄早年极其崇拜司马相如，曾模仿司马相如的《子虚赋》《上林赋》而作了多篇辞赋。其一生作赋七篇，《反离骚》《广骚》《畔牢愁》三篇，是扬雄蛰居四川时抒发愤懑及申明志向之作；《甘泉赋》《羽猎赋》《河东赋》《长杨赋》四篇，则是他侍从汉成帝郊祀和狩猎时的应制之作。这七篇辞赋，奠定了扬雄在中国文学史上的重要地位。他的赋，完全可与他的前辈和同乡司马相如的赋相媲美，故后世有"扬马"之称。扬雄晚年对赋有了新的认识，在其所撰《法言·吾子》中认为作赋乃是"童子雕虫篆刻""壮夫不为"。认为自己早年的赋和司马相如的赋一样,都是似讽而实劝。他的这种认识对后世关于辞赋的文学评价产生了一定影响。在唐代,扬雄的名气很大,中唐著名诗人刘禹锡在所撰《陋室铭》中将他与诸葛亮相提并论,留下"南阳诸葛庐,西蜀子云亭"的诗句。

扬雄在中国古代哲学史和思想史上也有着崇高地位。他借鉴论语撰写了《法言》,内容涉及修身齐家、读书治学、为人处事等诸多方面,内容和体例比《论语》还要广泛深刻。他还借鉴《易经》撰写了《太玄》,将"玄"视作宇宙万物的根源,柔和儒、道、阴阳三家之说,运用天文历法知识,描绘了一个新的宇宙运行图式。他认为天有"九天",地有"九地",人有"九等",家族有"九属",提出了"夫作者贵其有循而体自然也""质干在乎自然,华藻在乎人事"等观点,对天地与人事(即自然与社会)的关系进行了深刻阐述。被后人认为是一部难得的"绝伦"之作。后世许多学者将《太玄》和《法言》奉为经典,同时将扬雄视为"大儒""大贤"。韩愈和司马光等人更认为扬雄应该享有与孟子、荀子等先贤一样崇高的地位。北宋时期,扬雄还一度被请进文庙陪祀孔子,作为先儒,接受天下人的顶礼膜拜。

彭 宣

字子佩,曾师从当时的大儒、今文经学家张禹学习《易经》,并有所建树。张禹从施雠学《易》,其所传易为"施氏易",彭宣将其发扬光大,使施氏之易继而有了张、彭之学。汉成帝时,张禹向朝廷推荐彭宣说:"宣通经明理,学识渊博,为人诚实,可参之政事。"由此进入京都做了右扶风,升为廷尉。公元前32年,成帝任命彭宣为光禄大夫、右将军。哀帝即位后,调任左将军,不久转任大司空,封爵长平侯。王莽篡权专政时,彭宣见险而止,上书乞归故里,封安平侯。后举家迁居河南淮阳,几年后去世,谥号顷侯。

概要

　　继西汉之后，东汉统治者依然重视儒术，儒家思想仍旧为统治阶级的主导思想。汉光武帝刘秀继承汉武帝，继续在朝堂设立《五经》博士，以家法灌输《易》《书》《诗》《礼》《春秋》，使《五经》继续保持着备受尊崇的地位。这一时期，《易经》经内秘府藏书总校官刘歆之手，在《五经》中被提居为"群经之首"而得到充分肯定。此时的易学仍然承袭西汉的象数之学，其发展大体经历了三个阶段：第一阶段是谶纬思潮笼罩下的易学发展阶段。主要代表人物有范升、樊英等；第二阶段是以费氏易诠注易学，即易学的全面训诂阶段。主要代表人物有马融、王符等；第三阶段是东汉遭遇党锢之祸后，五经之学逐渐与政治分离，易学也不再追随政治的需要而亦步亦趋，开始走向玄学并与道家之学结为一体。此时出现了郑玄、荀爽、魏伯阳等一些涉于玄学或丹经学的易学家。东汉时期易学的发展和演变对后来三国时期王弼"义理易学"的壮大和彻底扫落象数易学奠定了基础。

东汉时期

崔篆　东汉易学家。涿郡安平(今河北安平县)人。曾担任郡守。王莽篡权改制时,其党羽遍及各地,利用严厉的刑法杀害许多无辜的人。崔篆所到之处见到牢狱人满为患,垂泪曰:"嗟乎,刑法酷烈,乃至于斯!此皆何罪!"遂平反释放两千余人。后被传为有名的崔篆为民平反故事。

崔篆通晓《周易》,其观象玩辞,不言灾异。善将一卦推演为六十四卦,六十四卦推演为四千零九十六卦,寻找关联因素,多方比对,用以占验吉凶。前人焦延寿所撰《易林》,后人有说系崔篆所作。

范升　东汉经学家。字辩卿,代郡(今河北阳原县)人。范升少年时是孤儿,一直生长在外祖父家中。他努力学习,九岁通《论语》《孝经》,长大些时,开始学习"梁丘易"和老子的《道德经》,并收徒教学。王莽篡权期间,当过一段议曹史。光武帝刘秀建立东汉政权以后,见他才智过人,遂拜为议郎,任博士,经常召见参议朝政大事。当时,不少儒生把自然界的一些怪异现象与社会上人事变故及国家安危联系起来,用经学的条文硬性对照并加以论证,将《易经》也主要用作占卜未来吉凶祸福和重大政治变动的卦书来看待。光武帝刘秀为了巩固自己的统治地位,很是推崇这种"天人之变"的易学观点以及君权神授的思想,为了提高易学和与之相关的其他经学的至尊之位,光武帝在朝廷专门为之设立了博士员位,这种做法使当时已经受到重视的谶纬之学更加盛行。

光武帝建武四年(28年)正月,尚书令韩歆上书,请求为费氏易等设立博士位,对于这个建议,范升坚决反对。他与尚书令韩歆、太中大夫许淑等人展开了激烈辩论,直至"日中乃罢"。范升认为,费氏易等类,实属经学异端,根本不可登大雅之堂。这场辩论过后,他还专门上了一封奏章,详细说明反对广立经学博士的真正用心。他反复劝谏皇帝说:"草创天下,纲纪未定""奏立《左》《费》,非政急务",奏请刘秀向汉武帝学习,"疑先帝之所疑,信先帝之所信""正其本末,方可治理万事"。他的劝告,终于使刘秀觉醒,放弃了广立经学博士的打算。

后来,范升听从妻子的劝告,辞官返乡,在永平中任聊城令,直到晚年卒于家中。

樊英　东汉易学家、术数学家。字季齐,南阳鲁阳(今河南平顶山鲁山县)人。幼年曾到三辅(今陕西西安边)接受学业,后隐居于壶山之南。樊英通晓五经,对《易经》尤为精通,著有《易章句》,在学术上颇有建树,影响广泛,其说被世人称为樊氏学说。颍川陈宜是樊氏学说的继承人,传播和发展了樊氏学。

安帝初年,樊英被征为博士。顺帝时,欲拜为五官中郎将、光禄大夫,但他都以病重而坚决推辞。

樊英深谙京氏易,善风角、星算及河洛七纬,能推步决灾异,曾以图纬教授四方受业者。因其善算,每有灾异,朝廷即召见其询问变复之数,据传他所言之变多有应验。樊英确是当时易学占筮的权威性人物。另外还有传说:樊英曾为易学著作《易纬稽览图》《易纬辨终备》作过传注,但今皆已亡佚。

樊英享年七十余岁,最后卒于家中。

王 充

(27—97年)东汉著名哲学家、思想家、教育家。无神论者。字仲任,浙江会稽上虞人。王充少时就成了孤儿,后来到了京城,在太学里学习,拜扶风人班彪为师。他的思想是以道家的"自然无为"为宗旨,以"天"为天道观的最终范畴。认为气是宇宙的核心,庞大的宇宙是由元气、精气和其他的气经过自然气化而生成的,这就与天人感应论形成了明显的对立。他在主张生死自然、力倡薄葬、反叛神话儒学等方面彰显了道家的特质,以大量的事实验证言论,弥补了道家空说无着的缺陷。他是汉代道家思想的重要传承者与发展者。王充思想虽属道家,却又与先秦的老庄思想有严格的区别,他虽是汉代道家思想的主张者,但又与汉王朝所标榜的"黄老之学"以及西汉末年民间所流行的道教有所不同,后来,他进一步转变成为一个唯物主义哲学家。但是,虽反对神学目的论,他却并不了解造成吉凶祸福和贫富贵贱的社会原因,因而主张"命定论",强调"命"的绝对权威,认为"命当贫贱,虽富贵之,犹涉祸患矣;命当富贵,虽贫贱之,犹逢富善矣"。认为决定生死夭寿和贫富贵贱的命运,是由天和星象施气造成的,"天施气于地以生物,人转相生,精微为圣,皆因父气,不更禀取"。他认为造成社会治乱的原因也取决于"时数",而否定人的作用,"年岁水旱,五谷不成,非政所致,时数然也,昌衰兴废,皆天时也,贤不贤之君,明不明之政,无能损益"。人在命运面前无能为力,只能听凭命运的摆布。在这一点上,他远远落后于荀子,甚至也不及墨子和孔子。

王充一生广涉博览,穷读百家之书,专心研究各种学术问题,留下了大量有独到见解的著述,其中最重要的著作是《论衡》一书。《论衡》是我国古代的一部"百科全书",共八十五篇,二十余万字。书中记述了他对运动、力、热、静、电、磁、雷电、声等自然现象的观察,并鲜明地阐述了自己的认识和观点。他还解释了人与自然的关系,把人的发声,比喻为如同鱼引起水的波动;把声音的传播,比喻为水波的传播。这种看法与我们今天对于声学原理的解释是一致的。欧洲人波义耳认识到空气是传播声音的媒介,已是17世纪的事,比王充晚了一千六百年。近代学者梁启超在《中国近三百年学术史》中称:"王充《论衡》实汉代批评哲学第一奇书。"黄侃在《汉唐玄学论》中说:"东汉作者,断推王充。《论衡》之作,取鬼神、阴阳及凡虚言、谰语,摧毁无余。自西京而降,至此时而有此作,正如久行荆棘,忽得康衢,欢忭宁有量耶?"由此可见王充及其《论衡》在近代学者心目中的地位。此外,王充还著有《讥俗》《政务》《养生》等,如今大部分已亡佚。

张衡 (78—139年)东汉著名科学家、天文学家、哲学家。字平子,河南南阳西鄂(今河南南召县石桥镇)人。张衡少时在三辅(今陕西西安附近)学习,边学习边观察了解社会情况,不久又到洛阳攻读五经,钻研六艺,还深入研究了算学、天文、地理和机械制造等方面的知识,由此而产生了对天文、阴阳、历算和机械制造方面的浓厚兴趣。

永初五年(111年),张衡被朝廷公车特征进京,拜为郎中,不久升任太史令,负责掌管天象观测等事务,使他更加方便了对阴阳和天文历法等学术的研究。由于张衡此前对易学已有了较深的认识,他认为《易纬·乾凿度》和《乾坤凿度》中所提出的九宫和卦气说同为一类,九宫为卦气的一种形式,亦为占术之一。他将《易经》与天文学相结合,撰写了天文学著作《灵宪》《算罔论》等,首次正确解释了月食的成因,指出行星运行速度的快慢与同地球距离的远近有关。他还观测记录了天体中的两千五百多颗恒星,创制出世界上第一架能够比较准确表演天象的仪器——漏水转浑天仪;创制了第一架测地震的仪器——候风地动仪。他相继创造了指南车、自动记里程鼓车、能飞行数里的木鸟等等。永和四年(139年),张衡逝世,享年六十二岁。宋徽宗大观三年(1009年),张衡因算学方面的成就被追封为西鄂伯。为纪念张衡在天文学上的功绩,1970年,联合国天文组织将月球背面的一个环形山命名为"张衡环形山";1977年,又将一颗小行星命名为"张衡星";2003年,国际小行星中心为纪念张衡及其诞生地河南南阳,将小行星9092命名为"南阳星"。

马融 (79—166年)东汉学者、著名经学家。字季长,扶风茂陵(今陕西兴平东北)人。东汉名将马援的从孙。马融自幼好学,曾跟随名儒挚恂游学,遍读经书典籍。他知识渊博,被世人称为"通儒"。永初四年(110年),马融被拜为校书郎。后来分别任郎中、武都和南郡太守等职。因触犯当权的外戚邓氏,滞留东观十年之久,他利用此时,专心从事典校秘书和著述,遍注《周易》《尚书》《毛诗》《三礼》《论语》《孝经》《道德经》《淮南子》等典籍。当时,《左氏春秋》已有贾逵、郑众两家作注,且各具特色,他便没有另作训释,而另作一部《三传异同说》,成为诠释《春秋》的集大成之作。他曾与北地太守刘环讨论过《春秋公羊传》和《左氏春秋》内容上的分歧问题,所言有理有据,从而扩大了对古文经学的影响。除此,他还兼注了《离骚》《列女传》等,另著有赋、颂、碑文、诔、书、记、表、奏章、七言、琴歌、对策、遗令若干篇。马融之学,属于古文经学的典型。他使古文经学进入较成熟的阶段,也使汉代经学的发展步入一个崭新的历史时期。

马融一生教授学生千余人,著名学者郑玄、卢植皆出自其门下。他十分喜爱《易经》,常习费氏之易。他所注之易,主体源于费氏易,又融入子夏之易以及孟氏、梁丘氏、京房氏等诸家易学之说。费氏易原无章句,经马融注后开始分章列句。他将《系辞》上篇分为十三章,汲用孟喜、京房卦气说来解释《周易》经传文,如引京房所注《易传》乾卦语"建子起乾龙",以建子之日解释乾卦初九爻辞。在注"太极"时,以卦气说解释"大衍之数五十,以其一不用为太极",将北极星比作太极,以一年四季的气候变化解释"其用四十有九"。这种太极观,后来经过王弼的改造,引出了以太极为虚无实体的结论。他认为八卦为伏羲所作,卦辞为文王所作,爻辞为周公所作。其易学著作今多已亡佚。

公元166年,马融在家中去世,享年八十八岁。

王 符

(约85—162年)东汉政论家、文学家、思想家、哲学家。字节信,安定郡临泾(今甘肃省镇原县东南)人。王符是庶出之子,舅家无亲近之人,所以在家乡很受歧视。但他勤敏好学,志向高远,不流于世俗。他不求引荐,不谋仕宦,一生隐居著书。所著《潜夫论》以讥评时政,说理透彻,指斥尖锐而著称。他与当时的著名学者马融、崔瑗、张衡和窦章等人交往过从甚密,这些人对其思想观念的形成产生了重要影响。王符的思想主流是孔、孟之学,同时也参有一些道家和法家思想。他将儒、道结合,提出"道者气之根"的观点,在其所撰《本训篇》里,阐释了宇宙之初,"元气窈冥",后来分为清浊,化作阴阳,又生成万物,最后和气生人。他十分重视"和"字,认为"人道中和"。他还提出"天道曰施,地道曰化,人道曰为",这一提法是对孔、孟关于发扬人的主观能动性观点的继承和阐释。他倡导努力学习,强调人的主观能动作用,否认有生而知之的圣人。在《本训篇》中,他反复讲"气运感动"的观点,他的许多思想和观点与大儒董仲舒相类似,但在细微处多了许多唯物的因素,而少了一些神学的神秘色彩。

王符不仅思想深邃,而且有着较高的文学修养。因为他始终生活在民间,所以对社会生活和人民的疾苦有着深刻的观察和体验,对劳动人民怀有深厚而真挚的感情。他的文章不但观点鲜明,逻辑严谨,笔力浑厚,语言质朴,而且经常有一些确切生动的比喻、排比、对偶等修辞手法,使其忧国忧民之情跃然纸上。他的散文在东汉散文中可谓自成一家。

范丹

（112—185年）东汉名士、经学家。字史云,陈留外黄(今河南杞县东北)人。年轻时,范丹曾游历当时京畿地区长安,后来拜马融为师,跟从其学习。他通晓五经,尤其精通《周易》和《尚书》,经常依据《周易》的卦爻辞为人占卜。

范丹性格狷急,从不向世俗低头,为官时,常佩戴皮绳上朝以自警,被视为中国古代廉吏的典范。桓帝时,任莱芜长。遭党锢之祸后,遁逃于梁、沛之间,用小车推着妻子,徒行敝服,以卖卜为生,生活极端贫困,居所敝陋,经常断炊绝粮。如此坚持十余年,不为贫困所潦倒。后来有民谣赞颂范丹"甑中生尘范史云,釜中生鱼范莱芜"。汉灵帝即位后,解除党锢之争,太尉、司徒、司空三府交相举荐范丹回朝任职,范丹执意推辞。中平二年(185年),他于家中病逝,享年七十四岁。因其一生为官清廉,享有崇高声望,汉灵帝追谥其为"贞节先生"。

郎𫖮

东汉经学家、占候家。字雅光,北海安丘(今山东省境内)人。郎𫖮少承父业,博览经典,隐居海滨,后来收徒教学达数百人。他尤其精通"京氏易",善风角、星算和六日七分等,能望气占候测吉凶,经常卖卜自奉。顺帝闻其名,征入朝廷占灾异,郎𫖮遂引《周易》经传文针对所发生的事及征兆进行卜筮,颇灵验。顺帝随即颁诏授其为郎中,郎𫖮托病不受,执意返回家中。同乡孙礼,久慕郎𫖮明德,欲与之亲近交好,却遭郎𫖮拒绝,遂与之结怨,不久郎𫖮便被孙礼杀害。

郑玄

（127—200年）东汉末年著名学者、易学大家、两汉经学的集大成者。字康成,北海高密(今山东高密西南)人。郑玄天资聪颖,性喜读书,勤奋好学,从小学习书数之学,八九岁时就已精通加减乘除等数学运算法,十二三岁,能诵读和讲述《诗》《书》《易》《礼》《春秋》等儒家的经典。他还喜欢研究天文学,很早就掌握了占候风角隐术等一些以气象、风向的变化来推测吉凶的方术。他沉迷于学习研究中国古代文化遗产,曾入太学攻读今文《易》《春秋公羊传》《三统历》和《九章算术》等,又师从张恭祖学习《古文尚书》《周礼》和《左传》,还向马融学习古文经学。马融为师高傲严厉,郑玄在其门下,三年不见师面,只能聆听马融的先授弟子传经说典。但郑玄对此毫不介意,仍然努力学习,无丝毫懈怠,很快便掌握了马融学问的精髓。一次马融召集弟子们考论图纬,涉及一些天文历算问题,众说纷纭,但都没有切中要害,而郑玄却说到了根本上,很受马融重视。郑玄意识到自己的学问已逐渐超过马融,于是请辞归乡。马融喟然对门人说:"郑生今去,吾道东矣!"郑玄返回家乡后,收徒讲学,门下弟子一度达数百人。后来因受党锢之祸牵连而被禁锢。禁锢后,郑玄对仕进之路心灰意冷,杜门不出,潜心著述长达十四年之久。光和四年(181年),汉灵帝解除党锢,郑玄才获得自由。中平四年(187年),外戚、大将军何进擅权,欲召郑玄为官,郑玄在州郡官员的带领下前往何进府第,何进厚礼相待,但郑玄坚持学生打扮,不受朝服,仅过了一夜,便寻机逃回。大将军袁隗曾表举郑玄为侍中,他仍以居丧为由拒绝出仕。因郑玄刚正,后被举为贤良方正。初平元年(190年),董卓挟持汉献帝迁都长安,公卿举荐郑玄为赵相,他也没有答应。初平二年(191年),黄巾军攻占北海郡,郑玄率生徒迁至即墨不其山下继续修业,后又转去徐州。建安元年(196年),返归故里高密。建安四年(199年),袁绍举荐其为茂才,并表奏为左中郎,他均谢绝不受。朝廷派公车征为大司农,他却以患病为由推辞而归乡。建安五年(200年),袁绍与曹操在官渡作战,他被袁绍胁迫随军,无奈之中,只好抱病而行。至元城县(今河北大名县境内),他因病重而不能前行,但仍在病榻上坚持读书,注释《周易》。当年六月,逝于元城。

郑玄受京氏易和费氏易的影响较深,在筮法中以七八之数解释"精气为物",以六九之数解释"游魂为变",是汉代象数学派的重要代表人物。郑玄易学的主要特点:一是以爻辰说解释《周易》经传。他以乾坤十二爻为依据,认为其他各爻的爻辰,逢九从乾卦所值,逢六从坤卦所值。他试图通过爻辰说找到卦爻辞同卦爻象之间的内在联系。此说略显牵强,使易学变成了烦琐的经学。二是以五行说解释《周易》的筮法,即以五行说看待和解释《周易》中的象和数。他吸收了刘歆《三统历》中把《易经》的数同五行联系起来的观点以及京房以五行解释八卦爻位的做法,用以解释《系辞》中的大衍之数和天地之数。以水、火、木、金、土五行生克的关系,解释《系辞》中天地之数的排列顺序,以五行生成之数来解释大衍之数,并以天地之数配五行,同时配四方,用以表示一年中气候的变化。以五行生成说解释《易传》中的天地之数和大衍之数,认为大衍之数来源于天地之数。将大衍之数看成是五行之气生化万物的法则,将筮法中的阴阳奇偶之数,推演为五行之气的生数和成数。以"二五阴阳之合"来说明万物的形成。以五行之数的变化来解释生死和鬼神。他认为生命的变化,与一年四季气候的更迭相一致。这种五行生成说,对后代易学的发展有着较大影响。除了《易经》等经学外,郑玄对天文历算等也研究较深,提出一年四季与地球在太空中的四游升降有关。在《周易乾凿度注》中,又提出元气之所本始寂然无物亦忽然而自生的观点,此观点对魏晋玄学的形成有一定影响。

郑玄一生勤奋著述,著有《易论》《易赞》,并为《周易》《周易·乾凿度》(又称《易纬·乾凿度》)、《乾象历》《尚书》《毛诗》《仪礼》《周礼》《礼记》《论语》《孝经》等书作注,此外还著有《六艺论》《驳许慎五经异议》《天文七政论》等书共计六十余种、三百五十余篇,但其所著今多已散佚。南宋王应麟辑有《周易郑康成注》,清惠栋对王应麟辑本进行了补正,作《新本郑氏周易》,清袁钧所辑《郑氏遗书》和马国翰《玉函山房辑佚书》中均有其佚文辑本,黄奭《高密遗书》中也辑有郑玄的佚文。

荀 爽

(128—190年)东汉经学家。字慈明,又名谞,颍川颍阴(今河南许昌)人。战国时著名思想家荀况第十二世孙,东汉名士荀淑的第六个儿子,其兄弟八人俱有才名,被时人称为"荀氏八龙"。还有"荀氏八龙,慈明无双"之说。荀爽自幼聪敏好学,刻苦勤奋,潜心于经典。十二岁即通《春秋》《论语》,汉桓帝延熹九年(166年),太常赵典举荀爽至孝廉,拜郎中。后为躲避党锢之祸,他弃官离去,隐遁汉水滨达十余年,专以著述为事。先后著有《礼》《易传》《诗传》《尚书正经》《春秋条例》《汉语》《新书》等,被世人誉为"硕儒"。献帝即位后,荀爽任司空。因见董卓残暴,遂参与王允等人谋除董卓之事,但尚未举事却不幸病逝。

荀爽精通易学,其易学体系虽然继承了古文费氏易,但从其易学所反映的思想渊源来看,远非费氏一家,而是将当时各家易说兼收并蓄。他的易说一方面继承了费氏易主体,以十篇传文解释《易经》;另一方面又吸收了西汉以来孟喜、京房等人的易学思想,并在此基础上独辟蹊径,构建了以乾坤阴阳为骨架的易学思想体系。他创立了著名的"乾升坤降"(亦为阳升阴降)说,并以此构建易学理论的核心内容。他将乾坤两卦作为基本卦,将两卦爻位的升降作为八卦和六十四卦形成和变化的基础,以乾升坤降说来解释《周易》的经传,同时将这种体例加以推广,以阴阳爻位的升降变化来解释其他各卦,由此而形成了较为系统完整的卦变说。荀爽易学虽然在总体上属于象数易学的范畴,但由于他的易学体例主要用于解释《周易》经文,因此人文主义因素较为浓重。荀爽易学的产生使汉代易学中以象数为形式和以义理为内涵的矛盾进一步冲突和激化,使象数易学渐渐走入死胡同,这为后来尽扫象数的王弼易学兴起奠定了有利的基础。

荀爽撰有《周易注》十一卷,已亡佚。清马国翰《玉函山房辑佚书》辑有《周易荀氏注》二卷,孙堂《汉魏二十一家易注》辑有《荀爽周易注》一卷,清惠栋《易汉学》、张惠言《周易荀氏九家易》均对荀氏易说有所阐发。

王畅

（？—169年）东汉易学家。字叔茂，山东高平县（今山东邹城市西南）人。王畅曾出任南阳太守、长乐卫尉。汉灵帝建宁元年（168年），任司空，位居三公之列。数月后，因地方发生水灾而被革职，翌年病卒于家中。

王畅任南阳太守期间，对横行乡里、鱼肉百姓、恃势不法者严加惩处。颁发命令：凡受赃二千万以上而不自首者，没收全部家产；凡有类似恶行隐匿不报者，一经查实，即派官吏拆屋伐树，填井夷灶，不予姑息。南阳是东汉开国皇帝刘秀的故乡，皇亲贵戚众多。许多豪门贵族倚仗权势竞相比富，奢靡之风盛行。王畅的号令一出，立刻震撼并动摇了这种攀贵比富的风气，使南阳郡内风气大变。为了做出表率，王畅平时穿布衣，坐旧车，素食简行，深得下属官员和郡内百姓的敬重。

王畅精心研究并通晓《周易》，他是当时的易学名家刘表之师。

宋衷

东汉末年易学家。字仲子，或称宋忠，也称宋仲子，称谓不一。南阳章陵（今湖北枣阳市东）人。宋衷的学术，以古文经学最为突出。他治古文，善太玄，精研《周易》，在荆州学派中名气很大。宋衷注释《周易》重视训诂和义理，很有自己的特色。他解《易》多采用互体说，从变动角度解卦以论事。如在释泰卦六四爻《象》文"翩翩不富"时，他说："四五体震，翩翩之象也"，以荀爽的"乾升坤降说"来看待互卦，动态解卦，反映了他解卦的特点。

宋衷撰有《周易注》十卷。同时，他还以注扬雄的《太玄》闻名于当时，撰有《太玄经注》九卷。他还与刘表共订《五经章句》，撰《法言注》十三卷。清马国翰《玉函山房辑佚书》辑有《周易宋氏注》一卷。

刘表

（142—208年）东汉末年名士，汉末群雄之一。字景升，山阳郡高平（今山东邹县西南）人。刘表年少知名，与当时七位贤士同称为"八俊"。汉灵帝时任北军中侯。献帝初平元年（190年），迁任荆州刺史。得到蒯越、蔡瑁等当地名士和望族的支持，成为一股强大的地方割据势力。东汉末年，群雄并起，割据南阳的袁术派遣孙坚进袭刘表，被刘表击败，孙坚中箭身亡，袁术侵夺刘表地盘的企图未能实现。初平三年（192年），刘表被授为镇南将军、荆州牧，封成武侯。实力愈加雄厚，据地数千里，带甲十余万，在群雄争战中拥兵自守，坚持中立。在官渡之战中，对曹操、袁绍两不相助。建安六年（201年），刘备被曹操击败后，被刘表收留。此后刘备依托刘表，在荆州数年。刘表治理荆州二十几年，使荆州政局稳定，遭受战争破坏较少，生产得以正常进行，关中、兖、豫学士归者数以千计。

刘表在任荆州牧期间,大力提倡经学,建立学官,广求博士,与易学家宋衷共同撰写了《五章经句》。刘表精通《周易》,著有《周易章句》五卷,其易学思想贴近费氏易。此外,刘表还与当地学者共同撰写了一部名为《荆州星占》(或《荆州占》)的天文书籍,后来流传了几百年。甚至到唐代,《荆州星占》仍是著名天文学家李淳风撰写《乙巳占》、瞿昙悉达撰写《开元占经》的重要参考书籍之一。李淳风在《乙巳占》自述中开列他"幼小所习诵"的星占学参考书共二十五部,《荆州星占》被列为第十八部,可见刘表在星占学上对后世的影响之大。

建安十三年(208年)秋初,曹操领兵南征荆州,同年八月,刘表因背疽发作而身亡,享年六十七岁。

阴长生 东汉道家。新野(今属河南省)人。其生活于2世纪前叶。相传为东汉和帝永元八年所立皇后阴氏的同宗。阴长生虽然生于富贵之门,却从不贪恋荣华富贵,潜居隐身,专心研究道家的方术。他听说马鸣生深得度世之道,就寻遍名山去拜访。最后在南阳太和山(今湖北武当山)中,终于寻到马鸣生。他甘心做马鸣生的奴仆,二十余年从未懈怠。和阴长生一起侍奉马鸣生的还有十几人,均先后离去,而只有他始终如一,执礼弥肃。马鸣生深为他的至诚所感动,带他赴青城山,立坛盟誓,并授以《太清神丹经》。阴长生得此术,回家后合丹,举门皆寿。《抱朴子内篇·金丹》载:"近代汉末新野阴君合此太清丹,得仙。"今本《太清金液神丹经》卷中也载有:"故书[马、阴]二君神光见世之言。自汉灵帝(168—188年)以来,称说故事,附于丹经。"薛大训《神仙通鉴》卷九云:"魏伯阳从学于阴长生,为阴之弟子。"《正统道藏》所收阴长生《周易参同契》《金碧五相类参同契》《阳真君金石五相类》《紫元君授道传心法》《阴真君还丹歌》等书,后经考证多系伪作,皆出于唐人之手。

徐从事 东汉人,道家学者。名景休。擅诗文,曾为青州从事。徐从事活动于2世纪中叶,其生平事迹多不可详考。据传为《周易参同契》作者之一。在考证《周易参同契》著述时,唐代刘知古在《日月玄枢篇》中引曰:"玄光先生曰:徐从事拟龙虎天文而作《参同契》上篇以传魏君,魏君为作中篇传淳于叔通,叔通为制下篇以表三才之道。"容字号无名氏注本序云:"凌阳子于崆峒山传与徐从事,徐从事传与淳于君……第三卷淳于君撰,重解上下二卷,疑于始传魏君。"阴长生注本序云:"盖闻《参同契》者,昔是古《龙虎上经》,本出徐真人。徐真人,青州从事,北海(今山东昌乐)人也。后因遇上虞人魏伯阳,造《五相类》以解前篇,遂改为《参同契》。更有淳于叔通,补续其类……叔通亲事徐君,习此经。"明杨慎《古文参同契·序》云:"徐氏景休笺注",《四库全书总目提要》认为杨慎所言依据不足,曰:"晓序但称魏君示青州徐从事,徐隐名而注之。郑樵《通志·艺文略》,有徐从事注《阴阳统略参同契》三卷,亦不言为徐景休。何以越二千年,至慎而其名忽显?"余嘉锡《辩证》亦不置辞。按,徐之名非出自明,而早见于唐。张玄德《丹论诀旨心鉴·金丹论》云:"昔刘玄穆事魏先生,看火一年,忘情有疑,虽不遇而早夭;徐景休勒心积德,不怠昏旭,师授以药,长生而仙,今在太白山……徐君、魏先生、淳于公,此三人各通至术,并神仙之流。"据前引数种资料证明,徐氏撰著《参同契》在先,而《参同契》中五言句较其他体裁更具原始性,故徐从事极有可能是《参同契》五言句作者。

淳于叔通 东汉人。据传亦为《周易参同契》作者之一。梁陶弘景《真诰·稽神枢》云:"定录府有典柄执法郎,是淳于斟,字叔显,主试有道者。斟,会稽上虞人,汉桓帝(147—167年在位)时作徐州县令……后入吴乌目山隐居,遇仙人慧车子,授以虹景丹经,修行得道。"[原注]:《易参同契》云:"桓帝时,上虞淳于叔通受术于青州徐从事,仰观乾象,以处灾异,数有效验。"余嘉锡以为,陶氏所引必为汉魏人旧序,是可靠的。容字号无名氏注本序云:"徐从事传与淳于君。淳于君仰观卦象,以器象于天地,配以乾坤;以药象于坎离,配以水火,则为日月;以鼎象于大白,亦为镇星,以炉火城郭。余六十卦以定升降消息,阴阳度数,二至加减,翻转鼎器,所以便造篇名《五相类》,类解前人,集后一卷,并前三卷,以表三才鼎药,以象三光。"托名阴长生注本序云:"更有淳于叔通,补续其类,取象三才,乃为三卷。叔通亲事徐君,习此经;夜寝不寐,仰观乾象,而定阴阳,则以乾坤,设其爻位,卦配日月,托《易》象焉。"明杨慎所注《古文参同契·序》云:"淳于叔通补遗《三相类》上下二篇,后序一篇。"仇兆鳌《集注》则订淳于叔通撰《三相类序》《大丹赋》《鼎器歌》等。以上资料说明淳于叔通确为《周易参同契》作者之一。

魏伯阳 (约151—221年)东汉末年著名的炼丹理论家,《周易参同契》重要作者之一。名翱,字伯阳,号云牙子,会稽上虞(今浙江上虞市)人。魏伯阳出身于高门望族,世代簪缨。但他生性好道,闲居养性,不肯为官出仕,时人莫能知之。

魏伯阳出生后,汉桓帝元嘉元年(151年),至延熹十年(167年),其父魏朗遭党锢之祸被禁于上虞家中。大约在此期间,魏朗写作了《魏子》一书。魏伯阳的儒学功底也是这期间在其父的督导下逐渐形成的。汉灵帝建宁二年(169年),魏朗因党锢之祸被害致死,此时魏伯阳刚刚成年。汉灵帝熹平五年,为了避免党锢牵连家属,魏伯阳隐遁山林修道,时年二十六岁。他专心进修学业,整理父亲遗稿并编辑完成《魏子》一书传世。在此期间结识了淳于叔通,从而更加坚定了他入山修道的志向。后有宋代学者云:"云牙子游于长白之山,而遇真人告以铅汞之理、龙虎之机焉,遂著书十有八章,言大道也。"

魏伯阳的著述,葛洪在《神仙传》中有记载:"伯阳作《参同契》《五相类》凡二卷。"但其在《抱朴子内篇·遐览》中却只记录了《魏伯阳内经》一卷。后晋开运二年(945年)所编《旧唐书》录有魏伯阳所撰《周易参同契》二卷、《周易五相类》一卷。唐末五代道士彭晓在《周易参同契分章通真义》中说魏伯阳撰《参同契》三篇,"复作补塞遗脱一篇"。今所存《周易参同契》一书,卷数因不同版本而不同,或三卷,或二卷,或不分卷而作上、中、下三篇。

《参同契》《五相类》等,其说表面似解《周易》,实则假借卦爻之象,以论作丹之义。《参同契》强调以内炼为主,谓修丹与天地造化同途,故托《易》象而论之。全书共有六千余字,基本是用四字一句、五字一句的韵文及长短不齐的散文体和离骚体写成。该书"词韵皆古,奥雅难通",采用了许多隐语,所以历代有很多注本行世。仅《正统道藏》就收有唐宋以后注本十一种。《参同契》是一部用《周易》理论、道家哲学与炼丹术三者参合而写成的炼丹修仙著作,是世界炼丹史上最早的一部理论著作。历代炼丹家对此书均很重视,将此书誉为"万古炼丹王",魏伯阳也被世界公认为最早的有著述的炼丹家。

三国、两晋、南北朝时期

概要

　　三国、两晋、南北朝时期的易学和哲学，基本沿袭了两汉的学术特点，尤其在易学上，受东汉的影响较为明显。西汉的易学到了东汉时期，上下的传承似乎已经散失不备，象数与义理的分歧愈发明显。到了汉代末期，传承的系统更不分明。这时出现的主要易学家有马融、郑玄、荀爽、虞翻、刘表和魏伯阳等人。郑玄的易学，是以传承京房的易学为主，后来吸收了一些玄学的成分；荀爽的易学，是以继承费氏易为主，但已在费氏易的基础上有所创新，他提出的"乾升坤降说"，为后来"义理易"的崛起创造了条件。三国和两晋时期最重要的事件是王弼易学的诞生。魏晋之际，以王弼、何晏、钟会为首的易学家，在哲学上受玄学思想的影响，将玄学与易学相融合，建立了体系完备、抽象思辨的玄学哲学。尽扫先秦和两汉时期易学研究中的迂腐学风，尽扫象数，使易学研究从象数推演进入到理性发展阶段，韩康伯将这种玄学与理性发展推到了阶段性的高峰。虽然其间也有一些象数学代表人物出现，但这一阶段的易学已经逐渐被义理研究占据了上风。义理派的兴起，为后来的易学和哲学进一步发展奠定了基础。

王朗

（152—228年）三国时期魏国重臣，经学家。字景兴，东海郯（今山东郯城县西南）人。王朗博览群书，通晓经典，被提任为郎中。汉献帝时历任菑丘长、会稽太守。后被曹操征为谏议大夫、参司空军事。又相继任魏国军祭酒，领魏郡太守、少府、奉常、大理等职。曹丕即位时，迁任御史大夫，封安陵亭侯。曹丕受禅建魏后，王朗改任司空，进封乐平乡侯，位列三公。曹睿即位后，迁任司徒，进封兰陵侯。太和二年（228年），王朗阵前欲诱降诸葛亮，反被诸葛亮羞辱，不堪忍受，坠马而死，时年七十六岁。死后追谥成侯。其孙女王元姬嫁于晋文帝司马昭，生晋武帝司马炎。

王朗才高博雅，通经能文，擅长奏疏。他还精通《周易》，其易学源于孟喜、京房、郑玄、虞翻。解《易》时注重以象数阐明易理，既继承了汉儒重象之风，又开拓了何晏、王弼等发掘义理的先河。

王朗撰有《易传》《春秋传》《考经传》《周官传》等，今多已散佚。

虞翻

（164—233年）三国时期吴国学者，著名经学家、易学家。字仲翔，会稽余姚（今浙江余姚）人。虞翻少而好学，胸怀大志。起初在会稽太守王朗属下任功曹，后来投奔孙策，自此效力于东吴，曾因屡献良策而深受倚重。孙策死后，追随孙权，任骑都尉。因性情刚直，数次犯颜谏争，终于触怒孙权而被多次毁谤，最后流放到丹阳泾县（今安徽省内），又迁徙交州。晚年在交州讲学，卒年七十岁。

虞翻在经学上颇有造诣，他曾为《老子》《论语》《国语》等作训注。尤其精通《易经》，曾将所撰《易注》献给当时的统治者。虞翻的易学将八卦与天干、五行、方位相配合，用以推论象数，他是汉代易学中以象数解易的突出代表人物之一。他发挥了荀爽的刚柔升降说，将卦气说引向卦变说，以卦变来解释《周易》经传，从而取代了京房易学和易卦中的阴阳灾变说。他认为卦变即是一卦中的阴阳爻象互易其位。虞翻的卦变说，蕴藏着一种基本理论，即提倡从对立面的推移和转化，特别是从卦中阴阳二爻互相易位中来寻找变易线索。这一基本理论的主要内容：一是发展了乾坤父母卦和六子卦，通过父子与母子卦的联系来释卦测事；二是从十二消息卦衍生出杂卦，即通过某一卦引出另外一卦，将两卦综合起来解释《周易》经传，继而推测人事吉凶。他还创建了"旁通说"，即将一卦转化为与其相对立的卦，六爻皆相反，如乾和坤，坎和离，中孚和小过等等，从对立的卦面和爻象来解释《周易》经传文。虞翻通过卦变说、旁通说、互体说、取象说等等，创造性地发展了汉代易学，将汉易引向了复杂的解易之路。后世将郑玄、荀爽、虞翻并称为汉代《易学》三家。

《隋书·经籍志》《旧唐书·经籍志》录有虞注《周易》九卷，《新唐书·艺文志》

《经典释文》有虞注《周易》十卷。另外,据唐代史志文献记载,虞翻还撰有《周易日月变例》六卷、《京氏易律历注》一卷、《周易集林律历》一卷。可惜以上所列虞氏易学著作(包括非易学类的其他著作)今皆亡佚。

诸葛亮 (181—234年)三国时期蜀汉丞相,中国历史上著名的政治家、军事家、战略家。字孔明,徐州琅玡阳都(今山东沂南县)人。诸葛亮青年时耕读于南阳郡,虽隐居隆中,却留心世事。自比管仲、乐毅,地方上称其"卧龙""伏龙"。建安十二年(207年),他受刘备三顾茅庐而出仕,后来为刘备出谋划策占据了荆(今属湖南、湖北一带)、益(今属四川)两州,在促成孙、刘联盟对抗曹操和建立蜀汉政权中起到了决定性作用。刘备死后,诸葛亮辅佐后主刘禅,受封爵位武乡侯,任蜀国丞相,成为蜀汉政治、军事上的实际领导者。他先后五次率军北伐曹魏。在第五次北伐中,于234年8月病逝于五丈原,追谥为忠武侯,世人称其为武侯或诸葛武侯。

诸葛亮一生足智多谋,通晓兵法,"鞠躬尽瘁,死而后已",是中国传统文化忠诚与智慧的代表。据传他通晓黄帝所作的兵家八阵法,并根据伏羲八卦和六十四卦以及古代兵法推演出八阵图。其军事思想、为将之道、用兵之计等,亦多来自《周易》或与《易经》相通。现今存有其著作《诸葛亮集》。

陆绩 (187—219年)三国时期东吴学者,天文学家、易学家。字公纪,吴郡吴县(今江苏苏州)人。汉末庐江太守陆康之子。建安五年,孙权即位,辟陆绩为奏曹掾,辅助上奏议事。后转任郁林太守、偏将军。

陆绩自幼好学,熟读《诗》《书》《礼》《易》等典籍,博学多识。他尤喜《周易》和天文、历算之学,曾为《京氏易传》作注。注文不拘于一家之说,而是从孟喜、郑玄、荀爽、虞翻等诸多易学家的著述中汲取精华,择善而从。他还将易学和天文历算相结合,使易学融于星历算数之中。在论及天体时,力主浑天之义,反对盖天之说。曾作《浑天图》,造浑天象,认为天形如鸟卵。他一生著有《周易注》《太玄经注》《浑天仪说》等,今多已亡佚。明姚士遴辑有《陆氏易解》一卷,共一百五十余条。

王肃 (195—256年)三国时期曹魏著名经学家,古文经学派的集大成者,义理派易学的先导。字子雍,王朗之子,司马昭岳父。东海郡郯县(今山东郯城西南)人。王肃早年任散骑黄门侍郎,世袭其父兰陵侯爵位,接任散骑常侍,兼秘书监及崇文观祭酒,屡次对时政提出建议。之后历任广平太守、侍中、河南尹等职。齐王曹芳被废，他以持节兼太常迎接曹髦继位，又帮助司马师平定了毋丘俭之乱。再迁中领军，加散骑常侍。甘露元年(256年)，王肃去世，终年六十二岁。追赠卫将军，谥号景侯。

王肃幼年即聪颖好学。在其父王朗的训导下，遍读家中典籍，为掌握今文经学打下了良好的基础。到了十八岁，他不满足所学知识，又向当时有名的学者宋衷学习《太玄》，并对书中所涉及的问题一一作解。他深入研究贾逵、马融之学，打破今文和古文的界限，对各家经义加以综合。他遍注群经，分别为《诗》《书》《论语》《三礼》《左氏春秋》等典籍作注，将其精神理念纳入官学。他不赞同郑玄学派的观点，创建"王学"，和"郑学"对立。根据其父王朗所作《易传》，撰写了《周易注》。他所提出的易学观点继承和发扬了费氏易的传统，注重义理，忽略象数，文辞力求简明，以《易传》中的观点解释《易经》经文。他不仅忽略汉易中的象数之学，而且力斥今文经学派和《易纬》的解易风格，不讲互体、卦气、卦变和纳甲等。这种解易方法和风气，在当时影响很大。王肃解《易》，虽然偏重于义理，但并不完全排斥取象。只不过他的取象之法，已不同于汉易中的取象说，仅限于本卦上下二体，并以《传》文中的取象说为根据进行解释。

在八卦起源问题上，王肃认为八卦系伏羲所作。其著有《周易注》，宋代已亡佚。清马国翰《玉函山房辑佚书》辑有《周易王氏注》二卷、《周易王氏音》一卷，附于《续四库全书总目提要》存目中，清黄奭辑有《王肃易注》，清臧庸辑有《马王易义》一卷。此外，王肃伪造有《孔子家语》，作为其反郑玄论著《圣证论》的辅佐或依据，今已亡佚。

荀 凯

(204—?)魏晋之际的学者，易学家。字道明，颍川颍阴(今河南许昌)人。曾在魏为官，官至侍中。因功而封万岁亭侯，迁任尚书仆射，后又改封临淮侯。入晋后，晋爵为公，官至侍中太尉。

荀凯性孝而博学多闻。对《周易》有较深研究，他曾批驳钟会的《易无互体论》。其易学属于象数学派。他还与阮籍等人共撰《魏书》，与何晏等共撰《论语集解》。他通晓三礼及朝廷大义，曾受诏与羊祜、庾峻等人删定《礼仪》，撰定《晋礼》。后来又受诏定《乐》，事未完成即逝去。荀凯事迹载于《晋书·荀凯传》中。

荀 辉

魏晋时期学者，象数派易学家。字景文，颍川颍阴(今河南南昌)人。官至散骑常侍。

荀辉通晓易学，他继承了荀爽易学的传统，论《易》注重讲互体、卦气、卦变等，曾与王弼、钟会辩论对《易经》和老子《道德经》主旨的理解。他还与贾充共定《晋律》，撰有

《易集解》等。

管 辂

（209—256年）三国时期曹魏术数名家。字公明，山东平原（今山东德州平原县）人。曾任清河太守华表文学掾、冀州刺史、少府丞等职。

管辂八九岁时便喜欢观测星辰。成人以后，认真钻研《周易》，尤其善于卜筮。对于风角占相之道，无不精通。在易学界有着举足轻重的地位，被后世奉为卜卦观相的祖师。管辂在卜筮中分蓍下卦，用思精妙。他继承了汉易中的神秘主义传统，以《周易》为占卜的依据，以卦爻象和阴阳之术来卜算时日吉凶及鬼怪灾异之事。在对《周易》卦爻辞的理解上，主张取象测事，反对以玄学家和老庄的观点解《易》。在讲易道时，很少引卦爻辞，反对以义理解《易》。他认为《周易》的纲要是天地、日月、阴阳及其变化，而这些变化已经完全反映在《周易》的卦爻象之中，依《周易》象数即可推测出幽暗未明之事，从而也可断定未来所发生的变化。他还认为生死同出于太极，往来循环不已，故圣人不以死亡之事为忧惧。他认为生死鬼魂皆受阴阳之数支配，推阴阳之数，即可测知死后之事，从而宣扬了世上有鬼魂的思想。他还认为阴阳之数乃神妙之数，只可意会，不可言传。

管辂一生著述甚丰。易学著作有《周易通灵诀》《周易通灵要诀》《周易林》等，现均已亡佚。他的事迹载于《三国志·管辂传》中。

荀 融

三国时期曹魏学者，象数派易学家。字伯雅，颍川颍阴（今河南许昌）人。生活年代约与王弼同时。官至洛阳令，参大将军事。

荀融易学继承了荀爽易学的传统，注重以互体、卦气、卦变等占测吉凶。他曾经与王弼、钟会等辩论《易经》《道德经》，并传于世。他主张圣人应"从情从理"，此论点与何晏的"圣人无喜怒哀乐"的论点略同。

姚 信

（约207—267年）三国时期东吴学者。字元直，东兴（今浙江湖州）人。官至太常卿。姚信精通天文术数之学，喜欢孟喜之易，注《易》风格多与虞翻相合。论阴阳致用，卦变旁通，九六上下，与虞翻所注"若应规矩"。他曾用阴阳五行的性质评论人物才性，认为八卦乃伏羲所作。撰有《昕天论》，对地球与太阳的运行规律、节气与温度的变化、日夜的长短都提出了自己的见解。他的易学著作有《周易注》十卷，已亡佚，《七纬》十卷。清马国翰《玉函山房辑佚书》辑有《周易姚氏义》一卷。

荀粲 （约209—238年）三国时期魏国的玄学家。字奉倩，颍川颍阴（今河南许昌）人。东汉名臣荀彧的幼子，著名学者荀凯之弟。荀粲幼而好学，成年后以善谈玄理而名噪一时。娶美人曹洪之女为妻，夫妻十分恩爱。不料妻子病重不治而亡，荀粲悲伤过度，不久亦郁郁而亡，年仅二十九岁。

荀粲生前经常与兄弟们讨论儒家思想，但他却对大道有独自的领悟，生性好道而厌儒。他认为圣人对人性和天道的论述是无法耳闻或言传的。受玄学派解《易》的影响，他提出"言不尽意说"。并围绕《易传·系辞》就言意关系与当时的名士欧阳建展开辩论。他视圣人之书为糟粕，认为典籍所记的圣人言论，不能尽圣人之意，故为古人所遗之糟粕。对《易传·系辞》中所说"圣人立象以尽意"的说法，也提出了异议，认为"象外之意，系表之言"，易理精微玄妙，并非图象及词语而能表达。他以老庄之说解释《周易·系辞》，虽未直接否认《系辞》文义，却把它局限化、具体化了。他的观点与何晏相类似，认为任何事物都具有物象和义理两个方面，物象可以用语言来描述和表达，而事物的义理则超乎于物象，它蕴藏于事物的深部，很难用语言来说明。总之，他认为《周易》深奥的义理不可言说。他的这种言不尽意的理论思维将事物的物象与义理对立起来，在二者之间筑起一道难以逾越的鸿沟。这种观点把语言的作用局限于仅能够指述物象，从而否定了语言和概念可以反映事物的本质，否定了象和言的重要工具作用。他的事迹载于《晋书·荀粲》之中。

阮籍 （210—263年）魏晋之际的名士，著名文学家、玄学家。竹林七贤之一。字嗣宗，陈留尉氏（今河南开封）人。建安七子之一阮瑀的儿子。曾任步兵校尉，世称"阮步兵"。

阮籍三岁丧父，家境清苦，他博览群籍，苦学而成才。他喜欢阅读儒家的诗书，尤其喜好老、庄之学。他性格开放，傲然独立，善啸能琴，旷达不羁，蔑视礼教，曾以"白眼"看待"礼俗之士"。后来因世事变化，他也变得"口不臧否人物"，谨慎避祸，常以醉酒而求自保。他胸有济世之志，曾登上广武城，俯瞰楚、汉古战场慨叹曰："时无英雄，使竖子成名！"在思想上，他折中儒、道两家，主张"名教"与"自然"相结合，依据《序卦》对六十四卦卦名的解释论说儒家的政治哲学，并将道家的自然无为说渗入其中。

阮籍论述了《周易》的产生、性质和社会作用等诸多问题，认为《周易》是专门讲变化的典籍，是所谓"往古之变经"，是圣王明君用来观察事物的变化，从而立政施教的教科书。依据这一法则，他解释了六十四卦的卦序，把六十四卦看成君主应时当务的依据。他在论说中，吸收和发扬了汉代卦气说盛衰消长的观点，抛弃了天人感应的成分，以此来解释人类社会历史治乱兴替的过程。他从封建统治阶级的政治需要出发解释六十四卦的卦义,论述善恶吉凶、天道和人德的关系。认为六十四卦的卦义和顺序同天地万物的生存秩序相一致,圣人以《周易》为准则,建立社会秩序,确定阳尊阴卑、男刚女柔的分位,使人们有所遵循。世事的存亡得失、安危祸福皆在于能否顺从尊卑之制和阴阳之序。他对《周易》各卦的解释,主要采用取义说,有时也融入汉易中的八卦方位说和五行休王说。他解释太极,则以老子的学说为主,将道和太极看作天地间至大无外而能包容一切的"德",非为产生于天地之先的实体。在哲学上,他把自然、天地和万物的变化,都看作是客观存在,主张把自然和封建名教相结合,以达到"在上而不凌乎下,处卑而不犯乎尊"的境界。这种思想使他在诗文创作中表现出嗟生忧时、苦闷彷徨的情调。对现实多为讥讽,风格迥异,与他人不同。后人称其为"正始之音"。

阮籍的著作有《通易论》(即《周易通论》)、《通老论》《达庄论》《大人先生传》《咏怀诗》等,原本已散佚,后人辑有《阮嗣宗集》四卷。

何宴 (?—249年)三国时期魏国的思想家、玄学家,魏晋玄学的主要创始人之一。字平叔,南阳宛(今河南南阳)人。东汉大将军何进之孙。其父早逝,曹操纳其母尹氏为妾,何宴因而被曹操收养。何宴年少即以才秀知名,记忆力惊人,所读之书过目不忘,深得曹操喜爱。成年后,娶曹操之女金香公主为妻。魏文帝曹丕在位时,他未曾被授官职。魏明帝曹睿即位后认为他虚浮不实,也只授他冗官之职。正始(240—249年)年间,曹爽秉政,何宴依附于曹爽,被提任侍中、吏部尚书,典选举、封列侯。高平陵之变后,他与曹爽同被司马懿所杀,诛灭三族。

何宴喜老庄之言,也精通易学。他曾与管辂、王弼等易学家讨论《易经》。他解易更贴近于费氏易学,以义理为主,并参入老、庄之言,善言明理,崇尚清谈。他和夏侯玄、王弼等共同倡导玄学,且援老入儒,将儒家圣人孔子改称为玄学创始人。对儒家经典的解释,也渗入道家观念。他的这种观点和思想倾向对于将两汉易学引向以老庄玄学解《易》之路造成很大影响。

何宴还善于诗赋,一生除著有《周易》注解已佚,另著有《道德论》《无名论》《无为论》,还与郑冲等共同撰写了《论语集解》。钟嵘在诗品中称:"平叔鸿鹄之篇,风规见矣。"袁宏在《名士传》中将何宴称为"正始名士"。

范长生 (约218—318年)西晋道士,成都一带天师道首领。"蜀八仙"之一。名延久,又名重久,或文,字元,自称"蜀才",涪陵丹心(今四川黔江)人。范长生出身于土著豪族,西晋时李特、李雄率流民起义时,他曾在义军困难时资助粮草,使其声威重振,故深受器重。后来李雄入成都称王,建立了大成政权,任他为丞相,尊之为范贤。晏平元年(306年),李雄称帝,割据益州,封他为西山侯,并尊为天地太师,所属部曲皆免收租税。在范长生"休养生息,薄赋兴教"倡导的感召下,大成政权一度很是繁荣稳固。

范长生曾致力于《周易》的研究,习费氏之易,重视以义理解《易》,倾向于荀爽,而不用虞翻的卦变说,在训诂上则传承郑玄。其著有《道德经注》《周易注》等,今已亡佚。清马国翰《玉函山房辑佚书》辑有《周易蜀才注》一卷。

嵇康

(224—263年)三国时期著名思想家、文学家、音乐家。字叔夜,魏国谯郡铚县(今位于安徽宿州市西)人。嵇康幼年丧父,由母亲和兄长抚养成人。他小时候就十分聪颖,博览群书,学习各种技艺。娶曹操曾孙女长乐公主为妻,官至曹魏中散大夫,世称"嵇中散"。正始末年(248年),他与阮籍等竹林名士共倡玄学新风,主张"越名教而任自然""审贵贱而通物情",成为"竹林七贤"的精神领袖。他喜读道家著作,崇尚老庄,曾说:"老庄,吾之师也!"他讲求养生服食之道,著《养生论》来阐明自己的养生之道。他赞美古代隐者达士的事迹,向往出世的生活,不愿做官。大将军司马昭欲礼聘他为幕府属官,他藏到河东郡躲避起来。司隶校尉钟会带厚礼前去拜访,也被他拒绝。同为竹林七贤之一的山涛推荐他出仕做官,他作《与山巨源绝交书》,列出"七不堪""二不可",坚辞拒绝。司马昱说他"俊伤其道"。嵇康尤擅音律,作有《长清》《短清》《长侧》《短侧》,合称"嵇氏四弄",与东汉的"蔡氏五弄"合称为"九弄",隋炀帝曾把"九弄"作为科举取士的条件之一。其作品《广陵散》后来成为我国十大古琴曲之一。嵇康最主要的作品是《大人先生传》《清思赋》《首阳山赋》《鸠赋》《猕猴赋》《竹林七贤之一阮籍》等。

钟会

(225—264年)三国时期魏国著名谋士和将领、玄学家。字士季,颍川长社(今河南长葛东部)人。太傅钟繇之子,青州刺史钟毓之弟。钟会自幼博学多才,正始五年(244年),任秘书郎。正始八年(247年),迁任尚书。嘉平元年(249年),任中书侍郎。他深受皇室及群臣的赏识,在跟随大将军司马师征讨毋丘俭、诸葛诞叛乱时,屡出奇谋,被比作西汉谋士张良。之后又为司马昭献策阻止了曹髦的夺权企图,成为司马氏的亲信。景元年间,钟会独立支持司马昭的伐蜀计划,而被任命为镇西将军,主持发动了伐蜀之战。景元四年(263年),他与大将军邓艾分兵攻打蜀汉,致使蜀汉灭亡。此后钟会欲据蜀地而自立,与蜀汉降将姜维共同谋事,却因部下反叛而失败,钟会死于兵变之中,卒年四十岁。

钟会少时受母亲张氏的启蒙教育,遍读经书典籍,他尤其喜爱《易经》和《道德经》。正始年间(240—249年),当时的思想文化领域正发起一场取代汉儒魏法的玄学革命,他积极追随何晏和王弼,聚众清谈,辨名析理,参加了一系列与荀融等人的论战,即著名的象数与义理辩。他推崇王弼,排斥汉易中的象数之学,认为《周易》不存在互体之象,撰写了三卷本《易无互体》一书,在理论学术界产生了较大影响。此外,他还著有《道论》《老子注》等,今均已散佚。《道藏》中辑有其《老子注》部分佚文,明人辑有《钟司徒集》。

王弼

(226—249年)三国时期魏国的经学家、哲学家、玄学家、著名易学家。以老庄解易的创始人之一,魏晋易学义理学派的代表。字辅嗣,山阳高平(今山东金乡县西北)人。王弼"幼而察慧,年十余,好老氏,通辩能言"。他少年即有文名,曾任尚书郎。其一生作品繁多,影响深远。主要有解读《老子》的《老子道德经注》《老子指略》及解读《周易》的《周易注》《周易略例》等。其中《老子指略》《周易略例》是他对《老子》和《周易》所做的总体分析之作。由于《道德经》的原文散佚已久,王弼的《老子道德经注》曾是《道德经》的唯一留传,直到1973年中国政府在马王堆汉墓发现《道德经》原文为止。王弼与何晏、夏侯玄等人共同倡导玄学清谈,为人高傲,"颇以所长笑人,故时为士君子所疾"。正始十年(249年)秋,王弼偶染疠疾而亡,年仅二十四岁。

王弼之学以老庄思想为本,发展和建立了体系完备、抽象思辨的玄学哲学。其对易学玄学化的批判性研究,扫荡了先秦、两汉易学研究的迂腐学风。其在本体论和认识论中所提出的新观点、新见解对后来中国思想史的发展具有深远影响。王弼玄学的基本命题是"天地万物皆以无为本"(《晋书·王弼传》),他以玄学观点解《易》的基本内容是:①自然无为。把自然无为作为最高贵的品质,这实际是门阀士族的政治哲学在易学中的表现。②乾坤用形。以乾为健,以坤为顺,进而将"乾健坤顺"视为天地的德行,将乾坤二元看作是天地万物及自然界的宗主。③动息则静。主张动起于静,动复归于静,把静止看成是绝对的,变动则是相对的。④得意忘象。认为一切象都是表现意的,乃意之所生,故得意之后,可以忘掉象。⑤释大衍义。以太极为世界本原,并将太极玄学化,视其为虚无的实体,反对《易纬》中的有神论和汉易中以太极为原初物质的观点。王弼这种探讨事物的抽象原则和作风,对后来的宋明易学及其唯心主义流派产生了深刻的影响。

在易学的具体表述上,王弼继承和发展了费直之说,主张注《易》时须重点阐明其内涵的义理,摒弃汉儒实异说、谶纬说,努力恢复先秦儒家说《易》的本旨,开创了以义理说《易》的先河。其主要特点表现在两个方面:一是极大发扬了古文经学派解《易》的风气;二是在易学中充分渗入了老、庄哲学。他提出了一套完整的解《易》之说,具体为:①取义说。他对八卦、六十四卦及其卦爻辞的解释采用取义说或卦德说。释卦以卦义为主,批判了汉易中大肆泛滥的取象说,以"得意忘象"的玄学理论尽扫充斥于易学界的象数理论,形成后人所传而影响深远的"王弼扫象"。他认为只有取义说才能清楚解释卦爻象和卦爻辞之间的内在联系。他十分重视《周易》经传文中所透露的抽象原则,进一步阐发了系辞中"其称名也小,其取类也大""其事肆而隐"等观点,认为抽象的德行完全可以概括和反映具体物象,人不可被卦爻辞中所讲的具体物象所迷惑。他的这种说法,表现了其易学的理性主义倾向,进而发展成为"忘象求义"的完整理论。②一爻为主说。他认为在任何一卦中,全卦的意思主要由其中一爻之义所决定。认为直接同卦辞相联系的爻,往往是居于中位(即二位或五位)之爻,一卦之中阴阳爻象占少数的爻,很可能是该卦的主体,以此对一爻为主的解释最终引出以一统众的玄学理论。③爻变说。他认为爻象的变化,均无一成不变的形式;爻义的变化,也无固定的公式。在对《周易》的注释中,他不仅采用取义说,而且还采用了爻象往来之说,甚至以荀爽的乾升坤降理论,来说明爻的性质在于变通。他认为爻义的变化复杂多端,神妙莫测。卦体和卦义虽相合,有时却又相反;卦中的刚爻和柔爻虽然相异,有时却又相通;刚柔二义,既相吸引,又相排斥,断卦论事皆应以爻变为指南。④适时说。他认为爻义变动不居,难以推度的原因是由于其所处的时位不同,因而其吉凶之义亦随时可变。他由此来论证为何要摆脱汉易象数学中单纯通过互体、卦气、取象等来论吉凶的框框。⑤辨位说。在《周易略例》的《辨位》一文中,他提出了初与上不论位说,认为阴阳爻位,只限于二、四和三、五,前者为阴位,后者为阳位,而初和上不应涉及。他排斥汉易中的占候之术,把《周易》作为政治哲学教科书;排斥汉易烦琐的取象方法,使易学研究呈现了一种新的风气。但是由于他保留了原有的爻位说,使其对《周易》义理的解释,同样有着烦琐哲学的弊病。总之,王弼的易学思想和观点体系庞大,内容细致深奥,对后世易学的发展影响极其深远。

向 秀 (约227—272年)魏晋之际的玄学家、文学家,竹林七贤之一。字子期,河内怀(今河南武陟西南)人。向秀年轻时就很聪明,和嵇康、吕安等人交往甚密,他本来隐居家中,好友嵇康、吕安被司马氏害死后,为了避祸,他被迫在洛阳出仕,以其才干谋得官位,至黄门侍郎、散骑常侍。但他心志难平,郁郁寡欢,在朝不理政事,只是空占官位,不久病亡。

向秀崇尚老、庄学说,是新道家唯理派的代表。他曾为《庄子》作注,但未及成书就过世了。而后由郭象"述而广之",撰成《庄子注》三十三篇。在哲学上,他崇尚万物自生自化的崇有论观点。论证了万物"不生不化"同于"生化之本"的过程,他在"无待逍遥"和"与变升降"的立身处世方面展开玄理,也涉及了部分社会政治实际。他主张"以无为本",自然与名教相统一,合儒道而为一。他精心研究《周易》,吸取古文经学派解《易》之风,解《易》注重义理,文字力求简明,多以《易传》中的观点注解《周易》经文。著有《周易注》,已亡佚。唐李鼎祚《周易集解》中辑有他的部分佚文。清马国翰《玉函山房辑佚书》中辑有《周易向氏义》一卷,清孙堂《汉魏二十一家易注》辑有《向秀周易义》一卷。此外,他还著有《难嵇叔夜养生论》《思旧赋》等。

郭 象 (约252—312年)西晋时期的哲学家、玄学家。字子玄,河南洛阳人。郭象年少有才理,尤喜老庄之学。善清谈,平日闲居在家。早年曾担任司徒掾,历官黄门侍郎、豫州牧长史、太傅主簿等。太尉王衍与郭象素有交游,称曰:"听象语,如悬河泻水,注而不竭。"郭象曾注释《庄子》一书。他把《庄子》的比喻、隐喻变成推理和论证。郭象本人虽为玄学清谈大师,但热心追求权势,史书称其"任职当权,熏灼内外"。钱穆批评郭象"曲说媚势"。他于永嘉末年(312年)病逝。

在哲学上,郭象反对有生于无的观点,他创造了"独化"说,用以解释天地万物的生成和变化。他认为天地间的一切事物都是独自生成变化的,万物没有一个统一的根据。在名教和自然的关系上,他调和二者,认为名教合于人的本性,人的本性也应符合名教。他以此论证封建社会等级制度的合理性,认为社会中有各种各样的事,人生来就有各种各样的能力。有什么能力的人就应该做什么样的事情,这样的安排既出乎自然,也合乎人性。他认为,圣人"虽终日见形,而神气无变;俯仰万机,而淡然自若""虽在庙堂之上,然其心无异于山林之中"。从而"在各安其天性"的前提下,他把"有为"和"无为"统一起来,即所谓"各当其能,则天理自然,非有为也""各司其任,则上下咸得,而无为之理至矣"。郭象著有《庄子注》一书,相传此书是在向秀注的基础上"述而广之"而成。此外,他还撰有《论语体略》等,今已亡佚。

黄 颖 晋南海(今属广东)人。曾任广州儒林从事。黄颖精通《周易》,习孟氏之学,撰《周易注》十卷。《隋书·经籍志》云,该书已残缺,原四卷,仅存一卷。现有两种辑本:一为清人马国翰所辑,光绪九年(1883年)长沙娜嬛馆刻本,名为《周易黄氏注》;一为清人黄奭所辑,清道光甘泉黄氏刻,1925年王鉴修补印本,名为《易注》。

裴 颀

（267—300年）两晋时期哲学家。字逸民，河东闻喜（今属山西）人。裴颀有雅量而见识高远，博古通今，从小知名于世。太康二年（281年），征召为太子中庶子，迁为散骑常侍。晋惠帝即位后，转任国子祭酒兼右军将军、尚书右仆射等。赐爵高阳亭侯。

裴颀反对王弼、何晏的"贵无论"，提出"崇有论"。在学术上，信奉《周易》《老子》，属于"正始之音"的清谈名士流派。在哲学思想上，裴颀认为，万有的"道"，不是虚无，而是"有"的全体，离开万有就没有独立自存的道，道和万有的关系是全体和部分的关系。他主张，世界万物是互相联系、互相依赖的，不需要有一个虚无的"道"来支持，万有并不以"无"作为自己存在的条件；万有最初的产生都是自本自生，万物既然是自生的，则其本体就是它自身，"无"不能成为"有"的本体。他说："夫至无者，无以能生，故始生者，自生也。自生而必体有，则有遗而生亏矣；生以有为己分，则虚无是有之所谓遗者也。"在他看来，万物的本体就是事物自身的存在，万物皆因"有"而生成，不能从"无"而派生。同时他还认为，"无"是"有"的丧失和转化。裴颀觉得，"无"不能对事物的存在和发展起积极作用，只有"有"才会积极影响事物的发展变化。他说："心非事也，而制事必由于心，然不可以制事以非事，谓心为无也；匠非器也，而制器必须于匠，然不可以制器以非器，谓匠非有也。"就是说，心灵和实践是两码事，不能认为心是无的。工匠不是器物，但是，制造器物必须依靠工匠。裴颀认为，《老子》的主旨在于通过对"本"的强调，提醒人们不要离本逐末，若崇尚贵无贱有，必然偏离正确的伦理价值。裴颀著有《崇有论》《辩才论》，另有《文集》十卷，今已亡佚。

欧阳建

（约269—300年）字坚石，西晋渤海南皮（今河北南皮）人。欧阳建历任尚书郎、冯翊（今陕西大荔）太守。赵王司马伦专权时，他想有所作为，欲拥立楚王，由此与司马伦有隙。他联合潘岳偷偷劝淮南王司马允诛杀司马伦，不料事情败露，欧阳建家被满门抄斩。其临刑时，作诗文《临终诗》，甚哀楚。

欧阳建所著《言尽意论》和《临终诗》，提出了古代辩证唯物主义观点。他针对当时玄学的贵无论，对"名"与"言"做了区别，认为名所指的是一种一种的事物，言所讲的是关于一个一个理的判断。名的对象是事物，其内容是概念；言的对象是事物的规律，其内容是关于规律的判断。为了攻破玄学家们虚玄的"谈证"，他把虚幻的言意关系还原为心物（名实）关系问题，即认识的主体和客体的关系问题。与何晏不同，他认为："形不待名，而方圆已著；色不俟称，而黑白以彰。先有方圆之形，然后才有方圆之名；先有黑白之色，然后才有黑白之称。客观的形色是第一性的，而主观的名称是第二性的。"严正驳斥了当时玄学家认为语言概念无法表达事物真相的看法。欧阳建的《言尽意论》，在当时唯物主义反映论和唯心主义先验论的斗争中具有时代意义，他与裴頠的《崇有论》，同是较有影响的唯物主义重要著作。长期以来，在《中国哲学史》教科书和各种专著及论文中，几乎无一例外地把欧阳建的作品引用为与其论敌论战的依据，并给予极高评价。这种观点，最早见之于任继愈教授所主编的《中国哲学史》中。

郭 璞 （276—324年）两晋时期著名学者、文学家、训诂学家、道学数术大师和风水鼻祖。字景纯，河东郡闻喜县（今山西闻喜县）人。其父郭瑗，晋初任建平太守。西晋末年郭璞深感家乡战乱将起，于是避祸东南。在宣城太守幕下任参军，后又从宣城继续东下，被当时任丹阳太守的王导再次聘为参军。晋元帝即位后，历任著作佐郎、尚书郎。曾奉命与著作郎王隐共撰《晋史》。明帝时，被大将军王敦征召为记室参军。因占卜大凶，力阻王敦起兵谋反而被杀。后追赠为弘农太守。宋徽宗时追封为闻喜伯，元顺帝时被追封为灵应侯。

郭璞博学多才，喜好经术和古文奇字，擅长辞赋，精通天文历算，尤其深谙易理和五行卜筮之术。对安墓卜宅、禳灾转祸诸事，所占多有灵验，通致无方。他一生诗文著作达百卷以上，数十万言。分别注释了《周易》《山海经》《尔雅》《方言》《楚辞》《穆天子传注》《江赋》等古籍，另著有记载卜筮等诸事的《洞林》《新林》《卜韵》《玉管定真经》等。旧题郭璞所撰《葬书》，现疑为他人所托。《隋书·经籍志》载有"晋弘农太守《郭璞集》十七卷"今已散佚，明张溥辑有《郭弘农集》二卷，收入《汉魏六朝百三家集》中。

庾 阐 东晋时期学者、文学家、易学家。字仲初，颍川鄢陵（今河南鄢陵西北）人。庾阐九岁时便能做文章，少时随舅家迁至江东。最初州里因其少年才智欲举为秀才，晋王司马睿也要征辟他，他均未接受。后来被西阳王司马羕辟为掾属，任尚书郎。苏峻之乱时，庾阐出逃郗鉴处，任司空、参军，因功被赐封吉阳县男，官至零陵太守、给事中，领著作事。五十四岁去世，谥号贞。

庾阐一生著述颇丰。著有《文集》十卷，今已散佚。他精通《周易》，认为象数和龟均不是神妙之道所凭借的工具或影迹，亦非神明之所在，不能以此为神妙之道。他引证王弼的筌鱼之喻，主张得妙在忘象，神穷而废著。并将此观点推广到美术领域，认为画像不足以传神。其易学著作有《蓍龟论》，见于《艺文类聚》中。另外还撰有《杨都赋》，为世人所看重。

葛 洪 （284—363年）东晋道教学者、著名炼丹家、医药学家。字稚川，自号抱朴子，丹阳郡句容（今江苏句容县）人。三国方士葛玄的侄孙，世称小仙翁。

曾受封为关内侯,后隐居罗浮山炼丹。葛洪出身江南士族,十三岁丧父,家境渐贫。他以砍柴所得,换回纸笔,在劳作之余抄书学习,常至深夜。乡人因而称其为抱朴之士。他性格内向,不善交游,只闭门读书,涉猎甚广。十六岁开始读《孝经》《论语》《诗》《易》等儒家经典,尤喜"神仙导养之法"。自称:"少好方术,负步请问,不惮险远。每以异闻,则以为喜。虽见毁笑,不以为戚。后从郑隐学习炼丹秘术,颇受器重。谓弟子五十余人,唯余见受金丹之经及《三皇内文》《枕中五行记》,其余人乃有不得一观此书之首题者。"西晋太安元年(302年),其师郑隐知天下将乱,乃携入室弟子,东投霍山,只有葛洪仍留丹阳。永兴元年(304年)他加入吴兴太守顾秘的军队,由于与农民起义军作战有功,升任将兵都尉,迁伏波将军。建兴四年(316年),还归桑梓。东晋开国,念其旧功,赐爵关内侯。咸和年间,补州主簿、转司徒掾、迁咨议参军。友人干宝又荐其为散骑常侍,领大著作,葛洪皆坚辞不就。干宝力荐他任散骑常侍领国史,仍坚持未上任。后因生活所迫,才复任咨议参军等职。咸和二年(327年),他听说交趾出产丹砂,便请求前往,获准后立即行动,南至广州被刺史邓岳所留,乃止于罗浮山炼丹。在山中积年,优游闲养,著作不辍。其卒于东晋兴宁元年(363年),终年八十岁。

葛洪继承并改造了早期道教的神仙理论,系统总结了晋以前的神仙方术,包括守一、行气、导引和房中术等;同时又将神仙方术与儒家的纲常名教相结合,强调"欲求仙者,要当以忠孝和顺仁信为本。若德行不修,而但务方术,皆不得长生也"。他把这种纲常名教与道教的戒律融为一体,要求信徒严格遵守。说:"览诸道戒,无不云欲求长生者,必欲积善立功,慈心于物,恕己及人,仁逮昆虫,乐人之吉,愍人之苦,赒人之急,救人之穷,手不伤生,口不劝祸,见人之得如己之得,见人之失如己之失,不自贵,不自誉,不嫉妒胜己,不佞谄阴贼,如此乃为有德,受福于天,所作必成,求仙可冀也。"他主张神仙养生为内,儒术应世为外。葛洪一生著作宏富,著有《抱朴子·内篇》二十卷、《抱朴子·外篇》五十卷、《碑颂诗赋》百卷、《军书檄移章表笺记》三十卷、《神仙传》十卷、《隐逸传》十卷,抄五经七史百家之言,兵事方技短杂奇要三百一十卷。另外,还著有《金匮药方》百卷、《肘后备急方》四卷,今多已亡佚。《正统道藏》和《万历续道藏》共收录其著作十三种。

干 宝

(约286—336年)东晋著名文学家、史学家、经学家、象数派易学家。字令升,新蔡(今河南新蔡县)人。干宝年轻时勤奋好学,博览群书。元帝时以才智过人征召为著作郎。后来因积极参与镇压荆湘流民起义,赐为爵关内侯。东晋初,朝政草创,经王导推荐,奉命领修国史。后历任山阴令、始安太守、司徒右长史、散骑常侍等官职。

干宝一生著述颇丰,主要有《周易注》《五气变化论》《论妖怪》《论山徙》《司徒仪》《周官礼注》《晋纪》《干子》《春秋序论》《百志诗》《搜神记》等。《搜神记》是一部最早的志怪小说,在中国小说史上有极其深远的影响,被称为中国志怪小说的鼻祖。

干宝在易学上造诣极深,其易学虽然吸收了义理学派的一些观点,但解《易》的总体倾向仍是京房以来的汉易传统。他吸取并采用了八宫说、纳甲说、卦气说、互体说、五行说、八卦休王说等等。他反对用老庄玄学的观点解《易》,认为玄学派的易学是虚诞之言。同时他还批判了王弼的太极说。他在易学理论上虽无更多建树,但其批判性的观点却对玄学派易学形成了较大威胁。在易学著作方面:《隋书·经籍志》载有《周易注》十卷,《周易爻义》一卷。梁有《周易宗涂》四卷,据《隋志》记载已亡佚,两唐书亦皆未录。而《周易注》《周易爻义》二书,两唐书均有收录。另外,《经典释文·序录》《宋史·艺文略·经类》及胡一桂《周易启蒙翼传》等也录有《周易注》十卷本。根据《册府元龟》记载,《周易问难》二卷、《周易元品论》二卷也为干宝所撰。干宝的易学著作今多已散佚,所留传的主要散见于唐人李鼎祚的《周易集解》和陆德明的《经典释文》中。明姚士遴辑有《干常侍易解》三卷,孙堂《汉魏二十一家易注》辑有《干宝周易注》一卷,清张惠言《易义别录》中也有辑录,马国翰《玉函山房辑佚书》亦有干宝易辑本。

孙 盛

(约302—373年)东晋中期学者、名士、历史学家。字安国,太原中都(今山西平遥西北)人。孙盛出身官宦名门,高祖孙资为三国时期曹魏重臣,祖父孙楚官至冯翊太守。孙盛仕途上并不顺利,先后担任陶侃、庾亮、庾翼、桓温的僚佐,也曾跟随桓温灭成汉、北伐收复洛阳。之后任长沙太守,封吴昌县侯。晚年官至秘书监加给事中,故被后世称为"孙监"。

孙盛年轻时便以博学、善清谈而闻名。他深入钻研《周易》,曾与殷浩、刘炎就"易象妙于见形"等问题而展开过大辩论。其易学一方面拥护汉易的传统之学,反对易老合一,使《周易》的研究从老庄玄学中解脱出来;另一方面又反对管辂一派所提倡的占术,在魏晋易学史上曾有一定影响。在论《易》时,他不排斥取象说和卦气说,认为卦爻象的变化,反映了事物的变化,而事物的变化,皆效法卦爻象的变化而变化,二者是一致的。他认为《周易》所讲的变化之道和阴阳不测之神,存在于卦爻象和所取的物象之中,而卦爻象是有形的,穷神知化是不能脱离有形之物的。他反对脱离形器和事物变化的自然轨迹去追求抽象之道,反对以卦气说讲占筮之术以及推测人事吉凶。他认为卦爻象是来自于对天地万物的摹写,事物的变化可以表现在卦的六爻之中,观察卦爻象即可知吉凶之理,无须占筮。他既认为易象妙于见形,又批驳了从《周易》中寻求数术的迷信,坚持认为是夏禹重八卦而推演为六十四卦。反对生死轮回、灵魂不灭、善恶报应等宗教思想，同时也驳斥了佛教的神灭论观点。

孙盛一生著作颇丰。除著有《易象妙于见形论》《老聃非大圣论》《老子疑问反讯》等，还著有《魏氏春秋》二十卷、《魏氏春秋异同》八卷、《晋阳秋》三十二卷，现今仅存部分佚文。

韩康伯

（332—380年）东晋思想家、玄学家、易学家。名伯，字康伯，颍川长社（今河南长葛）人。韩康伯从小聪明伶俐，略长大些时，便"清和有思理，留心文艺"，之后举为秀才，对征召任职均不接受。晋简文帝在藩镇时，将其引为谈客，与其探讨玄理政治。而后从司徒左西掾转任抚军掾、中书郎、散骑常侍、豫章太守，继而入朝任侍中。后又改任丹阳尹、吏部尚书、领军将军。患病后改任太常，尚未就任即去世，时年四十九岁。

韩康伯崇尚庄老，脱落名教，精心研究《周易》。其易学受王朗、王肃父子和王弼易学的影响较深，竭力排斥汉易中的象数之学，抵制象数学派和占候之术。他将《周易》体例抽象化，努力追求和揭示象数背后的东西，将无形之理视为易学的根本，将易学进一步玄学化，将《周易》发展为"三玄"（即《老子》《庄子》《周易》）之一。他的解《易》风格和王弼是一致的，在某种程度上是对王弼易学的发展。王弼注《易》时，只注了《易经》和《易传》中的《文言》《彖辞》和《象辞》，《易传》的其他部分，如《系辞》《说卦》《序卦》和《杂卦》等都是后来由韩康伯注释的。在传世之作中，韩康伯是从义理角度完整注释《系辞》的第一人，并且也只有他对《系辞》所作的注最受世人的认可。

韩康伯易学思想的主要特点：一是认为《周易》乃明理之书。提出"八卦备天下之理"的新命题。指出八卦和六十四卦中蕴含着自然界和人类生活的普遍法则，只要把握了易理就可以了解自然界的各种现象和社会人事的变化。他认为从六爻的变化能够预见天道、地道和人道的吉凶，人们可以借《周易》的义理来指导生活，法易道而行。在理和数的关系上，他强调义理制约象数，义理是象和数的根本，理是体，象和数是用。义理不仅是形而上的，而且是超经验的。二是在注释《易经》体例上，韩康伯主要使用了以义理释《易》，适时取义和以爻位释《易》的方法。在取义说上完全废除了象数。他除了以卦名释《易》外，还以八卦和六十四卦的义理解《易》，并对《易传》中道、器、变、通等概念进行了新的诠释。认为形而上的道是完善的本体，形而下的器则处于永不停息的变化之中，从而引发了中国哲学史上的道、器之辩。他强调把握时机，顺时顺势而为，认为爻的吉凶会因时位的不同而变化，所以人们的行动应该以爻变为指南，根据卦爻所处的不同时机，采取不同的措施，进退行藏都要适宜。韩康伯以爻位解《易》，主要是继承了王弼的初上无位说、中位说和相应说。三是进一步确定道体论，把道和太极看作是虚无本体。认为道无名无形、寂然无体而又超越于万有之上,是为万物之始。道是形而上的、超言绝象的存在。太极从筮法上讲是大衍之数中那个不用的"一",太极与道相比,有着明显的混沌性和神秘色彩。韩康伯虽然把无形无名的道看作是天地万物的本源,但是又认为万物的产生和运动都是一个相对独立的过程,是不知其所以然而然。他把这种神秘莫测的状态称作神。由于道的品质是自然无为的,所以他认为统治者治理国家也应该实行无为而治的方针,无为而治才会大治。四是在道德修养上,他认为懂道并且按照道的规律办事是道德修养的基础。万物合道则生,失道则亡。在国家治理上,他主张以道威服天下,反对用兵,反对刑罚。在修养方法上,他强调谦虚、虚己和存诚,重视知己的重要性,要求人们为之于未有,治之于未乱。他把"损"看作是一种克己的道德,认为损和益在一定范围内是可以互相转化的。极损则益,极益则损。在他看来,理想的人格应该具有兼济万物的胸怀,强烈的忧患意识,应该德行恒一,坚贞不移。

总体来说,韩康伯认为卦象和世间的事物都是以"一"为宗的。"一"虽为简约,却可以存博、兼众。他认为阴阳不测之神和神秘万物之神同变化之道一样神秘莫测。《系辞》所谓"一阴一阳之谓道"中所说的"一阴一阳"并非又阴又阳,而是既无阴,亦无阳,这就是"道"。韩康伯的易学思想对后来宋明时期易学中的义理学派影响十分深远。

张璠 魏晋时期史学家、易学家。安定(今甘肃泾川北)人。晋朝建立后,与虞溥、郭颁皆为晋朝令史,同时又任秘书郎、参著作郎。

张璠通晓易学,曾集钟会、向秀等二十二家之说,且以向秀之说为本,编撰成荟萃诸家学说以成一书的创世之作《周易集解》。其易学与王弼同出一源,废黜象数而突出义理。故所采用的先儒著述,马融、郑玄、荀爽、虞翻之说一字不用。清马国翰《玉函山房辑佚书》所辑《周易向氏易》《周易统略》《周易卦序论》《周易张氏易》等,内容多选自《周易集解》。如今原书已佚。清马国翰《玉函山房辑佚书》辑有《周易张氏集解》。除此,张璠还辑有《后汉纪》三十卷,因未完成此作,所以流传不广,散失亡佚也早。

徐邈 (344—397年)东晋著名经学家。字仙民,东莞郡姑幕(今山东诸城西北)人。西晋末年,因遭永嘉之乱随祖父南渡迁居京口(今江苏镇江)。徐邈自幼勤奋好学,博闻强记,遍读经史。东晋孝武帝司马曜"招延儒学之士"时,经太傅谢安推荐,补任中书舍人,备武帝顾问。他虽口不传章句,却能指出经传中的主旨并讲明大义。他所撰《正五经音训》,被后世学者所尊崇。在备顾问的十年期间,他对朝典礼制多有建议,劝善规过,深受孝武帝信任。此时太子尚幼,他受命传授太子儒业,虽身居东宫,孝武帝仍允其入朝议政。见其处事缜密周全,有心托付重任,但未及实施即驾崩。安帝即位后,拜其为骁骑将军。隆安元年,其父徐藻去世,徐邈因哀伤过度,不久亦亡,时年五十四岁。

徐邈通晓《周易》,撰有《周易音》(即《周易徐氏音》)一卷,可惜唐代已佚。唐陆德明《经典释文》中曾引用《周易音》中文辞百余条。除此,徐邈还撰有颇受当时学者重视的《谷梁传注》十二卷、《谷梁传义》《答春秋谷梁义》《五经同异评》等。

崔 浩

(约381—450年)南北朝时期北魏杰出的政治家、军事家、经学家、史学家和天文学家。字伯渊,小名桃简,清河郡东武城(今山东武城县)人。崔浩出身于北方高门士族。祖上皆以才华超众而称著于世。崔家历代为官,其父崔玄伯,号称冀州神童,北魏初年累官至吏部尚书,拜为天部大人,赐爵白马公。崔浩是崔玄伯长子,"少好文学,博览经史。玄象阴阳,百家之言,无不关综,研精义理,时人莫及"(《魏书·崔浩列传》)。二十岁时,任直郎,天兴年间,供职秘书省,改任著作郎。太祖因他擅长书法,常常带在身边。太祖晚年,刑罚严酷,宫中近臣多因小过而获罪,众人无不尽量逃避隐匿以免除事端,只有崔浩独自肃静勤勉而不懈怠,甚至终日不回家,深得太祖赏识与信任。太宗初年,崔浩迁任博士祭酒,赐爵武城子,他经常给太宗讲授经书。太武帝即位后,因朝廷众大臣忌惮崔浩品行正直,耿介敢言,一度群起而诋毁排斥崔浩,致使太武帝被迫将崔浩调离朝廷,但每遇疑难问题,仍召崔浩入宫求教。始光三年(426年),崔浩被重新召入朝中,晋爵东郡公,拜太常卿。后因与北魏鲜卑贵族发生矛盾,太武帝以修史暴露"国恶"之罪将崔浩诛杀。其宗族与亲戚亦遭灭门之祸。

崔浩精通经学、史学、天文学及天文历算学,尤其通晓《易经》。曾奉旨作《周易注》。另外曾为《急救章》《孝经》《论语》《诗经》《尚书》《礼记》等典籍作注,与其弟崔简等合作完成了《国史》的编撰。还制定了《五寅元历》等,在历史上有一定的影响。

褚仲都

南北朝时期南朝宋易学家。钱塘(今属浙江省)人。曾任梁五经博士。精通《周易》,却不作易音讲疏,且文辞虚诞。曾作《周易讲疏》十六卷,已亡佚。清马国翰《玉函山房辑佚书》辑有《褚仲都周易讲疏》一卷。另辑有《论语义疏》等。

刘 瓛

(434—489年)南北朝时期南朝齐学者、文学家、经学家。字子珪,小名阿称,齐沛郡相(今安徽濉溪西北)人。晋丹阳尹刘惔六世孙。

刘瓛年少好学,未及成年已博通《五经》,其儒学造诣冠于当时,京城士子莫不席下受业。在受业弟子中较著名的有范缜、何胤等人。刘瓛性情谦虚率直,从不以高名自居。太祖因刘瓛才华出众,拜为彭城郡丞兼总明观祭酒,他辞而不就。刘瓛潜心钻研《周易》,其易学弃郑玄而从韩康伯。他一生著有《周易四德例》一卷、《周易乾坤义》一卷、《周易系辞义疏》二卷,此外还撰有《毛诗序义疏》一卷、《毛诗篇次义》一卷、《丧服经传义疏》一卷等,现均已亡佚。清马国翰《玉函山房辑佚书》辑有《周易刘氏义疏》一卷。

范 缜

(约450—515年)南北朝时期唯物主义思想家、哲学家、道家代表人物、杰出的无神论者。字子真,南乡舞阴(今河南沁阳市西北)人。范缜幼年丧父,待母至孝。十多岁时,到千里之外的沛郡相县(今安徽宿县)求学,拜名儒刘瓛为师。成年后,博通经术,尤其对"三礼",即《周礼》《仪礼》《礼记》造诣颇深。入南齐后出仕,历任宁蛮主簿、尚书殿中郎、领军长史、宜都太守等职,萧衍建立南梁后,任晋安太守、尚书左丞,后因王亮一事牵涉被流放广州,终官中书郎、国子博士。天监十四年左右(约515年)于藩镇病逝,终年六十五岁。

范缜是著名的唯物主义哲学家。在形神关系上,他抓住了"即"与"异"的对立,提出了"形神相即"的观点,他说:"神即形也,形即神也。是以形存则神存,形谢则神灭也。"他认为二者之间的关系是"名殊而体一""形神不二",不可分离。形体存在,精神才存在;形体衰亡,精神也就归于消灭。在此基础上,他进一步提出了"形质神用"的著名论点,即形体是精神的质体,精神是形体的作用,神是由形所派生出来的东西,决不能脱离形这个主体而单独存在。对"质"和"用"的范畴,范缜也给予了深入浅出的论证。他提出,不同的"质"有不同的"用",而且精神作用只是活人的特有属性。他以树和人为例,把人质和木质做了区别。他认为,人质有知而木质无知,有知和无知是由不同的物质实体决定的,从而肯定了不同质的不同作用,肯定了精神对人这种物质实体的特有功能。范缜不再把神当成气,而是将其视为具体的生理功能和心理功能,把人的生理器官看作是精神活动的物质基础,并将人的精神活动分为两类:一类是感觉痛痒的"知";一类是判断是非的"虑"。并指出二者在程度上的差别,即"浅则为知,深则为虑"。范缜还辩证地认为物体的变化有其内在的规律性,他认为事物的变化有突变和渐变两种形式。突然发生的事物,如暴风骤雨,必然突然消失;逐渐发生的,如动植物,必然逐渐消灭,这是对事物发展规律的科学认识。藩镇著有《神灭论》《答曹舍人》(《答曹思文难神灭记》)等,收于《弘明集》和《全梁文》中。其有些著述,今已散佚。

萧 衍

(464—549年)即梁武帝。南北朝时期南朝梁的创建者。字叔达,小名练儿。兰陵郡武进县东城里(今江苏丹阳市访仙镇)人。萧衍是兰陵萧氏的世家子弟,是汉朝相国萧何的二十五世孙。其父萧顺之是齐高帝的族弟,封临湘县侯,官至丹阳尹。萧衍小时候就很聪明,喜欢读书。及成年,已洞达儒学、玄学经典,且文学造诣也很深,成为当时多才多艺、学识广博的知名人士。他的政治和军事才干也堪称翘楚,先后任参军、中书侍郎、黄门侍郎、雍州刺史和大司马等职。在齐内乱之时,他起兵夺取帝位,改国号为梁。萧衍称帝之后,清廉节俭,勤于政务,建立了显著的功绩。他在位四十七年(502—549年),改定《百家谱》,重用士族,制九流常选,立国学,广招五馆生,不限门第立集雅馆、士林馆等。因喜好佛教,他还兴建了大量寺庙,曾三次舍身同泰寺,并多次在那里讲经传授佛法。大同二年(547年),他接受东魏大将侯景的归降。次年,侯景叛乱,引兵渡江攻破京都,萧衍被侯景囚禁,因饥病死于台城,终年八十六岁。谥号武皇帝,庙号高祖。

萧衍通晓儒学、玄学和佛学。他曾和周宏正、张讥等人探讨易学问题。其易学特点主要是糅和易学与佛学,以虚无来解释《周易》的最高原理,以《周易》的基本观点来解说佛教教义。从其宣扬佛教教义的著作中,可明显看出其浓厚的糅合《易》与佛的倾向。如在《喜阿育王寺赦诏》中,他以丰卦《彖》文"天地盈虚"句说明年成不好、人民困苦、闹事作乱等皆可以宽恕。引用随卦《彖》文"随时之义"宣扬逢真形舍利复见之时,应对一切罪犯,施行大赦,以表慈悲之心。他的解《易》之作往往与佛教义理相比附,注入太极元气说,如在《天象论》中,他用体用范畴来解释《周易》的义理。他还招纳文士,辩论儒、佛意蕴。

萧衍擅长于文学,精通乐律。他曾创制准音器四具,名"通"。又制作了长短不同的笛十二支以应十二律。他还制定《五礼》,编撰《通史》。据《隋书·经籍志》记载,萧衍解《易》著作有《周易大义》二十一卷、《周易系辞义疏》一卷、《周易讲疏》三十五卷,今均已亡佚。唐陆德明《经典释文》引用其解《易》文四条,明人辑有《梁武帝御制集》等。

徐遵明

(475—529年)南北朝时期北朝魏经学家,北朝中较具影响力和代表性的大儒,北学的代表人物之一。字子判,华阴(今陕西华阴西)人。徐遵明从小聪明好学,从十七岁开始,四处求学,历更数师。在上党他曾从师于王聪学《毛诗》《尚书》《礼记》,后来又从师于燕赵张吾贵、范阳孙买德、平原唐迁等人学经书,苦读殚思,终于深谙诸经。

徐遵明终身未仕,开门授徒二十余年,门生众多,海内宗仰,其经学对汉唐经学起到了承前启后的过渡作用。他的学说沿袭东汉儒家经说,主要遵从郑玄之学,传承郑玄所注《周易》《尚书》和《三礼》。他传《易》于卢景裕、崔觐等人，形成北齐易学。他独得西晋旧本服虔所注《春秋》，苦心研究数年，撰成《春秋义章》三十卷，今已亡佚。

周弘正 （496—574年）南北朝时期南朝梁、陈经学家。字思行，汝南安城（今河南汝南东南）人。周弘正幼年即孤，却奋发读书。十岁就通晓《老子》《周易》，十五岁补国子生。在梁为官时，任国子博士，于士林馆讲《周易》和其他经学，听者倾朝野。入陈后，任太子詹事、迁侍中、国子祭酒、授金紫光禄大夫，领国子祭酒、豫州大中正，官至尚书右仆射。太建六年（574年）卒，时年七十九岁。追赠侍中、中书监，谥号简子。

周弘正知玄象、善占候。梁武帝萧衍曾与他和张讥等人研讨易学问题。其易学对卦爻辞文字的解释，多采纳王弼之义，同时兼收郑玄、王肃之说。主要内容有：①对乾卦卦辞"元亨利贞"的解释。将"元亨利贞"作为四德，从天、地、人三个方面来分析看待这四德。把天之元亨利贞具体为春、夏、秋、冬；地之元亨利贞具体为金、水、木、火；人之元亨利贞具体为仁、礼、义、信。认为四德具有生、养、成、终之义，它展示了事物从始到终的发展全过程。他的这种观点突破了单纯的道德规范，而有了普遍的世界观意义，对后来的唐宋易学发展有着深远影响。②对《序卦》的解释。他将六十四卦分为"六门"，将卦的排序看成是事物之间的六种联系，即相因、相反、相须、相病等等，而这些联系最终又都归之于中道。他还将马融所撰注的《费氏章句》十三章改编为十二章。他明晓佛典，当世许多著名僧人也经常请教于他。周弘正撰有《周易讲疏》十六卷、《论语疏》十一卷、《庄子疏》八卷、《老子疏》五卷、《孝经疏》二卷、《集》二十卷，今均已散佚。清马国翰《玉函山房辑佚书》辑有《周易周氏义疏》一卷。

张讥 南北朝时期南朝梁、陈经学家，易学大师。字直言，清河武城（今山东武城西北）人。张讥年幼时聪明俊美，思辨能力很强。十四岁时，就通晓《论语》《孝经》等经典。他笃好玄言，师从汝南周弘正，经常发表新见解，被同辈们所推崇佩服。梁大同年间，征召为国子"正言"生。入陈后，历任国子助教、东宫学士国子博士等职。祯明三年（589年）陈亡入隋后不久，死于长安，终年七十六岁。

张讥性情恬静，不求名利，喜欢清闲安适的生活。他将自己的住所建在山水池边，热心于种植花果，传道授业。他讲解《周易》《老子》《庄子》等，门下受业者众多，较有名气的有陆德明、朱孟博、姚绥等人。他曾和其师周弘正一同与梁武帝萧衍讨论易学问题。他的易学主要承袭郑玄，观点中较为突出的是对《说卦》文中"参天两地而倚数"的解释,认为天大于地,天包括地。就数目而言,认为参中有两,并用"参中含两"来说明"一以包两"。这里所指的"一",不是单一的一,而是合一之意。他的这种观点对宋明时期张载的太极说及明清之际王夫之对奇偶两画的解释都有重大影响。其著作有《周易义疏》三十卷,已亡佚。清马国翰《玉函山房辑佚书》辑有《周易张氏讲疏》一卷。张讥还著有《尚书义》十五卷、《毛诗义》二十卷、《孝经义》八卷、《论语义》二十卷、《老子义》十一卷、《庄子内篇义》十二卷、《庄子外篇义》二十卷、《庄子杂篇义》十卷、《玄部通义》十二卷,还撰有《游玄桂林》二十四卷等,现均已亡佚。

卢景裕

(?—540年)南北朝时期北魏经学家。字仲孺,小名白头,范阳涿县(今属河北)人。卢景裕自幼聪颖过人,专心于学习。起初居于拒马河,后又隐居大宁山,一心为经典作注。他的叔父卢同地位显要,他却不随其行,独自辟地居住于田林园舍,远离荣利,敝衣粗食,谦恭守道,怡然自安,因此被世人称之为"居士"。

节闵帝初年,他曾任国子博士,东魏太平年间(524—537年),回归故里。与当地名士邢子才、魏季景、魏收、邢昕等人同征赴邺。东魏权臣高欢听说卢景裕的学问好、德行高,曾请他教授诸子。

卢景裕精通《周易》,他虽未大规模聚徒教学,但其所注《易经》却大行于世。他的易学出于郑、荀两家。如在释承、乘之义时,他依据郑氏之学,又引入荀氏所推升降之义。易注多引汉儒卦变、升降、互体之说。清马国翰云:"其说易爻用升降,与蜀才略相似,大抵宗荀氏之学者。"他还喜好并通晓佛学,天竺国和尚道悕作经论,也请卢景裕为之作序。卢景裕撰有《周易注》,唐李鼎祚在撰著《周易集解》时曾采用。清马国翰《玉函山房辑佚书》辑有《周易卢氏注》二卷。此外,卢景裕还撰有《尚书注》《孝经注》《礼记注》《论语注》《老子注》《毛诗注》等等,今多散见于诸书之中。

卫元嵩

南北朝时期北朝北周数术名家,易学家。益州成都(今属四川)人。卫元嵩才华横溢,精通经史老庄,明阴阳历算,善数术谋略。曾因献策后周而获得持节蜀郡公一爵。他喜好推断预言,天和中曾著书造作谶纬,预测周隋废兴,多有应验。他不信佛教,曾与道士张宾共同上疏周武帝,言僧徒猥滥,应将佛教废毁。

卫元嵩解《易》讲阳变阴合,依卦象阐述阴阳配偶,认为《易》应以坤为首。他仿照扬雄《太玄经》体例,袭用《归藏》序次,撰写成用意怪癖、文字艰涩的《元包经》十卷,今尚流传五卷。有人认为此书乃属《归藏》主要著作之一。卫元嵩还著有《三易同论》《易论》《齐三教论》以及《千言诗》等,现均已亡佚。

概要

隋唐时期，随着政治的统一，经济的繁荣，文化与哲学进入了相互融合的时期，表现为儒、释、道三家之学的相互渗透。此时的易学特点也是象数派和义理派的相互吸纳和渗入。这一时期易学的主要代表人物是孔颖达，他奉唐太宗之命，组织撰写《五经正义》，《周易正义》是其中重要一篇，在这部著名作品中，他广纳百家之言，吸收先儒的思想精华，得出了"易含万象"，"不可一例求之，不可一类取之"的原则，并以元气说解释太极，提出"以气为核心"的世界观。这一易学发展的重要成果，对后来的易学研究影响深远。李鼎祚也是这一时期的重要易学人物，他汇集三十余家易学论著撰成《周易集解》，成为后世研究易学的重要著述。这一时期还诞生了著名的哲学家和文学家韩愈、柳宗元等人，韩愈成为后来唐宋八大家的领军人物。在隋唐时期，易学与佛学逐渐融合，佛家在讲佛经时也经常援引易学，以太极元气来论说世界的形成。如李通玄所著《略释新华严经修行次第决疑论》等书，就是以《易经》来解释《华严经》教义，他还将六十四卦、八卦方位图等运用到华严之境中。道教也借《易经》的卦象以及汉易中的元气和五行说来解释世界形成的过程，并将《易经》图谱作为道教的理论基础之一。

隋、唐、五代时期

陆德明 （约550—630年）隋唐年间著名经学家、音韵家、训诂学家。字德明，名元朗，苏州吴县（今江苏苏州）人。陆德明生于南朝梁简文帝初年，年轻时受学于当时的名儒周弘正，深受老师的影响，"善言玄理"。陈宣帝时，应召于承光殿讲学，以其独到的见解，赢得"合朝赏叹"。陈朝灭亡后，遂归隐乡里。隋炀帝即位后，被召为秘书学士，授国子助教。隋亡，秦王李世民辟文学馆，召陆德明任文学馆学士，他将所学经学传授于中山王李承乾。不久补为太学博士。唐贞观元年（627年）拜国子博士，封为吴县男。贞观四年（630年）去世。

陆德明通晓《周易》，曾采汉魏六朝音切，给《周易》经传文注音。他学识渊博，著述甚多，撰有《老子疏》十五卷、《庄子文句义》二十卷、《周易文句义疏》二十四卷、《文外大义》二卷、《经典释文》三十卷等。其中，《经典释文》最为著名，此书博采汉魏、六朝音切二百三十余家以及诸儒训诂之文，且考证各版本异同，反复推敲斟酌而成，是汉魏、六朝以来研究经典音义的总汇。陆德明的治学方法，对后世吴派经学影响极大，对此《旧唐书》《新唐书》均有记述。

侯果 唐代易学家，唐朝十八学士之一。字行果，上谷（今属河北张家口东）人。侯果官至国子司业，皇太子侍读。与当时的名士冯朝隐、会真等齐名。死后谥号庆王傅。

侯果精通《周易》，其易学源于郑玄并参以荀爽、虞翻的卦变说，即除了象数易学外，还融入许多义理易学成分。如在解释乾卦四爻文言"上不在天，下不在田，中不在人"时，谓易有天道、地道、人道，其基本观点同于郑玄对三才之道的论说，再论升降旁通时，则又引入荀爽、虞翻的观点。在其《易》说中，努力将郑玄与荀爽、虞翻挈合统一。侯果著有《周易注》，已亡佚。其易学论点主要散见于李鼎祚《周易集解》中。清马国翰《玉函山房辑佚书》中辑有《周易侯氏注》三卷。黄奭除了辑《周易集解》所引侯果易注外，还参照宋代郑刚中《周易窥余》、李衡《周易义海撮要》、朱震《汉上易传》、吴澄《易纂言》、明代魏濬《易义古象通》、熊过《周易象旨决录》等书所引《易》注，辑成《侯果易注》一册，收入《黄氏遗书考》中。

孔颖达 （574—648年）唐代大儒，著名经学家、易学家。字仲达，亦作仲远或冲远。孔安之子，孔子三十二代孙，冀州衡水（今河北衡水西）人。孔颖达八岁就学，日诵千言，熟读经传，善于辞章。隋大业初年，被选为"明经"，授河内郡博士。建唐以后,任文学馆学士,后擢升为国子博士,和杜如晦、房玄龄等人齐名,同称"十八学士"。贞观初年,封曲阜县男爵,任国子司业,加散骑常侍,又拜为国子祭酒。他曾奉唐太宗之命与颜师古等人共同编纂《五经正义》计一百八十二卷。《五经正义》力克经学内部的家法师说等门户之见,于众学中择优而定一尊,广采以备博览,从而结束了自西汉以来的各种学术纷争;《五经正义》还摒弃南学与北学的地域偏见,兼容百氏,融合各家,将西汉以来的经学成果尽量保存,使前人之说不致泯灭,后代学者有所钻仰。《五经正义》被唐王朝颁为经学注疏的"定本",成为科举考试经学的评判标准。孔颖达所主纂的《五经正义》,完成了中国经学史上从纷争到统一的历史演变过程。孔颖达卒于唐太宗贞观二十二年(648年),终年七十五岁。去世后陪葬昭陵,赠太常卿,谥号宪。

孔颖达对《周易》研究精深,《周易正义》体现了其易学研究的成果。主要观点为:①揭示了易经的主旨是在于明变化之道。"易者变化之总名,改换之殊称"(《周易正义》卷首)。他认为运动变化存在于天地开辟之际,世间一切事物的存在形式即是运动,"自天地开辟,阴阳运行,寒暑送来,日有更出"(《周易正义》卷首),其更新不已的力量源泉皆出于运动,皆在于"变化之力,换代之功"。"易"之称就是对运动这一现象的高度概括。②认为运动变化的根本原因是在于阴阳二气消长。圣人作卦,画"—"爻以象阳,画"--"爻以象阴;取三爻画八卦,以象天地人,称为"三才",象征运动法则贯穿于天地人之间。曰:"变化运动在阴阳二气,故圣人初画八卦,设刚柔两画象二气也;布以三位象三才也;谓之为易,取变化之义。"③指出易的特征是抽象性和象征性。"易者象也,爻者效也。"象即像,即仿照;爻即效,即效法。作《易》之圣人,"仰观俯察,象天地而育群品;云行雨施,效四时以生万物"是效法天地及其自然规律而揭示了万物和众生的成长变化。④主张"易兼三义"说。曰:"易一名而含三义,所谓(简)易也,变易也,不易也。"简易是说,天地无言,日月星辰布满天空,光明灿烂,并不烦冗。而在此"不烦不扰,淡泊不失"的背后,却蕴含着无限神机;变易,指阴阳二气运行,阴和阳作为无所不在而又对立统一的两种力量,无不在相互矛盾和较量中引发着事物的变化,世间一切事物的更迭替代,无不是这一矛盾规律的具体体现;不易,是指事物运行的基本规律是不变的,一切事物均是按照基本规律所给出的发展方向或轨迹而发展运行。⑤认为易理包备有无。针对儒家崇有、道家贵无的思想而引入王弼的方法,将道引入儒,提出"易兼有无"的命题。认为易之三义,即简易、变易、不易虽然都是有形事物的运动形式,"然有生于无",易理中兼有无,从而肯定《乾凿度》所说:"有形生于无形,则乾坤安从而生?故有太易、有太初、有太始、有太素。"太易是看不见的气;太初是气的开始;太始是形的开始;太素是质的开始。气、形、质未分之时即"浑沌",浑沌的特征是"视之不见,听之不闻,循之不得"。这就是玄妙无比不可捉摸的"太易",也就是道家所说的"无"。这中间贯通了易理中有与无相关联的意义。⑥认为易道广大,理备三才,无所不包。因为《易》乃圣人法天则地而作,故饱含天地之理;作《易》是为了垂教,故有人伦之理和王道之理。"《易》者所以继天地,理人伦,而明王道",不仅是修齐治平(诸如"正君臣、父子、夫妇之义")的大经大法,可整治纲纪;而且还有"度时制宜,作为网罟,以佃以渔"等具体的利民措施,"以赡民用"。只要遵循易理,就能阴阳有序,百物和顺,社会安定,群生和谐,国祚就能传之无穷。⑦肯定了易历三古,人更三圣。采用《汉书》"人更三圣,世历三古"的说法,认为"伏羲制卦,文王系辞,孔子作十翼"。《系辞》中说"河出图,洛出书,圣人则之"。认为圣人是指伏羲。伏羲得河图、洛书,仰观天文,俯察地理,画为八卦,"万物之象皆在其中",故《系辞》曰:"八卦成列,象在其中矣。"八卦虽具万物之象,但未尽万物变通之理,故圣人再"因而重之",将八卦重为六十四卦,于是变化之理灿然明备。《系辞》曰:"因而重之,爻(变)在其中矣。"又曰:"易之兴也,其于中古乎?作易者其有忧患乎?"谁有忧患呢?《史记》曰:"文王拘而演周易",其即为"作易者其有忧患"者。因而推断卦辞即文王所作。关于爻辞,历经考证,孔颖达认为是周公所作。至于"十翼",则认为系孔子作。作《易》者,实则四位,而称"三圣",是因为周公是文王之子,父子兼而为一,故曰"三圣"。孔颖达一言定论,三圣遂成千古公论。孔颖达所主编《五经正义》,对中国封建社会后半期的思想学术和文化发展具有极其重大的影响。

孙思邈 (581—682年)唐代著名医药学家。京兆华源(今陕西铜川市耀州区)人。孙思邈从小聪明过人,认真研究百家学说,尤其喜爱老庄的道家学说。他因自身体弱多病,十八岁时立志学医。在研究医学时,他注重研究医和易的关系,提出"不知易不足以言太医"的著名论点,以《周易》盈虚消息的理论来阐述修身与防病治病的道理。他的医学思想充满了易贯于医,医为易之用的观点,此观点对于后世中医中药学的发展影响很大。

孙思邈一生著有许多医学著作,较著名的有《备急千金药方》《千金翼方》等,皆传于世。

吕才 (606—665年)唐代学者、哲学家、思想家、音乐家。吕才出身于寒微的庶族家庭,他从小好学,兴趣爱好广泛,通晓六经、天文、地理、医药、制图、军事、历史、文学、逻辑学、哲学乃至阴阳五行、龟蓍、历算、象戏等,尤长于乐律,专门的著作和创造很多。因其学识渊博、博才多能而逐渐知名。当时的一些名臣官僚，如魏征、王珪等人都十分欣赏他的"学术之妙"，三十岁时，他由温彦博、魏征推荐进入弘文馆，官至太常博士、太常丞、太子司更大夫。后来因职务关系参加了许多编辑、修订图书的工作，他也创作了不少自己的著作，涉及音乐、天文、历数、地理、军事、历史、佛学、医药等诸多领域。但至今他的书几乎全部失传，保留下来的仅有八篇残篇，五千余字。

在吕才仅存的残文中，最重要的是《叙宅经》《叙禄命》和《叙葬书》三篇。这三本书，以刊正当时盛传于世的《阴阳书》为旨，针对《宅经》《禄命》和《葬书》中的封建迷信思想，宣扬了无神论。在《叙宅经》中，他援引《易经》文："上古穴居而野处，后世圣人易之以宫室，上栋下宇，以待风雨，盖取诸《大壮》。"重点揭露和批判了师巫所谓"五姓之说"的虚妄，认为"天下万物，悉配属之，行事吉凶，以此为法"。在《叙禄命》中，吕才首先考察了禄命之说的源流，指出人的祸福、贵贱、夭寿与禄命绝对无关，他说："今时亦有同年同禄，而贵贱悬殊；共命共胎，而夭寿更异"。《禄命》中说"秦始皇为人无始有终，老而弥吉"。吕才则根据《史记》记载指出，秦始皇是"有始无终，老而弥凶"的，只活了五十岁。他还列举了汉武帝、魏孝文帝、南朝宋高祖等人的生平，说明禄命法同样不验，揭穿了所谓"高人禄命以悦人心，矫言祸福以尽人财"的话，完全是骗人的。在《叙葬书》中，他也是首先考察了丧葬的原始情况，援引《易经》中："古之葬者，厚衣之以薪，葬之中野，不封不树，丧期无数"，后来才有"圣人易之以棺椁"，列举了历史上从国王、诸侯、大夫、士及庶人的殡葬情况，说明丧葬只不过有"贵贱不同，礼亦异数"，但却都"葬有定期"，得出了葬可"不择年月"的结论。吕才以大量的历史事实和深刻的推理分析，用《易》《礼》《春秋》等史料经典为立论根据，揭露了《宅经》《禄命》《葬书》的荒诞虚伪，充分显示了他的无神论思想的价值。另外，吕才在乐律方面的成就也为后人称道，他先后创作了《九功舞》《秦王破阵乐》《上元舞》等，千百年来，《秦王破阵乐》等歌舞曲，一直受到史学界、音乐界的重视，《旧唐书》《新唐书》及现今出版的《中国历代名人辞典》《中国百科全书音乐舞蹈卷》都为其列传，山东省社会科学院将吕才列入《齐鲁文化六十名人》之一。

李通玄

（约635—730年）唐朝居士，佛学家，华严学者。世称李长者，山西太原人。李通玄少年时即钻研《易经》，到了四十岁，专心攻读佛典，潜心研究《华严经》。当时《华严经》的新译本刚好印出，他读后感到经文浩博，而且由多家解释，互有参差，决心重新造论以阐明《华严经》经义。于是来到太原县（今太原市）西南同颖乡大贤村，居此三年，足未出户。据说每天早晨食枣十颗、柏叶饼一枚，由此得名枣柏大士。经过五年潜心撰述，著成《新华严经论》四十卷，以《周易》观点解说佛教

《华严经》教义,使《华严经》有了新的内涵。继而他又撰写了《略释新华严经修行次第决疑论》四卷、《华严经中卷大意略叙》一卷、《解迷显智成悲十明论》一卷、《会释》七卷等。唐开元十八年(730年)三月二十八日,李通玄圆寂,享年九十六岁。

僧一行

(683—727年)唐代著名僧人,杰出天文学家。佛僧法号名,俗姓张,名遂,魏州昌乐(今河南濮阳市南乐县)人。僧一行自幼天资聪颖,勤奋好学,博览群书,很小就掌握了阴阳五行之学。二十岁时,得京都知名道人尹崇所送西汉扬雄所著的《太玄经》,如获至宝,反复研读,很快通达其意,写出《大衍玄图》《义诀》各一卷,以阐释晦涩难懂的《太玄经》经文,深得尹崇喜爱和推崇。二十一岁时,僧一行为了逃避官场斗争,剃度出家为僧,先后跟从荆州景禅师、嵩山普寂禅师学禅,跟从善无畏、金刚智学密法,撰写了密宗权威著作《大日经书》,从而成为我国佛教密宗之祖。

僧一行饱览经典,精心研究数术和天文历法,吸收汉易中的合理成分,引用卦气来解说历法,指出孟喜易学的特点是以《周易》卦象来解说一年节气的变化。他根据卦气说制作了卦气图,并以《周易》大衍之数改撰了《开元大衍历经》。开元九年(721年),因旧历法预报日食不够准确,唐玄宗颁令由他主持修订历法。接到诏令后,他制造仪器,反复测量日月星辰在其轨道上的位置和运行规律,推算出太阳的位置与地球上节气的关系。开元十五年(727年),编制出唐朝最好、亦为当时全世界最先进的历法——《大衍历》。《大衍历》的体例和格式在中国采用西法之前,一直为历代编历者所沿用。他还利用所制造的仪器第一次发现了恒星位置变化的规律,推算出相当于子午线纬度的长度等等,所有这些,都在世界科学发展史上产生了重大影响,具有深远意义。

僧一行一生著有《一行易纂》《卦议》《大日经疏》《大衍历》《七政长历》《心机算数》《摄调伏藏》《七曜星辰别行法》《北斗七星护摩法》等等。清马国翰《玉函山房辑佚书》辑有僧一行《易纂》一卷。

李鼎祚

唐代经学家。资州盘石(今属四川资中县)人。李鼎祚治学勤奋,曾以善经学称名于当时。在经学中,尤其精通象数易学,擅长占筮。代宗登基后,他将精心撰写的《周易集解》奉献于朝,同时推演六壬五行,撰成《连珠明镜式经》十卷,被召拜为左拾遗,并先后任秘书省校书郎、殿中侍御史等职。

李鼎祚是唐代象数易学的代表,其主要观点为:在对《周易》体例的理解上,主取象说。认为易学应该讲天象,他讥讽王弼等人的后学避而不谈天象乃为里俗小曲;他发挥了汉唐的元气阴阳说,否定王弼等人以玄学的贵无论解易,提出了"元气氤氲"说,并以此来解释天地万物的形成,同时也以此说来解释"一阴一阳之谓道""阴阳不测之谓神"等观点,认为周易是儒、释、道三教的始基,九流的锁钥,治国、齐家和修身的正术。他所撰写的《周易集解》收集了从子夏、孟喜、京房到荀爽、虞翻、干宝、孔颖达等三十五家之说,其中以荀爽、虞翻、干宝等人对《周易》的注释为最多。同时,他还收纳了王弼、何晏、韩康伯等玄学派对易学的注释,并加入自己的批注和训解,使此书成为继孔颖达《周易正义》之后所出现的又一部较为全面的总结两汉以来易学成就,意在纠正义理派与象数派之争的最重要著作。除此,李鼎祚还著有《平胡论》等。

崔憬 唐代易学家。生活年代在孔颖达之后。他精通《周易》,解《易》时虽然注重义理,却又不被王弼的《周易注》所拘囿。在以易学玄理解《易》的同时,往往兼采象数。对荀爽、虞翻、马融、郑玄等人的象数易学亦有所窥见。在诠释《周易》经文时,他喜欢标新立异,如在对《周易》体例的解释上,他有自己的独到见解,认为应以取象为主,卦象是《周易》的根本,但又不排斥义理之说。既不同于王弼等人那种鄙视卦象的做法,又不赞成单纯的取象说,也不因袭汉易中那种机械呆板的象数之学。而是主张通过卦象来透视和研究易理。在当时以孔颖达《周易正义》为主的官学易统治之下,崔氏易学的产生有着特殊的意义,被称之为"新义",其尤为李鼎祚所推崇。从某种意义上说,崔憬的易学在汉易向宋易转变的过程中起到了不可替代的作用,他是汉易向宋易转变的先驱。

在对《周易》原理的解释上,崔憬与孔颖达《周易正义》的解《易》也有所不同:①在对大衍之数的看待上,他的论述及其推出的太极说,不以在五十之数中所抽出的"一"为虚无实体,即太极,而是以五十之数未分之前为太极,并认为八卦蕴藏在大衍之数中,从而在易学上推导出六十四卦即太极自身的展开之结论,在哲学上也就推衍出天地万物是世界本体自身的展开之理论。②在道和器的关系上,以器(指卦爻象)为体,以道(指卦爻变易的功能和性质)为用。他的这种体用观,具有一定的唯物主义性质,后来对宋明易学中的功利派影响较大。其将形与器放在第一位,并将孔颖达在《周易正义》中所说的自然无为之道,归结为形与器的功能和作用的结果,从而抛弃了孔颖达所推崇的玄学和先道后器的观点,为易学的发展做出了贡献。在卦象和义理的关系上,他从取象说的立场出发,认为若没有乾坤两卦卦象,就没有"易之形器",也就没有阴阳爻象和变易之道,阴阳变易之理存在于卦爻象之中。③在对《序卦》的解释中,阐发了对立与转化的思想,这在唐代易学与哲学史上实属罕见。崔憬著有《易探玄》,现已亡佚,但部分佚文可见于李鼎祚《周易集解》中。清马国翰曾采《周易集解》所引崔憬的遗文一百八十余条,在《玉函山房辑佚书》中辑为《周易探玄》三卷。

彭构云 （715—768年）唐代哲学家、易学家、道学家。讳名云,字构云,号廷监,别号梦鲤。江西省宜春市袁州区人,江西著名隐士之一。彭构云开元二十三年(735年)中进士,开元二十五年(737年)授为袁州刺史。开元二十八年(740年)致仕。因其爱袁州风情敦美,物产丰富,遂率领全家迁入袁州合浦扎根。他见震山(今马鞍山)山下岩壑幽深,风景优美,故常隐钓于此。居袁州时,他深居简出,退避名位,淡泊钱财,远离权势,秉节蹈义,不求闻达,自号"宜春郡山人"。彭构云热衷于钻研阴阳图纬之学,兼通黄老道家之说,懂经史,精天文,博学多才,尤善《易经》。他著有《通元经解》一书,颇负盛名。他专志讲《易》修行,教养子孙,整饬家规,怡然自守。是唐朝江右著名高士,也是江西彭姓始祖。

韩 愈 （768—824年）唐代杰出的思想家、哲学家、政治家、文学家。字退之,河南河阳(今河南省孟州市)人。韩愈三岁丧父,其兄韩会和嫂将其抚养长大。贞元二年(786年),十九岁的韩愈赴长沙参加进士考试,三试不第,直到贞元八年(792年)第四次应考才中第。此后又连续三次应吏部博学鸿词科考试,皆未中。二十九岁在汴州董晋幕府中谋得观察推官的小官职,后来回京任四门博士。三十六岁时,任监察御史,不久因上疏论天旱人饥,请求减免赋税,而被贬为阳山县令。宪宗北归时,复官国子博士,后累官至太子右庶子,但并不得志。直到五十岁,其官职一直沉浮不定。元和十二年(817年),他因参与平定淮西吴元济之役表现了杰出才能,迁为吏部侍郎。两年后,却因上表谏迎佛骨而触怒宪宗,险些被处死,终被贬为潮州刺史。穆宗即位后,他复被召回朝廷。后历官国子祭酒、兵部侍郎、吏部侍郎、京兆尹等职。长庆四年(824年)病逝于长安,终年五十七岁。

韩愈是古文运动的倡导者,主张继承先秦两汉的文化传统,反对专讲声律对仗而忽视内容的骈体文。他的文章气势雄伟,说理透彻,逻辑性强,被尊为"唐宋八大家"之首。在思想道德方面,他也有独到建树,是位重要的思想家。在宋代诸儒者眼中,孔、孟之下,便是韩愈。在儒学势微,释、道盛行之际,他力辟佛、老,致力于复兴儒学,取得了重大成功。他所倡导的古文运动,就是复兴儒学的重要手段。在政治上,反对藩镇割据,这种思想贯穿于他一系列文章的始末。唐人称其有史学家的笔力,他所撰写的《顺宗实录》,是在韦处厚所撰《顺宗实录》的基础上改写的,他"削去常事,著其系于政者,比之旧录,十益六七,忠良好佞,莫不备书,苟关于时,无所不录"。从《实录》中随处可见对宫市的斥责,对盐铁使进奉的批判,对京兆尹罪行的揭露等等。陶宗仪称韩愈:

"通六经百家学,作文章与孟轲扬雄相表里。"曾国藩说:"韩公如神龙万变,无所不可。"韩愈著述非常丰富,在赋、诗、论、说、传、记、颂、赞、书、序、哀辞、祭文、碑志、状、表、杂文等各方面,均有卓越贡献。最重要的作品有《师说》《劝学解》《论佛骨表》等篇目。门人李汉曾编其遗文为《韩愈集》四十卷,今有《韩昌黎集》传世。

刘禹锡

（772—842年）唐代文学家、哲学家,有"诗豪"之称。字梦得,河南洛阳人。自称"家本荥上,籍占洛阳",又自言系出中山,先人为中山靖王刘胜。刘禹锡贞元九年（793年）中进士,起初在淮南节度使杜佑幕府中任记室,被杜佑器重,之后随杜佑入朝,任监察御史。贞元末年,与柳宗元、陈谏、韩晔等人结交王叔文,形成了以王叔文为首的政治集团。后历任朗州司马、连州刺史、夔州刺史、和州刺史、主客郎中、礼部郎中、苏州刺史等职。会昌时,加检校礼部尚书。会昌二年（842年）,病卒于洛阳。终年七十一岁。追赠户部尚书。

刘禹锡诗文俱佳,涉猎广泛,与柳宗元并称"刘柳"。除诗文外,其哲学成就尤为显著。在宇宙论方面,他的唯物主义思想比柳宗元更加进步。他认为,人之所以产生唯心主义思想,是与社会现实有密切关系的。"法大行"的时候,社会上"是为公是,非为公非",人们就不会产生祸福来自天命的思想;"法大弛"的时候,社会上是非颠倒,人不能胜天,天命论就在人间得到了宣扬的条件;"法小弛"的时候,社会上是非不清,人们就会对天命将信将疑。他又认为,当"理明"时,人们就不会讲"天命";当"理昧"时,就不会不讲天命。他从"法弛"和"理昧"的角度来解释有神论产生的根源,见解独到,具有积极意义。他提出了天与人"交相胜,还相用"的观点,认为"大凡入形器者,皆有能有不能。天（自然）,有形之大者也;人,动物之尤者也。天之能,人固不能也;人之能,天亦有所不能也"。天与人各有其自身的自然特点,"交相胜,还相用",表述了人虽不能干预自然界的职能和规律,但却可以利用和改造自然。刘禹锡以自然科学为根据,补充了柳宗元的自然观。认为整个自然界充满了有形的物质实体,天地之内不存在无形的东西。批驳了佛教和道教关于"空""无"是宇宙本原的理论。在关于宇宙万物的生成和发展方面,他认为万物的生长、发展是一种自然过程,动植物和人类是天地阴阳之气交互作用产生的。他还认为客观世界的发展变化有一定规律,宇宙万物是在互相矛盾和互相依存中无穷地运动和发展着的,他据此建立了天人关系学说,指出天地万物各有其不同的职能和作用。他说:天之所能者,生万物也;人之所能也,治万物也。天不能干预人类社会的"治"与"乱",人也不能改变自然界的运动规律。刘禹锡除著有哲学著作《天论》三篇外,还有《陋室铭》《竹枝词》《杨柳枝辞》《乌衣巷》等名篇,另有大量的诗、词名篇。其作品皆收录于《刘禹锡集》《刘梦得文集》《刘宾客文集》中,此外,他还著有一本医书《传信方》。

李翱 (772—841年)唐代哲学家、文学家。字习之,陇西成纪(今属甘肃秦安东)人。西凉王李暠的后代。李翱自幼"勤于儒学,博雅好古",二十五岁时,在汴州与韩愈相识。从此追随韩愈,经常与韩愈一起谈论学术文章,维护儒道,反对佛老,积极倡导古文运动。贞元十四年(798年),李翱中进士。初任授书郎,后历任国子博士、史馆修撰、考功员外郎、礼部郎中、中书舍人、桂州刺史、山南东道节度使等职。会昌元年(841年)去世,谥号文,世称李文公。

李翱一生崇儒排佛,认为孔子是"圣人之大者也"。他发挥"天命之谓性"的思想,主张性善性恶说,认为成为圣人的根本途径就是"复性"。而复性的方法是"视听言行,循礼而动",做到"忘嗜欲而归性命之道"。他的思想为后来道学的发展奠定了基础。李翱在儒学方面的最大贡献,就在于试图重建儒家的心性理论,他所撰写的《复性书》,以《中庸》和《易传》为立论根据,融合老子、道家的"复性"理论,为宋代理学家"心性论"的建立奠定了基础。在《复性书》中,他把"性"与"情"分开,认为"性善情恶","性"是天授,所以是善的,后来之所以恶是因为被"情"所昏蔽,这一点启迪了后来理学家对"天命之性"和"气质之性"的区分,也成为理学家"天理"和"人欲"之辩的根源。他提出"弗虑弗思,情则不生"的所谓"正思"的修养方法,对北宋程颢、程颐"主敬"观点的推出影响很大,他还是南宋学者朱熹和张栻争论有关"未发""已发"这一中和理论的先声。李翱把《中庸》所讲的"性命之学"看作是孔孟思想的精髓,这也开了宋儒重视中庸之风的先河。李翱著有《佛斋论》《来南录》以及大量的诗、赋等,后来皆收入《李文公集》一〇四篇,今传于世。

柳宗元 (773—819年)唐末思想家、哲学家、文学家。唐宋八大家之一,世称"柳河东""河东先生",与韩愈并称"韩柳"。字子厚,山西运城永济一带人。柳宗元幼年在长安度过,母亲的启蒙教育使他对知识产生了强烈的兴趣。贞元元年(785年),他随着江西做官的父亲宦游,直接接触到社会,增长了见识。贞元八年(792年),他被选为乡贡,次年中进士。贞元十二年(796年),授任秘书省校书郎,不久参加博学鸿词科考试中榜,授为集贤殿书院正字。贞元十七年(801年),他被任命为蓝田尉,贞元十九年(803年),任监察御史里行。从此与官场上层人物交往频繁,对政治的黑暗腐败有了深入了解,逐渐萌发了改革愿望,以至于在王叔文领导的永贞革新中,成为革新派的重要人物。革新失败后,柳宗元被贬为邵州刺史,在赴任途中,又被加贬为永州司马。元和十年(815年),重被召回长安,由于朝廷内两派斗争激烈,他并未受到重用,当年即改贬为柳州刺史,元和十四年(819年),宪宗实行大赦,敕召柳宗元回京,但此时他已病重,于当年十一月在柳州去世,终年四十七岁。绍兴二十八年(1158年),宋高宗加封柳宗元为文惠昭灵侯。

柳宗元在哲学著作中,对汉代大儒董仲舒宣扬的"夏商周三代受命之符"的符命说持否定的态度。他反对天符、天命、天道诸说,批判神学,强调人事,主张以"人"来代替"神",用唯物主义观点来解说天和人的关系,对唯心主义天命论进行批判。他认为整个社会历史是一个自然发展的过程,有不以人们的意志为转移的客观发展必然趋势。他的言论从折中、调和的立场出发,对儒、法、释、道各家学说做了充分的调和。他的哲学思想,是同当时社会生产力的发展、自然科学所能达到的水平相适应的。他把古代朴素唯物主义无神论思想发展到了一个新的高度,是中唐时期杰出的思想家。其哲学作品有《非国语》《贞符》《时令论》《断刑论》《封建论》《天说》《天对》等,还有六百余篇其他作品,如《三戒》《临江之麋》《黔之驴》《永某氏之鼠》《段太尉逸事状》《梓人传》《河间传》《捕蛇者说》《至小丘西小石潭记》《小石城山记》等篇目都很有名,被广为传诵。刘禹锡始编《河东先生集》,明代蒋之翘先生也辑注有《柳河东集》,现今流传。

彭 晓

(？—954年)唐末五代时期著名道士。本姓程,字秀川,号真一子,西蜀永康(今属浙江)人。彭晓少时好修炼,倡导性命双修。在修炼养生、阐发内丹思想方面有引人注目的成就。他认为人可以修炼成仙,年寿无限,提出了建立在阴阳理论基础之上的"仙道""鬼道"学说。他认为生成万物的乾坤之气有阴有阳,有清有浊。清阳者主生,积之者可成神仙;浊阴者主死,积之者成散鬼。而人通过修炼还丹,以天地无涯之元气,续个人有限之形躯,使自身成为纯阳真精之形,就可以与天地同寿,长生不死,即身成仙。他要求修炼之人,"须彻声色,去嗜欲,弃名利,投灵山,绝常交,结仙友,隐秘漕溪,昼夜无怠,方可期望"。彭晓的修炼成仙思想,顺应了唐末五代道教方术由外丹转向内丹的历史趋势,坚持了被世人怀疑和诘难的长生不死、即身成仙之说,发挥了《周易参同契》以《易经》原理解说内丹修炼的思想,对后世道教的发展有一定影响。

彭晓的撰著今存有《周易参同契分章通真义》三卷。该书将魏伯阳《周易参同契》分为上、中、下三卷共九十章而加以注释。著有《鼎器歌》一篇,辅图八环以解《参同契》,谓之《周易参同契鼎器歌明镜图》,已收入《正统道藏》中。此外,他还撰有《还丹内象金钥匙火龙水虎论》。依据当时内外丹结合的传统,在这三本书中,他详尽解释了《周易》、黄老与内外丹三者的内在联系以及相互转化的原理和功能细节,对后来的丹经术发展有一定的影响。

概　要

　　宋代是我国哲学发展的又一个繁荣时期，各学术流派竞相涌现。体现在易学上，主要特点是各流派皆注重对《周易》经传中的哲理进行探讨和考证，而对于文字的训诂、考据则置于相对次要的位置。这一时期，也是我国易学高度发展的另一个重要历史时期。产生了具有划时代影响的五大派别——义理学派、象数学派、气学派、心学派和功利学派。

　　在北宋初期，易学出现了四大流派。一是属于象数学派即以陈抟为鼻祖的图书学派，其学派的传承是：陈抟——刘牧——李之才——周敦颐。到刘、李之后，又进一步分化，刘氏推崇河图洛书，李氏则重视卦变说，后来，周敦颐提出"太极图说"，以图式论述宇宙的形成过程，为这一理论的最终形成奠定了基础。二是邵雍的数学派，他提出了以数字代表天地万物的流行生化之象，对宋代理学的发展起到了至关重要的作用。三是由胡瑗首倡的义理派，后传至程颐，程颐所著《伊川易学》，使义理学派最终得以形成。四是以张载为代表的气学派，他吸收了唐代孔颖达的气论学说，提出"为天地立心，为生民立命，为往圣继绝学，为万世开太平"的至理名言，将"易理"融入辩证法，使理学上升到新的高度。

　　到了南宋，邵、程、张三家易学都建立了成熟的易学体系，而程氏义理学派则成为诸多流派中的主流。此时，出现了理学集大成者朱熹，他以程氏易学为主干，荟萃各家之长，建立起一个庞大的易学哲学体系。与朱熹同时的杨万里，也推出《诚斋易传》，一方面阐发程氏易学，另一方面又吸收张载的易学思想，阐发太极元气说，努力将阴阳二气说同程氏的天理说糅合在一起，以促进易学的发展。此时，心学派也有所发展，陆九渊的大弟子杨简，继承程颢和陆九渊的易学思想，以人心解易，提出"天人本一""三才一体"的新命题，论证卦爻象和天地万物的变化皆出于个人意志。他认为易之道即人之心，主张人心即道，宇宙变化即人心变化的过程，他是宋代心学易学的重要代表人物，对明代心学大师王阳明学说的诞生有重大影响。另外，这一时期产生的功利学派也提出了一些新的观点，如薛季宣、叶适等人提出了"河图洛书为古代地图说"，"道不离器说"等，这些，对传统易学都有所突破。而图书学派易学，经朱震和蔡元定等人的阐发，也得到了一定的发展。

　　总之，宋代是我国易学和哲学的蓬勃发展时期，产生了大量的各流派的易学家和哲学家，据《宋史·艺文志》载，仅北宋的解《易》著作就有六十余家，较著名的除胡瑗、周敦颐、邵雍、张载、程颐、程颢等外，还有李觏、王安石、欧阳修、苏轼、司马光等，许多哲学家、文学家和史学家都有解《易》著作。

宋朝时期

陈 抟

（871—989年）北宋著名的道家学者，养生家。黄老之学的传人。字图南，号扶摇子，赐号白云先生、希夷先生。亳州真源县（今安徽涡阳县义门镇）或云普州崇龛县（今重庆潼南县崇龛镇）人。陈抟早年读诸子百家之言，一见成诵，过目不忘，立下展翅青云之志。五代后唐长兴三年（931年），曾赴京城洛阳应考进士，却名落孙山。遂隐居武当山九石岩，决意修道，撰写了《龟鉴》《心相学》等相术专著。后返古蜀，游峨眉山讲学，并拜麻衣道者为师，先后著有《胎息决》《指玄篇》《观空篇》《先天太极图》《易龙图》《无极图》等。后晋天福十二年（947年），他与麻衣道者共同隐居华山云台观，共计四十余年，被称为华山道士。此间，深入钻研易学。据史料载："抟好读易，手不释卷，常自号扶摇子，著《指玄篇》八十一章，言导养及还丹之事。"

陈抟易学继承了《参同契》的传统，朱熹说："魏伯阳《参同契》恐是希夷（陈抟）之学，有些是其源流"（《朱子语录》六十五），其学"不烦文字解说，止有一图，以寓其阴阳消长之数，与卦之生变"。陈抟易学的主要特征是以图解《易》。他所提出的易学图式，包括了象和数两方面的内容，共有三类图式：①先天太极图。又称为"天地自然图"。②易龙图。即龙马负图，指河洛一类的图式，乃河洛之学的前身。③无极图。为道门所传，该图曾刻于华山之壁（今已佚）。以上三类图式：易龙图，讲天地之数的变化和组合，由此而形成了河洛之学，属于数学；无极图，讲坎离卦象和五行之象，属于象学；先天太极图，既讲八卦之象，又讲阴阳变易的度数，数学和象学兼而有之。此三类图式的共同特点是都讲阴阳变易的法则。

陈抟易学是宋代易学哲学的先驱。他通过教授、讲学与著述，使其易学思想流传数代，对后来的邵雍、刘牧、周敦颐等人易学思想的形成和演变都有着重大影响。其《龙图序》讲述了八卦象数之学，阐述了龙图未合与既合的变化，宣扬了神学目的论的天人相通之说，奠定了先天象数学的思想基础。陈抟一生所著《指玄篇》《高阳集》《钓潭集》等，皆已亡佚。其《龙图序》一篇，收入《宋文鉴》及四川《安岳县志》，《殷真君还丹歌注》一卷，录入《正统道藏》中。

徐子平

（约907—960年）北宋道学家、命理学家。名居易，据传他于五代末年与陈抟一起隐居华山。其精于星学，具有徒手转换阴阳历、排八字等命理学的主要技能。其著有《徐氏珞子赋注》二卷，他在李虚中的三柱法（年、月、日推算法）的基础上，发明了四柱法（年、月、日、时推算法）。此算法以四柱的干支为八字，以八字中的生克制化关系推测人生命运，这套算命方法抛弃了以前三柱六字算命时用的纳音五行论命方法，改为四柱八字以日干为中心，旺衰平衡为根本，正五行生克制化为方法的预测体系,社会影响广泛,后人将八字法也称为子平法。元朝人刘玉在《已虐编》中云:"江湖谈命者有子平、有五星。相传宋有徐子平,精于星学,后世术士宗之,故称子平。"清朝人顾张思在《土风录》中专列《子平算命》流传,成为一种民俗。港台流行的《渊海子平》,就是以子平为名的算命术名著。《四库总目》记述:"子平事迹无可考,独命学为世所宗",今推八字者为"子平命理",盖因其名。

种放

(955—1015年)北宋易学家。字明逸,号云溪醉侯,河南洛阳(今河南洛阳东)人。种放少年聪慧,七岁时能写文章,精通易学。父亡后随母隐居终南山,不应科举,以讲学为生。他撰写的《蒙书》十卷以及《嗣禹说》《表孟子》上下篇、《太祠录》等,都深受人们赞许。他曾多次被举荐入朝而婉拒不赴。真宗咸平五年(1002年),被强召入京面圣,授左司谏。而后数年中,往返于朝廷与山林之间,数次归山后又数次再度出山入仕。大中祥符四年(1011年),被授予工部侍郎。种放晚年因侈靡而丧失清节,倚势强买,广置良田。其门人与亲属也多行不法,被谏官王嗣宗参奏,辞官归隐。真宗大中祥符八年(1015年)十一月,种放酒后离世,终年六十岁。

在易学上,朱震认为"陈抟以先天图传种放,放传穆修,穆修传李之才,之才传邵雍。放以河图、洛书传李溉,溉传许坚,许坚传范谔昌,谔昌传刘牧"(《宋史·朱震传》)。如此看来,李之才的卦变说,刘牧的河洛之学,邵雍的先天易学,均与种放有密切的渊源关系。陈抟易学也借之而流传后世。种放著有《退士传》等。

许坚

唐末宋初诗人。庐江(今属安徽)人。其性情质朴放浪,懂异术,喜欢谈神仙之事。往来随意,行踪不定。或居茅山,或游九华山。早年曾以论说时事政事服务于江南李氏,后认为李氏不能以礼相待,遂拂袖而去。太平兴国九年(984年),自茅山再游庐山及洪州西山、吉州玉笥山,其后不知所终。

许坚善诗,喜爱易学。南宋易学家朱震认为:"陈抟以先天图传种放,放传穆修,穆修传李之才,之才传邵雍。""放以河图洛书传李溉,溉传许坚,许坚传范谔昌,谔昌传刘牧。"陈抟易学由此而流传后世。

许坚常于佛寺道观行吟自若。其所著《题幽栖观》《游溧阳下山寺》等诗尤为有名。《全唐诗》存有许坚诗六首、断句二联,《全唐诗外编》及《全唐诗续拾》还补其诗四首。

穆 修

（979—1032年）北宋文学家、易学家。字伯长，山东郓州汶阳（今属山东汶上）人。后迁居蔡州（今河南汝阳）。穆修从小酷爱读书，十几岁便出口成诵，落笔成章。二十余岁博览群书。大中祥符二年（1009年），真宗东封泰山，下诏书选齐鲁懂经学且品行端正之士，穆修得以参选，被赐以同进士出身，调任泰州司理参军。但穆修恃才傲物，经常与同僚发生矛盾，州通判暗中使人诬告其以罪，遂被贬池州。很久之后，才得补为颍州文学参军，又迁徙蔡州任职。

穆修为人性情刚直，喜欢抨击时弊，诋斥权贵。他不满五代宋初的华靡文风，与苏舜钦兄弟交好，继柳开之后，力主恢复韩愈、柳宗元散文传统，亲自校正、刻印韩愈和柳宗元文集，对尹洙、苏舜钦和欧阳修等人均有较大影响。穆修精通《易经》，据宋史朱震传载："陈抟以先天图传种放，放传穆修，穆修传李之才，之才传邵雍"，又言："穆修以太极图传周敦颐，敦颐传程颢、程颐。"可见邵雍、周敦颐与二程易学均与穆修有师承关系。穆修著有《穆参军集》等。

李之才

（约980—1045年）宋初易学家。字挺之，山东青社（今山东青州）人。宋仁宗天圣八年（1030年）被授予同进士出身。历官卫州获嘉主簿、代理共城县令、孟州司法参军、泽州签署判官、大理寺丞、缑氏县令等。其母去世后，辞官服丧。服罢丧事后，于庆历五年（1045年）二月，暴卒于怀州官舍，终年六十五岁。

李之才师从穆修学《易经》，并得其真传，属于陈抟图书学派。而后又将其易学授于邵雍，对邵雍易学思想的形成影响颇深。其易学主卦变说，有变卦反对图、六十四卦相生图留传于世。李之才的卦变说主要内容为：①变卦反对图以乾坤二卦为基本卦，其余六十二卦皆为乾坤二卦的变卦。乾坤所变之卦，共分为四类七组：一是乾卦、坤卦相索三变六卦不反对图；二是乾卦一阴下生反对，变六卦图，坤卦一阳下生反对，变六卦图；三是乾卦下生二阴，各六变反对，变十二卦图，坤卦下生二阳，各六变反对，变十二卦图；四是乾卦下生三阴，各六变反对，变十二卦图，坤卦下生三阳，各六变反对，变十二卦图。②六十四卦相生图以乾坤二卦第一次相交，生出姤、复二卦。复为五阴一阳之卦，经五变生出五卦。姤为五阳一阴之卦，经五变又生出五卦。乾坤二卦第二次相交，生出遁、临二卦。临为四阴二阳之卦，经五变生出十四卦。遁为四阳二阴之卦，经五变又生出十四卦。乾坤二卦第三次相交，生出否、泰二卦。泰为三阴三阳之卦，经三变生出九卦。否为三阳三阴之卦，经三变又生出九卦。李之才"图书象数变通之妙"，为秦汉以来所少有。他还启发邵雍认真钻研"物理之学"。邵雍拜李之才为师，潜心学易，终于成为闻名于世的易学大家。

孙复

（992—1057年）北宋学者、理学家、教育家。世称泰山先生，与胡瑗、石介一起被后人合称为"宋初三先生"。字明复，号富春，晋州平阳（今山西临汾）人。孙复幼年家贫，父早亡。但他不为所困，有志于学，饱读六经，通晓义理。曾四举开封府进士，皆因科场失利而未能任官。三十二岁时隐居泰山，专心讲学授徒二十余年。其间虽贫困不堪，又得不到资助，但仍不以为意，安贫乐道，聚书满室，与众弟子研讨学问，乐此不疲。其门下出多位贤良之士，如石介、文彦博、范纯仁等都是其弟子，皆为当时精英。庆历二年（1042年），范仲淹推行新政，孙复被富弼等人推荐，诏命为秘书省校书郎，国子监直讲，从此踏入仕途。宋仁宗对孙复历来敬重，后虽因事遭贬谪，但不久又恢复官职，迁任殿中丞。嘉祐二年（1057年），孙复卒于家中，终年六十六岁。宋仁宗赐钱治丧，欧阳修为之撰写墓志铭。

孙复一生研究学问，注重阐述周公与孔孟之道，主张"尊王说""道统论"。他的观点顺应了统治阶级的意愿，适应于统治集团的需要。因此，他的学术思想受到了社会上层的重视。在易学方面，他解《易》偏重于义理，但虽反对象数之学，却也不完全同意王弼派的易学。他评论王弼派易学曰："专守王弼、韩康伯之说，而求于大易，吾未见其能尽于大易也。"孙复著有《易说》六十四篇，还著有《春秋尊王发微》十二卷、《春秋总论》三卷、《睢阳子集》十卷等。

胡瑗

（993—1059年）北宋学者、理学先驱、著名思想家和教育家。字翼之，泰州海陵（今江苏如皋）人。因世居陕西安定堡，人称安定先生。并与北宋儒家学者孙复、石介一起被后人合称为"宋初三先生"。胡瑗自幼聪颖好学，"七岁善属文，十三通五经，即以圣贤自期许"（《宋元学案》卷一《安定学案》）。以后又上泰山苦读十年不归。后因屡次科举不中而绝意科场，在吴中以教书谋生。宋仁宗景祐元年（1034年），范仲淹任苏州知府，创建了"苏学"，聘胡瑗为教授。景祐二年（1036年），经范仲淹推荐，其以布衣身份，与杭州的音乐家阮逸同赴开封接受急于雅乐改进的宋仁宗召见，并奉命参定声律、制作钟磬，他合乎古礼的文雅举止深受赞赏，事后被破例提拔为校书郎。宝元三年（1040年），范仲淹出任陕西安抚副使，举荐胡瑗为丹州军事推官，迁保宁军节度推官。庆历二年（1042年），胡瑗应滕宗谅之邀出掌湖州府学。在湖州九年，教学有方，其所定学规被朝廷取用为太学法。皇祐二年（1052年），他出任太子直讲，后历任光禄寺丞、国子监直讲、大理寺丞、太子中允、天章阁侍讲等，受教者包括皇室多位储君、众多知名学者及礼部的近半官员。他深得其学生与朝中上下官员的敬重，视其为一代宗师，被神宗称为"真先生"，封为太常博士。嘉祐四年（1059年）病故，追谥文昭。

胡瑗以善经学闻名于世,开宋代理学先河。他博通五经,尤长于易学,是宋代易学中义理派的开创者。其说《易》以义理为宗,重在解说卦爻辞之义,多以阴阳二气之说解释易理,反对王弼派以虚无解释太极。张南轩称其解《易》"不论互体,于象数扫除尽略"(《宋元学案·安定学案》)。程颐曾于皇祐年中游太学,为胡瑗所看重。后来程颐曾曰"读易当先观王弼、胡瑗、王安石三家"。朱熹也称赞胡瑗易学分晓正当。胡瑗著有《周易口义》《洪范口义》《春秋口义》《论语说》《皇祐新乐图记》等。

宋 咸

字贯之,建阳童游里(今属福建北)人。宋咸天圣二年(1024年)中进士。曾在建阳雒田里昌茂村建霄峰精舍聚徒讲学。庆历元年(1041年),出任福建尤溪县知县。其在任内,重建县学,并亲自讲授经书。任官邵武军时,更加关心教育,增建学舍,添置学田五百亩充作教育经费。后移守韶州任知州,他当机立断,诛除图谋不轨者戎喜,所部肃然,无有违抗。其官至都官郎中,后以朝散大夫之衔退休,返回建阳继续讲学著述。

宋咸说《易》反对刘牧河洛之学,将刘牧和王弼易学对比,辨别是非,以说明刘牧所创图书之学与王弼派义理之学的对立之处。他一生勤于著述,著有《刘牧王弼易辨》《易训》《周易补注》。另外,还著有《杨子法言广注》《毛诗正纪外义》《论语增注》《朝制要览》等。

石 介

(1005—1045年)北宋学者、文学家、思想家、理学先驱。字守道,兖州奉符(今山东泰安市岱岳区徂徕镇)人。他曾创建泰山书院、徂徕书院,以《易经》《春秋》教授诸生,世称徂徕先生。石介天圣八年(1030年)中进士,历任郓州观察推官、南京留守推官、嘉州军事判官等。其母病故后,他辞官归乡为母守孝。庆历二年(1042年),守孝期满,被召回朝廷任国子监直讲。继而又担任太子中允、直集贤院。后因"朋党"之乱,被外放濮州任通判,未到任所便病死家中,终年四十一岁。

石介在任国子监直讲及泰山书院、徂徕书院执教时,"从者甚众,太学之盛,自先生始"。他与孙复、胡瑗并称"宋初三先生"。讲学强调"民为天下国家之根本",主张"息民之困"。他解《易》"重义理,不由注疏之说",对象数之学及王弼之易均有微词。是"泰山学派"的创始人之一。他的"理""道统""文道"等论对程颢、程颐及朱熹等人均有较大影响。石介著有《徂徕集》二十卷。

欧阳修

（1007—1072年）北宋文学家、政治家、史学家、易学家。字永叔，号醉翁、六一居士，吉州永丰（今江西吉安市永丰县）人。因吉州原属于庐陵郡，所以他曾以"庐陵欧阳修"自称。欧阳修自幼喜爱读书，他天资聪颖，刻苦勤奋。少年时习作诗赋文章，文笔老练，有如成人。仁宗天圣八年（1030年）中进士，次年任西京（今洛阳）留守推官。景祐元年（1034年）召试学士院，授任宣德郎，充馆阁校勘。庆历三年（1043年），任右正言、知制诰。因支持并参与范仲淹等人推行新政，被贬为滁州（今安徽滁州）太守，后又改知扬州、颍州（今安徽阜阳）、应天府（今河南商丘）。皇祐元年（1049年）应召回朝，先后任翰林学士、史馆修撰等职。至和元年（1054年）八月，与宋祁同修《新唐书》、自修《五代史记》（即《新五代史》）。嘉祐二年（1057年）二月，他以翰林学士身份主持进士考试，倡导平实文风，录取了苏轼、苏辙、曾巩等人，对推进北宋文风的转变起到了较大作用。嘉祐三年（1058年）六月，欧阳修以翰林学士身份兼龙图阁学士权知开封府。嘉祐五年（1060年），拜为枢密副使，次年任参知政事。后又相继任刑部尚书、兵部尚书等职。神宗熙宁二年（1069年），王安石实行新法，欧阳修对其中青苗法表达了不同意见，且未执行。熙宁四年（1071年）四月，他以太子少师身份辞职，归居颍州。次年七月，卒于家中，终年六十六岁。谥号文忠。欧阳修是北宋古文运动的倡导者和领袖，他领导了北宋的诗文革新，开创了一代新文风。他与韩愈、柳宗元、苏洵、苏轼、苏辙、王安石、曾巩被世人称为"唐宋散文八大家"。

在易学上，他也颇有造诣，其思想和观点主要反映在他的《易童子问》一书中，具体为：①敢于打破传统看法，只肯定《彖》《象》二传为孔子所作，第一次提出了《系辞》非孔子所作。曰："余之所以知《系辞》而下，非圣人所作者，以其言繁衍丛脞而乖戾也。"（《易童子问》三）他认为《系辞》《文言》等传文中的文句重复，杂乱无章，备列解说不一，并非一人之言。其内容与《论语》所载孔子的思想和语言风格不尽相同。②对河图、洛书持否定态度。视河图、洛书为"怪妄"，痛斥河洛学派"罪大恶极，应处以严刑"。③对卦爻辞的解释，更加注重义理，注意阐发《彖》《象》二传中的观点。解《易》以详论人事为主，"重人事""轻天道"的倾向明显。对《周易》经文中个别文字的诠释、对"物极必反"等观点的论述、对《系辞》等传文文字的质疑，均与前人有所不同，在易学史上有一定影响。尤其对南宋功利学派的形成和清代复古派易学的发展也都起了重要作用。欧阳修的易学著作为《易童子问》。另外，他还与宋祁合修了《新唐书》二百五十卷，自撰有《五代史记》，还集金石遗文为《集古录》，著有《欧阳文忠公集》《六一词》等。

李 觏

(1009—1059年)北宋学者、著名诗人、思想家、教育家、易学家。字泰伯，建昌军南城(今江西南城县)人。李觏家室寒微，自幼聪颖好学。五岁知声律、习字书，十岁通诗文，十二岁以后文章已享有盛名。但科举一再受挫，从此心灰意冷，退居家中，奉养老母，潜心著述。庆历三年(1043年)创办了盱江学院，教书授徒，一时慕名求学者众多，成为"盱江儒宗"，人称"盱江先生"。后经范仲淹、余靖等人推荐，授为太学助教。又先后任太学说书、海门主簿、太学直讲等职。嘉祐四年(1059年)，权同管勾太学，八月病逝于家中，终年五十一岁。

李觏是北宋中期一位重要的唯物主义思想家。他在哲学上持"气"一元论的观点，认为事物的矛盾是普遍存在的。在认识上，倡导主观来自于客观，曰："夫心官于耳目，耳目狭而心广者，未之有也。耳目有得则感于心，感于思，思则无所不尽矣。"他是宋代哲学中唯物主义学派的先导，在我国哲学史上占有重要地位。

在易学上，李觏不赞成把《周易》看作占卜类的迷信著作，也不赞成以佛老解《易》。认为《周易》是讲人伦教化的典籍。他推崇并继承了王弼理学派的传统，主张"取义"说，认为解《易》应以人事为主，但又不同意王弼以玄学解《易》。他认为刘牧推出的易图重复、驳杂，将刘牧的五十五易图删定为三图：河洛图，主河九洛十说；太极图，主太极分化生成世界说；八卦方位图，主离南坎北说。他所绘河图以九宫之数配以八卦方位，本于郑玄之说，与刘牧不同的是，李觏认为河图只能表示八卦所居的方位，即坎离震兑居四正位，乾坤艮巽居于四隅，但不能产生八卦。八卦来自于洛书，并非来自于河图。他反对刘牧将河、洛合而为一，并以河图为八卦之源的观点。取孔颖达之说，即认为河图图式三五七九乃天之数，象征天阳之气；二四六八乃地之数，象征地阴之气。以此图式考察天地的运行，天地之气各据一方，未有会合。而中宫只有五，即只有天气之数，而地十并未出，天地之气就位问题尚未完全具备，河图既不能生象，也不能成形，所以不能形成八卦。认为河图八卦说违背了先有气后有象而再有形的原则，因此提出了八卦出于洛书之说。认为洛十之图的四方之数，体现了阴阳二气相会合的法则，能生成五行和万物，不仅有象，而且有形，八卦即依此而生。河图有八方之位，洛书有五行之象，二者相综而卦成。李觏同刘牧的"有数则有象，象出于数"的观点不同，他认为有气而有象，象和数依赖于气。其说以阴阳二气解释象和数，不同于刘牧的象数之学，从而成为北宋易学中以气解《易》的先驱。通过对大衍之数的解释，李觏还提出太极之气为世界的本原，以无气无形解释王弼派易学的"无"，以天地有形解释王弼易学的"有"，将有无问题纳入气论哲学体系之中，这在宋明哲学史上是个巨大贡献。另外，由于李觏在其学说中倡导经世致用，故对南宋功利学派也有一定影响。李觏的思想是王安石、陈亮、叶适等人功利思想体系形成的先驱。李觏著有《易论》《删定易图序论》《礼论》《周礼致太平论》《庆历民言》等,他还著有大量的诗词、散文、书信、志铭、碑记等。1981年,中华书局整理、校点、出版了《李觏集》,共三十七万余字。

刘　牧　(1011—1064年)北宋中期著名易学家。字先之,号长民,衢州(今衢江区)人。刘牧少而好学,十六岁时,举进士不中,故闭门苦读,再考时高中榜首。初任衢州军事推官,随后经范仲淹、富弼等人推荐,任兖州观察推官、大理寺丞、尚书屯田郎中等职。刘牧曾师从范仲淹学习,"又学《春秋》于孙复,与石介为友",因而,也被《宋元学案》列入《泰山学案》。刘牧易学本源于陈抟、种放等人,后又受《易》于范谔昌,与邵雍的"先天之学"异派而同源,是北宋图书派易学的主要代表人物。其治《易》以讲河图、洛书而闻名。陈抟《易龙图》的第三变可变出两个图式,即五行生成图和九宫图,皆称之为易龙图。而刘牧在其易说中则加以区别:称五行生成图为洛书,九宫图为河图,提出了"图九洛十"说,并对这两个图式做了理论上的解说,这是对陈抟《易龙图》的进一步发展,在宋易哲学史上影响颇大。

刘牧易学的形成对象数易学乃至整个易学历史的发展有着重要意义,其主要表现在两个方面:一是通过批判玄学易,纠正了易学发展中长期存在的忽视象数、义理多浮华问题。二是通过对易数的阐发和改造,复活了象数易学。具体内容是:①他提出的"图九洛十"说,虽出自于陈抟的象数学,但又不同于道教易学,它不是用来论证道教教义的,而是以五行生成论说明《周易》原理,以河图中的四象来解释形而上的道,认为形而上的道不是虚无的观念,而是尚未形成的器之象和数,由此批判了玄学派的道体虚无论。他提出的"太极"说,从筮法角度来看,是以奇偶两数未分时为太极;从世界观角度来看,是以阴阳二气混而成一为太极,认为卦象和世界的形成乃太极自身分化的结果。他以五行生成说来解释太极分化的过程,批评了王弼的太极虚无说,也否定了孔颖达有生于无的观点。他所提出的这一新的观点成为晋唐易学向宋易转化的标志之一。②提出天地之数、大衍之数和五行生成之数都表现在河洛图式之中,认为以其数目的排列组合,便可得出四象与八卦,数的变化决定卦象的形式。同时认为,河洛图式不仅包括阴阳二气的变化法则,也包括时间过程,天地万物的变化皆备于此图之中。他将河图、洛书视为世界形成和变化的模式。对于卦象和本体的论说,刘牧仍属于汉唐易学哲学中有关生成论和宇宙论的体系,但由于其以五行的生数和成数即天地之数自身的演变来解释太极生两仪,两仪生四象,四相生八卦的过程,对后来理学派和气学派易学哲学中本体论的演变有着一定的影响。刘牧推出的河洛图式,因以数为核心来解释卦象和物象,故应属于象数学派中的数学派。他反对以虚无为象数之母,主张象由数设,先有数而后有象。他说"天地之极数五十有五之谓也。遂定天地之象者,天地之数既设,则象从而定也"(《易数钩隐图》)。在象和数的关系上,将数置于首位。由于他认为河洛图式出于天奇地偶之数的排列组合,必然在哲学上导出数为天地万物的本原这一理论。为后来象数易学的进一步发展奠定了基础。刘牧撰有《新注周易》十一卷(《绍兴书目》第十卷)、《卦德通论》一卷(《绍兴书目》作《统论》)、《易解》十五卷、《易数钩隐图》三卷、《周易先儒遗论九事》一卷等。

邵雍

（1011—1077年）北宋著名数学家、诗人、哲学家、理学家和易学家。字尧夫,自号安乐先生,谥号康节。其祖先为范阳(今河北涿州区)人,幼年随父迁居共城(今河南辉县)后又移居洛阳。邵雍少年即胸怀大志,曾隐居苦读于苏门山百源之上,故被后人称为"百源先生",其学派也一度被称为"百源学派"。邵雍屡次被推荐为官,均坚辞不受。他终生勤奋好学,潜心钻研学问,以研究《周易》为业。当时共城县令李挺之,听说邵雍好学,且颇懂《易经》,亲自造访其庐。邵雍遂拜其为师,向他学习义理之学、性命之学和物理之学。数年之后,学有所成。邵雍移居洛阳期间,与当时的大学问家富弼、司马光、程颢、程颐等过从甚密,共同探索《周易》之理。由于努力而专注,使其所学大有长进,后来在易学象数学派中自成一家,以先天象数之学闻名于世。和周敦颐、张载、程颢、程颐并称为"北宋五子"。

邵雍的易学思想,主要是"先天之学"。他创造了一种系统的唯心主义象数体系,一反王弼以来的义理派潮流,在汉唐象数学派的基础上,把陈抟的道教思想与易理相融合,为理学的命题做出论证,使"易学"成为理学的组成部分。他的主要观点是:认为宇宙的本原是太极。太极出于天地,天生于动,地生于静,而太极是不动的。太极以其显发而有变化的功能,生出数、象和器。"太极不动,性也;发则神,神则数,数则象,象则器,器则变,复归于神也"(《皇极经世·观物外篇》)。他提出天地万物的生成变化是按照"先天象数"的图式展开的。把先天象数归之于心,曰:"先天之学,心也","先天之学,心法也,故图皆自中起,万化万事皆生于心也"(《皇极经世·观物外篇》)。陈抟易学包含了象学和数学两个方面,邵雍的易学则重点发展了数学,但并非不讲卦象,而是在奇偶之数上讲卦象的变化,主张"数生象"。张载的气学派,程颐的义理派,与邵雍的数学派在宋代易学中,形成了三足鼎立之势。邵雍易学的基本特点之一,是以乾坤坎离为四正卦并由此推演出一套图式,从而进一步发展了李之才的卦变说。他认为以乾坤坎离为四正卦的图式乃伏羲所画,故称之为先天图,亦称其学为先天之学;而汉易中以坎离震兑为四正卦的图式则是文王所画,是在伏羲易的基础上的推演,所以称之为后天之学。邵雍对这两类图式均有解说,但他更加推崇并着重研究先天之学。他认为先天之学虽然有卦无文,却尽备天地万物之理。邵雍还继承和发展了汉易中的卦气说,抛弃了汉代经师以卦气和象数解《易》的烦琐经学形式。其推出的八卦和六十四卦次序图,就是用来说明八卦的起源和六十四卦形成次序的。他以加一倍法或一分为二法来解释六十四卦数和卦象的形成,把奇偶二数及其演变置于第一位,以数学法则解释六十四卦的成因。这种思想和观点乃汉唐易学中所未见,他排斥了无中生有说以及汉唐传统的取象之说,创立了以数学观点解易的新流派。他还认为天地万物都是按照八卦生成的次序演变和生成的。其创绘的八卦和六十四卦方位图,是用以说明八卦和六十四卦所处方位的;方圆合一图是反映宇宙时间和空间的架构或模式,认为天地万物和人类均应处于此架构或模式之中;其创绘的皇极经世图,将卦气说加以发挥和推广,由此来解释宇宙和人类的变化规律,并依据阴阳消长的法则得出"天地终始"之说,认为天地有毁灭和继数,他以元、会、运、世来计算天地运行的历史,认为现存的人类社会已进入盛极而衰的阶段,将人类历史划分为"皇、帝、王、霸"四个时期,提出一代不如一代的历史退化论。

邵雍学说经后人传播发展成为算命学。社会上许多卜卦算命先生均视邵雍为祖师爷,推崇其说为"康节神数",在民间影响很大。邵雍存世的主要著作有《皇极经世》(包括《观物内篇》和《观物外篇》)、《先天图》《渔樵问对》《无名公传》《梅花易数》和《伊川击壤集》等,前者为易学哲学著作,后者为诗集。魏了翁说:"邵子平生之书,其心术之精微在《皇极经世》,其宣寄情意在《击壤集》。"(《性理会通》卷十三)

倪天隐 号茅冈,学者称千乘先生,桐庐(今属浙江省)人。倪天隐博学能文,曾从师胡瑗。仁宗嘉祐年间在家乡桐庐讲学,教学有声望,弟子逾千人。其说《易》重在阐发人生吉凶消长之理,进退存亡之道,教人修向治国之方。意在介明儒理,不杂释、道之说。倪天隐辅助其师胡瑗完成了《周易口义》的撰著。

周敦颐 (1017—1073年)北宋著名思想家、哲学家、易学家,理学学派的开山鼻祖。字茂叔,号濂溪,道州营道县(今湖南道县)人。周敦颐从小喜爱读书,由于大量广泛阅读书籍,他接触到许多不同种类的思想。从先秦诸子百家,到汉代传入中国的印度佛家,他都有所了解。十五岁时,父病逝,他随母亲同赴京城,投奔舅父郑向。二十岁时,舅父向皇帝保奏,为其谋到监主簿职位。此后,他先后任职洪州分宁县主簿、南安军司理参军、郴州桂阳与南昌县令、合州判官、虔州通判、永州通判、广南东路转运官、提点本路刑业等职。无论在何处任职,他都尽心竭力,专心为民办事,因此而深得民心。

在任期间,他深入钻研《易经》。经多年努力,写出了在易学史上占有重要地位的著作《太极图说》,初步建立了新的宇宙生成论体系。周敦颐所创立的太极图原图大半是以道教的先天太极图为蓝本,参照陈抟的无极图,并吸收禅宗虚无说的理论而制成,将道家和道教的无极观念引入儒家的解《易》系统。其《太极图说》以"无极"和"太极"为宇宙万物的本原,曰"无极而太极,太极动而生阳,动极而静,静而生阴"。认为阴阳生出金、木、水、火、土五行,五行生成万物,万物变化无穷,但都是阴阳二气和五行相互作用的结果。他以阴阳动静解释太极和两仪的关系是一大创见。其论天地万物的形成和演变过程为:无极—太极—阴阳二气—五行之气—万物和人类。此说是对汉唐易学的宇宙论和李觏太极元气说的进一步发展。《太极图说》有图有说,说是用来解释图的。从根本上说属于象数系统。周敦颐认为只有卦象才能表达义理。"圣人之精,画卦以示;圣人之蕴,因卦以发。卦不画,圣人之精不可得而见。微卦,圣人之蕴,殆不可悉而得闻。"(《通书·精蕴第三十》)朱熹认为,周敦颐的《易说》是"依经以解易",《通书》是"通论其大旨",即通论易学原理,故又称"易通"(《再定太极通书后序》《朱文公集》卷七十六)。在《通书》中,周敦颐提出"诚"是"太极"中阳气的派生物,是"至纯至善"的(《通书·诚下》),是人性中的固有之物。但由于受到物欲的诱惑、环境的影响,刚柔不能适得其"中"而生恶。由此提出"主静""无欲"的修养论。其存"诚""无欲"的人性论和禁欲主义,对后来程朱理学"存天理、灭人欲"的思想产生了重要影响。《通书》中所主张的易学,一方面继承了晋唐易学中义理学派的传统,一方面又扬弃了王弼派的玄学观点,以儒家伦理道德为中心解释《周易》经传。与四书,特别是《中庸》的观点相结合,将四书中的哲学、伦理学纳入易学系统,并以《周易》经传提供的资料来宣讲宇宙观。同时,还吸收了佛家和道家的一些观点,以较为综合完整的观念将自然观、认识论、思想方法和伦理道德等纳入一个有机的以易学为中心的哲学体系之中,使这一新的学说比以前的儒家学说更加精细和富有理论色彩,从而在宋、元、明、清理学中占据了独有的地位。周敦颐一生名气很大,但著述不多。流传下来的易学与哲学著作只有一图、二文、三千余字,即《太极图》及标注二十四字,《太极图说》二百四十九字,《通书》二千八百三十二字。但这一图、二文、三千余字,却包含了复杂、系统而丰富的哲学思想。后人已将其图文编为《周子全书》。

司马光

(1019—1086年)北宋著名史学家、政治家、哲学家。字君实,号迂叟,陕州夏县涑水乡(今山西夏县)人。世称涑水先生。司马光自幼嗜学,尤其喜欢阅读《春秋左氏传》。宝元元年(1038年),中进士甲科。先后任谏议大夫、翰林院学士、御史中丞等职。熙宁三年(1070年),因反对王安石变法,坚决辞去枢密副使的任命,隐居洛阳十五年,专门从事《资治通鉴》的编撰。下野后,还操纵守旧派,并成为首领。人称"真宰相""司马相公"。哲宗即位后,他回朝任职,任尚书左仆射兼门下侍郎,宰相主持朝政。他排斥新党,废止新法。为相八个月后病卒,终年六十六岁。追封太师、温国公。谥号文正。

司马光反对王弼易学,认为"王弼以老庄解易,非易之本旨,不足为据"(《传家集·称韩秉国书》)。其所著《易说》,大旨在阐明人事。如他在解《易经》同人《彖》时说:"君子乐与人同,小人乐与人异;君子同其远,小人同其近。"在解《易经》坎《象》时说:"水之流也,习而不止,以成大川;人之学也,习而不止,以成大贤。"他以儒家中庸思想立说,认为"阴阳相违,非太极则不成;刚柔相戾,非中正则不行。故天下之德诚众矣,而萃于刚柔;天下之道诚多矣,而会于中正。刚柔者德之府,中正者道之津。是故有刚而无中正则暴以亡;有柔而无中正则邪以消"(《系辞说》)。他认为"虚"是万物的本原,曰"万物皆祖于虚,生于气。气以成体,体以受性,性以辩名,名以立行,行以俟命"。他模仿扬雄《太玄》而撰《潜虚》,全书分义理、图式、术数三个部分,义理以五行为基础,吸取阴阳、易卦、筮占的观念,构架天地万物生成的秩序,借以论证"一以治万,少以治众"的封建统治的合理性。图式共有六种,依次为《气图》《体图》《性图》《名图》《行图》和《命图》,各图皆有文字诠释。术数部分以一至五为生数,五行相乘得二十五,为天数;六至十为成数,生数与成数之和为五十五,为天地之数。他将人也分为十等,依次叠成塔形,与天地之数相合,以此比拟人事由天命所定之理。以天数二十五乘以三才,得七十五,为命数。虚其五,而用七十,为筮数。将此视为占筮新法,依诸数按其筮法加以推衍,得出最终结果,以印证其义理。司马光的易学著作有《易说》《潜虚》《潜虚发微论》《注太玄经》《注扬子》等。此外,他还著有《资治通鉴》二百九十四卷、《本朝百官公卿表》六卷和《翰林诗草》《注古文经》《书仪》《游山行记》《医问》《涑水纪闻》等。在历史上,司马光曾与孔子、孟子同被奉为儒家三圣之一。

张 载 (1020—1077年)北宋大儒,著名思想家、哲学家、易学家、理学创始人之一。字子厚,大梁(今河南开封)人。其后随父迁居于凤翔眉县横渠镇(今陕西眉县),故后人称其为横渠先生。张载生于官僚家庭,少年时就喜欢读书。除了儒家经典,他还大量阅读了佛教和道教的书。嘉祐二年(1057年)中进士,先后任祁州司法参军、丹州云岩县令,后迁任著作佐郎、崇文院校书等。因与王安石政见不同,在弟张戬上书批评王安石而被贬官之后,也愤然辞职归乡,随后创建了横渠书院,边授徒边著书,渐渐创立了代表自己思想体系的"关学"学派。

在哲学研究上,张载提出了以"气"为核心的宇宙结构说。他认为世界是由两部分构成的,一部分是看得见的万物,而另一部分则是看不见的。而这两部分都是"气"。"气"有两种存在方式:一种是凝聚;一种是消散。气在凝聚时就构成为万物,通过光、色等显现出形体,使人们能够看到;气散时则成为虚空,无光无色。但是凝聚只是一种暂时的状态,所以称之为"客";而消散也不是消失得无有此物,只不过是不被人们的肉眼看到而已。他通过对易《系辞》的解释,提出了"太虚即气"的命题,认为"盈天地之间者,法象而已""凡象,皆气也"(《横渠易说·系辞上》),他以"太虚"来表示"气"的消散状态和原始状态,认为"气"是"太虚"与万物的合称。他摒弃了汉易中的天人感应论,批判了邵雍、程颐以圣人之心为天地之心论,以及王弼派易学玄学和孔颖达的人道自然无为说,提出了"四为"的观点,即"为天地立心,为生民立命,为往圣继绝学,为万世开太平"。此论成为著名的"横渠四句",对后来王夫之天人观的形成有着重大影响。张载在《横渠易说》中对形与象的概念也做了区别,他认为形和象是不同的。形指以大小方圆等形状而构成的形体,象则指物体刚柔动静等性能。有象不一定有形,而有形则必定有象。他认为形可以转化为象,象也可以转化为形,二者只有幽明之分,并无有无之别。他认为世界是统一的,气、象、意三者的关系为:离开气,便没有象;离开象,便没有意。"气之生即是道是易"(《横渠易说·系辞下》),气不仅是万象的本质,其变易的过程即气化过程,也是万物运动和变化的过程。此说不仅驳斥了王弼的"得意在忘象"的观点,也打击了程颐的"理本论"之说。他所提出的"一物两体"之说,以阴阳二气统一于一体且具有运动的本性,来说明乾坤两卦相互作用从而形成六十四卦的道理,此说为其乾坤卦变说提供了理论依据,比程颐的卦变说前进了一大步。后来被王夫之发展为乾坤并建说。他的"穷神知化"的观点,虽然受到玄学派易学的影响,但坚定地反对虚无主义人生观,也批判了佛道二教的生死观。张载易学是对汉唐以来以元气和阴阳二气解释易理的批判性总结,在易学发展史上具有划时代的意义。张载著有《横渠易说》《正蒙》《张子语录》《经学理窟》《文集》等,均编入了《张子全书》。中华书局于1978年出版了《张载全集》,其中《正蒙》一篇附有王夫之《张子正蒙注》。

王安石

(1021—1086年)北宋著名思想家、政治家、改革家、文学家。字介甫,号半山,人称临川先生、荆公、抚公。抚州临川(今江西抚州市临川)人。王安石自幼聪颖,酷爱读书,过目不忘,下笔成文。庆历二年(1042年)进士及第,先后任扬州签判、鄞县知县、舒州通判、提点江东武刑狱等职。在任期间,政绩显著。嘉祐三年(1058年),迁为度支判官,王安石进京述职,作长达万言的《上仁宗皇帝言事书》,以多年来的地方官经历和所感受到的社会贫困化现象及根源,提出对宋初以来的法度进行全盘改革,以扭转积贫积弱局势的想法,但其主张并未被宋仁宗所采纳。神宗即位后,他被招为翰林学士,参知政事。次年升任宰相,并开始推行变法,史称"熙宁变法"。但由于守旧派的强烈反对,变法没有成功。熙宁七年(1074年),他被罢相。一年后,再次被起用,旋即又被罢免,退居于江宁。元祐元年(1086年),保守派得势,新法尽废。王安石也郁然病逝于钟山(今江苏南京),终年六十六岁。死后赠太傅,封舒国公,后改为荆国公,谥号文。

王安石潜心研究经学,著书立说,被誉为"通儒"。他曾创立"荆公新学",促进了宋代疑经变古学风的形成。在哲学上,他用五行说阐述宇宙的形成,丰富和发展了中国古代朴素唯物主义思想;其哲学命题"新故相除",把中国古代辩证法推到了一个新的高度。在易学上,他主张义理说,是北宋义理学派的倡导者。程颐说:"易有百余家,难为遍观,如素未读,不晓文义,且须看王弼、胡先生、荆公三家,理会得文义且要熟读,然后都有用心处"(《二程公书·贵书》十九)。王安石与韩愈、柳宗元、欧阳修、苏洵、苏轼、苏辙、曾巩并称为"唐宋八大家"。其著有《易解》《淮南杂说》《洪范传》《周礼新义》《论语解》《孟子解》《老子注》及《临川集》等。其作品大多散佚,现仅存《临川集》一百卷、《周礼新义》辑本以及《老子注》残篇。

程颢 (1032—1085年)北宋著名儒家学者、哲学家、易学家、教育家、诗人,北宋理学的奠基者,"洛学"的代表人物。字伯淳,学者称明道先生,河南府(今河南洛阳)人。程颢资性过人,修养有道,和萃之气,盎然于面。嘉祐二年(1057年)登进士第,先后任鄠县与上元县主簿、泽州晋城令、太子中允、监察御史、监汝州酒税、镇宁军节度判官等职。神宗年间(1048—1085年)任御史。因反对王安石推行新法而被贬至洛阳任京西路提点刑狱。遂潜心于学术,与其弟程颐共同开创"洛学"。先后在嵩阳、扶沟等地设学庠而授徒讲学,形成了一整套独特的教育思想体系,并奠定了理学基础。元祐元年(1085年)宋哲宗即位,将其召为宗宁寺丞,尚未上任即病逝,终年五十四岁。

程颢与其弟程颐早年从师于当时的名儒周敦颐,在洛阳也曾与邵雍、张载往来论学,在哲学和易学上有独到的见解。在哲学上,他发挥了孟子至周敦颐的心性命理之学,建立了以"天理"为核心的唯心主义理学体系,提出了一个重要命题,即"万物皆只是一个天理",认为阴阳二气和五行只是"理"或"天理"创生万物的材料。从此以后,"理"或"天理"便被作为哲学的最高范畴使用,也被视为世界的本体。由此而派生的人类社会的等级制度以及与之相适应的社会道德规范,都成了"理"或"天理"在人间社会的具体表现形式。"君臣父子,天下定理,无所逃于天地之间"(《河南程氏遗书》五)。在解《易》上,他也突出"天理",尖锐地批评象数之学,同时反对王弼派以玄学解

《易》。但是在心和理的关系上，程颢与其弟的观点却不尽相同。程颐区分心和理，程颢则不区分心和理。他以心说易，自成学派，将人心视为易学的最高范畴，虽然也属于义理学派，但又不同于气学派的义理派。程颢、程颐二人均推崇张载的《西铭》，程颐提出"理一分殊说"，程颢则更加强调"理一"，提出"仁者以天下万物为一体"（《二程全书·遗书》二上），他将自己与天地万物融为一体，无彼此之分。强调天人本无差别，人心可以统率天地万物。将"天人一本说"作为心学派易学的基本原则。他以仁德和至诚的心境解释"生生之谓易"，认为天地之道和阴阳变易的法则不可以离开人心。他以个人意志代替客观规律，成为心学派易学的先驱，为后来陆王心学的形成奠定了理论基础。程颢著有《识仁篇》《定性书》等。明末徐必达将其著作与程颐的著作汇编为《二程全书》，1981年中华书局校勘出版了《二程集》。

程 颐 （1033—1107年）北宋著名的思想家、哲学家和易学家，理学的创立者之一。字正叔，河南府（今河南洛阳）人。因长居伊川，世称伊川先生。程颐十四五岁时，与其兄程颢共同从学于周敦颐。在游太学时，曾作《颜子所好何学论》，当时主管太学的胡瑗惊异其才，授予"处士"身份。他曾上书仁宗皇帝，指明北宋社会的危机，开出救治时政阙失的良方，但未被采纳和重视。于是，开始在民间讲学。与其兄程颢共同创办了"洛学"。司马光执政时，他被推назначен为崇政殿说书，负责教授皇帝读书。在为宋哲宗侍讲期间，他敢于以天下为己任，"议论褒贬，无所顾避"，由此而声名日高，从游者众。后来因反对司马光的新党执政而被贬，迁任西京国子监守。不久又被削职，遣送至四川涪州，交由地方管制。在被贬期间，他完成了著作《周易程氏传》。徽宗即位后，他得以赦免，但随后又受到排斥，遂隐居龙门。不久病死家中。南宋时，被追谥正公。

在哲学上，程颐与程颢都是以"理"为最高范畴，视"理"为世界本原。程颐认为，理是创造万事万物的根源。它在事物之中，又在事物之上。道即理，是形而上的，阴阳之气则是形而下的。离开阴阳就没有道，但道并不等于阴阳。他明确区分了形而上和形而下，认为形而上之理是形而下之器存在的根据。他还从体和用的角度论证了理和事物的关系，认为理是"体"，事物是"用"。万事万物都有其规律，天之所以高，地之所以深，任何事物之所以然，都有其理。指出"一物之理即万物之理"，天地间只有一理，这理是永恒长存的。由此，把事物的规律进一步抽象化、绝对化，使之成为独立的实体。他认为每一事物发展到一定限度，就会向反面转化，说："物极必反，其理须如此。"他还提出了"物皆有对"，说："天地之间皆有对，有阴则有阳，有善则有恶。"关于人性问题，他认为人的本性即是人所禀受的理，提出"性即理也"的命题。性无不善，人之所以有善与不善,是由于才的不同。才是由气而来的,气有清浊不同,故才也有善与不善之分。只讲本然的善性,不能说明人何以有恶;只讲气禀之性,则不能说明人性本善。这种穷理致命的思想,使他在易学上独树一帜,成为北宋义理学派的领袖人物。

在对《易经》卦爻的解释上,他提出了卦变说、当位说、相应说和随时取义说,使卦爻象和卦爻辞之间的联系更加紧密。他尤其强调其中的"随时取义说",认为应"随时变易以从道"(《伊川易传·序》),提出应以"理"或"天理"来解释《周易》中的变化之道,以是否合"天理"、顺"天理"来解释卦爻辞的吉凶,强调吉凶变易之理的客观规律性、规范性和可知性,力斥老庄玄学派以及汉易象数学派以象数占算阴阳灾变的观点。他引史证经,把历史人物的活动看成是吉凶之理消长的具体体现,既不赞成王弼的"得意忘象"说,也不赞成邵雍的"数生象"说,认为"有理而后有象,有象而后有数,易因象以明理,由象而知有数"(《答张闳中书》),"有理则有气,有气则有数"(《二程全书·易说·系辞》)。他把《周易》中的象看成是义理的显见,据此提出"体用一源,显微无间"(《伊川易传·序》)的易学基本原则,认为卦象和卦义正如体用关系,不可分离。肯定言、象、意三者合一,辞可得意,象可明理。这是对汉唐以来关于言、象、意争论的一次批判性总结。

在"阴阳乃道"的命题方面,他认为阴阳自身不能称之为道,为阴阳者才是道,即"一阴一阳之谓道,道非阴阳也,所以一阴一阳,道也"(《二程全书·遗书》三)。道不等于阴阳,又不能脱离阴阳,这是以本体论的观点解释道与阴阳的关系,是对孔颖达疏解《易经》的否定。将"一阴一阳"解释为有阴有阳,阴阳同体,是以理本论驳斥玄学的贵无论,批评老庄玄学和道教的虚无生气说。他以阴阳变化来解释周敦颐的太极说,认为阴阳动静,无始无终,肯定了阴阳变化的永恒性。"动静无端,阴阳无始……动静相因而成变化"(《二程全书·易说·系辞》)。他将阴阳变化,视同卦爻象的变化,把卦爻象的变易过程和法则,看成是天地万物的运行过程和法则,提出"阴阳二气无始说""屈伸消长相因说""动静相因说",深入研究了物质世界的运动和变化规律。其易学继王弼之后,将义理学推向了一个新的阶段,在易学史上有划时代的意义,为宋明理学的最终形成奠定了坚实的基础。程颐的著作有《周易程氏传》(即《伊川易传》)、《遗书》二十五卷、《外书》十二卷、《文集》十二卷,还有《经说》《粹言》等。与其兄程颢的共同作品,明代后期合编为《二程全书》。1981年,中华书局校勘出版了《二程集》。

苏轼

(1037—1101年)北宋文学家、诗人、词人、书画家、思想家。字子瞻、和仲,号东坡居士,眉州眉山(今四川眉山)人。"唐宋八大家"之一,与其父苏洵、弟苏辙合称"三苏"。其父苏洵,即《三字经》里提到的"二十七,始发愤"的"苏老泉"。苏轼幼年深受其父的影响，发愤读书。嘉祐二年(1057年)与其弟苏辙同登进士。授官大理评事、签书凤翔府判官。熙宁二年(1069年)，父丧守制期满后还朝，任判官告院。因反对王安石推行新法，申请外任，出任杭州通判，先后转知密州、徐州和湖州。元丰二年(1079年)，因罹乌台诗案而贬黄州(今湖北黄冈)任团练副使，不准签书公文。哲宗即位后，高太后临朝，其复官为朝奉郎、出知登州(今属山东蓬莱)。数月后，召还回京，任礼部郎中、起居舍人、中书舍人、翰林学士以及礼部尚书等职，并出知杭州、颍州、扬州、定州等地。晚年，哲宗亲政，新党再起，他因与执政者政见不合，被远贬惠州(今广东惠阳)、再贬琼州(今海南儋州)，最后卒于常州，终年六十六岁。谥文忠。

苏轼晚年喜欢阅读《易经》，玩其爻象，悟得刚柔、远近、喜怒、逆顺之情。朱熹谓苏轼之易"唯发爱憎相攻、情伪相感之义"。苏轼说易大体近于王弼，推阐理势，言简意明，可发难显之情，深达曲譬之旨，往往多切近人事，文辞博辩，足资启发。虽有些沓冥恍惚，却体现了儒、释、道三教合一的特点。他说："孔老异门，儒释分官，又于其间，禅律交攻。我见大海，有此南东，江河虽殊，其至则同"(《东坡后集》卷十六)。他以道教为最高范畴，认为道超越"有"和"无"，由道而至万物，乃是由"无"到"有"的转化过程，"至虚极于无，至实极于有，无为大始，有为成物"(《东坡易传》卷七)。李衡所作《周易义海提要》、丁易东所作《周易象义》、董真卿所作《周易会通》，皆采录其说。苏轼著有《东坡易传》(又名《毗陵易传》)、《东坡全集》《栾城集》等。

龚原

(1043—1110年)北宋学者。王安石"新学派"的重要门人。字深之，处州遂昌(今属浙江)人。龚原少年时与陆佃共同从师于王安石。嘉祐八年(1063年)中进士。神宗熙宁四年(1071年)为国子直讲，协助王安石改革学校法。哲宗即位后，任国子丞、太常博士、加秘阁校理、充徐王府记室。绍圣年间，任国子司业兼侍讲、秘书少监、起居舍人、工部侍郎，以集贤殿修撰兼润州、扬州令。徽宗即位后，任兵部、工部侍郎，出知庐州，官至宝文阁待制。终年六十七岁。

龚原是王安石新学派的主要理论家。其治《易》根于王弼，师承王安石，以阐明义理为宗旨。其说颇有建树。他"以《易》授诸公……故自熙宁以来，凡学《易》者，靡不以先生为宗师"。宋人李衡《周易义海撮要》、赵汝棋《筮宗》，元人李简《学易记》等多取其说。龚原著有《易讲义》《读解易义》《周易图》《春秋解》《论语解》《孟子解》《文集》《颍川唱和集》等，今多已亡佚。

游 酢

（1053—1123年）北宋著名哲学家、理论家、教育家、文学家。字子通,后改为定夫,世称广平先生、鹰山先生。游酢少年时就聪慧过人,被誉为神童。十六岁受教于族父游复和江侧等人,研读经书和文学。二十岁慕名赴洛阳拜见道明先生程颢,程颢对这位风华正茂的弟子十分赞赏,断言"其资可以进道",并深有感触地说:"吾道南矣!"元丰五年(1082年),游酢中进士,任越州萧山县(今属浙江)县尉。元祐元年(1086年),被召为太学录,翌年授博士。绍圣三年(1096年),赴任齐州(今属山东)判官。同年冬回建阳为父守孝。过了两年,在家乡长坪鹰山之麓建草堂,开始讲学著述。元符二年(1099年),调任泉州签判,赴任前,开创了武夷山弘扬理学的新儒都,使武夷山成为大儒朱熹一生眷恋的学术摇篮和理学集大成的滋养地。徽宗即位,游酢被任命为监察御史。次年,出知和州(今属安徽)。崇宁四年(1105年),被任命主管南京鸿庆宫,居太平州。正和元年(1111年),任汉阳军知军,后又任舒、濠二州(今皆属安徽)知州。其所到之处,政绩斐然,深受黎民百姓爱戴。在濠州任上,因其属官违法犯事,游酢受到牵连而被贬,于宣和二年(1120年)罢免知州,寓居于和州含山县(今属安徽)。宣和五年(1123年)五月,病卒于寓所,终年七十一岁。谥号文肃。

游酢从师于二程,在传播和弘扬二程"洛学"、开创"闽学"并成就程朱理学等方面均有重大贡献。与杨时、吕大临、谢良佐并称为程门四弟子。他的易学思想:一是宣扬天理论。将"理"视为哲学的最高范畴,认为"斯理也,仰则著于天文,俯则形于地理,中则隐于人心"(《鹰山遗文·孙荣心易传序》),就是说,理是天地人的本体,是宇宙的根源。二是明确了宋学治学的思维方式。他认真分析了宋学与汉学两个不同文化时代的不同治学思维方式,认为宋代儒者与汉代儒者不同,宋儒更加重视经书中的义理,由此而推出一种学以致用、传统为现实服务的学风和思维方式。在这种新的学风和思维方式形成的过程中,游酢起到了重要作用。在二程"经说"的基础上,游酢还提出了"本其躬行心得之言,以说经"的观点。游酢对理学的诸多见解,朱熹在后来的《四书集注》中多有采用。游酢所掌握二程的第一手资料,成为朱熹编辑《二程》的主要材料来源。游酢著有《易说》《中庸义》《论语杂解》《孟子杂解》《诗二南义》《游鹰山集》等。

杨 时

（1053—1135年）北宋哲学家、文学家。字中立,号龟山,陕西弘农华阴(今陕西华阴东)人。杨时少时聪颖好学,善作诗文,被人称为"神童"。幼时读佛学,不久开始攻读儒家之学。熙宁九年(1076年)中进士,历官浏阳、余杭、萧山知县,荆州教授、工部侍郎、龙图阁直学士。后来专事著述讲学。他先后从学于程颢、程颐,同游酢、吕大临、谢良佐并称程门四大弟子。又与罗从彦、李侗并称为"南剑三先生"。其晚年隐居龟山,学者称其龟山先生。

杨时一生精研理学，对闽中理学的兴起建有筚路蓝缕之功，被后人尊为"闽学鼻祖"。他一生著述颇多，主要收集在《杨龟山先生文集》中。他的哲学思想继承二程的思想体系，被后人称为"程学正宗"。杨时还用道家列、庄与佛教《华严宗》和儒家《易经》的内容来阐述他的哲学思想，并用孔孟的《大学》《中庸》《孟子》中"格物致知""诚信""形色""天性"等概念来丰富和扩充自己的思想，对"理一分殊"、"明镜"等学说均有新的创建。他还在自然观上，吸收了张载"气"的唯物主义学说，对后来的罗从彦、李侗、朱熹等人产生了较大的影响。他的哲学思想流传到国外，在韩国、日本等国影响深远。杨时著有《周易解义》《礼记解义》《列子解》《庄子解》《史论》《三经义辩》《解字说》《二程粹言》《龟山集》等。

邵伯温

（1057—1134年）北宋易学家。字子文，著名易学家邵雍之子。祖籍范阳（今河北涿州区），随父迁往共城（今属河南辉县），后徙居洛阳。因其父与司马光、韩维、吕公著、程颐、程颢等人都有密切交往，使邵伯温从小就饱受经学熏陶。在家他悉心聆听父亲的教诲，在外则以司马光等人为师，因此受益匪浅，了解和掌握了很多经学知识。元祐年间（约1090年）被推荐为大名府助教，调任潞州长子县县尉。绍圣初年（1094年），章惇为相，因其曾从师于邵雍，所以想起用伯温。但由于伯温与章惇政见不和，百般推辞不受。徽宗即位，一日见日蚀而求言，邵伯温上书言事，说应复祖宗制度，解元祐党禁，分君子小人，戒劳民用兵。此言为奸党小人所忌，上奏将其贬出监华州西岳庙。其后主管耀州三白渠公事。南宋初，任果州令、提点成都路刑狱、利州路转运副使等。绍兴四年（1134年）去世，终年七十八岁。

邵伯温在易学上继承父亲邵雍的象数学并加以阐述。他对其父"一为太极"的说法解释道："天地万物，莫不以一为本，原于一而衍于万，穷天下之数而复归于一。一者何也？天地之心也，造化之原也""一为太极"（《邵子文语录》）。他强调"一"或"太极"存在于圣人心中，"圣人之心即天地之心""故圣人以天地为一体，万物为一身"。对其父的《八卦次序图》，他解释说："混成一体，谓之太极。太极既判，初有仪形，谓之两仪。两仪又判，而为阴阳刚柔，谓之四象。四象又判，而为太阳、少阳、太阴、少阴、太刚、少刚、太柔、少柔，而成八卦。"（《邵子文语录》）此说是以动、静为两仪，阴、阳、刚、柔为四象，阴阳又分为太阳、太阴、少阳、少阴，刚柔又分为太刚、太柔、少刚、少柔，此即四象生八卦。如果以太极为"一"，此"一"中应包含两仪、四象、八卦之数。两仪、四象、八卦等乃是太极自身的不断展开。但是邵雍并未在其学说中明确引出这一结论。邵伯温发展了其父的学说，曰："有太极则有两仪、四象、八卦，以至于天地万物，固已备矣。非谓今日有太极而明日方有两仪，后日乃有四象、八卦也。虽谓之曰太极生两仪，两仪生四象,四象生八卦,其实一时具足。如有形则有影,有一则有二有三,以至于无穷皆然"(《宋元学案·百源学案》)。太极和两仪不是母生子的关系,而是母怀子的关系。子在母中而不可分。太极和两仪的关系是逻辑上的涵蕴关系,如同形与影一样"一时具足"。邵伯温的这一论说提出后,在宋明易学史上引起了轩然大波,易学界围绕太极和两仪的关系展开了长期的争论。邵伯温将周敦颐和邵雍的宇宙生成论引向了本体论。他依据其父邵雍的《皇极经世图》,绘制了《一元消长之数图》,说明在一元中世界的演变过程。这是对《皇极经世图》的简化,也是一纲领性的图式,它不仅可以用来推算人类的历史进程,而且也可以用来推算宇宙的演化进程。邵伯温著有《皇极系述》《皇极经世序》《观物内外篇解》等,多为用来阐释和注解其父易作的作品。另外,他还著有《易学辨惑》《闻见前录》《河南集》等。

陈 瓘

(1060—1124年)北宋末年学者、词人。字莹中,号了翁、了斋,南剑州沙县(今属福建)人。元丰二年(1079年)高中探花,调招庆军掌书记、湖州州学教授。元丰七年(1084年),任濠州定远知县。元祐四年(1089年),签书越州判官、明州通判。绍圣元年(1094年),召为太学博士、迁秘书省校书郎。绍圣四年(1097年),调任沧州通判。元符二年(1099年),任卫州知州。徽宗即位后,召拜右正言、迁左司谏。后因弹劾蔡京结党营私、误国误民而被贬为扬州粮料院监官,不久转任无为军知事。翌年,又被召回京城任著作郎,后改任右司马员外郎兼代理起事中。此时,蔡京的党羽曾布担任宰相,企图以高官收买他,但他丝毫不为所动,仍然持正与权势抗争。不久被贬出朝廷任泰州知府,随后又贬至通州。蔡京一党仍变本加厉迫害陈瓘,宣和六年(1124年)使其病卒于楚州,终年六十五岁。

陈瓘一生为人谦和,不争财物,刚直不阿。《宋史》称其"谏疏似陆贽,刚方似狄仁杰,明道似韩愈"。与陈师锡被尊称为"二陈",敢于当众斥责蔡京、蔡卞、章敦、安敦等当权人物,虽被把持朝政者所忌恨,但其人品无不为人折服。

陈瓘精于《易经》,其学继承二程,重司马光、邵雍之易,常以邵雍之说解《易》、讲解象数。但也兼取别家。其以《易》数言天下治乱之事多有应验,但语言文字却略显晦涩,难以为人充分理解。陈瓘著有《了斋集》《了翁易说》《尊尧集》《论六书》等。

张 根

(1061—1120年)北宋学者。字知常,饶州德兴(今属江西)人。张根年幼入太学,成年时考中进士,曾任临江司理参军、遂昌令。仕途顺畅时本应改任京官,但他因四亲在堂,想把父母的恩封转给祖父母,把妻子的恩封转给母亲,于是请求退休,得任通直郎,在家闲居十年。宋徽宗得知他的义行,召之入宫,不久即出任杭州通判,提举江西常平。在任之时,曾上书列举党籍之害,力陈花石纲之弊,因此得罪了当朝权贵,上表状告张根傲慢不恭,诋毁常平之法,摇动绍述之政,从而累遭贬斥,降为濠州团练副使,安置于郴州,最后以朝散大夫的身份卒于家中,终年六十岁。

张根说《易》不主汉儒象数之学,也不涉宋代河洛之谈,唯论释《周易》经文义理。著述简略,无节外生枝之弊端,释经文颇有新见。著有《吴园周易解》《春秋指南》等。

耿南仲 (？—1129年)宋代易学家。字希道,河南开封人。元丰进士。历任两浙、河北西路常平,广南东路、夔州路刑狱、江西路转运使。后召为户部员外郎,辟雍司业,出知衢州。宋徽宗政和二年,任太子右庶子,改为定王、嘉王侍读,俄试太子詹事。在东宫为官十年。宋钦宗即位后,拜为资政殿学士、签书枢密院事。靖康元年,进同知院事,升任尚书左丞、门下侍郎。宋高宗即位后,鄙其为人,将之贬为观文殿学士、提举杭州洞霄宫,令于临江军居住。建炎二年十二月,降为单州别驾,令于南雄安顿,其领命后行至吉州而卒。

耿南仲说《易》力主避祸,苟求"无咎",是当时著名的议和投降派代表。在易学中,他大力传扬知进退存亡而不失其正。作象传"云雷屯",称君子以经纶行止。以屯卦之理,教导占筮者守道之艰险;并推及人事,教占筮者循规守道。曰"无大过,当指论是非,而非论祸福"。在此思想主导下,使其在战事中一味迁就,畏战主和。导致军心不稳,战局溃败,遗祸于国。但由于其《易》说大多因象诠理,随事示诫,有时也会有益有效,往往胜于当时那些高语玄虚之论。他撰有《周易新讲义》等。

朱震 (1072—1138年)北宋与南宋交替时期的学者、理学家、易学史家。字子发,号汉上,荆门军(今湖北荆门市)人。朱震少年时曾在东山书院读书,宋徽宗政和年间(1111—1117年)中进士,先后担任县令、州官等,始终以清廉著称。靖康元年(1126年),朱震因通晓《春秋》经传而被召为太学博士。南宋绍兴四年(1134年),参知政事赵鼎向高宗推荐朱震,称其"学术深博,廉正守道,士之冠冕",于是朱震被高宗召见,垂问有关《易》与《春秋》的要旨,朱震结合自己多年以来的研究成果,应答如流,深得高宗喜爱,遂提拔为礼部员外郎兼川、陕、荆、襄都督府详议官。时隔一年,朝廷恢复经筵,召朱震讲《春秋》《周易》等经学,朱震因突出表现,不到一年连续擢升八次,分别担任秘书少监、秘书少监兼侍讲、承议郎、起居郎、资善堂赞读、中书舍人兼资善堂翊赞、朝散郎、左朝请郎等。绍兴八年(1138年)六月,朱震在湖南衡山去世,终年六十七岁。后来荆门州百姓将朱震列为乡贤,专门修建祠堂三贤祠,把朱震与陆九渊、胡文定三人尊称为"荆门三贤"一同供奉。荆门州在沙洋县汉江大堤的关庙(铁中寺后)建有书院,为纪念朱震,名之为汉上书院。

朱震一生精研《易经》,对两汉以来的易学流派以及北宋以来易学的发展都进行了探索。自谓其易学"以《易传》(指程颐的《程氏易传》)为宗,和会雍(邵雍)载(张载)之论"。可见,程颐、邵雍、张载之说是朱震易学的三个主要来源。朱震综合三人的观点并兼采汉唐以来易学的观点加以补充,提出宋代易学的传授系统,曰"濮上陈抟以《先天图》传种放,放传穆修,修传李之才,之才传邵雍。放以河图、洛书传李溉,溉传许坚,许坚传范谔昌,谔昌传刘牧。修以《太极图》传周敦颐,敦颐传程颐,程颢、程颐述《易传》,载(张载)造《太和》《参两》等篇"。其说对卦爻象和卦爻辞的解释,主要继承了汉易的取象说,并吸收了互体、卦变、纳甲、飞伏、五行、卦气等说。宋代象数学派划分为两派:一派主张先有数而后有象,以邵雍为代表;另一派则主张先有象而后有数,即以朱震为代表。对筮法的解释,朱震主张先有气而后有象。他将《系辞》中"易有太极""大衍之数"和《说卦》中"叁天两地而倚数"这三种概念糅合在一起而加以解释,从而发展了象数学派的太极观。他把太极视为混沌未分之气,称其为"一",此观点本于张载"合则浑然"说,他以混而未分解释张载的"太虚无形,气之本体"。他还批判地继承程颐的"体用一源"说,认为气为世界的本原。在理与气问题上,否认道和理为本原,摆脱了道家太极观的影响。其易学在南宋独树象数之帜,颇有创建。朱震所创《易》图之多,开创了后代易学家大画《易》图的先例,虽没有突出特点,但能够综合前人象数易学的成就,融入自己的观点而加以阐发。他对象数学派观点的整理和介绍,为象数派易学提供了较完整的理论体系,有一定的史料价值。对后来的清代汉学家研究汉易以及图书派的演变过程,也有较大影响。但朱震易学文辞繁杂,朱熹责其"解易如百衲袄,不知是说什么"。其象数学的神秘主义糟粕也较多,把人事的吉凶悔吝、地位的尊卑贵贱一概归之于"卦变"。其易学著作主要有《汉上易传》《周易卦图》《周易丛说》《春秋左氏讲义》等。

李 光

(1078—1159年)南宋名臣、文学家、词人、易学家。字泰发,号转物居士,自称读易老人。越州上虞(今浙江上虞)人。宋徽宗崇宁五年(1106年)中进士,调任开化县令,转任常熟县令,累官至参知政事。因面斥秦桧"怀奸误国"而被贬官,出知绍兴府,改提举洞霄宫。绍兴十一年(1141年),贬滕州安置,而后再贬至昌化军。秦桧死后,内迁郴州。绍兴二十八年(1158年),复官左朝奉大夫。绍兴二十九年(1159年),致仕归乡,行至江州去世,终年八十二岁。宋孝宗即位后,赠资政殿学士,赐谥庄简。

李光解《易》主张不拘泥于象数,而应明人事,其《易》说往往依经立义,因事抒忠,并引史入《易》,以史证《易》,借易道表达其政治观点。他反对秦桧议和卖国,所论大都切实近理。但其说也有牵强附会之处。李光著有《读易详说》,另著有《椒亭小集》《庄简集》等。

郑刚中

(1088—1154年)南宋诗人、易学家。字亨仲,婺州金华(今属浙江)人。高宗绍兴二年(1132年)进士,授温州军判官。六年,转任枢密院编修官。八年,迁殿中侍御史。九年,为枢密行府参谋出谕京陕。归朝后,任礼部侍郎。十一年,擢升枢密都承旨,为川陕宣谕使。十二年,迁为川陕宣抚副使兼营田。十七年,因忤逆秦桧被罢官,迁江州太平兴国宫,于桂阳监居住,不久又迁复州、封州,终被折磨致死。终年六十七岁。

郑刚中善易学,兼重义理与象数。他训诂汉易,不主一家,博采众说。对荀爽、虞翻、干宝、蜀才等九家之说,皆参互考稽,解《易》不拘名儒之说,而自出新意。其著有《周易窥余》《经史专音》《论语解》《孟子解》《北山集》等。

郭 雍

(1091—1187年)南宋学者,著名医学家、易学家。字子和,河南洛阳人。郭雍的父亲郭忠孝是程颐的学生。郭雍年轻时即传其父学,通于世务。成年后,曾因战乱隐居于峡州(今湖北宜昌东南),游浪于长杨山谷间,自号白云先生。乾道年间(1165—1173年),经湖北帅张孝详举荐于朝廷,召之不赴,遂赐号冲晦处士。孝宗欣赏其贤德,常对辅臣赞扬他,并命其所在州郡逢年致礼存问,后来又封其为颐正先生。

郭雍以平生之力精研医学与易学,成为当时有名的医学家、易学家。郭雍的易学实传程颐之说,注重剖析义理,与程颐的《伊川易传》相类似。郭雍认为:《易》法象天地而作,并非圣人以私智而作。因此后人读《易》,也万不能以私智去读,要"以《易》洗心"。艮卦"思不出其位",合于洗心之义,郭雍与其父都极其重视研究和积极探索艮卦的这一思想。在释《易》方法上,郭雍注重诸经互证,用《中庸》《尚书》等儒家经典与《易经》互相对照,互证其理。在论易与医的关系上亦有所建树。其著有《传家易解》十一卷、《卦辞指要》六卷、《蓍卦辨疑》二卷、《中庸说》一卷、《冲晦郭氏兵学》七卷等,另外,还著有《伤寒补亡论》二十卷。

张行成

南宋学者、易学家。字文饶、子饶。邛州临邛(今四川邛崃)人。张行成绍兴元年(1131年)中进士。乾道年间,曾为成都府馀转司干办公事丐祠,此间,将其所著易学七书呈于皇帝,被采用,诏奖除直徽猷阁。历官兵部郎中、潼川知府,其为政以善于理财著称。而后杜门专意著述,多有创见,是典型的"蜀之隐者"。

张行成精于《周易》,通数术之学。"学康节先生易几十年",人称观物先生。他根据邵雍所撰《先天图》和《观物外篇》的说易观点推衍发挥,用大约十年时间著成了《周易述衍》十八卷,通过对《周易》的解说,以明三圣所传之义理。他所著《皇极经世索隐》二卷与《皇极经世观物外篇衍义》九卷,分别详解了邵雍《皇极经世》观物内、外篇两本易著。

张行成认为理、数、象存在于事物之先。"理"为宇宙的本源,并根据"象"和"数"的原理构成世界的图式。后来的易学家魏了翁评说其易学特点曰:"(张)行成大意,谓理者太虚之实义,数者太虚之定分。未形之初,因理而有数,因数而有象;既形之后,因象以推数,因数以知理。"张行成所著易学七书有:《周易述衍》十八卷、《皇极经世索隐》二卷、《皇极经世观物外篇衍义》九卷、《易通变》四十卷、《翼玄》十二卷、《元包数义》三卷、《潜虚衍义》十六卷。

李 衡

(1100—1178年)南宋学者。字彦平,江都(今江苏扬州)人。李衡年幼好学,高宗绍兴十五年(1145年)中进士,授吴江县主簿。在任期间,有部使倚仗权势侵害百姓,李衡不想迎合,于是引罪自责,拂袖归家,受到百姓的尊重。不久被提任溧阳县令,专心以诚意教化百姓。后被召入朝中任监察御史。乾道五年(1169年),出任婺州知州,召拜司封郎中,迁枢密院检详文字。乾道八年(1172年),差同知贡举。后来李衡以年老多次上奏要求辞官退休,均不准奏。由于他退意坚定,最后才以秘阁修撰身份准其辞官归乡。辞官后,他定居昆山,聚书逾万卷,潜心于读书撰著。称其室曰乐庵,自号乐庵叟。学者称其乐庵先生。李衡死于淳熙五年,终年七十九岁。

李衡读蜀人房审权所撰《周易义海》(共一百卷),感到文义冗琐重复,于是采摘其精华,删削厘定,并补入程颐、苏轼和朱震三家之说,撰成《周易义海撮要》十二卷。李衡还著有《乐庵集》《和寒山拾得诗》等,今已亡佚。其弟子龚昱辑有《乐庵语录》五卷,传于世。

沈 该

南宋学者。字守约,湖州吴兴(今浙江湖州)人。沈该勤奋好学,年轻时中进士。后来任礼部侍郎,出知夔州。绍兴二十五年(1155年)召还朝中,任参知政事。次年,任作仆射、同平章事。二十九年,以年老请辞归乡,提举洞霄宫。六十六岁去世。

沈该精于《易经》,其易学不主程颐义理之说,也不取邵雍图书、数术之说,均以卦的正体阐发爻象之旨,以卦的变体拟议事物变动之意,力求合于"观象玩辞、观变玩占"之义。其占几乎全部引用《春秋左传》所载筮例。他的易说,以考究古文遗经为主,认为三代以来的占筮之法,皆违时异尚,无足可取。其著有《易小传》等。

都絜 字圣与,南宋丹阳(今属江苏)人。绍兴年间中进士,累官吏部尚书、太府少卿、淮西总领。其父都郁为惠州教官,热心于易学。都絜承其家学,论《易》专注于变体,认为《左传》所载诸占,所谓某卦之某卦者皆为变体。认为古《周易》原本有此义,但由于古书散佚,此说没有流传下来。都絜根据义理揣摩,力求得其概略。求证中难免有牵强附会之处,但瑕不掩瑜,可备为一家之说。都絜著有《易变体义》等。

程大昌 (1123—1195年)南宋学者,政治家、思想家、文学家、哲学家。字泰之,徽州休宁(今属安徽)人。绍兴二十一年中进士,官授吴县主簿,未赴任。继而授太平州教授。在任间,著《十论》论世事,献于朝廷,受到当朝宰相汤恩退赏识,召于太学正试馆,任秘书正字。孝宗在位时,历任著作佐郎、国子司业兼礼部侍郎、直学士院、浙东提点刑狱、中书舍人、国子祭酒、吏部尚书等,并出知泉州、建宁府。光宗即位,徙知明州。最后,以龙图阁学士致仕归乡。庆元元年去世,终年七十三岁。谥号文简。

程大昌在世期间,不仅政绩卓著,而且博学多闻。他对古今之事无不考证,尤其精通地理之学和易学。其论《易》沿袭刘牧的河洛之学,首论五十五之数,参以图书大衍视为易本原。其卦变揲法皆有图论,并断以己见,往往超出先儒之说。其融合易、道,曾著《易老通言》,详论易学与老子《道德经》的关系,他认为道与器乃一物的升与降,道与器并不是两个事物,道亦器,器亦道,只是一件事物的不同表现而已。老子贵"无"是有道理的,《易经》只言道器,而老子的宵无概念层次极多:有玄、有义玄、有道、还有自然,即便是论器物之德也能臻于形上之境,所谓"名虽在德而其实已入乎道矣",应以《老子》道体的多层次性和丰富性来补充儒学,应与《易经》相融合,从而丰富《易经》的内涵。

程大昌著有《易原》十卷、《易老通言》十卷,另外还著有《禹贡山川地理图》五卷、

《禹贡论》五十二篇、《禹贡后论》八篇、《毛诗辨证》十七篇、《演繁露》十卷及续集六卷、《考古篇》十卷、《考古续篇》十卷、《雍录》十卷、《北边备对》六卷、《尚书谱》十卷等。除此之外，程大昌还著有大量诗词，其中有四十六首被收入《全宋词》中。

杨万里

（1127—1206年）南宋大诗人、易学家。字廷秀，号诚斋，江西吉州吉水（今江西吉水）人。绍兴二十四年（1154年）中进士。授赣州司户参军，历任零陵丞、隆兴府奉新县知县、漳州知县、常州知县、太常博士、广东提点刑狱、尚书左司郎中兼太子侍读、秘书监等。

杨万里早年从学于张浚，晚年拒与权臣韩侂胄合作，力主抗金，曾上书《千虑策》，总结靖康以来的历史教训，直言朝廷的腐败无能，提出了一整套振兴国家的方针策略，却终因权臣专权而罢官归家，郁郁忧愤而死。杨万里的诗与尤袤、范成大、陆游齐名，合称南宋"中兴四大诗人"。其一生写诗二万余首，今存四千二百多首，诗文全集一百三十三卷，题名《诚斋集》。

杨万里精通《周易》，解《易》属义理派。他继承程颐的易说，与以邵雍为代表的象数学派、图书学派相对立。同时，其易说也受张载的影响，有张载易学思想的痕迹，主要特点为：①认为"易者圣人变通之书也"（《诚斋易传·序》）。主张学习《周易》的目的，是为了在人事得失、社会治乱中掌握法则，转灾为福，转危为安，实现正心、修身、齐家、治国与平天下之道，使万事万变归于"中正"。认为《周易》并非只是算命、卜问吉凶之书，更重要的是可以依据过去的经验，预知未来的事变，即"前知"。也就是"以已往之微，知方来之著""以已往之盛，知方来之衰也"（《诚斋易传·说卦》）。《周易》的卦爻象和卦爻辞即反映了事物变化的法则。②引史证经。他撰写的《诚斋易传》对《周易》各卦和各爻义的解释，几乎皆引历史事件和历史人物的言行加以论证，以说明《周易》乃圣人通变之书，他因此把《周易》看作治理国家的一部教科书。③解《易》除了引史证经外，还注重文字和义理两方面的贯通，不拘泥于文字训诂和注疏的形式，体现了宋学解经的特色。④认为易之道乃天地之理，圣人以天地之理而作《易》，但不能创造天地之理，"天地出于易而易非出于天地，圣人作夫易而易不作于圣人也"（《诚斋易传·系辞》）。他认为《周易》是圣人效法天地之理而写成的。关于理、象、辞、数的关系，易之理最为根本。有未画之易即易之理；之后才会产生有形有象的东西，才会有卦爻象、卦爻辞和揲蓍之数、天地之数。此说是对程颐"有理而后有象""有理则有数"观点的发挥。杨万里在易学哲学上反对周敦颐以"无极""太极"为虚无的观点，认为混沌元气是宇宙万物的本原。因受孔颖达太极元气和张载气论的影响，他企图将阴阳二气同程颐的天理说糅为一体，但由于其在易学上主张先有理而后有象，故而终不能从程颐的理本气末的观点中解脱出来。其主要易学著作为《诚斋易传》。其子杨长孺称此书的撰写过程："阅十又七年而后成书,平生精力,尽于此书"(《诚斋易传·申送易传状》),杨万里另外还著有《庸言》,此书对《周易》经传也有解释和阐发。

程 迥 南宋学者、易学家。字可久,号沙随,应天府宁陵(今河南宁陵东南)人。程迥少时父母相继去世,他孤贫漂泊,无以自振。二十岁时,开始读书。所涉广泛,博闻强记,对于户口、田制、贡赋、医药、度量衡、音韵等诸多方面都进行了研究。隆兴元年(1163年)中进士,任扬州泰兴(今属浙江)县尉,后又历任德兴(今属江西)县丞、进贤县令、上饶县令等职,不久转为奉祠,寓居于番阳(今江西鄱阳县)的萧寺中。去世前任朝奉郎。

程迥精于《易经》,其易说本于邵雍的加一倍法。依据《系辞传》《说卦传》展伸其义,其说的主要观点集中于《周易古占法》一书中,分为太极、两仪、四象、八卦、重卦、变卦、占例、占说、揲蓍详说、一卦变六十四卦图、天地生成数配律吕图等共十一篇,对揲蓍求卦的过程做了详细解说。通过对《周易》经传及《左传》《国语》等典籍所载的占筮实例的考察,归纳出《周易》占断吉凶之法。主张"大义在揲蓍""易以道义配祸福,故为圣人之书"。《周易古占法》虽然重在研究卜筮象数之学,但其最终目标却是在于深入探讨儒家义理。此书是宋代学者中较早对古占法进行系统性探究的著作,在易学发展史上有着重要意义。程迥对占筮之法的论述,发前人所未发,对后世大有影响。朱熹的著作《易学启蒙》《周易本义》中,多采用他的论说。除此,程迥还著有《古周易章句外编》《三器图义》《春秋传显微例目》《论语传》《孟子章句》《太玄补赞》《医经正本书》《四声韵》等。

朱 熹 (1130—1200年)南宋最伟大的思想家、哲学家和教育家,儒学思想后期的主要代表人物,宋代理学的集大成者。字元晦,号晦庵,徽州婺源(今属江西)人。绍兴年间进士。曾任泉州同安主簿、江西南康和福建漳州知府、浙东巡抚、秘阁修撰等职。后由赵汝愚推荐升任焕章阁侍制、侍讲,为宁宗皇帝讲学。朱熹对经学、史学、文学、乐律等均做过深入研究。博览群书,融会贯通,汇众说而折其中。他在武夷山创办学院,讲学四十余年,弟子众多。在他的影响下,宋至元朝在武夷山授课讲学、传播理学思想的著名学者多达四十三位,使武夷山成为"三朝(宋、元、明)理学驻足之薮"。朱熹庆元六年(1200年)病逝。嘉定二年(1209年)诏赐遗表恩泽,谥文公,世称朱文公,特赠宝谟阁直学士。理宗宝庆三年(1227年),赠太师,追封信国公,改徽国公。朱熹是唯一非孔子亲传弟子而享祀孔庙,位列大成殿十二哲者中的人。

朱熹受学于二程的三传弟子李侗,其易学集周敦颐、邵雍、张载等北宋以来易学家之大成,独立发挥,形成了自己的体系。朱熹批判地吸收了各家的观点,以程氏易学为主干,融会各家易学的长处,同时,吸取了欧阳修易说中的某些论点,提出了"易本卜筮之书(《朱子语录》卷六十六),上古之民,知识未开,故圣人立龟以与之卜,作易以与之筮,使之趋利避害,已成天下之事"。他试图揭示《周易》的本来面貌,不赞成完全以义理注解卦爻辞的文义,要求从卜筮角度注明其原意,但又认为《周易》虽为卜筮之书,却包含着天下万物之理,需要后人加以揭示阐发。朱熹易说的出现,无论对义理学派还是对象数学派均是一大冲击。他提出"易只是个空底事物",即是以卦爻象和卦爻辞为表现事物之理的形式,视《周易》三百八十四条爻辞为三百八十四条公式,可以代入一切有关事物。他将《周易》经传的内容抽象化和逻辑化,吸收了图书学派中的太极说和朱震的大衍之数说,将卦爻象视为太极之数自身的展开,从而丰富和发展了程颐的体用一源说,在哲学上完成了理本论的体系。他接受了邵雍的加一倍法,用以说明太极自身展开为卦爻象的过程,丰富了本体论的体系。他还吸收了张载和朱震易学中的阴阳二气说,以二气变化的法则解释物质世界变化的规律,认为"易只是一阴一阳"(《朱子语录》卷六十五),《易》虽为卜筮之书,但其蕴藏的基本原理是阴阳变易,其"一阴一阳"是指阴阳之理和阴阳之气,"须识理、象、数、辞四者未尝相离"(《朱子语录》卷六十七),四者之所以结合在一起,是因为象、数、辞皆是阴阳之理的表现形式。朱熹认为,理是世界的本质。"理在先,气在后""有是理便有是气,但理是本""天下未有无理之气,亦未有无气之理"。他提出"天理"和"人欲"的对立,要求人们放弃"私欲",服从"天理"。

关于阴阳流行,朱熹提出:①一气说。一气可分为二气,动的是阳,静的是阴。气可生物,世界是由气而展开的一分为二、动静不息的生物运动。他以一气来说明流行即转化之推移,变化乃一气之消长。②渐化和顿变说。他认为事物的运动过程为"变者化之渐,化者变之成"。变和化乃事物运动不同阶段的体现。③以程颐"阴阳无始"之说解释周敦颐的"互为其根"说,指出阴阳流行是一个连续不断的过程,无始无终,循环不已。④阴阳各含阴阳说。认为万事万物各分阴阳,一事一物中也各分阴阳,阴中有阳,阳中有阴,阴阳交错对待,事物才得以成形。

朱熹用体用一源的本体论观点解释了周敦颐的太极图说,将汉唐和北宋以来易学哲学中的宇宙生成论转变为本体论的体系。其本体论不仅仅限于自然领域,而且还扩展到认识论、人性论和道德修养等领域,对儒学和哲学的发展都做出了新的贡献。朱熹易学站在义理学派的立场之上,对北宋以来的中国易学发展历史及成就进行了全面的总结评估,在易学史上占有重要地位。他所倡导的"理学",成为中国封建社会后期统治阶级的理论工具,在明清两代尤被重视,被提升为儒学正宗的地位看待。朱熹在世界文化史上也有重要影响,朝鲜、日本将其学说称为"朱子学",一度十分盛行。在东南亚和欧美等国,朱熹的学说也受到高度重视。

朱熹一生撰有大量著作,主要有:《周易本义》《易学启蒙》《蓍卦考误》《诗集传》《大学中庸章句》《四书或问》《论语集注》《孟子集注》《太极图说解》《通书解》《西铭解》《楚辞集注辩证》《韩文考异》《参同契考异》《中庸辑略》《孝经刊误》《通鉴纲目》《家礼》《近思录》《河南程氏遗书》《伊川渊源录》等。此外,还撰有《朱文公文集》一百卷、《续集》十一卷、《别集》十卷、《朱子语录》一百四十卷。其易学思想主要集中在《周易本义》《易学启蒙》和《朱子语录》等书中。

袁 枢

(1131—1205年)南宋史学家。字机仲,福建建州建安(今福建建瓯)人。

袁枢幼年能诗,很有抱负。十七岁进杭州太学,二十岁以"修身与写赋"参加国子监考试,后又参加礼部考试,获得辞赋科第一名。隆兴元年(1163年)中进士。初任温州判官、兴化军教授。乾道七年(1171年)任礼部试官,出为严州教授。后来历任太府丞兼国史院编修官、权工部郎官兼吏部郎官、吏部员外郎、大理少卿,出知常州府、江陵府等职。

袁枢学识渊博,与当时学者朱熹、吕祖谦、杨万里多有往来。在任国史院编修期间,他负责修《宋史》列传部分,北宋章惇的子孙曾托其对章惇的传记多加文饰,袁枢斥曰:"子厚为相,负国欺君。吾为史官,书法不隐,宁负乡人,不可负天下后世公议!"在严州任职期间,他"自出新意,辑抄《通鉴》""区别门目,以类排纂。每事各详起讫,自为标题,每篇各编年月,自为首尾",写成《通鉴纪事本末》四十二卷,以司马光的《资治通鉴》原文为本,取书中所记之事,区别门类,分类编排。专以记事为主,每一事详书始末,并自为标题,共记二百三十九事,另附录六十六事。开"纪事本末体"之先河。《四库全书总目提要》称此书:"数千年事迹,经纬明晰,节目具详,一览了然,遂使纪传、编年贯通为一,实前古之未见。"袁枢晚年喜读《易经》,其著有《易学索引》《周易辩异》等。

戴师愈

南宋人,和朱熹同时。曾任南康军(今属江西)、湘阴(今属湖南)主簿。其论《易》,认为一卦之中凡具八卦,有飞有伏,有互有旁。又称一变为七,七变为九,卦爻由一变到七,即为"归魂"。其说卦多取经师旧说,不滥于杜撰。著有《正易心法》。

张 栻

（1133—1180年）南宋著名哲学家、理学家和教育家，湖湘学派集大成者。和朱熹、吕祖谦齐名，被并称为"东南三贤"。字敬夫、乐斋，号南轩，汉州绵竹（今四川绵竹）人。张栻出身于大官僚家庭，其父张浚为徽宗时进士，做过南宋高宗、孝宗两朝丞相。曾力主抗金，反对议和。张栻从小随父辗转各地，后来定居衡阳。他自幼聪明伶俐，好学善问，悟性较高。十四五岁时，父亲便亲自传授他《易经》。不久，又从师胡宏学习《周易程氏学》。学有成就后，回归长沙，先后在岳麓书院、城南书院讲学。乾道三年（1167年）八月，大儒朱熹曾从福建武夷山赶赴湖南长沙向张栻问学，与张栻探讨《中庸》之义。淳熙元年（1174年），张栻擢升为静江、江陵知府，广南西路安抚经略使。淳熙五年（1178年），任荆湖北路安抚使。淳熙七年（1180年），张栻因病告退，同年二月病逝，终年四十八岁。朝廷为旌表张栻才德治绩，谥宣，赠封华阳伯，从祀孔庙。

张栻继承了二程的理本体思想，认为理是世界的本原，提出天、性、心三者名异实同，皆同体于理。"理之自然谓之天，命于人为性，主于性为心。天也，性也，心也，所取则异而体则同。"他认为，天、性、心三者，均为天理的直接体现，都具有天理的形而上品质。而三者中，心是万物的主宰，是万理的统摄。他主张"明理居敬"，认为穷理在于居敬，居敬在于存心。主张以心来体验天理，力排格物穷理的必要性。他还运用"性也，天理"的观点，发挥张载的变化气质的思想，构成人性修养论。认为，人的本然之性是纯粹至善的，只是气秉和习染的原因，才产生贼害仁义的异端。因此，提倡"克其气质之偏，以复其天性之本"。他精通易学，推崇周敦颐的《太极图说》，并将太极视为最高范畴。认为太极流行天间，贯乎古今，通乎万物。"太极动而二气形，二气形而万物化，生人与物俱本乎此者也。"张栻著有《南轩易说》《南宋轩集》《癸巳论语解》《孟子说》等。

薛季宣

（1134—1173年）南宋学者、哲学家，永嘉学派创始人。字士龙，号艮斋，温州永嘉（今浙江温州）人。薛季宣历任鄂州武昌令、大理寺主簿、大理寺正，湖州、常州知州。因痔疾为庸医所误，四十岁便逝去。薛季宣曾从师于程颐的弟子袁溉。关于八卦起源，他赞成《系辞》中圣人观象之说。认为卦象取于天地万物之象，河洛之数取于天地之数。采纳刘牧、朱震之说，以河为九，洛为十，认为揲蓍成卦基于河图洛书之数，而河洛之数又以九为主，九之数则源于天有九野、地有九州，河与洛各有九曲。认为河图洛书其实为古代地图,乃"辨物象而旋地政"(《流语集·书古文周易后》),为圣人治世规墨。他在政治上提倡改革,体现为易学上的变通说。以"寂然不动"解释太极之体,以"感而遂通"解释事物的变化和通达。认为"道"不离"器","且道非器可名,然不远物,则常存乎形器之内"(《浪语集·答陈同甫书》)。又认为"彼天之道,何与干(干预)人之道"(《浪语集·与沈应先书》)。他反对道学家空谈义理性命,注重理论的实际效用。晚年与朱熹、吕祖谦交往甚密,强调步步着实,着重研究了田赋、兵制、地形、水利等实际问题。

薛季宣的易说由陈傅良继之,至叶适而集大成,形成了重经世致效用的永嘉学派。薛季宣一生著述较多。著有《古文周易》《周礼释疑》《春秋经解》《论语直解》等。他的许多论著见于其《浪语集》中。此外,他还著有《书古文训》《古诗说》《小学》等。

蔡元定

(1135—1198年)南宋理学家、律吕学家、堪舆学家,朱熹理学的主要创建者之一,被誉为"朱门领袖""闽学干城"。字季通,学者称之西山先生,建州建阳(今属福建)人。蔡元定从小天资聪颖,悟性极好,八岁能诗。其父蔡发,号牧堂老人,博学多才,曾向蔡元定亲授二程的《语录》、邵雍的《皇极经世》、张载的《正蒙》等著作。绍兴二十二年(1152年),父病逝。蔡元定秉承父教,到西山山顶建屋,闭门读书。几年后,凡天文、地理、礼乐、兵制与度数,无不贯通。绍兴二十九年(1159年),拜朱熹为师,从此成为朱熹的得意门生和亲密朋友。在教学和著述上,蔡元定是朱熹的得力助手。凡见解有与朱熹不同或超越朱熹的,总能倾心相告,据理分析。凡遇经书深奥冷僻的词句,蔡元定反复琢磨多能理解。在律吕、象数等问题上,朱熹向蔡元定请教颇多。朱熹所撰《参同契考异》,是经与蔡元定反复推敲订正后才定稿的。蔡元定用象数推断"造物微妙",用蓍草为朱熹写《封事》,替赵汝愚辩解,教人以性与天道为先。他虽为朱门弟子,但其易学却继承了汉易和宋易中象数学的传统。其象数之学,除受邵雍数术之学影响外,还继承和发扬了刘牧以来的图书学派特别是《易学启蒙》中的河洛之学,成为后来元、明、清易学家宣传象数学的主要依据。

在汉代,律吕已与阴阳五行相结合,并为易学所吸收,成为汉代象数学的重要内容之一。蔡元定继承和发展了这一学说,撰著了《律吕新书》,提出了十八律的理论。他与朱熹合著《易学启蒙》一书,是由他起草,经朱熹亲自指导和修改而成书的。《周易》原为卜筮之书,只有透彻了解象数,才能读懂《周易》,并深解其义,故而他撰写了《启蒙》一书,详细介绍关于筮法的基本知识。朱熹和蔡元定并非完全的象数学派,《启蒙》认为,《周易》中的象数来源于河洛,河洛之数的演变,形成了八卦和六十四卦的卦象,而河洛之数又出自于"自然之理"。他用程氏易学的基本思想,来解释"数",这是对河洛之学、程氏易学和邵雍易学的融合和发展。《启蒙》中的象数之学,与朱震的易学观点有所不同,前者主张先有理而后有数,以理居首;而后者则主张先有象而后有数,以气和象居首位。蔡元定所著《皇极经世太玄潜虚指要》是对邵雍象数学的进一步阐发。

蔡元定一生的学问及其思想表达大多汇集在朱熹的论著中,他自己独立撰著的书有《大衍详说》《律吕新书》《燕乐》《原辩》《皇极经世太玄潜虚指要》《洪范解》《八阵图书》等。他所作的书朱熹都写过序。

吕祖谦

(1137—1181年)南宋哲学家、理学家、史学家、文学家。字伯恭,世称东莱先生,婺州(今浙江金华)人。吕祖谦儿时随父居于福建住所,从师林之奇,后迁至临安,又从师汪应辰和胡宪。二十七岁时,中隆兴进士。历任南外宗学教授、太学博士兼国史院编修官、实录院检讨官等职。乾道八年(1172年),担任秘书省正字,负责点检试卷,参与了主持礼部科举考试工作。此间,结识了陆九渊。淳熙元年(1174年)六月,主管台州(今浙江临海)崇道观。淳熙三年(1176年)二月,与朱熹相会于浙江衢县。四月,经礼部侍郎推荐,任秘书郎、国史院编修官、实录院检讨官。到职后,奉命重修《徽宗实录》。淳熙五年(1178年),又奉诏编修《皇朝文鉴》。之后,迁任直秘阁。淳熙八年(1181年)八月,因病去世,终年四十四岁。

吕祖谦在政治上安分守己,随和不争。学术上宽宏涵容,兼收并蓄。他主张明理躬行,学以致用。反对空谈心性,开浙东学派之先声。他所创立的"婺学",也是当时最具影响力的学派之一,在中国理学发展史上占有重要地位。他与朱熹、张栻齐名,并称为"东南三贤"。他曾发起邀集鹅湖之会,力图调和朱熹和陆九渊兄弟间"理学"和"心学"的矛盾,规劝他们"兼取其长",同时又能接受永嘉学派学以致用的思想。吕祖谦的易说赞成陆九渊的"心学",认为易理与人心不容有二,他认为"心之于道,岂有彼此之可待乎?心外有道非心也,道外有心非道也""道天下无非己也"。他所著《古周易》,意在恢复《周易》的本来面目。朱熹推崇此书,并为其作《跋》,还借鉴此作撰写了有关《易经》音训一体之书。

吕祖谦一生著述颇丰。著有《东莱集》四十卷、《古周易》一卷、《书说》三十五卷、《吕氏家塾读诗记》三十二卷、《春秋左氏传说》十二卷、《东汉精华》十四卷、《丽泽论说集录》十卷、《历代制度详说》十二卷、《古文关键》二卷。还著有《近思录》《易说》《周易音义》《周易系辞精义》《东莱书说》《东莱博义》《大事记》《吕氏唐鉴音注》等。《四库全书·两宋名贤小集》录有其诗一卷,《全宋诗》也录有其诗。

吴仁杰

（约1137—1200年）南宋学者。字斗南、南英，洛阳（今河南洛阳东）人。后寓居昆山（今江苏昆山市）。淳熙五年（1178年）中进士。历任罗田县令、国子学录、四明通守等职。退休归乡后自号"蠹隐"。

吴仁杰钻研经史。论《易》认为六十四卦正卦为伏羲所作，故首列八纯卦洛变八卦图。又认为卦外六爻及六十四复卦为文王所作，故绘有一卦变六十四卦图，有六爻皆变占对卦、皆不变则占复卦图。还认为《序卦》亦为伏羲所作，《杂卦》为文王所作。今留传的爻辞当为《系辞传》，《系辞传》当为《说卦传》。其说颇为新奇，与诸先儒之说迥异。吴仁杰著有《易图说》《集古易》《两汉勘误补遗》《汉通鉴》以及《陶靖节先生年谱》《离骚草木疏》等。

王炎

（1137—1218年）南宋文人。字晦叔、晦仲，号双溪，江西婺源人。王炎十五岁学文，乾道五年（1169年）中进士，任明州司法参军，又迁任鄂州崇阳主簿，入江陵帅张栻幕府任幕僚。不久，授潭州教授，任临江县县令、临江军通判，召为太学博士。庆元三年（1197年），迁任秘书郎，庆元四年（1198年），授任著作佐郎兼实录院检讨官。庆元五年（1199年），迁著作郎兼考功郎，同时兼礼部员外郎。庆元六年（1200年），任军器少监，迁军器监，主管武夷山冲佑观。后任饶州、湖州知州，任职期间，他不畏豪强，有"为天子臣，正天子法"之语，为众人称道。终被人毁谤而罢官。嘉定十一年（1218年）卒，终年八十二岁。其生平与朱熹交往甚密，往还之作颇多，还与张栻讲论，故其学为后人所重。王炎一生著述颇丰，著有《读易笔记》《象数稽疑》《尚书小传》《礼记解》《孝圣解》《老子解》《春秋衍义》《禹贡辨》等，总题为《双溪类稿》，今已失传，仅存诗文二十七卷，称《双溪类稿》或《双溪集》。

陆九渊

（1139—1193年）南宋著名思想家、理学家、教育家，宋明两代"心学"的开山鼻祖。字子静，号象山，因其书斋名"存"，所以世人称其"存斋先生"。江西抚州金溪（今江西金溪县）人。陆九渊从小聪明好思，三四岁时就向父亲提出"天地何所之"这样深邃的哲学问题。七八岁时，"举止异凡儿，见者敬之"。他读古书，见古人对"宇宙"二字的诠释"四方上下曰宇，往古来今曰宙"，顿然大悟，曰："宇宙内事乃己分之事；已分之事乃宇宙之事。"其乾道八年（1172年）中进士，初任隆兴靖安县主簿，改任建宁崇安县主簿。后经人推荐任国子正。光宗即位，改任知荆门军。绍熙三年（1193年）十二月逝世，终年五十四岁。谥文安。

陆九渊是主观唯心主义哲学家，提出了"吾心即是宇宙"的著名观点，断言天理、人理、物理皆存在于吾心之中。其学与兄陆九韶、陆九龄并称为"三陆子之学"。陆九渊论《易》主张取义说,他多以程颢的"心学观"解释易理。如在论卦爻象时说:"君子以理制事,以理观象"(《象山先生全集·杂说》),即是以事物之理考察卦爻象,看待和分析卦爻辞。他认为"万物森然于方寸之间,满心而发,充塞宇宙,无非此理"(同上),认为易理和人心不容有二,爻之义即吾心之理,蓍卦之德即圣人之心。以人心活动的准则解释易理,以天理为主观原则,根基于心,充塞宇宙。将个人的精神,特别是个人的道德意识视为宇宙原理。不赞成以象数解《易》。他说:"数即现也,人不明理,如何明数"(同上),主张有理而后有数。对揲蓍成卦的解释,他不排斥河洛之学。对于"易有太极"释筮法,朱熹认为是画卦的过程,陆九渊则认为是揲蓍的过程。他取揲四之余数定八卦之象,不取过揲之数,也不取挂扐之数,此与朱熹之说不同,别有新意,方法也简单。具体操作为:三揲即一变得八卦之象,其有六爻,每爻三揲,三六十八,即《系辞》中"十有八变而成卦"之说。按此说,老阴、老阳、少阴、少阳四象,是指卦象而并非指爻象。他认为乾坤两卦为可变之卦,而六子之卦皆为不变之卦,此说有异于春秋筮法。论象数,他也脱离占筮。

陆九渊的心学由明代王守仁继承发扬,世称"陆王学派",此学派对后世影响极大。陆九渊解说《周易》未留下专著,其观点散见于另外的著述中。他的著作经后人整理编为《象山先生全集》。1987年,中华书局出版了《陆九渊集》。

杨 简

(1141—1226年)南宋理学家、教育家。字敬仲,号慈湖,明州慈溪(今浙江宁波江北慈城)人。杨简是著名心学创始人陆九渊的高徒,与袁燮、舒璘、沈焕并称"甬上四先生"或"淳熙四先生"。其乾道五年(1169年)中进士,任富阳主簿。后任绍兴府司理、乐平知县、国子博士等。嘉定元年(1208年),任秘书郎、朝请郎,后升任秘书省著作佐郎兼权兵部郎官。由于本人请求到地方任职,后来被任命为温州知府。杨简到地方为官后,廉洁、勤俭、严格自律,在百姓中威望极高。不久又被调回朝廷,任军器监兼工部郎官,又转为朝奉大夫,后擢升为国史院编修官兼实录院检讨官,转迁朝散大夫、宝谟阁学士、太中大夫等。宝庆二年(1226年)逝世。谥文元。

杨简是宋明时期以心学解《易》的代表人物。他继承了程颢和陆九渊天人一本的思想,以人之本心解释六十四卦的卦爻象和卦爻辞以及《彖》《象》《文言》三传,建立了心学派的易学哲学体系。其易学哲学的方向是将程颢和陆九渊的观点引向以自我意识为核心的本体论。认为易之道即人之心,主张心即是道,宇宙的变化即人心的变化过程。曰:"天地之心即道,即易之道,即人,即人之心,即天地,即万物,即万理。"(《杨氏易传·复》)其解《易》不似程朱派以天理为出发点,而是以道心为出发点。认为易即道心。其所谓"道心者,人之本心也"(《杨氏易传·无妄》),就是指不起意念、无思无虑、寂然不动、与生俱来的良知良能之心。此说不仅出于陆氏之学,而且有佛教大乘性宗的禅宗学说的影子。他认为卦爻名殊而道一,"乾坤之名不同,而用则无二也,故曰通乎一,万事毕"(《杨氏易传·乾》)。他否定外界事物的差异、变化,追求无差别的境界,这是对程颢的"仁者天地万物为一体"和陆九渊的"此理充塞宇宙"观点的新发展。他认为心学应该从人心出发,以本心或道心为事物的本原,卦爻象与事物的区别是,卦爻象是人心的产物。他不主张区别道和器、理和事,也就是不以理为本,事为末。杨简的哲学观点受佛学影响较多,他将事物的同一性片面夸大,否定了事物之间存在的本质差别,提出"天人本一""天人一致""三才一体"等论调,并将其作为易学哲学的基本原则,将天道和易的法则归之于个人之心,即心理学和伦理学范畴的"心",他的观点对明代王守仁影响较大。其主要著有《杨氏易传》《慈湖遗书》《慈湖诗传》等。

林 至

字德久,嘉兴华亭(今属上海市)人。淳熙年间中进士,官至秘书省正字,为大儒朱熹的得意门生,"历官秘书省,登晦庵先生之门","与晦翁书词反复,称其参悟日进。"据朱熹《晦庵集》载:答林至书信十一通,谈为学之道,谈易,谈性理,谈处境及身体状况等。第五篇篇幅较长,主要解答林至的儒学"疑义"。

林至对《易经》《诗经》《楚辞》《四书》《通鉴》等,无不有精深独到的研究。其说《易》有《法象》《极数》《观变》三篇,《法象》以太极为本,《极数》以天地数为本,《观变》本之揲蓍十八变,依据《易大传》之文,论反对、相生、世应、互体、纳甲、卦变、动爻、卦气八事等,"谓其非《易》之道则不可,谓《易》尽在于是则非"(《易裨传·自序》)。林至著有《易裨传》《释骚》等。

陈 亮

(1143—1194年)南宋思想家、文学家、哲学家。原名汝能,字同甫,号龙川,学者称其龙川先生,婺州永康(今属浙江)人。陈亮"生而且有光芒,为人才气超迈,喜谈兵,议论风生,下笔数千言立就"。青少年时,就展现了聪颖精明和过人的才智,十八岁,即写出《酌古论》三篇,被广为传扬。宋孝宗时,周葵任参知政事,聘陈亮为其幕宾。乾道五年(1168年),他以布衣身份,连上五疏,即历史上著名的《中兴五论》,批评朝廷与金人媾和,朝廷置之不理。他愤而回乡教书讲学,"学者多归之"。淳熙五年(1178年),他又连续三次上疏,批评当时一些学者空谈性命的不良风气,却遭到当道者的嫉恨,使其两次被诬入狱。绍熙四年(1193年),他已五十一岁,仍毫不退缩地参加礼部的进士考试,并高中状元。状元及第后,授职签书建康军判官厅公事,但因其长期"忧患困折,精泽内耗,形体外高",未及到职就去世了,终年五十二岁。宋理宗时,追谥文毅。

陈亮反对当时盛行的道学,认为客观事物才是宇宙间的真实存在,否认在事实事功之外有什么精神本体的"道"。他指出"道"是"因事作则",每一具体事物都有其法则,这种法则就是"道"。他认为人的物质欲是人的天性,根本没有脱离物质利益的超功利的"义理",义在利中。历史上有作为的君主,励精图治,建功立业,这就是最大的义理。他努力为抗金事业做贡献,当时由于投降派掌权,他的抱负难以实现,虽多次上疏,慷慨陈词,请求抗战,但不仅没有扭转局面,反而受到小人诬告,屡次下狱,蒙受不白之冤。但他却从未屈服,写下了许多见解精辟的文章和抒发情感的诗词,充分反映了一个思想家的爱国之心,为后人树立了光辉榜样。陈亮著有《中兴遗传》《中兴五论》《英豪录》《酌古论》《上孝宗皇帝书》和《龙川词》等,编为《龙川文集》四十卷刊行于世。

叶 适

(1150—1223年)南宋著名哲学家、思想家、文学家、政论家。字正则,号水心居士,温州永嘉(今浙江温州)人。淳熙五年(1178年)中进士,授平江节度推官,改任武昌军节度判官、浙江提刑司干办。不久召为太学正,迁任太常博士兼实录院检讨官。光宗即位后,授蕲州知州,迁任尚书左选郎官、国子司业、除太府卿、总领淮东军马钱粮。宁宗即位,皇戚韩侂胄北伐金国兵败。其间,叶适正主持建康府并兼任沿江制置使,因军政措施得力,独自挫败金兵,功绩显著,遂升任宝文阁待制。开禧三年(1207年),以"附侂胄用兵"罪被弹劾,夺职奉祠。从此,专心从事讲学著述。嘉定十六年(1223年)去世,终年七十四岁。谥忠定。

叶适是"永嘉学派"的集大成者,重功利之学,认为"义"不可离"利"。与当时以朱熹为代表的理学派、陆九渊为代表的心学派并称为"南宋三大学派"。他是功利学派中全面研究《周易》的代表人物,对后世影响深远。他的学说主要观点为:①继承了欧阳修的易学观。以《论语》为依据,认为《十翼》除《彖》《象》外,皆非孔子所作。其理由为:大传以下,文义皆与《彖》《象》不合;孔子不信占筮,《系辞》中某些文句,更近于佛老之言,不像孔子之意。"孔子系易,辞不及数"(《习学记言·唐书二》)。叶适论《易》,延续汉代古文经学派解《易》的风格,极力排斥《文言》《系辞》中的观点,力图将《周易》与先秦儒家学说结合起来,以抵制佛老之学。②以卦象确定入德条目。一般来说,《易经》中《彖》主刚柔,大《象》主取象。叶适综合二者,认为研究《周易》,应该"溯源而后循流"(《习学记言·周易三》),认为先有象而后有理,"溯源"首先是"以卦象定入德之目"(《习学记言·周易三》),即依据《象》文取物,再确定一卦之理,将其作为修德应事的根据。其次是"依据卦名通晓世故之义理",而卦爻辞则可以从略。王弼易学主取义说,鄙视卦象,最后倒向玄学的贵无论;程颐易学也主取义说,但不排斥卦象和物象的作用,导出道学理本论。叶适易学则主取象说,认为义出于象,将物或物象置于第一位,将义理置于第二位,得出道在物中,道不离器之说。③对八卦和《周易》的起源,不赞成伏羲画卦说、人更三圣说。不将《周易》完全视为占筮之书,在一定程度上批判了象数说、图书说、揲蓍成卦说、汉易卦气说等。认为依据《周礼·春官》所记,《易》应有三种,即《连山易》《归藏易》和《周易》,三易远在夏商时就有。《周易》并不是指周文王之易,而是"周流而变易"之义。他主张圣人观象之说,认为卦爻象为"古圣智所自为""察天地阴阳而拟诸其身"(《水心别集·进卷·易》)。④提出"乾坤不并"之言。依据其八卦起源之说,提出乾坤不并立的观点。批评了《系辞》中"一阴一阳之谓道"和"易有太极"之说。在哲学上否定了各流派的太极观。主张卦画始于一,积极推崇阳刚之德,认为可以"独阳无阴"。这种观点体现在行为上表现为积极进取、坚忍不拔的刚毅精神,体现在政治上则表现为主张强力抗金,反对南宋当权者苟且偷安、萎靡不振的状态。他认为物由气构成,五行八卦都是气的变化形态。以八卦解释六十四卦卦义,以八卦和五行解释世界。他还认为,天地阴阳以外的世界实难测验,因此只相信感性的直观的物理世界。他的这种单纯注重实用,反对空虚义理的学风,体现了当时功利学派在易学研究中的主要特点。叶适著有《习学记言》《水心文集》《水心别集》等。

黄干

(1152—1221年)宋代学者、教育家。字直卿,号勉斋,福建省福州人。黄干自幼聪颖,志趣广泛。淳熙二年(1175年),其往见刘清之求学,刘清之爱其才,推荐给朱熹,黄干遂拜朱熹为师。他随朱熹苦读,经常通宵达旦,并与朱熹高徒蔡元定、朱熹学友吕祖谦共同论学,以"所闻与朱熹相质证",很快即成为朱熹门下高徒。朱熹对他寄予厚望,将次女嫁予黄干为妻。嘉定元年(1208年),黄干任江西临川县令,他力主弛缓沿河场务之费,以抑制坐蠹之害和盗枭之弊。嘉定五年(1212年),他改任临江军新淦县令,着力整顿吏治,揭露该县胥吏勾结豪民,将职田作官田变卖。后改任安徽安丰军通判时,亦不断整顿腐败的吏治。嘉定八年(1215年),任知湖北汉阳军,时值大旱,他力筹赈灾米七万余石,桌给灾民,还收留外地流民两千七百余人,开仓予以赈济,民众深感其德。嘉定十年(1217年),他任知安徽安庆,亲自督修郡城,每日五鼓坐堂,安排工程进度,很快将郡城修好,在其后抵御金兵入侵中发挥了重要作用。次年,辞去安庆职,在白鹿洞书院讲学。不久改知和州,以病衰告辞,又授知广东潮州,他也坚辞未就。嘉定十一年(1218年)末,朝廷命他主管亳州明道宫。嘉定十二年四月回建阳,十月返回福州专事讲学。嘉定十四年(1221年)逝世。黄干著有《周易系辞传解》一卷、《仪礼经传通解续》二十九卷、《孝经本旨》一卷、《论语注语问答通释》十卷、《勉斋先生讲义》一卷、《朱侍讲行状》一卷、《勉斋诗钞》一卷、《黄勉斋先生文集》八卷、《晦安先生语续录》四十六卷、《勉斋集》四十卷等。

王宗传

字景孟,福建省宁德人。淳熙八年(1181年)中进士,授官韶州教授。其精研《易经》,著有《童溪易传》三十卷。其易说继承义理派传统,提出理乃所以为象者、数生于理、理寓于数、《易》乃假蓍龟之神发明人心之神等观念。他是南宋以心解《易》的开启者之一。他的易学思想体现了其重义理而又不废象数的易学观。主要为:①"力斥象数之弊",反对执着于卦象的研究,又不主张废除象数,认为,天地间无非是象,《易》之道存于象中。他说:"《易》之道无非象矣。何则?天之所垂者,象也。天有弧矢之象,有杵臼之象,有天网天市之象,有天庭天田之象,无一而非象。"《易》之道无外乎天象所示之道。整个《周易》的构成,皆是圣人因象而作。他将四时之象、日月五星之象、蓍龟之象视为《易》的来源,认为圣人效法天地之间的变化之象,作《易》之六爻,成《易》之八卦,断定《易》之吉凶。虽然他认为象很重要,但还是强调理的第一性。认为理是"画前"之《易》,圣人法象天地而作《易》,是以理为根据的,此理为夫子所开显和发明。②认为《易》之大衍之数取自天地之数,天地之数"成变化""行鬼神"。虽然数能成天地万物之变化,但是,数与理的关系则是,理为本,数为用,数生于理,理寓于数之中。天理自然而然,运行不穷,定然而呈现为自然之数。此定然之数以相积与相合成为天地间万物生成变化的数理法则。理是数生成的依据,数则体现了理对万物的规定性。数是沟通形上之理和形下之物的桥梁,也是《易》呈现天理的中介。③借助蓍龟之神发明人心之神。他认为《周易》虽是一部占筮之书,但其趋吉避凶的本意却蕴含了它内在的德行意义。德行与占筮历来关系密切,无德而占,则《易》亦不当。《易》可以预测吉凶,圣人于《易》中了悟天人之理,与天道相合,此为盛德。总之,王宗传论《易》是以理为根,突出《易》之义理的优先性,认为《易》之象与数都是理的展现。而《易》之理又与儒家的德义之理一脉相通,《易》的占筮体系以告人吉凶为原初功能,而以开显人的德义之理为终极目标。他的易学观体现了当时儒者传承华夏文明正统的学术旨归。

蔡渊

(1156—1236年)南宋理学家、教育家。字伯静,号节斋,建州建阳(今属福建)人。蔡渊为蔡元定之子,他生性聪明,从小遍览子史,博通五经。先后在朱熹的武夷精舍、建阳精舍求学。蔡渊从其父,清修苦节,一生力学不仕。父丧后,筑庐于墓侧,泣血苦读三年,继承父志修成正、续二集族谱。随后隐居九峰山,任婺州教授。

蔡渊精研《易经》,解《易》以阐明义理为主。其弟蔡沈评其解《易》曰:"《易》有太极之说,知至知终之义,正直义方之语,皆义理之大原,为后学之至要,实发前贤之所未发。"(《周易经传训解·后序》)因蔡渊从学于朱熹,故其论《易》本于朱熹之易,主要是对朱熹理学的阐发。然而论易数,则是继承其父,本于家学。论说中不废互体,与朱熹之说颇有不同。对其师的学说不是一味承袭,能够"通其变而酌其平"。杂论卦爻、十翼、象数,对其中的术语、范畴、占筮体皆侧目而视,都做了简要的解释。蔡渊著有《周易训解》《易象意言》《卦爻词旨》《古易协韵》《大传易说》《象数余论》《太极通旨》《四书思问》等。

蔡 沈

(1167—1230年)南宋学者、易学家。字仲默,号九峰,建州建阳(今属福建)人。蔡元定三子。蔡沈自幼聪明好学,博览群书,"幼遵父训以立身,长从师教以传道。"承父蔡元定之命,完成了《洪范皇极》的撰写。遵师朱熹之训,以十年之功完成了《书经集传》的编订,使此书成为元、明、清三代科场考试用书。蔡沈一生远离利禄,以圣贤为师,承传圣道,隐于九峰,世称九峰先生。他潜心于学,著书立说,教子以忠,可谓忠孝两全。后代子孙屡被封官晋爵。元至正十九年(1359年),蔡沈被追封为建国公。明成化三年(1467年),被追封崇安伯。嘉靖九年(1530年),明世宗下诏蔡沈崇祀孔庙至圣殿。清康熙帝还御书颁赐"学阐图畴"匾额。

蔡沈精通《易经》,反复钻研《易经》《尚书》等典籍数十年,发明了先儒所未及,用邵雍《皇极经世》和"先天数学"讲解《尚书·洪范》的新方法。并继承其父象数之学的传统,将理和数糅合、统一起来,以数解理,从数的领域探讨《周易》法则,从哲学高度研究了数的性质及其变化规律,将图书学派的象数之学推进到一个新阶段。他还进一步发展了河洛之学,提出"河偶洛奇"说。将易传中的"一阴一阳之谓道"归之为奇偶二数,以奇偶为中心,创造了世界存在的模式,即以偶数说明对立,以奇数说明转化,将世界的存在与变化归结为奇偶二数的相互作用。他认为世界运行的规律可以通过数学的法则表现出来,物质的变化规律可以通过数学的方式来计算和推测。肯定物质世界的运行和变化存在着量的规定性。但是,他的这种单纯以数解理,将事物的质的规定性完全纳入量的规定性之中,只见量而不见质,并将量的规定性看成是可以脱离具体事物而独立存在的抽象数的观点是片面的。他还认为河图主阴阳,洛书主五行,将古代的阴阳五行说作为自然科学的理论根据,又通过河洛图式将其进一步规范化、逻辑化,使明清以来的许多自然科学家都把它作为解释数学、天文、地理、音乐、物理、化学、医学等各门学科的哲学理论依据。他提出"天地之所以肇者数也,人物之所以生者数也,万物之所以失得者亦数也"(《洪范皇极·序》)。他认为"数"是宇宙之根本,人对"数"的认识是区别"圣"与"愚"的标准,"圣者数之通也""愚者数之塞也"(《洪范皇极·序》)。还认为"数"是由人主观自生的,曰"数由人兴,数由人成。万物皆备于我,咸自取之也",故"圣人因理以著数,天下因数以明理"(《洪范皇极·序》)。他提出事物的"两"(对立)和"一"(统一)是不可分离的,"非一不能成两,非两则不能致一。两者可知而一者难知也,两者可见而一者难见也"。强调"两"与"一"是事物变化的根本,"变者化之渐,化者变之成,变化者阴阳消长屈伸也。非二不能久,非一不能神"(《洪范皇极·序》)。蔡沈著有《洪范皇极》《书经集传》《蔡九峰集》等。

冯椅

南宋学者、教育家。字奇之、仪之,号厚斋,南康都昌(今江西都昌)人。冯椅自幼聪敏,酷爱读书,尤精于经术。绍熙四年(1193年)中进士,任德兴尉,后又调任江西运幹、国子监祭酒等。淳熙年间,朱熹在南康军任职,发布《知南康榜文》,以宣明教化。冯椅执经书前往拜见,行朱门正修弟子礼。朱熹深感其诚,一直以朋友礼待,他们相互切磋经义,探讨治学之道,均主张重新注疏经书,考证古籍。朱熹写信给冯椅说:"世间万事,须臾变灭,不足置胸中,唯有致知、力行、修身而已。"冯椅辞官后归故里授徒讲学,在都昌清化乡赉里湖的石潭精舍——盛多园执教,为家乡培养了诸多人才。

冯椅一生正直刚毅,淡泊名利,勤于著述。其说《易》淹贯宏道,条分缕析,极为详尽。他搜采博治,遍揽王安石、张汝明、张弼、李椿年、李元量、李舜臣、邱昕、毛朴、冯时行、兰廷瑞等诸家之说,荟萃群言,并多所阐发。冯椅著有《厚斋易学》《太极图》《孟子图》《尚书辑说》《诗辑说》《论语辑说》《丧礼小学》《西铭辑说》《孔子弟子传》《冯氏诗文志录》《续史记》等二百余卷,全面诠释了儒家经典,今大多已散佚。

魏了翁

(1178—1237年)南宋著名学者、思想家、理学家。字华父,号鹤山,邛州蒲江(今属四川)人。庆元五年(1199年)中进士,受任签书剑南西川节度判官。他在蜀为官十四年,历任国子正、武学博士、试学士院等,后以阻开边之议得罪权臣韩侂胄,改任秘书省正字,出知嘉定府。嘉定元年(1208年)因不满史弥远担任宰相而辞官回乡。随后于州西白鹤冈下建立白鹤书院,著书立说,授徒传道,宣扬理学。不久被召回,任汉州、眉州知州。嘉定四年(1211年),擢升潼川路提点刑狱,任遂宁、泸州、潼川府知府。嘉定十五年(1222年),被召为兵部郎中,累迁秘书监、起居舍人。宝庆元年(1225年)因遭诬陷贬黜至靖州居住。绍定五年(1232年)复被起用,任潼川路安抚使、泸州知州。端平元年(1234年),召为礼部尚书兼直学士院,并以端明殿学士、同签书枢密院事之职督视江淮京湖军马。嘉熙元年(1237年)逝世,终年六十岁。赠太师、秦国公,谥文靖。

魏了翁反对佛老"无欲"之说,认为圣贤应"寡欲"而不应"无欲",指出"虚无道之害也"。他从学于朱熹,推崇朱熹理学。在易学上倡导以象数求义理,折中汉学与宋学,采掇严谨、别裁精审、剪除枝蔓、独摘英华。虽然推崇朱熹,却又怀疑朱熹所注各经的可靠性。他强调心的作用,这一点又和陆九渊的思想贴近。他提出"心者人之太极,而人心又为太极之太极""常使此心明白洞达,观感而无所感"(《乙酉上殿札子》)。魏了翁著有《九经要义》《鹤山全集》《古今考》《经史杂钞》《师友雅言》等,另外还著有词集《鹤山长短句》。

真德秀

(1178—1235年)南宋著名理学家,与魏了翁齐名,学者称其"西山先生"。始字实夫,后更字景元、西元,号西山,本姓慎,因避孝宗讳改姓真,福建浦城(今浦城县仙阳镇)人。真德秀自幼聪颖,四岁开始读书,即能过目成诵。由于他学习勤奋,学业上进步很快,十八岁便考中举人。庆元五年(1199年)中进士,初任南剑州判官。开禧元年(1205年),又考中博学鸿词科,迁任福建路安抚使萧逵的幕僚。开禧二年(1206年),入朝任太学正。嘉定元年(1208年),升任太学博士。后历任秘书省正字、校书郎兼沂王府教授、学士院权直、秘书郎、著作佐郎等。后因受权臣史弥远排挤,调任泉州、福州知州。嘉定十二年(1219年),擢升隆兴(今江西南昌)知府兼江西安抚使。端平元年(1234年),召为户部尚书,改任翰林学士兼侍读。端平二年(1235年)任参政知事(副相),同年因病辞世,终年五十八岁。追赠银青光禄大夫,谥号文忠。

真德秀为朱熹的再传弟子,是当时理学正宗的宗师。其理学思想基本上是祖述朱熹。他对朱熹极为推崇,尊之为"百代宗师"。他用大半生的时间,积极宣扬和鼓吹理学,撰写了许多理学著作。在其天命思想中,认为"天"能主宰万物,能够赏罚予夺,主要不是因为"天"是人格之神,而是因为"天"本身蕴含着秩序万物的理,这个理能够发挥出人格神的作用:"福善祸淫,不少差忒",就是说,它能够报善以福,报淫以祸。而人类社会的秩序(即纲常名教)就是"天理"之所在。他将程朱理学与董仲舒的"天人感应"论结合在一起,使理学涂上了神秘主义色彩。他发扬程朱理学"穷理持敬"的思想,主张"穷理"与"持敬"相辅而行。认为求人理要从人本身的"良知"出发,通过对"洒扫应对"等人伦日用事物的推究,以达到对"义理"的本质性认识,从而扩充心中之理,这就使"本然之知"升华到义理的高度。他还认为事物变化是缘于阴阳二气的神妙作用，说："天之神曰神（以其造化神妙不可测也），地之神曰示（以其山川草木有形，显然示人也），人之神曰鬼（鬼谓气之已屈者也）。""若以鬼神二字言之，则神者气之伸，鬼者气之屈。"他用精气说来论证形神观，说："《易·系辞》曰：'精气为物，游魂为变。'人之生也，精与气合而已。精者血之类，滋养一身者，故属阴。气是能知觉运动者，故属阳，二者合而为人。精即魄也，目之所以明，耳之所以聪者，即精之为也，此之谓魄气充乎体。凡人心之能思虑，有知识，身之能举动，与夫勇决敢为者，即气之所为也，此之所为魂。……魂魄合则生，离则死。"真德秀著述颇丰，著有《西山甲乙稿》《对越甲乙集》《经筵讲义》《端平庙议》《翰林词草四六》《献忠集》《江东救荒录》《清源杂志》《星沙集志》《西山文集》《读书记》《四书集编》《大学衍义》等。

白玉蟾

（1194—？）南宋金丹派南宗的创始人，"南宗五祖"之一，内丹理论家，诗人。原名葛长庚，字如晦，号琼琯，自称神霄散史、海南道人、琼山老人、武夷散人。海南琼州人，后定居福建闽清。白玉蟾自幼聪颖，谙九经，能诗赋，长于诗画，十二岁时举童子科，作《织机》诗。他自幼师从陈楠学丹法，嘉定五年（1212年）八月，再遇陈楠于罗浮山，得授金丹火候诀并五雷大法。其后，遍游罗浮、武夷、天台、庐山、阁皂等地，寻师访友，学道修炼，经历了食不果腹、衣不蔽体的艰辛岁月。在云游途中，他先后收留元长、彭耜、陈守默、詹继瑞为徒，"四方学者，来如牛毛"，影响日益扩大，打破自张伯端至陈楠以来南宗的单传历史，正式创立了金丹派南宗。

白玉蟾撰著了《无极图说》，此说与周敦颐的《太极图说》交相辉映，书中不仅吸收了很多程颢、陆九渊理学的思想和语汇，如"万法从心生，心心即是法""至道在心，即心是道，六根内外，一般风光"；而且，也吸收了大量理学家的思想内涵和语汇，如"知止""道心""气""精气"等。他深受道家老庄哲学和宋代诗人苏轼的影响，在诗文中常称苏东坡为"坡仙"。白玉蟾著有《琼管集》《玉隆集》《上清集》《庐山集》《武夷集》《道德宝章》《海琼词》，还有一些草书、墨迹等。

朱鉴

字子明，南宋大儒朱熹的嫡长孙。婺源（今属江西）人。曾以祖上荫功补迪功郎，迁任湖广总领。宝庆年间，遵祖父朱熹遗嘱，由建阳迁来建安，在高门外建造祠堂，立朱文公先生祠堂于郡治之东，家人也随居其侧。并开始编撰《朱文公易说》，全面采摘朱熹语录之文，力求填补朱熹《周易本义》之缺。据后人记述，此著未必尽合朱熹之说原意，朱熹与人交谈或偶然问答，亦未必可认作朱熹之说的确论。

因其为世传家学,仅作汇集以备考证。朱鉴还著有《诗传遗说》等。

赵汝梅

南宋宗室,宋太宗八世孙。明州鄞县(今浙江宁波)人。宝祐年间中进士,历任户部侍郎、江淮安抚制置使等。封天水郡公。

赵汝梅之父赵善湘精通《易经》,他承其家学,从小学《易》,研究卦变。论《易》推阐详明,对于比应乘承之理、盈虚消长之机,皆自有发挥,从不穿凿附会。在宋人《易》说之中,犹明白笃实。他根据《汉书·儒林传》中记载,费直唯以《彖》《象》《文言》《系辞》等解说上、下经,疑《说卦》《序卦》《杂卦》皆为汉儒掺入。又因《系辞》多称"子曰"而认为其为孔子门人所记,并非孔子之书。因而将诸传搁置,只注《周易》上、下经文,将《大象》移于封面之后、《彖》之前,将《文言》散附于乾、坤和《彖》及《小象》之后,辞义割裂颠倒,别具用心,颇有创意。但因其不标"《象》曰""《文言》曰"等明确的文字,常常使经传混淆,读者茫然莫辨。对于每卦,他皆以卦变立论,未免偏颇。在论"图书"时他还认为:易有衍数,有积数。自五衍而为五十,是衍数。图书二数,皆积数之类,不可以用于揲蓍。故舍"图书"之名而论二数,自有妙理;强二数以"图书"之名,则无根无据。他精于推演大衍之数。对于诸家论《易》旧说,一一进行了条辨考订。赵汝梅著有《周易辑闻》《易雅》《筮宗》等。

方逢辰

(1221—1291年)南宋政治家、教育家。原名梦魁,字君锡,号蛟峰,学者称蛟峰先生,浙江淳安县城郭高坊人。方逢辰自幼随父习字学文,尤喜研习理学。淳祐十年(1250年),宋理宗临轩策士,见他应答敷陈鲠亮,亲自擢升他为进士第一,并改名为"逢辰",此后他便以"君锡"为字。方逢辰始任承事郎、金书平江军节度判官厅公事。宝祐元年(1253年)被召为秘书省正字。开庆元年(1259年),召为著作郎。景定元年(1260年),兼权尚书左郎官,居官不久就因言事得罪了权臣贾似道而被罢官。后应聘在婺州书院授徒讲学,生徒从学者数百人。景定二年(1261年),复官任婺州知府,不久又被罢官。回乡创办家塾,主要以理学教授门徒。后又出任嘉兴知府,转官瑞州,届未满再次被罢官。咸淳元年(1265年),度宗即位后,召为司封郎官兼直舍入院、实录院检讨官、寻迁秘书少监、起居舍人。其后历任秘阁修撰、江东提刑、徙江西转运副使。咸淳五年(1269年),任兵部侍郎,后迁任编修、国史实录院修撰兼侍读等职。咸淳七年(1271年),任吏部侍郎。德祐年间,历官荆、湖、四川宣抚司参谋官,累官至户部尚书。因丁母忧辞去官职,从此决意远离仕途。后改任礼、吏部尚书,俱不受。宋亡后,元世祖曾令御史中丞崔彧宣诏起用他,也被他坚辞拒绝。至元二十八年(1291年)卒,终年七十一岁。

方逢辰平生以"格物"为究理之本,以"笃行"为修己之要。他读书有法,劝诫有条,凡所到之处,无不以教务为先。吴中和靖书堂、金华婺州书堂与东阳义学、江西鄱江书堂、东湖书院、宗濂书院等,都是他的公暇治学之地。他著有《易外传》《孝经解》《尚书释传》《学庸注释》《格物入门》等,五世孙方渊将其主要作品辑为《蛟峰先生文集》八卷,七世孙方中续辑《外集》四卷,传于世。

王应麟

(1223—1296年)南宋著名学者、经史学家。字伯厚,号厚斋、深宁居士。祖籍河南开封,后迁居庆元府鄞县(今浙江宁波)。王应麟天性聪敏,九岁便通六经,淳祐元年(1241年)中进士。宝祐四年(1256年),复中博学鸿词科,历任太常寺主簿、台州通判,后召为秘书监、权中书舍人、知徽州、礼部尚书兼给事中等职。

王应麟为人正直敢言,屡次因冒犯权臣丁大全、贾似道而遭贬斥,后辞官归乡,专心著述二十年。他治学"沈潜先儒之说而贯通之。于汉唐则取其核,于两宋则取其纯,不主一说,不名一家,而实集诸儒之大成",兼收并蓄,无门户之见。他涉猎经史百家,对天文、地理、掌故、制度等都进行了研究考证。一生著述颇丰,计二十余种、六百多卷。相传《三字经》即为其所著。

在易学上,他偏重于陆九渊的"心学"。认为"人者,天地之心也。仁,人心也。人而不仁,则天地之心不立矣。为天地立心,仁也"(《困学记闻·左氏传》)。他认为事物的变化依赖于人心,提出"万化一心"的命题(《深宁文集·慈湖书院记》)。《周易郑义》宋时已散佚,王应麟广泛查寻、搜集,终于编辑成《周易郑康成注》。该书对经文异字,皆做保存,对其中无经文可连缀者,则总录于末简,使所有散佚之文皆无遗失。其心存汉易之一线,笃书遗志,潜心古义的用心可以明鉴。在著述中,他综合各家学说,相互参证,为中国古代学术思想源流的研究及易学研究提供了有价值的资料。王应麟著有《困学记闻》《玉海》《深宁集》《诗考》《玉堂类稿》《汉易文志考证》等。

林光世

南宋经学家。字逢圣,号水村,莆田县城南山历山寻(今福建城厢区棠坡村)人。林光世通晓经学,尤其精于《易经》。淳祐十一年(1251年),他以通《易》被召赴朝廷,充秘书省检校文字。淳祐十二年(1252年)任常州教授。宝祐二年(1254年),补迪功郎,添差江西提举司干办公事,官至直秘阁。其间,因观测天文,领悟到天、泽、火、雷、风、水、山、地八宫之星,可细分为自然界中诸多事物及《周易》

六十四卦,遂以星配卦,用星图诠释《易经》经义。宝祐六年(1258年),迁任潮州(今属广东)知州,在任颇有政绩。其祖林霆在世时为潮州教授,曾建学舍,课雅乐。林光世在建"删定林公祠"时,以其祖手稿乐章,教诸生诵习,并刻音谱于祠堂石上,为后来富有特色的潮州音乐传播做出了贡献。开庆元年(1259年),被召为都官郎官,上《景定嘉言》二卷。景定二年(1261年),特赐同进士出身,入为司农少卿兼史馆。退休归莆后,建忠爱堂、水村堂,专心著述。其所著《水村易镜》,是一本宋代研究我国古代易学较有影响的书籍。理宗皇帝阅后认为该书对我国古代经籍《周易》的论述,许多观点是先儒所未曾阐发的。因此大为褒奖。《四库全书》收录此书。

李过 字季辨,兴化(今福建莆田、仙游县一带)人。冯椅称其多有发明,而以《毛渐》《三坟》为信。然而李过之作却多处割裂经文,次第颠倒,几乎不可训解。其晚年失明,冥心默索,学术不能与师友探讨订正,意在独造,多所自为。然其能认真收视返听,用心刻摹,往往发先儒之所未发。李过著有《西溪易说》。

方实孙 字端仲,福建后塘(今福建莆田市城厢区华亭镇)人。累举不第,后以所作《易》著献于朝廷,遂以布衣入史局。时任宰相因其屡上春官,欲令免省奉对,遽以风闻报罢,浩然而归,不知所终。

方实孙释《易》多偏重于爻象,力戒空谈。他认为"易者,道也,象数也。言道则象数在其中矣。道果有耶?《系辞》曰:'易无体。'道果无耶?《系辞曰》:'易有太极。'是道自无而有也"(《淙山读周易记·自序》)。认为"《随》上六爻'王用亨于西山',《升》六四爻'王用亨于岐山',《明夷》彖'文王以之',《革》彖'汤武革命'"等彖、爻文皆非文王所作。"《大有》九三爻'公用亨于天子',《解》上六爻'公用射隼于高墉之上',《小过》六五爻'公弋取彼在穴'"等爻辞亦非周公所作。他采用朱熹《卦变图》别名为《易卦变合图》,以补《易学启蒙》所未备。著有《淙山读周易记》等。

王湜 南宋哲学家。同州(今陕西大荔)人。乡贡进士。其说《易》首论太极、两仪、四象、八卦,以夜半、日中、心肾、升降之气阐明易理,同时杂以道家之说。他潜心研究邵雍之学,辅之以陈抟、穆修、李之才、刘牧之书兼学而思。其先天之学,出于炉火。论先天之图,认为在陈抟之前,莫知其出处,应该是出自伏羲,遭秦焚书而流于方外,之后被众儒附会。认为邵雍之作,也不尽出于邵雍。或得于家人草稿,或得于世间传闻,除却讹谬,抉择是非,方著成易学之书。王湜后应潭州知府刘旦之邀,协同干办公事王历共同编辑儿科全书《幼幼新书》使之成为较有价值的医幼儿专著。

税与权 南宋易学家。字巽甫,临邛(今四川邛崃市)人。税与权受业于魏了翁,历经二十余载,研究易学、心理学,世称"儒宗"。他解《易》承续魏了翁之学,力图讲明邵雍诸书。从《观物篇》得到《后天易上下经序卦图》后,试图以《杂卦传》及扬雄所称文王重卦六爻互用两卦十二爻、孔颖达所称"六十四卦二二相偶、非覆即变"之说来证明此图的合理性。认为乾、坤、坎、离、颐、中孚、大过、小过八个不易之卦为《易经》上下两篇之干,而其余可互易的五十六卦则为上下两篇之用。反复观此图,可见上下经皆为十八卦,始终不出九之数,以此可说明伏羲与文王先天与后天之易,似异而同。他借此阐明邵雍之说,以补朱熹《易学启蒙》书中之未备。四库总目提要称此说"持之有故""执之成理"。史子犟称其《易》说乾坤纳甲之义,乾自甲而壬,坤自乙而癸,其数皆九。而疑其乾阳能兼坤阴,坤阴不能包乾阳之说。谓六之中有一三五,则九数故藏于六(九为一三五之和)。据此,欲与税与权商榷。天下之数,不出奇偶,任举一义,皆可说通。税与权著有《易学启蒙小传》《古经传》《周易折衷》等。

胡方平 宋末元初传承朱熹易学的重要人物。字师鲁,号玉斋,江西婺源人。胡方平之学出于董梦程,董梦程之学出于黄干。黄干乃朱熹的子婿。故胡方平及其子胡一桂皆笃守朱熹之说。其著有《易学启蒙通释》二卷,此书即发明朱子《易学启蒙》之旨,专阐数学,根据朱子之书,反复诠释。所采之文,皆为黄干等朱子门人。另有蔡模、徐几、翁泳三家。蔡模乃蔡渊之子,翁泳也是蔡渊门人。蔡渊之易本于朱熹,故胡方平所衍之说,终未离朱子之说原旨。

雷思齐 (1231—1303年)宋末元初道士,道教学者。字齐贤,临川(今江西临川县)人。雷思齐自幼勤奋好学,"于书无不读"。宋亡之后,弃儒而从道,独居空山,时称"空山先生"。元世祖定江南后,召三十六代天师张宗演入朝,奉旨掌道教。同时请雷思齐任玄学讲师,讲学多年。雷思齐晚年讲易、道于广信山中,七十二岁卒于广信(今江西上饶)乌石观。

雷思齐对《老子》《周易》造诣颇深,其《易》学自成体系,既有别于清儒,又有别于陈抟弟子范谔昌、刘牧等人。刘牧以"五十五数"为"洛书",而他则认定此数为"河图",认为圣人作《易》本于河图,河图四方四维四十之数应为本数,"天五地十虚用,以行其四十"。他认为图书之学,实出于道家。河图之数,以八卦相错,参天两地,叁伍以变,其数实为四十,而以十五会通于中。他所述河图洛书的观点、参天两地倚数之图、错综会变之图,以及河图遗论,大旨以"天一"为坎、"地二"为坤、"天三"为震、"地四"为巽、"天七"为兑、"地六"为乾、"天九"为离、"地八"为艮,以五与十为虚数,此说与先儒之说不同。他对易筮也有发明,不主旧法,别具新意。雷思齐著有《易图通变》《易筮通变》《老子本义》《庄子旨义》等。

概要

元朝时期，是我国易学和哲学较为平稳的发展时期。易学在继承宋朝易学的基础上有了一些新的发展，并体现出自身的特点。第一，继承和发展了宋易尤其是程朱易学的主要理论，出现了一批专门对程朱易学理论进行阐发和注疏的著作，如胡炳文所著《周易本义通释》、董真卿所著《周易会通》等，都是阐释程朱易学的重要著作，在当时的易学与哲学界影响很大。第二，对宋朝以前的易学进行了批判性的传承，许多易学家在注释《易经》时，广征博引，兼采众长，使易学有了更广泛的融合性，兼容的特点更加鲜明。第三，在继承历史传统学说的过程中，元代易学家和哲学家又有着自己独特的观点和看法，虽然许多人仍推崇程朱的观点，却又不拘泥或被他们的观点所束缚，而是在程朱理学的基础上，有所发挥，有所发展，如保巴、俞琰、王申子、张理等人，分别推出了以图式解《易》的方法，在象数学派和义理学派的争论中，大胆阐明自己的观点，丰富了易学和哲学研讨的领域，在这一学说的历史传承中起到了重要的桥梁作用。

元朝时期

许衡 （1209—1281年）金末元初著名学者、理学家、教育家。字仲平,号鲁斋,世称"鲁斋先生",怀庆路河内县人。许衡自幼勤读好学,天资聪颖,因家贫无钱购书,常涉百里借书抄书。逃难时在徂徕山得到一部王弼注释的《易经》,如获至宝,日读夜思,且身体力行。后来因来往于河、洛之间,从柳城姚枢处得到二程及朱熹的著作,读后获益甚大。常与姚枢、窦默共同研讨学问,内容涉及经传、子史、礼乐、名物、星历、兵刑、食货、水利等诸多话题。他曾赴河北大名府讲学,从学者甚众。元宪宗四年(1254年),许衡应忽必烈之召出任京兆提学,授国子祭酒。至元六年(1269年),奉命与徐世隆定朝仪、官制。至元八年(1271年),任集贤大学士兼国子祭酒,领太史院事,与郭守敬共修《授时历》。至元十七年(1280年)因病回怀庆休养。至元十八年(1281年)去世,终年七十三岁。赠荣禄大夫、司徒,谥号文正。后又加赠正学垂宪佐运功臣、太傅、开府仪同三司、魏国公。皇庆二年(1313年),从祀孔庙。

在哲学上,许衡称世界本原是"独立"的"道"。认为"道"生"太极","太极"涵"一气";"气"具阴阳,由此化生天地万物,其中又以人最为灵贵。他称太极是理、天理,认为"有是理而后有是物""无理则无形",形而上之理是世界的根源。在论天地万物时,他认为"万物皆本于阴阳,要去一件去不得"。万物皆有刚柔、动静、内外等矛盾,每一矛盾双方都相济相胜,"天下事,常是两件相胜负,从古至今如此"。他还认为,矛盾发展最终"以静为主",止于无对、静止的状态。在心性问题上,他认为人禀赋天理即天命之性。人性本善,是本然之性。但人禀气有清浊不同,故又有气质之性。通过静时"存养"、动时"省察"的修养方法,就能使"气服于理",复见天理。他提出心与天同的天人合一论,强调"反身而诚""尊德性"等自省自思的认识和修养方法,认为这样就可以尽心、知性、知天。许衡的哲学思想虽本于程朱,但不重玄奥"隐僻"之理,而强调道德践履。他说,"道"在日用行事中,不是高雅难行之事,他提出盐米细事也应当讲究。

许衡精通天文、历算,他创制了简仪、仰仪、圭表、景符等天文仪器,率人在全国各地修建了二十七座观测台,进行实地观测。他所制订的《授时历》,用近世截元法代替了上元积年法,并推算出365.2425日为一年。这个结论,比地球围绕太阳公转一周的实际数字只差26秒,比欧洲著名的《格林高利历》还要早三百年。许衡著有《读易私言》《鲁斋心法》《鲁斋集》《授时历》《鲁斋遗书》《许文公正遗书》等,这些作品,均收入《四库全书》中。

保巴 （？—1311年）元代思想家、哲学家、易学家。字公孟,号普庵。蒙古族人,居于洛阳,籍贯不详。约于元代初年任侍郎,后升任黄州路总管、太中大夫、太子太师或太傅,官至尚书右丞。至大四年(1311年)春,武宗驾崩,仁宗即位,罢黜尚书省,他与丞相脱虎脱、三宝奴、平章乐实、王罴等以"变乱旧章,流毒百姓"的罪名被诛杀。其仕途生涯约四十余年。

保巴少时好学,精通易理。在其所著《易原奥义》中创立了自己的先天图式说。书中所绘"树图"标以根、干、支、气、形、质和水、火、木、金、土五行等,用以表示他所创造的宇宙化万物的先天图式。他称"河图"为"先天图","八卦图"为"中天图","洛书"为"后天图"。认为先天即太极,可"比为根";中天即人道,可"比为干";后天即地道,可"比为支"。认为自根而干,自干而支的演变运化过程,就是太极演化万物的逻辑过程。他认为"太极"是超乎物质之上的宇宙本原。何谓太极?太极即理、即道、即一。他说:"太极,理也。无外,故曰形而上者谓之道。"太极总括理和道,都是"形而上者"。天下万物都要"归根复命",回复到台基,即所谓的"贞夫一"。他说:"一者何也?太极也……凡天下之道,大之为天地日月,微之为走飞草木,皆要归根复命,贞下起元,所谓贞夫一者也。"他认为阴阳二气转化为客观事物的过程,有一个"气变质成"的阶段。他通过阴阳两极的变化在"对待"和"流行"两种状态的分析中,揭示了阴阳对立、依存、转化的条件和性质,领会到事物运动变化发展的辩证实质,认识到"物极必反,道穷必变"是阴阳变化的根本,在一切事物中普遍存在。指出"一生二,二生万物"即"奇生偶"。一切事物都是"一分为二"的,"二者可以相有而不可以相无,要其归则一而二,二而一"。明确地表述了其对立统一的思想。他继承并发挥了王弼的"言不尽意"说,提出了"言不尽意,以心会心"的认识论观点,认为既不能通过"言"来表达"意",那就只有通过主观的"心"去领悟客观的"心"——太极之理。他的易学哲学思想,远接王弼,近承宋儒,兼收并蓄,熔冶加工,自成一家之言。重在阐发易理,用于实际。在《周易原旨》中,他提出"君子体而用之"的观点,具体分析了客观事物的发展变化,给出了处理事物矛盾的方法,体现了在易学研究中重视致用的学风,其学术思想在当时颇有影响。保巴著有《易源奥义》《周易原旨》《易体用》《周易尚古》及《进太子笺》等。

董 楷

字正叔,台州临海人。宝祐四年(1256年)中进士,官至吏部郎中。其学出于陈器之,陈器之出于朱熹。故其说《易》惟以洛、闽之学为宗,他撰写了《周易传义附录》十四卷,合程颐《伊川易传》、朱熹《周易本义》二义为一,而采二子之遗说附录其下,意在理数兼通。有人问:"程子言理而不及卜筮,朱子则推本古圣人因卜筮教人之意,二者固不同矣。子比而同之,何耶?"董楷曰:"楷闻之北溪陈氏曰:'《易》之起,原于象数,自象数之既形,则理又具于象数之中,而不可以本末二其观也。《易》之作本于卜筮,自占筮之既立,则理又寓于占筮之内,而不可以精粗二其用也。此正程子所谓体用一源,显微无间者。若偏于象占而不该夫义理,则孔子之意泯;一于理义而不及夫象占,则羲文周公之心亦几乎息矣。朱文公《本义》之书……推原四圣所以成书之本意,递相解释而惟占法之明,随人取决而无偏辞之滞,而天下义理为之磨刮精明,依然涵萃于其中。本末精粗,兼该俱举,近以补程传之所不足,而上以承四圣之心,所谓开物成务之大用,至是益又周备,而《易》道之盛,于此无余蕴矣。'……此楷区区纂集之意也。"董楷撰著《周易传义附录》一书,采《伊川易传》用王弼本,朱熹《周易本义》用吕祖谦所定古本,皆以程子文在前,朱子之文散附于程《传》之后,十翼之文又下一格书之。其体例别于其他释《易》之书,别具一格。

胡一桂

（1247—？）元代易学家。字庭芳,号双湖先生,徽州婺源(今江西上饶婺源)人。胡一桂生而颖悟,喜好读书,尤其精于易学。南宋景定五年(1264年)乡荐礼部不第,退而讲学于乡里,远近从学者甚多。胡一桂之父胡方平学宗朱熹,胡一桂承其家学,故为朱熹易学的传人。宋元之际,朱子易学被人篡改,多失其义。有感于此,胡一桂依朱子原书,撰成《易本义附录纂疏》《易学启蒙翼传》二书,以还朱子易学本来面貌。他在《易学启蒙翼传·序》中说:"朱子于《易》有《本义》有《启蒙》,其书则古经,其训解则主卜筮,所以发明四圣人作经之初旨,至于专论卦画蓍策则本图书以首之,考变占以终之,所以开启蒙昧而为读《本义》之阶梯,大抵皆《易经》之传也。先君子惧愚不敏,既为《启蒙》通释以诲之,愚不量浅陋,复《本义》附录纂疏,以承先志。今重加增纂之余,又成《翼传》四篇者,诚以去朱子才百余年,而承学浸失其真。如《图》《书》已厘正矣,复仍刘牧之旧者有之。《本义》已复古矣,复循王弼之乱者有之。卜筮之教炳如丹矣,复祖尚玄旨者,又有之。若是者,讵容于得已也哉!"这段话阐明了胡一桂易学是以恢复朱子易学本真、匡正他人篡改为宗旨,而其易学思想也多在整理与解说朱子易学时阐发出来。

胡一桂主张易学应在卜筮上推明义理,他认为"夏、商、周之易虽殊,而所主同于卜筮;古易之变复虽艰,而终不可逾于古;传授传注虽纷纷不一,而专主理义。曷若卜筮上推理义之为实。夫然后举要以发其义,而辞变象占尤所当讲明"。认为《左传》诸书、河图洛书,皆"当务为急",可以羽翼朱熹之《易》,然后再"由朱子之《易》以参透乎羲、文、周、孔之易也"。至于《易纬》、京氏、焦氏的玄虚,以至《皇极经世内篇》等作,自邵雍专用先天八卦外,余皆《易》之支流余裔。称朱熹之《易》为"卓然不可及",推崇其曰:"《易》只是卜筮之书,本非以设教,然今凡读一卦一爻,便如筮所得观象、玩辞、观变、玩占,而又求其理之所以然者,而施之身心家国天下,皆有所用方为善读。是故于乾、坤当识君臣父子之分;于咸、恒当识夫妇之别;于震、坎、艮、巽、离、兑当识长幼之序;于离、泽、兑当识朋友之讲习;以至谨言语节饮食当有得于颐;惩忿窒欲、迁善改过,当有得于损、益;不诪不渎、以谨上下,当有得于《大传》。即此而推,随读而受用焉。"他还考证说,《周易》之爻辞非周公所作,乃文王所作;《文言》《大象》确为孔子所作。除此而外,胡一桂还对两汉易学加以概括。他和吴澄一样,是元代少有的对象数有所研究的人。除了《易本义附录纂疏》和《易学启蒙翼传》两部易学专著外,胡一桂还著有《朱子诗传附录纂疏》《十七史纂》等。

吴 澄 (1249—1333年)元代理学家。字幼清,晚年改伯清,号草庐,世称草庐先生。抚州崇仁(今江西崇仁县)人。吴澄自幼聪敏好学,曾受教于朱熹再传弟子饶鲁门人程若庸,与其族人程巨夫为同学。咸淳六年(1270年),应乡贡中选。次年,就试礼部落第。之后授徒于乡里,自筑草屋以居,提名"草庐"。元朝建立后,一度为避兵乱隐居乐安布水谷,专心从事著述。至元二十年(1283年),回归草庐。三十八岁以后,他先后任江西儒学副提举、国子司业、翰林学士、国史院编修、太中大夫等职。但"旋进旋退",变动较多。泰定元年(1324年),被命名为经筵讲官,受命修《英宗实录》,次年,完成《实录》的编修,遂辞官南归。晚年,他致力于著述、讲学,南北来拜师从学者甚多。元统元年(1333年)逝世于家中,谥文正。

吴澄深谙经学,被誉为"经学之师"。他尤其精于理学、易学。其学本于南宋朱熹,又兼承陆九渊的心学。主张折中朱陆之学,别具特色。自唐代起,《易经》即以王弼之说为宗,对象数之学久置不讲。吴澄所著《易纂言》,重新提倡象数之学。史书称其尽破传注之穿凿,故言《易》者多以其为宗。吴澄训解经文,所改经文字句,依傍参考胡瑗、程颐、朱熹多家,反复推敲、对照,源流清晰,注意厘清上下关系,力求准确精到,此为程颐、朱熹所不及。其解释经义,词简理明,融贯旧闻,颇完备协和。阐明古义,亦非元明诸儒空谈妙语者可比肩。他以象数学论证自然万物、道德性命,笃实不虚,然而却将《系辞传》中上、下经十六卦十八爻之文确定为错简,并擅自移于《文言》中,此事值得商榷。吴澄著有《易纂言》《易纂言外翼》《书纂言》《礼记纂言》《春秋纂言》《草庐精言》《孝经定本》《道德经注》等,后被汇编为《草庐吴文正公全集》。

胡炳文 (1250—1333年)元代学者、教育家、文学家。字仲虎,号云峰,徽州婺源(今属江西)人。胡炳文幼年嗜学读书不辍,常常终夜默诵。他长期专心研究朱子理学,对诸子百家、阴阳医卜、星历术算也无不涉猎。由于其学问精深,曾受聘在婺源县学讲学,并且先后出任江宁(今南京)教谕、信州路学录,授道一书院山长。武宗至大三年(1310年),其族人胡淀于家乡婺源建明经书院,聘胡炳文主掌教事,他接待四方来访学者,儒风之盛,甲于东南。不久婺源知州聘胡炳文为明经书院山长,其以儒者之风教学授徒,门下弟子成才者众多。在调兰溪州担任学正时,不幸染疾,未及赴职,便于顺帝元统元年(1333年)逝世,终年八十四岁。谥文通先生。

胡炳文易学启蒙于家学。祖父胡师夔,虽年寿不高,却精通五经,号称"易简居士",撰有《易传史纂》。父胡斗元,曾师从朱熹从孙朱小翁学习,深入研究四书五经,成为朝廷命官,晚年也常以易学教徒。胡炳文受祖上学识熏化,精研《易经》,潜心考订数年,辨讹证伪,阐幽发微,挖掘易学本旨。以朱熹《周易本义》为宗,广采诸家《易》解,一字一句细心编修,折中是正,互相发明,撰写了《周易本义通释》十二卷,《四库全书提要》赞其为"羽翼之功不可没"。

胡炳文一生的学术研究,以朱子为宗,先后著有《四书通》《纯正蒙求》《诗集解》《书集解》《春秋集解》《杂礼纂述》《大学指掌图》《五经会义》《尔雅韵语》《启蒙五赞释》《四书辨疑》等。其中,《四书通》二十八卷、《云峰集》十卷、《周易本义通释》十二卷,被收入《四库全书》中。

龙仁夫

(1253—1335年)元代名儒、文学家。字观复,号麟洲,江西永新(今江西吉安)人。龙仁夫从小好学,博览群书,对经传子史、律历阴阳,无不精究。至正二十三年(1286年),忽必烈统一中国,令侍御程钜夫带诏书到江南访求人才,经吏部初试、相府二试、殿廷三试,龙仁夫文章皆中首选,即时录为翰林学士承旨。在翰林院奉职期间,龙仁夫有"清华才子"美誉,曾受匾"翰苑菁华"。龙仁夫以道自任,负海内重名,曾举为江浙行省儒学副提举,未赴任。受命主持江浙行省贡举。后来任陕西儒学提举。晚年寓居黄州(今属湖北黄冈)。其文章奇逸流丽,诗文与同郡刘岳申、刘诜齐名。

龙仁夫对《易经》的研究有独到见解。他继承了朱熹《周易本义》的易学诠释方法,同时吸收了历史上易象学研究的成果,在每卦爻下,各分变象、辞占,以象释义。对于卦象、爻象互明其义,反复推阐,不墨守旧文。这一方法,使象在筮占设教以及《易经》意、象、辞、占体系中有了突出的作用和地位。他以"象辞相应之理"为主导,从取象范围和观象方法两个方面考察并推进了东汉以来的易象学理论。其《易》学的主旨为"即象诂意"和"以象解占"。他以象为核心,从筮占和象义两个关键点入手,对《易经》做了更加全面而深刻的诠释,许多观点发前儒之所未发。其著有《周易集传》八卷。

俞琰

（1258—1314年）元初易学家、道教学者。字玉吾，自号全阳子、林屋山人、石涧道人，平江吴县（今江苏苏州）人。俞琰幼年即博览群书，每闻友人有奇书异传，必求借抄录，以致废寝忘食而成疾。他一生熟读经、史、子、集，尤以诗赋闻名，喜好鼓琴。宋朝灭亡后，即隐居著述。他刻苦研读《易经》三十余年，说《易》初时偏重于程颐、朱熹之说，后热衷于解析经文，创发新意，自成一家之言。他认为《易》之义理与象数密不可分。在《周易集说·序》中曰："夫《易》始作于伏羲，仅有六十四卦之画，而未有辞。文王作上下经，乃始有辞。孔子作《十翼》，其辞乃备。当知辞本于象，象本于画；有画斯有象，有象斯有辞。《易》之理尽在于画，讵可舍六画之象而专论辞之理哉？舍画而玩辞，舍象而穷理，辞虽明，理虽通，非《易》也。"故他每每先释卦象、爻象，继而明理。由乾、坤父母之象，到震、坎、艮、巽、离、兑六子之象，再推六十四卦，无不如此。他认为，《易》之大要在《先天图》，传自魏伯阳。若不明白《先天图》环中之秘，就难以参透《易经》。而《先天图》中本具太极，所以他在《易外别传》中，从太极开始，全面介绍《先天图》，以发其秘。并将其贯穿于《周易参同契发挥》中。他在《周易参同契发挥》中曰："太极动而生阳（动极而静，静而生阴），静极复动，一动一静，互为其根。此乃造化之妙，神之所为，道之自然者也。"

俞琰始学儒家，为儒家学者。后得异人金液还丹之妙，成为道家金丹学说的传播者。他除了终生读《易》，诠释《易经》外，还大力弘扬魏伯阳《参同契》之学，能将《易经》与《参同契》贯穿思考，苦求力索，冥心独造。其论说新颖，往往超过前人。俞琰一生著述甚丰，著有《周易集说》四十卷、《读易举要》四卷、《易图纂要》二卷、《易古占法》一卷、《易外别传》一卷、《大易会要》一百三十卷，还有《易经考证》《易传考证》《读易须知》《六十四卦图》《卦爻象占分类》《易图合璧连珠》，另外，还著有宣传道教的书籍和其他书籍《周易参同契发挥》《阴符经注》《玄学正宗》和《林屋山人集》《书斋夜话》《月下偶谈》《席上腐谈》等。

黄泽

（1259—1346年）元代学者、理学家、经学家、教育家。字楚望，祖籍长安（今陕西西安），后迁居资州（今江西资中）。黄泽少以明经学道为志，好为苦思，刻苦钻研程朱理学。大德年间（1297—1307年），江西行省相臣闻其声名，授江州（今江西九江）景星书院山长，令其教书育人。后迁洪州（今江西南昌）任东湖书院山长，从学者日益增多。任期届满，归家继续收徒教学，远离仕途。

黄泽精于易学，其学术修炼精纯，曾为理学家吴澄赞赏。其说《易》以明象为本，明象则以卦序为本；占法参照《左传》。认为王弼废象数，遁于玄虚；汉儒用象数，失于烦琐。故折中以斟酌其平。他列举十三事说明《易》不可复古，即：《易》之名义、重卦之义、逆顺之义、卦名之义、卦变之义、卦名、《易》数之原、《易》之辞义、《易》之占辞、著法、占法、序卦及攘误疑字。这十三事持论皆有依据,也颇能发明古义,在一定时期成为说《易》的准则。其著有《易学滥觞》等。

赵采

字德亮,号隆斋,潼川(今四川三台县)人。其说《易》以宋学为宗,兼顾象数及变卦与互卦,不固守一家之言。尤推崇邵雍、程颐、朱熹之学,曰"有康节邵子推明羲、文之卦画而象数之学著,有伊川程子推衍夫子之意而卦画之理明。洎武夷朱文公作《本义》,厘正上下经、十翼而还其旧作。《启蒙》本邵子而发先天,虽《本义》专主卜筮,然于门人问答又以为《易》中先儒旧说皆不可废。但互体、飞伏、纳甲之类,未及致思耳。故愚以为今时学者之读《易》,当由邵、程、朱三先生之说溯而上之"(《周易程朱传义折衷·自序》)。赵采著有《周易程朱传义折中》。此著节录程颐《伊川易传》和朱熹《周易本义》之说,以语录形式列之于前,而以己说附于其后。

董真卿

元代易学家。字季真,鄱阳(今江西鄱阳县)人。董真卿受学于胡一桂。他认为诸家之《易》,途虽殊而归则同。曾编实本胡一桂之《纂疏》而广及诸家,初名曰《周易经传集程朱解附录纂注》,书中例取伏羲、文王、周公之《经》而翼以孔子之《传》,各为标目,使其相统而不相杂。对无《经》可附之《传》,则总附于六十四卦之后,是为《经传》。又取程颐《伊川易传》和朱熹《周易本义》夹注其下,是为《集解》。对诸儒之《易》,广收博采,或主义理,或主象占,不专一家之说,务持象数、义理二家之平;力求先儒诸说,见仁见智,各明其义。然其变易经文,不免有失先儒严谨之风。董真卿著有《周易会通》等。

王申子

元代易学家。字巽卿,邛州(今四川邛崃市)人。王申子在南宋末期有过短暂的仕途经历,曾任武昌路南阳书院山长,后辞去官职寓居慈利州天门山。一生大部分时间隐居山林,著书讲学,实为一名隐士,因此生平事迹很少见诸史料。然而其对易学的研究却达到了较高的水平。王申子论《易》力主数学,持论与先儒迥异。他以河图配先天卦,以洛书配后天卦。对陈抟、邵雍、程颐、朱熹之说一概认定有误,在说《易》七百余家中,唯取河图洛书、伏羲、文王、周公、孔子、周敦颐太极图等六家,认为万事不出乎奇偶,故图书之学,纵横反复,皆可以通。此论别有新意。在此基础上,他还对《周易》经传逐句诠解,以辞变、象占、比应、乘承为说,不生义于图书,使图书与《周易》经传的诠释虽有不同,却又在逻辑上紧密相连。他说:"未画之前,易之理在天地;既画之后,天地之理在乎易。圣人又用易以参赞乎天地。"就易学传承而言,王申子的易学基本属于理学范畴内的易学,是对程朱理学的继承和发展。由于王申子所生活的宋元时代的易学,处于一系列学术流派交汇与合流的趋势当中,如象数和义理、儒家和道家、朱学和陆学、元气论和理本论等等的融合,使得他的易学也呈现出折中调和、兼容并蓄的特点。而王氏易学折中调和的色彩,对于后世对理学的反省又提供了不少可以借鉴的思想资源,同时,由于蜀地学者不拘师法、提倡自得于心的治学特色,反过来又影响到王申子,使其常常打破常规而提出自己的独到见解,甚至对于当时一些非常权威的观点和人物,也不随意苟同而多有批评。总的看来,王申子易学的主要特点是他的兼容性和批判性,这在易学发展史上具有承前启后、不可或缺的作用。王申子历时三十年著成《大易缉说》一书,对后世易学研究影响很大。另外,他还著有《春秋类传》等。

张 理

元代易学家。字仲纯,清江(今江西清江)人。历任泰宁教谕、勉斋书院山长。延祐年间(1314—1320年)担任福建儒学副提举。

张理一生博览群书,尤精通易学。他通过研究两宋象数易学,建立了自己独特的易学体系。他沿着宋人所开辟的以图说《易》的思路,推衍河图洛书、太极生八卦及六十四卦。以图式符号为形式,突出演示其中的阴阳、五行、八卦、六十四卦卦象和卦气的转换,故其易学属于象数学派。在其图及论说中,虽处处引邵雍、朱熹等人之言为据,却又与之不同,多为自己的观点与看法,自成一家之言。黄镇成在《易象图说原序》中曰:"清江张君仲纯,资敏而学笃,于诸经无不通,而尤其邃于《易》,尝以其玩索之力,著为《易象图说》一篇,其极仪象卦图,以奇上偶下各生阴阳刚柔内外交变,而卦画之原、四时之义、性命之说、图书之数、蓍策变占,靡不周备。六十四卦圆图以乾兑离震坤艮坎巽,循环诈布而天地之动静,一岁周天之气节,一月太阴之行度皆可见。方图以乾兑离震巽坎艮坤,纵自上而下,横自左而右,而《参同契》、邵子《大易吟》、十二月之卦气、二十八舍之象皆可推。变通这图由乾坤反复相推,阳以次而左升,阴以次而右降,而六阴六阳辟卦之序,粲然可考。致用图以后天八宫各变七卦而四正四隅、反对之象,秩然有纪。皆巧妙整齐不烦智力,无毫发可以增损,无纤隙有所拟议,所谓出于自然而无所穿凿者,当续邵子朱子之图而自为一家,亦可以见易象无所不通,惟学者能随所见崦实有所得焉,然后可以传世而不惑也。"由此可证,张理的《易》说,兼取以邵雍为代表的"先天图"学,以周敦颐为代表的"太极图"学和以刘牧为代表的"河图洛书"学三家之说,以解说"龙图三变"而闻名。他认为第一变"始龙图之未合也,惟五十五数。上二十五,天数也。中贯三五九,外包十五,尽天三天五天九并十五之位,后形一六无位,又显二十四之为用也。兹所谓天垂象矣。下三十,地数也。亦分五位,皆明五之用也。十分而为六,形地之象焉"(《易象图说·序》)。第二变"六分而成四象,地六不配。在上则一不配,形二十四。在下则六不用,亦形二十四"(同上)。此二变为天地已合之位。第三变"后既合也,天一居上为道之宗,地六居下为地之本,天三地二地四为之用。三若在阳则避孤阴,在阴则避寡阳。大矣哉！龙图之变,歧分万途"(同上)。此三变为龙马负图之形。按其《易》说有两种情况:一是两图相重,即为五行生成图,刘牧称之为洛书;二是两图相交,即为九宫图,刘牧称之为河图。张理著有《大易象数钩深图》三卷、《易象图说》六卷、《周易图》三卷等。

李 简 生活于金、元相接的历史时期。其《易》说广引江南郑东卿、袁枢、朱熹、张栻、杨万里、王宗传、真德秀、魏了翁、郑汝谐等六十四家《易》著,列先儒诸说,并且阐明一己之见,其论述翔实清新。李简著有《易》图,大体上是宋代《易》图(主要是朱熹的《易》图)的继承和演变,并无更多新义。李简还著有《学易记》等。

萧汉中 字景元,泰和(今属江西省)人。其《易》说出自邵雍之学,推阐卦序,颇有道理。依经立义,认为黑白奇偶蔓衍而不可穷尽。解《易》以圆图乾、坤、坎、离居四正,为上经主卦;以兑、艮、巽、震居四隅,为下经主卦。尤其申明上经三十卦、下经三十四卦,多喜分合不可更替。乾、坤之后,受以屯、蒙,屯、蒙之后,受以需、讼,此次序不可以乱。论三十六宫阴阳清长之机,以互明其义。萧汉中著有《读易考原》,后为明代朱升作《周易旁注》时所录用。

解 蒙 字求我,吉水(今属江西省)人。天历年间(1329年)中举人。其说《易》习惯于每卦象、爻之下,先辑诸儒之说,荟萃群言,然后再申明己意。颇能阐明众说之精要。如在"颐·六三"爻下注曰:"颐养之道,以安静为无失。二、三动体,故颠拂而凶;四、五静体,故颠拂亦吉。"又如在"恒·象"下注曰:"恒有二义,利贞者,不易之恒,所以体常;利有往来者,不已之恒,所以尽变。天地圣人所以能恒者,以其能尽变也。"解蒙释《易》虽多依据前人之说,但诠释更加明确,有益于后学。其著有《易精蕴大义》等。

曾 贯 字传道,泰和(今属江西省)人。天历年间(1329年)中举人。曾任绍兴照磨,元季兵乱时弃官归家而居。后被推举率义军抵御龙泉寇,战败而亡。

曾贯平生以治《易》为宗,善于以义理说《易》。释《易》时,先统论一卦或六爻之大义,再举卦中或与他卦辞义相近者相互比较参证,以深入论析其异同,使卦义爻义更加明晰。如注乾卦时曰:"乾六爻不言吉,无往而非吉也。初九处之以'勿用',即初九之吉。上九处之以'无悔',即上九之吉。二之见,五之飞,三四无不中;位或失于正,而圣人处之则无不正。所谓'刚健中正',纯精以精者,吉有大于此乎?"又如注艮卦时曰:"敦临、敦艮皆吉,何也?曰敦者,厚道也。厚于治人则人无不服者,临是也。厚于治己无不修者,艮是也。人之自处容可处于薄乎?"凡此类训解,立义皆纯正,剖析甚细微,往往超出前儒的训解。另外,他还间取互体立说,时存古义,并善于持平,在说《易》诸家中,可谓明白而笃实。曾贯著有《易学变通》《四书类辨》《庸学旨标》等。今仍存有其研《易》专著《易学变通》六卷。

钱义方 字子宜,湖州(今浙江吴兴县)人。曾中进士,但仕途之履已不可考。其注重易图研究,《易》说沿袭陈抟、邵雍等人,认为《系辞》兼言河图洛书,图中之理与《系辞》相通,应该不是根据洛书而作《易》,陈抟是因《易》演图,也不是伏羲根据河图、洛书以画卦,其论说笃实,有一定说服力。他所推衍的二十七图,也是由旧图发展而来。奇偶之数,越推越有。自为一说,其理颇通。他继承和发展了图书学派,著有《周易图说》等。

陈应润 字泽云,天名(今属浙江省)人。至正年间在桐江担任幕宾。其《易》说否定图书学和河洛之学,认为先天图杂以《周易参同契》炉火之说,堕入老庄,是道家假借《易》理以为修炼之术,并不是《周易》的本旨。他自宋以后,首破陈抟之学,论八卦,认为《说卦传》"帝出乎震"一节,为八卦之正位;以"天地定位"一节,定为八卦相错之用。在论太极、两仪、四象时,以天地为两仪,以四方为四象。认为未分八卦前,不应先有揲蓍之法。分阴阳为太、少。认为周敦颐所谓无极、太极、二气、五行之说,乃一家之言,不可以解释《易》。其《易》注多采自王弼之论,上下经六十四卦,也借鉴《左传》"某卦之某卦"之例。称一卦可变六十四卦,六爻可变三百八十四爻,此借鉴焦延寿《易林》之例。占法多有变通,每爻大多证以史事。陈应润著有《周易爻变义蕴》《易有太极图》等,其《义蕴》一书,在宋元《易》解中,翘然独秀。

陈致虚 (约1290—?)中国道教名人、元代著名内丹家、《周易参同契》重要注释者之一。字观吾,号上阳子,江右庐陵(今江西吉安)人。陈致虚早年习儒,"癖嗜诗书",同时也专意道教。曾自云:"是予早年素有此志,未遇真师,不明其要,阅诸丹经,杳难捉摸,思考不及,研穷无方",从而认为"其说杳冥济洸""神仙之道,因执为无"。天历二年(1329年),于湖南衡阳遇赵友钦,受其所传金丹之道。后来,又遇青城老仙,"以青城至秘之文悉授无隐"。陈致虚得到真传,"而以功缘未立",从而钻研道要,著书立说,广招众徒,"遍游夜郎、邛水、沅芷、辰阳、荆南、二鄂、长沙、庐阜、江之东西,凡授百余人"。正如在其所著《金丹大要》自叙中所言:"年且四十,伏蒙我师,授以正道。阙后复遇青城老师,传先天一气,坎月离日,金丹之旨,抽添运用,火候之秘。"陈致虚著有《周易参同契分章注》《金丹大要》《度上人品妙经注解》等。

概 要

　　明朝也是我国易学和哲学发展的繁荣时期。在这一时期，涌现了大量著名的易学家和哲学家。其中有胡广、薛瑄、刘宗周、湛若水、王守仁、来知德、李贽、邓元锡、郝敬、孙奇逢、黄道周等人。在此期间，弘扬和传承程朱理学成为易学哲学的主流，以来知德为代表的象数易学派与义理派、气学派和心学派展开了长期的争论，到了明末呈现出易学发展的高峰。

　　在这一时期，以程朱理学为代表的义理派易学也有进一步推进，虽然一度被来之德所倡导的象数派所淹没，但仍有着相当的影响。这一派的主要人物是易学家蔡清，他所著《周易索引》，主要特点是将张载《易》说中的气论引入程朱义理之学，重新论证了"理"与"气"的关系。此种理气论，后被李贽、唐鹤征等人所引申和发展，他们批评了朱熹离开"气"而孤立言"理"的倾向，主张理气合一，成为明代气本论的主要倡导者。

　　在明代，心学派以崭新的面貌蓬勃流行，出现了以王守仁为代表的提倡"致良知""知行合一"的心学理论，成为影响最大的哲学思想。这一派的代表人物还有湛若水和王畿，他们以调整内心道德修养方法和锻炼崇高的精神境界来解释《周易》卦爻象和卦爻辞，进行了心学和理学相融合的重要尝试，对推动易学哲学沿着一种新的途径不断发展起到了重要作用，对后世新的社会精神、社会道德和心理观念的建立影响极大。

明朝时期

朱升

（1299—1370年）元末明初学者、文学家、军事家，明代开国谋臣。字允升，安徽休宁人。朱升从小学习勤奋，从未厌倦。元朝末年，乡试中举人。被任为池州学正，主管教育。后来因逃避兵乱，弃官隐居石门，专心读书，学有所成，被学者称为枫林先生。至正十七年(1357年)，朱元璋攻克徽州(今安徽歙县)，他由邓愈推荐给朱元璋，向朱元璋献"高筑墙，广积粮，缓称王"之策，受到重视并被采纳。至正二十七年(1367年)，授任侍讲学士、知制诰、同修国史。因年纪已长，特免除朝拜之礼。洪武元年(1368年)，晋升为翰林学士，负责制定祭祀宗庙的享斋戒礼仪。不久，又命他与诸儒共同编修《女诫》，将古代贤良的后妃可供人效法的事迹编入此书。过了一年，他因老请归故里，逝世时七十二岁。

朱升一生读书不倦，尤其精通经学。他所撰诸经旁注，言辞简约，意义精辟。他著有《周易旁注图说》，书中冠以图说上下二篇，上篇共八图，下篇录有元代萧汉中《读易考原》之文，万历年姚文蔚解《易》作为旁注，列于经文之下。后仅留存八图，其余尽佚。朱升还著有《朱枫林集》《易书诗》《周家仪礼》以及《礼记》《论语》《孟子》《大学》《中庸》《孝经》《小学》诸经旁注等二十余本专著。

梁寅

（1309—1390年）元末明初学者。字孟敬，号石门，江西新喻县(今江西新余市)人。梁寅家境贫苦，世代务农，但他自幼好学上进，刻苦读书，"淹贯五经百氏"，屡次参加科举，却均名落孙山。于是他放弃功名，应召担任集庆路(今江苏南京)儒学训导。两年后，因战乱辞官归乡，隐居讲学。洪武二年(1369年)，朱元璋征集天下名儒修编《礼》《乐》，时年已六十岁的梁寅在应征之列。在编审《礼》书的过程中，他以议论精审、笔力雄健为同僚所佩服。次年，《礼》书修成，他以老病辞归。随之结庐石门山，四方慕名求学者络绎不绝。学者称其石门先生，又称"梁五经"。洪武三年八月，梁寅还曾受聘任明代江西首次乡试考试官。

梁寅在理学上以孔孟"明人伦"为核心，继承程朱，认为纲纪伦常、名分等级是永恒不变之"道"，即"天理"。而人之本性又属于"五常备具"。他希望通过教育实现"天德王道"之治。其说《易》以程颐的《伊川易传》之理，以朱熹的《周易本义》之象为本，遇有不同，则融会参酌，合而为一。他还旁采诸儒之说而加以阐发。其诠释经义，平实无华，言理不涉虚无，言象不涉附会，文中多列举日用常行之事，以示进退得失之机，故简切详明，与其他解《易》各家迥异。梁寅著有《周易参议》十二卷、《尚书纂义》十卷、《春秋考义》十卷、《石门集》四卷、《宋史略》《元史略》各四卷、《集礼》五十卷、《策要》六卷。另外，还著有《髦言》《论林》《辑训》《类礼》《宋论》《搜古集》《格物编》《春秋丛说》等。

刘 基 （1311—1375年）明初著名军事家、政治家、文学家。字伯温,青田县南田乡(今浙江文成县)人。元至顺年间(1330—1332年)中进士。曾任江西高安县丞、江浙儒学副提举等职。至正六年(1346年),任浙江元帅府都事,因反对招安方国珍而弃官归乡。至正二十年(1360年),应朱元璋邀聘,赴应天府(今江苏南京)担任谋臣。

刘基通经史、晓天文、精兵法,他运用易学数术为朱元璋推演策划,灭掉元朝,建立了明朝。乃一代实用易学大师。他以神机妙算、运筹帷幄著称于世,被后人比作诸葛武侯。朱元璋多次称刘基为:"吾之子房也。"中国民间也广泛流传着"三分天下诸葛亮,一统江山刘伯温""前朝军师诸葛亮,后朝军师刘伯温"的说法。刘基著有《滴天髓》等。

赵 汸 字子常,休宁人。曾从师于黄泽学习《易经》《春秋》之学。后隐居而专心于著述,同时建东山精舍侍奉老母。洪武二年(1369年),朝廷召其编修《元史》,他不愿应召,乞归家中。不久即因病而逝。据《明史·儒林传》记载,赵汸平生学力,多在于《春秋》,所著《春秋》之书亦较多,而说《易》之作仅有《周易文诠》一部四卷,此书大旨源出程颐、朱熹之说,主要言义理;然而其"契先天内外之旨,且悟后天卦序之义",也兼采用邵雍之学。虽然其说《易》之论,往往不及其阐释《春秋》之著深邃,大不及诸儒之论,然而对于天道人事、吉凶悔吝等,也反复推敲,阐述颇为明畅,有一定可取之处。

鲍 恂 字仲孚,浙江省崇德(今桐乡)人。鲍恂少时师从临川吴澄学《易》,得其所传。他为人慎重,好古力行,学识品行名传天下。元统年间(1333—1335年),在浙江乡试中获第一名,被荐为平江教授、温州路学正,皆未就任。至元元年(1335年)中进士,授翰林,他也婉辞未任。洪武四年(1371年),他与侍读学士詹同、司业朱景濂、吏部员外郎原本同被召为会试考官,试毕,立即返回乡里。洪武十五年(1382年),礼部主事刘庸推荐鲍恂等明经老儒进京以备顾问,其时已年逾八十有余,太祖朱元璋亲自到场,赐坐临询,拜其为文华殿大学士。鲍恂以年老多病拒辞。太祖曰:"朕以卿等年高德劭,故授此职,烦辅导东宫。可免卿等早朝,日晏而入,从容侍对。不久即可任卿致仕归里,以终天年。如此庶不负平生所学。"鲍恂仍辞意不改,太祖只好容其归里。

鲍恂初时居千金、梧桐两乡，返回故里后，与贝清江、程柳庄等学士在嘉兴濮川西溪结社讲学，又筑室于殳山泾，耕桑自乐，自号环中老人，学者称其西溪先生。鲍恂通《易》，工诗。著有《大易钩玄》《学易举隅》《易传大义》《卦爻要义》《西溪漫稿》等。

欧阳贞

（1318—1388年）元末明初理学家、文学家。字元春，号贫乐、石户农，江西分宜防里（今属江西新余市）人。欧阳贞从小受到严格的家庭教育，淹贯经史。大一些时，又外出拜谒名士奚斯、夏镇为师，更加发奋读书，在古文词上颇有造诣，做了小官。元朝末年，政治腐败，他辞官返回家中。明太祖朱元璋夺得天下，政局稳定后，他才露面。在江西乡试中，考取解元第一名。从此再次进入仕途，先后做了考城、扶沟主簿。几年后，因年近花甲，便辞官归乡。

洪城十八年（1383年）他六十五岁时考中进士，取得学历后，重回家乡，热心于三件事：一是"求老农学锄耨，性拙而力弱，工倍而食鲜，故益贫，虽贫亦未尝以为苦"；二是"喜游邀，每佳山林好风月，同心者邂逅，杯酒从容，即高谈郎咏，旁者无人"；三是在"自坐自行中有会悟"，则废寝忘餐，吟诗著文。欧阳贞著有《周易问辨》三十卷、《史提钩》七十卷，还有诗文《余学初集》《龙江丛稿》《东斋寓录》《贫乐集》等。

叶子奇

（约1327—1390年）明初学者、思想家。字世杰，号静斋，龙泉（今属浙江）人。叶子奇年幼聪颖，涉猎广泛，尤其精于心理学，熟谙本草。曾师从浙东著名学者王毅学习。元末与青田刘基、浦江宋濂同为浙西著名学者。明洪武八年（1375年），浙江行中书省以学行荐廷试，授其为岳州巴陵县（今湖南岳阳市）主簿。洪武十一年（1378年）因讼事株连下狱，在狱中他开始撰写传世名著《草木子》。该书涉及内容广泛，从天文星躔、律历推步、时政得失、兵荒灾乱到自然界的现象、动植物的形态，都广泛搜罗，仔细探讨。在明人笔记中，颇为突出。

其哲学观主张唯物，反对佛道。以"北人不梦象，南人不梦驼"之说来阐明精神与物质的关系。扬雄曾拟《易》而作《太玄经》，叶子奇认为此书附会律历节候而勉强其合，并列举未通者八条，以说明其阐述易理不够。他还扫除星历之说，并另作诠释，用以校正宋衷、陆绩等人的旧注之讹，犹如说《易》者废象数而言义理。叶子奇除著有《草木子》外，还著有《太玄本昌》《范通元理》《本草节要》《地理节要》《诗宗选玉》《静斋文集》等。

方孝孺

（1357—1402年）明代学者、文学家、思想家，大儒。字希直、希古，号逊志，浙江宁海人。因其故里旧属缑城里，学者称"缑城先生"，又因其在汉城府任教授时，蜀献王赐其读书处名为"正学"，亦称"正学先生"。方孝孺自幼聪明好学，机警敏捷，长大后拜名儒宋濂为师，深受器重。洪武三十一年（1398年），惠帝即位后，遵先皇遗训，召方孝孺入京委以重任，先后让他出任翰林侍讲及翰林学士。次年，值文渊阁，尊以师礼，皇帝读书每遇到疑难问题，均宣其御前讲解。凡有国家大事，也命其坐前批答。此时宫中纂修《太祖实录》及《类要》，由他任副总裁。其后又调任文学博士，奉命与董伦、高逊志等主持京考。燕王朱棣誓师"靖难"，挥军南下京师。皇帝派兵北伐，当时讨伐燕王的诏书檄文多出自方孝孺之手。建文四年（1402年）五月，燕王攻占北京，文武百官见风转舵者居多，唯独方孝孺拒不投降，被下狱后凌迟处死，时年四十六岁。南明福王时追谥文正。

方孝孺的政论文、史论文、经典释义、散文和诗文皆为最佳。其著述绝大部分收录在《逊志斋集》中。据《明史》记载："方孝孺，工文章，醇深雄迈。每一篇出，海内争相传诵。"《四库全书总目》评其文章谓："纵横豪放，颇出入东坡、龙川之间。"方孝孺撰有《大易枝辞》《周礼考次》《武王戒书注》《宋史要言》《帝王基命录》《文统》，还有许多著名文学作品，如《蚊对》《指喻》《越巫》《鼻对》《吴士》《越车》等，每篇都各具特色。因方孝孺殉节后其书被禁，故所流传下来很少。后在海宁一藏家处发现部分遗著，刊成《重刻成化本逊志斋集》，共四十卷，现流传于世。

胡广

（1370—1418年）明代学者、书法家。字光大，号光庵，江西吉水人。建文二年（1400年）中进士第一名，赐名靖，授翰林修撰。靖难之后，胡广与同乡好友解缙一同归降明成祖朱棣。永乐五年（1407年），内阁首辅解缙被革职，胡广与其断绝关系，得以晋升翰林学士兼左春坊大学士，并接替解缙任内阁首辅。他奉诏纂修《五经四书性理大全》，书成后晋升文渊阁大学士。胡广在任内阁首辅十一年间，两次随成祖出塞北伐，不离左右，深得成祖信任，不时召入帐殿问询对话，探讨政事。他阻止了成祖封禅的意图，并进言停止在民间查搜建文帝旧臣及家眷，平息了诸多冤案。他关注百姓疾苦，是永乐盛世的重要缔造者之一。胡广卒于永乐十六年（1418年），终年四十九岁。死后赠礼部尚书，谥文穆，他是明朝首位获封谥号的文臣。

胡广博学多才，朱棣在位时许多制文册典皆出于其手。他曾奉敕撰写《周易大全》，分别取材于天台董楷《周易传义附录》、鄱阳董真卿《周易会通》、双湖胡一桂《周易本义附录纂疏》、云峰胡炳文《周易本义通释》四家之书。选择经典文辞，除掉重复章句，汇编而成。董楷、胡一桂、胡炳文笃守南宋朱熹之易说，论《易》谨严。董真卿则以北宋程颐《伊川易传》和朱熹《周易本义》为主,博采诸家为辅,《易》说涉及内容也颇完备。胡广所撰《周易大全》含有四家《易》说之义,并有所发展。胡广还撰有《胡文穆集》等。

曹 端

(1376—1434年)明初著名学者、理学家。被后人誉为"明初理学之冠"的大学者。字正夫,号月川,河南渑池人。曹端天资颖异,"少负奇质,知读书"。五岁时,初见"河图""洛书",画地讯问其父,其父竟被问倒。十七岁时,他已博览群书,专为自己构建一书室,自名曰"勤苦斋",用以陈列并阅读经典。十八岁,开始专习儒业,打下深厚的儒学功底,"博通五经"。永乐六年(1408年)乡试获第二名。次年,在京城的会试中,又以副榜(乙榜)第一的成绩,被授为山西霍州学正。从此曹端步入仕途,在从政、从教之余,潜心于理学研究。

在学术上,曹端推崇"太极",认为太极是事物的本源。是"理"亦是"道"。曰"学欲至乎圣人之道,须从太极图上立脚跟"。"道即太极,太极即道,以通行而言则曰道,以不杂而言则曰一,夫岂有二焉。"他反对朱熹的太极"不自会动静"一说,认为太极会自动静,认识到太极对事物的能动作用。他由朱熹上推至周敦颐,重新为周敦颐的《太极图说》作了注解。曹端的道德修养方法为"事心之学",他特别重视心之未发时的"预养"功夫,推崇"诚""敬"二字,认为诚贵虚静无欲,此为二程哲学的继承和发扬;敬贵自思自省,修身养性,此与陆王"心学"相吻合。还认为"孔颜之乐是仁者之乐",而倡导"诚""敬"二字,可使"仁者"自然常乐。朱熹排斥陆、王的心学功夫说,曹端则能兼收并蓄,此为朱熹之学所不及。曹端著述甚丰,其著有《〈太极图说〉述解》《〈通书〉述解》《〈西铭〉述解》《〈孝经〉述解》《四书详说》《性理文集》《夜行烛》《拙巢集》《存疑录》《训蒙要纂》《家规辑略》《录粹》《尤文语录》《儒学宗统谱》《月川图诗》《月川诗文集》等。清代张璟又集曹端遗文八种,合刊为《曹月川先生遗集》存世。

薛 瑄

(1389—1464年)明代著名思想家、理学家、文学家,河东学派的创始人,世称"薛河东"。字德温,号敬轩,河津(今山西运城万荣县)人。薛瑄出生于教育世家,从小有良好的学习环境,其生性聪颖,六七岁时能对《小学》、四书熟习背诵,十一二岁便能写诗作赋。永乐十九年(1421年)中进士,历任通议大夫、礼部左侍郎兼翰林院学士。天顺八年(1464年)去世,赠资善大夫、礼部尚书,谥号文清,后世称其为薛文清。隆庆五年(1571年),从祀孔庙。

薛瑄继曹端之后,在北方开创了"河东之学",其门徒遍及山西、河南、关陇一带,蔚为大宗。其学传至明中期，后又形成以吕大钧兄弟为主的"关中之学"，其势"几与阳明中分其感"。清人视薛学为朱学传宗，称之为"明初理学之冠""开明代道学之基"。高攀龙认为，有明一代，学脉有二：一是南方的阳明之学，一是北方的薛瑄朱学。可见其影响之宏大。

薛瑄在学术上推崇程朱理学，在思想上与程朱理学一脉相承，又并非程朱理学的简单延续。在"理无穷，故圣人立言亦无穷"的思想指导下，他弃旧图新，提出了许多具有唯物主义思想倾向的观点，对明中期渐渐兴起的理学唯物主义思潮起到了首倡和先导作用。首先，他批判和改造了朱熹"理在气先"和"理、气决是二物"的唯心主义理气观，提出"理在气中，以气为本"的新观点，反复强调"理只在气中，决不可分先后"（《读书录》）。说"理与气无间亦无息""理气浑然而无间，若截理气为二则非矣"（《续读书录》）。他认为"天地间只一气""天地万物皆气聚而成形"。其次，他倡导求实理、务实用的实学思想和学风，赋予实学以丰富的内涵。说"人于'实'之一字，当念念不忘，随时随处省察于言行居处应事接物之间，心使一念一事皆出于实，斯有进德之地""为学不在多言，亦顾务行如何耳！"在强调行的重要性的同时，他也充分肯定了知对行的指导作用，说"知理而行者，如白昼观路分明而行，自无差错；不知理而行者，如昏夜无所见而冥行，虽或偶有与路适合者，终未免有差也"（《读书录》）。由于薛瑄力倡实学，一生躬行实践，所以他的学说被时人称为"笃实践履之学"。再次，他还提出"复性"说。薛瑄的复性说，虽然在积极维护程朱的道统观念，但其中也含有一定的唯物主义观点。就"性"的本源来说，朱熹认为"性"是天赋，来自先天；而薛瑄则认为"性"是"理"，主要形成于后天。在对"复性"的具体解释上，朱熹指出，"复性"就是要恢复人的本然之善的天性；薛瑄则不然，他认为"复性"就是要按理视、按理听、按理言、按理动，一切循理而行。如此可见，薛瑄的"复性"说，在很大程度上是对朱熹"复性"说的修正和完善。

薛瑄一生通过长期聚徒讲学，按照自己的思想体系，培养造就了大量学者，其弟子遍及山西、陕西、河南、湖北等地，他们在弘扬薛瑄思想学说和传播程朱理学方面发挥了巨大作用。薛瑄理学著述颇丰，著有《读书录》《读书二录》《理学粹言》《从政名言》《策问》《薛瑄文集》等。清人辑其所有文字，并同年谱、诸儒论赞等汇刻为《薛文清公全集》，计四十六卷。《皇明经世文编》录有《薛文清公集》一卷。

吴与弼

（1391—1469年）明代学者、诗人、著名理学家、教育家，崇仁学派的创立者。初名梦祥、长弼，字子傅、子传，号康斋，崇仁县莲塘小陂（今江西抚州市崇仁县东来乡）人。吴与弼六岁入学，七岁学对句，八九岁在乡学读书时已崭露头角。他对文学、天文、律历、医卜均有所学。十六岁学诗赋，十八岁习以科举之业。

十九岁时,赴京侍奉时任国子监司业的父亲,在其父任所获读朱熹所编《伊洛渊源录》,自谓"睹道统一脉之传""于是思自奋励,窃慕向焉,而尽焚当时举子文字,誓必至乎圣贤而后已"。此后,谢绝与人交往,独处小楼二年,专心攻读四书五经和洛学(以北宋理学家程颐、程颢为首的学派)、闽学(以南宋理学家朱熹为首的学派),无意于仕途,决心以讲授理学、传播程朱哲学思想为终生目标。

吴与弼的理学,"上无所传",自学自得,身体力行,概括起来共四个方面,即:天道观、性善观、践行观、苦乐观。①天道观,是把"天理"作为个人道德修养和认识事物的最高标准。主张"天人一理""人之所以为人",是"以其有此理也"。但是,他又认为此"理",不是所有人都能领悟的,只有像圣贤那样的人,才能"穷通其道",一个人出处进退,"唯学圣贤为无弊""苟一毫不尽其道,即是自绝于天"。人生处世,"须以天地之量为量,圣人之德为德,方得恰好"。②性善观,是认为"人欲"有"善恶""好坏"之分,但可以"化也"。所谓"化",就是"使教莹净",即要教育,要修养,要严以"责己",使之"心地纯然"。他说,"以责人之心责己,则尽道也""凡百皆当责己""一毫利心不可萌"。见到他人善、恶的行为,要以其为鉴,反省自己,收敛身心,使自己能够成为"明德"的"新民"。他认为,要成为新民,必须学习"圣人",加强自我修养,除去各种欲念。他说:"身垢易除,心垢难克。夫心甘情愿虚灵之府,神明之舍,妙古今而贯穿攘,主宰一身,而根据抵万事,本自莹澈照融,何垢之有?然气禀物而耳目口鼻四肢百骸之欲,为垢无穷,不假浣之之协,则神妙不测之体,几何而不化于物哉!"在此,可以隐约看到明代早期理学向明中期王阳明弘扬心学的过渡。③践行观,即崇尚躬行实践,用"理"来约束行为,规范生活,努力成为理想中的"圣人""贤者"。要达到这一步,就需要"慎独"其心、"居敬""穷理"。按照《周易·说卦传》所云:"穷理尽性,以至于命",就要做到"静时涵养,动时省察",用"仁义礼智"四端,来体察言行,约束身心。他指出"处大事者,须深沈详察""所得为者,言忠信,行笃敬"。强调"动时工夫尤不易"。他把天理、居敬、践行,作为行为规范,表现出三者一体化的特征,这是他哲学思想体系的突出特点。④苦乐观,即坚守"安贫乐道"的儒家传统风气,不为贫困所苦,达到"物我两忘,惟知有理"的境界。他说:"贫而乐,未易及也",又说:"圣贤之心如此水,或顺或逆,处以理耳,岂以自外至者,为忧乐哉!"他一生"力除闲气,固守清贫",表现了高洁的品德和为穷"理"而矢志不渝的坚定信念。

吴与弼一生钻研理学,从事教育。其门下弟子众多,不少学生皆成为后来的名人学者。如胡居仁、陈献章、娄谅、胡九韶、车泰、罗伦、谢复、周文、杨杰、饶烈等,后来的心学派大家王阳明的老师也是吴与弼的弟子。吴与弼著述不多,主要有语录体著作《日录》一卷,另外还有诗、奏议、书信、杂著等,明末汇成《康斋文集》十二卷,清康熙年间将其《日录》汇入《广理学备考》，名为《吴先生集》。

刘定之 （1409—1469年）明代学者。字主静，号呆斋，江西永新县人。刘定之自幼聪明异常，父亲教他读书，每日背诵数千言。宣德十年（1435年）中举人，正统元年（1436年）会试获取第一名，殿试又夺得探花。授翰林编修。任满后，又升任侍讲。景帝即位，任司经局洗马。天顺初年（1457年），任通政司左参议兼翰林侍讲，不久擢升翰林学士。宪宗即位后（1465年），任太常少卿兼侍读学士、直经筵。成化二年（1466年）十二月，以当任入直文渊阁参与朝政。成化三年（1467年），进工部侍郎兼翰林学士。次年，任礼部左侍郎。成化五年（1469年），病逝于任上。终年六十一岁。追赠资善大夫、礼部尚书，谥文安。

刘定之学问渊博，谦恭质直。以善经学、文学闻名于世。其论《易》大旨在标六爻之义，余皆蔓衍成书。其《易》著卷首列先天、后天诸图，与朱熹《周易本义》相类似，唯不列卦变图。其卦变之说从程颐《伊川易传》之义，不承朱熹。他也不列河图、洛书，其说皆以太极、两仪、四象、八卦互推，而少用奇偶方位。他在伏羲先天六十四卦方位图下注云：此图二经十传，皆无明文可见。又在图末总注云：以上诸图，昔者学《易》之家失其传，邵雍取归于《易》，程颐与邵雍同时并常相见，程颐却置之不论。其《易》著特点：上下经每卦六爻各总为一图，以俪偶之辞括其爻义；左右上下，依次排列，而以墨线分合交贯。象传则上下经各为一总图，横排六十四卦，以卦德、卦象、卦体、卦变直列四格，将经文分别附属，恰似史家之年表。大象则以《大学》三纲领、八条目横行为纲，以经文相类者分配其下。小象则列为一韵图，以三百八十四爻为经，以四声十九部为纬，如同等韵之谱，与经义遥不相关。《文言》《系辞》则或一节为一图，或总括数节为一图，各标清语脉相贯之处。《说卦传》前数节，仍以先天、后天诸说作图，其取象诸节，双作一表，以八卦为经，以大象、地法、人身、物类、草木、鸟兽六格为纬，填列传文，也毫无取义。《序卦》仅附反对一图。《杂卦》则不附图，也不置一语。刘定之除著有《易经图释》十二卷外，还著有《否泰录》一卷、《文安策略》十卷、《宋史论》三卷、《呆斋集》四十五卷，还参与编修了《大明一统志》《明英宗实录》等，许多已收入《四库全书》中。

王恕 （1415—1508年）明代学者、明中期贤臣。字宗贯，号介庵，晚年别号石渠老人，陕西三原县人。王恕从小勤奋刻苦，博学多识。英宗正统十三年（1448年）中进士，选为庶吉士，后任大理寺左评事，迁为左寺副。又历任扬州知府、江西布政使、河南巡抚、南京刑部左侍郎、左副都御史、南京兵部尚书兼太子傅等，为官十九任。他也是首任河道总督。正德三年(1508年)去世,终年九十三岁。死后追赠特进、左柱国、太师,谥端毅。王恕历仕英宗、代宗、宪宗、孝宗、武宗五朝,在任四十余年,历经变化,却始终保持了刚正清廉的品格。与马文升、刘大夏合称为"弘治三君子"。他辅佐孝宗朱佑樘实现了"弘治中兴",被赞曰"始弘治二十年间,众正盈朝,职业修理,号为极盛者,恕力也"。他与其子王承裕同为"三原学派"的代表人物。

王恕晚年回归故里,致力于理学研究。关于心性问题,他认为,性乃天之所命,人之所受,性乃天理之流行,因而性是善的,顺理而善者为性之本,不顺理而恶者非性之本。他不同意"已然之迹便是性"的说法,认为已然之迹已经有善有恶,故不能称为性。他还提出"天理人欲,相为消长"的论说(《石渠意见·戒慎戒惧》二节),认为有天理即无人欲,有人欲即无天理。与程颐、朱熹之说有所不同,而另有所见,他于九十一岁高龄,撰写了《玩易意见》,此说颇有新意。他还另著有《王端毅公奏议》《历代名臣谏议录》《介庵秦稿》《石渠意见》《拾遗》《补阙》等。

陈献章

(1428—1500年)明代思想家、哲学家、教育家、书法家、诗人,广东唯一一位从祀孔庙的硕儒,主张学贵知疑、独立思考,提倡自由开放的学风,江门学派的创立者。字公甫,号石斋,别号碧玉老人、玉台居士、江门渔父、南海樵夫、黄云老人等,因曾在白沙村居住,人称白沙先生,世称陈白沙,广东新会都会村人。陈献章幼年聪明伶俐,读书识字很快,一目数行,过目不忘。正统十三年(1448年),入京会试中副榜进士,继而进国子监读书。景泰二年(1451年),会试落第后前往拜江西程朱理学家吴与弼为师,精研"古圣贤垂训之书"。半年后,回归白沙村筑阳春台为书室,专心学习。其间,他的思想逐渐由崇尚读书穷理的程朱理学转向主张求之本心的陆九渊心学。成化五年(1469年)他再次参加会试仍名落孙山,于是决意弃绝仕途,返回故里移志于治学。

陈献章回到白沙后,专心在家乡授徒讲学,名气日增。成化十七年(1481年),江西按察使陈炜、提督学校按察副使钟英等学政要员聘其到白鹿洞书院担任掌教,被其婉拒。成化十八年(1482年),宪宗下诏征用,陈献章以奉养老母为由力辞,宪宗遂授以翰林院检讨衔而允其在白沙村施教。此后,他一直居留乡间讲学,思想也发生了更加深刻的变化。不但主张静坐室中,还提出了以"自然为宗"的修养方法,要求人们要善于在"自然"状态中无拘无束地体认"本心"。极力倡导"天地我立,万化我出,而宇宙在我"的心学世界观。陈献章心学的出现,标志着明初程朱理学统一局面的结束,是明代心学思潮的开始。他和后起的王阳明心学,共同构成了明代心学的主要内容。陈献章的哲学体系呈现了"道—人—心"的科学系列,他赋道和整个物质宇宙以等同的意义,赋道以整个宇宙实体的位置,修正了传统理学的道学观,强调了"道"与客观宇宙的同一性。

陈献章是明代著名的教育理论家。他提出了"贵疑"论,说"前辈谓'学贵知疑',小疑则小进,大疑则大进。疑者,觉悟之机也。一番觉悟,一番长进"。他主张读书要敢于提出疑问,求之于心,不要迷信古人经传,沉迷于背诵章句。他说:"抑吾闻之:《六经》,夫子之书也;学者徒诵其言而忘味,《六经》一糟粕耳,犹未免于玩物丧志。"他告诫学生,在治学和求知的道路上,"我否子亦否,我然子亦然,然否苟由我,于子何有焉?"他认为如此不用"心"求学,是不会有任何益处的。陈献章著有《忍字赞》《戒色歌》《戒戏歌》《戒懒文》《慈元庙碑》等,后皆被编入《白沙子全集》中。

罗 伦

(1431—1478年)明代学者、理学家。字应魁、彝正,号一峰,江西吉安永丰人。罗伦家贫而好学,成化二年(1466年)中进士第一名,授翰林院修撰。因抗疏论李贤起复落职,被贬谪泉州市舶司提举,次年复官,改任南京。二年后,以患病而辞归。隐于金牛山,钻研经学,授徒讲学,从学者甚众。他在学术上笃守宋儒为学之风范,重视修身持己,尤以深研经学为务。据黄宗羲记述,说他"注意经学,《周易》多传注,间补己意。《礼记》汇集儒先之见,而分章记礼,则先生独裁。《春秋》则不取褒贬凡例之说,以为《春秋》缘人以立法,因时以措宜,犹化工焉,因物而赋物也,以凡例求《春秋》者,犹以画笔摹化工,其能肖乎?"罗伦著有《周易说旨》《五经疏义》《一峰集》等,连同一些其他著述均被汇集收入《四库全书》,合计为十四卷。其中包括策、疏、状、序、记、传、墓志、谣、文、哀辞、说、铭、祭文、书等编为十卷本,另有诗集、梦稿、歌等编成四卷,皆传于世。

胡居仁

(1434—1484年)明代学者、教育家、理学家。字叔心,号敬斋,余干县梅港(今属江西)人。胡居仁幼时即聪敏异常,人谓之"神童"。年稍长,师从安仁干淮游先生学习《春秋》,每日诵读千言。他兴趣广泛,博览群书,左传公羊、诸子百家、楚辞汉赋、唐诗宋词等无不涉猎。后来又师从崇仁大儒吴与弼,学习儒家经典,尤其精心研究程朱理学,学问很快超过其师。他绝意仕途,以布衣终其身。筑室于梅溪山中,常与友人陈献章、娄谅、谢复、郑侃等人交游,吟诗作赋。其一生以讲学为业,四方求学者日众。后主持白鹿洞书院,专讲穷理尽性至命等道理,成为明代程朱学派的主要代表人物之一。思想影响于后世非常深远。成化二十年(1484年)去世,终年五十岁。万历十三年(1585年),被崇祀孔庙,追谥文敬。

胡居仁读《易》二十年,每有所得即予以抄摘。他取先儒图书之说,并附以己意。在明代与曹端、薛瑄俱号称"醇儒"。其说《易》简明确切,不涉支离玄渺之谈。一生致力于"敬",强调"敬为存养之道,贯彻始终,所谓涵养须用敬"(《居业录》)。认为宇宙间唯有"实理"流行,"气之有形体者为实,无形体者为虚;若理则无不实也。天地之所以为天地,万物之所以为万物,莫非实理所为"。穷理方法不止一端。认为"读书得之虽多,讲论得之尤速,思虑得之最深,行事得之最实"。认为天下万理虽然万殊,但都存于心中,"凡道理具于吾心"(《居业录》)。胡居仁著有《易象钞》《居业录》《居业录续编》《胡子粹言》《胡文敬公集》《敬斋集》等。

蔡 清

(1453—1508年)明代理学家,清源学派的重要人物之一。字介夫,号虚斋,福建泉州市晋江人。成化二十年(1484年)中进士,历任南京文选司郎中、江西提学副使等职。他治学严谨,在床边设案放置烛台,凡与别人讲论的问题,临寐前都反复思考,若有所得,立即起床点灯记录备忘。呕心沥血,积劳成疾,五十六岁病逝。

蔡清花一生心血,力学六经、诸子及史集等书,对程颐、程颢、朱熹等人的著作,研读精深。他在泉州开元寺结社研究《易》学,李廷机、张岳、林希元、陈琛等都是其中的成员。该社共有二十八人,号称"清源治《易》二十八宿"。他们出版论著九十多部,时人称"天下言《易》皆推晋江;成、弘间,士大夫谈理学,唯清尤为精诣"。蔡清在清源学派中,力推朱熹学说,他在泉州清平铺楼上潜心著述,写成了《四书蒙引》,力倡朱熹,使朱熹的《四书集注》成为明、清时期以经术取士的科举考试标准答案。他对朱熹的理学思想也有创造性的发展,例如朱熹主张"理(精神)先""气(物质)后",即精神先于物质而存在。蔡清则认为"尽六合皆气也,理则是此气之理耳",即先有气而后有理。体现了他思想中的唯物主义成分。在泉州开元寺讲学期间,"有志之士,不远数千里从之"。在他的教育下,"出其门者,皆能以理学名于时"。

蔡清认为,读《易》,一是正心术,二是在运用。他说:"学《易》,我是靠悟出来的。一个人文章虽然写得好,可是心术不正,品行与学业就都随着坏了。一个人立身处世,可贵者还在立志。"他用《岳忠武朱仙镇班师论》一文,分析岳飞不知权变。他对学生说:"真正的忠臣应该是听从正确的命令,而不应该听从错误的命令。"《易》曰:'大过之时大矣哉。君子以独立不惧。'意思是说,非常之时一定会有非常之人,敢于做平常人不敢做的事,只有不循规蹈矩才能成就大事业。"他说:"写作《蒙引》就是要让刚刚学习《易经》的年轻人把书上的道理真正地领会了,并慢慢地融会贯通,在自己的思想行为中体现出来。"蔡清一生的著述多为阐发六经本旨,主要有《四书蒙引》《易蒙引》

和《虚斋文集》等。

罗钦顺 (1465—1547年)明代哲学家,明"气学"的代表人物之一。字允升,号整庵,江西泰和(今江西泰和县上模镇上模村)人。罗钦顺出身仕宦门第,自幼聪颖尚学,弘治六年(1493年)中进士,历任翰林院编修、南京国子监司业、太常卿、吏部右侍郎、吏部尚书、礼部尚书等职。嘉靖二十六年(1547年)逝世,终年八十三岁。追赠太子太保,谥文庄。

罗钦顺早年在京做官时,曾与僧人交往,相信佛学。嘉靖六年(1527年),因不满宦官乱政而辞官归乡,从此杜门谢客,专心致志研究哲学,并渐渐抛弃了佛学,他潜心于格物致知,专力于穷理、存心、知性。当时王阳明以心学立教,大江南北翕然从之。他不以为然,曾与王阳明书信往来反复探究致知与格物的关系。他认为"通天地,亘古今,无非一气而已"。他接受程朱理学,又不同于程朱理学,认为"理即是气之理""理须就气上认取,然认气为理便不是"(《困知记》续卷上)。黄宗羲称"先生(指罗钦顺)之论理气,最为精确",然其"言心性则与朱子同,故不能自一其说耳"(《明儒学案·诸儒学案中一》)。他反对王阳明"心即理""致良知"之说,曰:"岂可谓心即理,而以穷理为穷此心哉。"力推程朱格物工夫,曰:"欲见得此理分明,非用程朱格物工夫不可……所贵夫格物者,正要见得天人物我原是一理,故能尽其性,则能尽人之性,尽物之性"(《困知记·附录》)。在教育上,其倡导"穷天理,灭人欲"的宗旨,认为当去者不去,当存者必不能存,人欲肆而天理灭矣。罗钦顺著有《困知记》《整庵存稿》等。

湛若水 (1466—1560年)明代哲学家、教育家、书法家。字元明,号甘泉,广东增城人。湛若水自幼聪颖,因早年丧父,由母亲陈氏抚养,故十四岁始入学。弘治五年(1492年)中举人,弘治十八年(1505年)中进士,初选为翰林院庶吉士,擢授翰林院编修。嘉靖初年,任南京祭酒、礼部侍郎,后历任南京礼、吏、兵三部尚书。七十五岁致仕,结束官宦生活,从此沿东南山水和广州一带,游览讲学。嘉靖三十九年(1560年)病逝于广州禺山精舍,享年九十五岁。隆庆元年(1567年)追赠太子少保,谥文简。

湛若水为陈献章的学生,他提出了"随处体认天理"的学问宗旨。以"随处"对陈献章的"静坐"进行了修正,同时又解决了陆九渊主"心"而忽"事"的弊病,用他的话说"则动静心事,皆尽之矣"。湛若水认为天理"即吾心本体之自然者也""体认天理"就是在应对事物,心应感而发为中正意识,从而体认到自己内心中正的本体——天理。

湛若水认为格物的"格"是"至"(造诣)的意思,"物"指的是"天理",那么"格物"就是"至其理","格物"的目的就是"体认天理"。湛若水说:"格物云者,体认天理而存之。"其格物说含有"一内外""兼知行""贯动静"的特点,避免了当时理学对二者的割裂。湛若水还作《心性图说》解释了"心"和"性"的关系,他认为,"性"包含天地万物的整体,宇宙浑然一体,都以同一个"气"为基础;所谓"心",是能体察天地而没有遗漏的存在。所谓"性",是"心"的本能,"心"和"性"不可分割。由此可见,他认为万物不在心外,格万物就是格心。湛若水又作《真心图说》来深入解释心、人、元气的关系,他认为元气就是太极,心在人中,人在元气中。他强调"天地同是一气",而心居于中正的位置,所以能使"万物皆备于我"。湛若水的心学试图调和程朱理学和陆、陈心学,他的特点是"合一论",在湛若水看来,心与物、理与气、心与理、心与性、知与行、理与欲、虚与实都是不可分割的。他认为"观天地间只是一气,只是一理""动静一心也"(《甘泉文集》卷七)。湛若水学识渊博,著述丰富,平生著作及诗文积逾千卷。其著有《湛甘泉集》《心性图说》《真心图说》《新泉问辩录》《非老子》《圣学格物通》《杨子折中》《二礼经传测》《春秋正传》等。

王守仁

(1472—1529年)明代著名的思想家、哲学家、文学家、军事家,陆王心学的集大成者。又名云,字伯安,浙江绍兴府余姚县(今宁波余姚)人。因其筑室于会稽山阳明洞,自号阳明子,学者称之为阳明先生,通称王阳明。王守仁博学多才,弘治十二年(1499年)中进士,历任刑部主事、贵州龙场驿丞、庐陵知县、右佥都御史、南赣巡抚、两广总督等。晚年官至南京兵部尚书、都察院右都御史。因平定宸濠之乱立下军功而被封为新建伯。隆庆年间追赠新建侯,谥文成。后人又称其王文成公。

王守仁精通儒家、道家、佛家学说。与孔子、孟子、朱熹并称为孔、孟、朱、王四圣。其学说在明代影响极大。后来,广泛流传于中国、日本、朝鲜半岛及东南亚。他继承陆九渊所提出的"心即是理"的思想,进而提出"良知即是易"(《传习录》下)。他反对程颐、朱熹通过事事物物追求"至理"的"格物致知"方法,认为事理无穷无尽,格之则未免烦累,故提倡"致良知",应从自己内心中去寻找"理",认为"理"全在人"心"之中,理化生宇宙天地万物,人秉其秀气,故人心自秉其精要。在知与行的关系上,他强调要知,更要行,知中有行,行中有知,实现"知行合一",使二者互为表里,不可分离。知必然表现为行,没有行则不能算真知。王守仁著有《传习录》《大学问》《王阳明全集》等。

马理

（1474—1555年）明代学者、哲学家。字伯循，号溪田，陕西三原县人。马理早年曾跟随王恕游历，得其指教。弘治十一年（1498年），应春秋魁乡试，未能及第。随之游太学，与吕柟、崔铣等每日切磋学问，名声大噪。后因与郎中不和，称病返归乡里。三年后复职，又因谏帝南巡而遭受廷杖。重新告归故里后，开始收徒教学。世宗即位后，起用其为员外郎，因争大礼再受廷杖之罚。后来官至南京光禄卿。嘉靖三十四年（1555年），死于陕西地震之中，终年八十一岁。

马理的学术思想主要来源于程朱理学。其为学主敬穷理，曾曰"见可行之仕，唯孔子可以当之，学圣人者当自量力"。崔铣曾赞他"爱道甚于爱官"，他每出仕不足一二年即归，归必十数年而后起，绰绰于进退之间。其时与吕柟齐名，同为关中学者所推崇，也是三原学派的重要代表人物之一。他论《易》虽参用郑玄、王弼、程颐、朱熹之说，但能区分众儒异同，阐微摘隐，博采精粹。然其大旨主于义理，多引人事以明《易》。马理著有《周易赞义》《溪田文集》等。

王廷相

（1474—1544年）明代著名文学家、思想家、哲学家、教育家。字子衡，号浚川，世称浚川先生，河南仪封（今河南兰考）人。王廷相幼年聪颖奇敏，喜欢文章诗赋，且留心经史。《明史》称他"博学强记，精通经术、星历、舆图、乐律，河图洛书，周邵程张之书，皆有论驳"。明孝宗时，与李梦阳、何景明等人，提倡古文，反对台阁体，时称"七子"。弘治八年（1495年），其乡试中举，弘治十五年（1502年）中进士，授庶吉士并被选入翰林院。弘治十七年（1504年），任兵部给事中，后遭宦官刘瑾迫害而被贬。正德十二年（1517年）迁升为四川按察司提学佥事，其间，发布《督学四川条约》。不久，调山东任提学副使。他提倡文教，主张转变士风，改革教育与科学制度，曰："学者读书当以经国济世为务"。教师应"以身作则，正己安人"。提倡治学"由博反约""学行并举"。

王廷相是一个唯物主义思想家和哲学家，他认为"元气"是世界的本源，"气"是不灭的，有气才有"理"。这与宋儒"天地之间只有此理"的唯心主义观点是对立的。他认为"离气无性"，有生才有性，否定了有些儒家学者所臆造的在气以外有所谓"本然之性"的说法。他不赞成"性善"和"性恶"的先验论，拥护"性相近，习相远"的见解，主张性成于习之说，反对把儿童禁闭在家里，倡导从小接触社会实际，增广"见闻"。他认为知识是"思"与"见闻"相结合的产物，在实践中学习，才能得到"真知"。要求"讲学"和"力行"并举，提倡"思"与"学""思"与"行"的结合，应把"思"放在学习过程中特别重要的位置之上。他认为学习的方法有二，即"致知"和"履事"，二者兼有才是上等，"知行并举"才能达到目的。

王廷相以其唯物主义观点对中国秦汉以后出现的五行观念进行了批判。他说"淫僻于阴阳者,必厚诬天道,傅会于五行者必荧惑主听"。他认为早期的五行说不过是讲五样东西"流行于天地之中,切于民用,不可一日而缺,是圣王治理天下国家的根据"而已,他认为金、木、水、火、土其实是从上古流传下来对国家的民生福利最需要注意的五样事物而已,无须将其联系到万物根源、气候变化以及人事变化等方面。王廷相在明代社会逐渐走向衰落、程朱理学一统天下、王阳明心学刚刚兴起之际,大胆批判程朱理学和王阳明心学脱离社会实际,倡导"为有用之学"和"治己之学",以成就"内圣外王之业",这是对王充、范缜等人唯物主义思想的继承和发展,是对孔子、朱熹等先哲思想精华的保留和吸纳,其在中国哲学思想史上占有独特的地位。王廷相著述较多,主要有《横渠理气辩》《答天问》《沟断集》《台史集》《近海集》《吴中集》《华阳稿》《泉上稿》《鄂城稿》《家居集》《慎言》《小司马稿》《金陵稿》《内台集》《雅述》《答薛君采论性书》等。以上著作,后人均辑入《王氏家藏集》中。

何孟春

(1474—1536年)明代学者、文学家。字子元,湖南郴州人。何孟春少时在李东阳门下求学,学问广博。弘治六年(1493年)中进士,初任兵部主事、郎中,历任河南参政、太仆少卿、太仆卿、都察院右副都御史兼云南巡抚、兵部侍郎、吏部侍郎、吏部尚书等。任职期间,何孟春正派公正,廉洁奉公,兴利除弊,革除陋规,直言敢谏,做了很多有益于朝廷和百姓的事。嘉靖帝即位后,何孟春就谁是嘉靖帝皇考,即宗法意义上的父亲的皇统问题,上书嘉靖帝。因与之看法不同,被贬斥。迁任南京工部左侍郎。此后何孟春屡次上书称病告老,直至嘉靖六年(1527年),《明伦大典》编成后才被批准辞去官职。嘉靖十五年(1536年)卒于家中,终年六十二岁。谥号文简。

何孟春生平以气节自许,学问赅博,他对上下古今、时事得失均有评议,论说性散文较多。《何文简疏义》从维护封建统治的长远利益出发,对当时的弊政有所揭露和批判,侃侃而谈,文笔恣肆。《余冬叙录》的体例,类似王充的《论衡》,举凡君道、古今人品、各项杂事,虽为一得之见,却能成一家之言,可为参考鉴读。何孟春著作等身,除撰有《易经》类《河图洛书解》《易疑初筮告蒙约》外,还著有《余冬叙录》六十五卷、《燕泉旧稿、遗稿、诗稿》三十六卷、《闲日文义》一百卷、《万花谷文集》十八卷、《军中耳学》十二卷、《恤刑书》十二卷、《李西涯拟古乐府注》二卷、《子元案垢》十卷以及《五经晰疑》《大戴礼注》《论衡均石》《群方续钞》《批点李太白集》《陶靖节集注》《孔子集语》《先民遗言》《怀道集》《史记评林操》等,共约四百卷,六百余万字。

钟 芳

（1476—1544年）明代著名学者、哲学家、史学家、政治家、文学家。字仲实、中实，号筠溪，海南三亚市崖城镇水南村人。钟芳幼年丧母，寄居于外亲黄家抚养。他自幼聪颖好学，十岁入崖州州学。弘治十四年（1501年），乡试获第二名。正德三年（1508年），殿试赐二甲进士第三名，选为翰林院庶吉士，授编修。"一时名动京师，盖谓丘文庄后又一南溟奇才"，时人敬称"钟进士""钟崖州"。他曾代理吏部稽勋司郎中、考功司郎中，任漳州府同知、知府等职。在任宁国府推官时积极清理积案，严惩贪赃枉法者。正德十六年（1521年）在任浙江提学副使时，致力于革除科考弊端，坚持以"德才兼优"原则选用人才，使当时学风焕然一新。嘉靖二年（1523年），在任广西布政司参政时，及时排除虎患，百姓念其功德，为他雕塑石像。不久调任江西右布政使。嘉靖九年（1530年）升任南京太常寺卿，翌年兼任国子监祭酒。嘉靖十一年（1532年）擢升南京兵部右侍郎，第二年改任户部右侍郎，他奉旨总督太仓，奏请朝廷赈灾济民，缓和了灾民因干旱引起的困苦。嘉靖十三年（1534年），他告老还乡，迁居原籍琼山县，以读书为乐。其去世后被追赠为都察院右都御史，赐葬于琼山县东山镇钟宅坡。

钟芳才华出众，学识博而精，对律法、历史、医药、卜算等无不贯通。写出的文章"雄浑精深，气随理昌"。他在国子监讲学，"胄子莫不感动"。他的著作遍及政治、经济、文化、军事、医学等领域，其哲学著作《学易疑义》《春秋集要》两书，提出"知行本自合一，知以利行，行以践知"的哲学观点，是当时考生的辅导书籍。文学著作《筠溪先生诗文集》，分歌、赋、诗、词等，有"雄、浑、精、深，气随理昌"的美誉。史学著作《皇极经世图》秉笔直书，修正了不少讹漏。其所撰《春秋集要》十二卷和《钟筠溪家藏集》三十卷被收入《四库全书》。其他著作《续古今经要》《少学广义》《皇极经世图》《养生经要》《读书札记》《崖州志略》等二十卷现行于世。《广东通志》一书尊称其为"岭南巨儒"。

陈 琛

（1477—1545年）字思献，号紫峰，晋江陈埭涵口（属福建省）人。陈琛自幼家境贫寒，五岁开始读书，七岁可与人接谈，应答如流。弘治十一年（1498年）参加福建乡试，因"不交贿用"而名落孙山。正德五年（1511年）中举人，正德十二年（1517年）参加会试，考中进士。先后担任刑部山西司主事、南京户部云南司主事、南京吏部考功郎中等职。

陈琛为官清正廉洁、精明干练，但无意于官场，仅为官五年就执意乞归，后两度起用贵州和江西提学佥事，也均推辞而未赴任。他是理学家蔡清的高徒，一生大部分时间从事理学的教育和研究，捍卫和发展了程朱理学，与张岳、林希元等人同为明代后期最有代表性的福建朱子学者。其平生著作有《易经》六卷、《四书浅说》六卷、《正学编》一卷、《紫峰文集》十二卷等。他居家时对家乡的公益事业做出了很多贡献，如修建晋江南路和整治六里陂水利工程等。嘉靖二十四年(1545年)病逝于家中。

黄 绾

(1477—1551年)字宗贤、叔贤，号久庵、久翁、石龙。浙江黄岩(浙江今温岭市)人。黄绾少时受教于谢铎，学习刻苦，卓有所得。后因祖荫入仕，被授予后军都督府都事，后因病辞官居家十年，于紫霄山樊川书院旧址办起石龙书院，专门研究王阳明的心学。嘉靖元年(1522年)被推荐任南京都察院经历，不久升任南京工部员外郎，改任光禄寺少卿、转大理寺任少詹事兼侍讲学士、充讲官，其间，参与编修肯定"仪礼"的《明伦大典》。次年，升为詹事锦衣金事、南京礼部右侍郎。后官至礼部尚书兼翰林学士。

黄绾早年尊崇程朱之学，后笃信王阳明学说，自称为其"门弟子"。晚年又对五学流弊进行了尖锐批评，曰"久而验之，方知空虚之弊，误人非细"(《明道编》)，他认为朱学和王学各走极端，或失则内，或失则外，皆病于空虚支离。而所谓"今日朋友"(即王畿等人)，又动辄"援先儒为据""挟师说以杜学者之口"，而将王学"堕于空虚""失之于内"，流于禅学。他提出经世之学乃尧、舜、禹、汤、文、武、周公、孔、孟道脉之所在，而宋儒"无思无为"，实为禅学异端。他为"救正"王学，提出"艮止"一说，认为此为"圣门开示切要之诀"，而"艮止之旨"自孟子之后失传，致使"功利之说兴""禅定之学起"。而宋儒谈性命、说道德，亦未窥见"艮止之旨"。他认为"止"包含绝对之意，能获见"止"之所在，便得"圣学之本""知止其所"，则理气兼备、体用俱全。"止"虽然"不获其身"，无形体，但非"泛而无所"，其所便是"心"，因而"止指心体"。"知止"，便可把握住绝对的心体，使心"常静而常明"，做到"定""静""安"，从而达到"存心"。在把握住心之本体后，再向外发露行用，便能"行止皆当""用之自然中道"，就可以时止则止，时行则行，动静不失其时，其道光明。关于性、理问题，他认为，天赋人此性谓之命，人受天此理谓之性，性即理。理是泛言事物之理，性是专言我之性，虚者为心，实者为性。性乃形质和觉中之理。他认为"良知之体"，即心体，当其不动时是"无是无非"的"无"，当其"应用"，即发露于外时，方显出"有"，才"知是知非"。"有"是指"太极"，天生于民的"有物有则"，即天道、天理。而此天道、天理即"威仪三千，礼仪三百"的伦理纲常。关于"致知"问题，他既反对王阳明径求于心，也批评朱熹格物致知的方法，认为一个求物"失之于外"，一个求心"失之于内"，二者皆非圣人之学。他主张"'有典有则'之为格物"，训"格"为"法"，不同意"以格物为致知工夫"的提法，认为"致知是格物工夫"，"致知"是为了"格物"。他训"致知"之"致"为"思"，提出"思是工夫"，它既包括身内之性情涵养,又包括身外求"物则之当然"。关于人心、道心问题,他主张从与闻见相接、与人欲相杂的"人心"回到"道心","道心"在"人心"中,"人心""道心"皆为一心,只是知觉不同。因此,天理、人欲皆出于"本体"。他不主张思心、守心,而主张由人心求道心。即经过"精而一之"的过程,也就是"致其知"的"知"与"思"的过程,由"人心"而达到"道心"。黄绾著有《明道编》十二卷、《石龙集》三十卷、《久庵文选》十六卷、《庙制考义》二卷,以及《中庸古今注》《思古堂笔记》《石龙奏议》《云中疏稿》,还有阐释《易经》《诗经》等的著述,《明道编》为中国哲学名著。

唐 龙 (1477—1546年)明代学者、文学家。字虞佐,号渔石,浙江省兰溪县城北隅人。唐龙少时从师于章懋,正德三年(1508年)中进士,授郯城知县。后历任陕西提学副使、山西按察使、太仆寺卿等职。嘉靖七年(1528年),以右佥都御史总督漕运兼巡抚凤阳诸府期间,废除寿州正阳关榷税,免除通州、泰州虚田租及漕卒船料,百姓深感其德。不久调任左副都御史,又先后任吏部左、右侍郎,总摄铨事。嘉靖十一年(1532年),陕西大饥,蒙古吉囊、俺答二部拥众自河套入陕西,延绥告急。唐龙被任命为兵部尚书,总制三边军务兼理赈济事务。他派总兵官王效、梁震率兵击退入侵蒙人诸部,并奏行救荒十四事,有效解决了眼下危机。随后其任刑部尚书,任满又加封太子少保,因母老请求归乡养母,改任南京刑部尚书,调吏部尚书。因边陲有敌进犯,遂改兵部尚书,赴边设防御敌,敌闻风远遁。未几,加太子太保转任吏部尚书。患病乞休,未准。后因言辞过激而失宠,罢官为民,舆出都门三十里而卒于旅舍,终年七十岁。数年后,下诏追复原职,赠少保,谥文襄。

唐龙与明代大思想家王阳明有较深的交情,经常与王阳明切磋儒家学问,助推了王阳明"致良知"学说的形成。唐龙著有《易经大旨》《群忠录》《黔南集》《江右集》《关中集》《晋阳集》《淮阳集》等,今存《渔石集》四卷,刊《四库总目》行于世。

崔 铣 (1478—1541年)明代学者、理学家。字子钟、仲凫,号后渠、少石、洹野,河南安阳人。弘治十八年(1505年)中进士,入翰林任编修。因得罪大宦官刘瑾,正德四年(1509年)外放为南京吏部验封司主事。翌年,刘瑾伏诛,他也被召还北京翰林院史馆。正德十二年(1517年),引疾告归。世宗即位后,于嘉靖元年(1522年)又被召入北京。次年,擢升为南京国子监祭酒。因议"大礼"冒犯了世宗,革职返乡,潜心研究学问。嘉靖十八年(1539年),重被起用,担任詹事府少詹事兼翰林院侍读学士。后升任南京礼部右侍郎。不久,因病乞归。卒后谥文敏。

崔铣之学以程朱为宗,对于程学中有关心学之论,则又斥之,以为涉于高虚,其为门人附会。他还认为阳明之学为"霸儒"。对于理与气的关系问题,则并不完全附和朱熹之说。他不同意朱熹"气有聚散,理无聚散"之说,认为理常聚而气亦聚,气若散而理亦散,气散则理无所附。关于心性之辨,他认为性之离曰心,心之所具曰理,理即性,心乃发用此理亦即发用此性者。天命之谓性,故物之理即吾心之理。心是"奥万理而出命"者,因为"无命外之理,无心外之命,无命外之心"。因为"性即理",所以,"性者仁义而已"。但性有等,其原因在于"气"。他同意"气即理"之说,认为孩童爱其亲之仁、敬其长之义、喜笑慕恋之爱、恭敬推逊之敬,皆为气。而发于用者,即其在于中者,故理者气之条,善者气之德,理气不是二物。同时他又指出,心性虽不离,亦非杂,但二者毕竟是有区别的。他认为"知能"为心之用,"爱心敬长"为性,好利恶害"为心之觉""生可舍""死可取"为性,"心灵而性活,心移而性宰"。认为孟子所谓良知良能为心之用;爱心敬长为性之体。因而他特别反对王阳明"致良知"而忽视良能的观点,认为"若去良能而独挚良知,是霸儒也"。关于"格物致知",他基本承袭朱熹之说,强调"格物"和"履事"的一致性。批评"不格物而曰致良知者"为"妄""不履事而曰存心者"为"偷"。关于为学之要,他认为"学在治心,功在慎动"。

在易学上,他继承程、朱,兼采王弼、吴澄之说,大旨舍象数而阐义理。认为陈抟所传图像皆衍自术数,与《易》无关,诸儒卦变之说也支离蔓延而无足取。其持论笃实近理,不失为洛闽之传。崔铣著有《读易余言》《周易大象说》。另外还著有《彰德府志》《文苑春秋》《崔氏小尔雅》等。

韩邦奇

(1479—1555年)明代学者。字汝节,号苑洛,陕西朝邑(今陕西大荔县朝邑镇)人。韩邦奇年少即博闻强记,聪颖过人,青年时"有志圣学"。善诗词歌赋,通晓音律。正德三年(1508年)中进士。先后任吏部考功主事,迁吏部员外郎,后外放为浙江按察司佥事。中间曾因诗致罪而被革职。世宗即位后被起用,先任山西巡抚,后调入朝中担任兵部尚书。他为官干练清正,刚直不阿,政声颇佳。

韩邦奇在学术上推崇张载气说,研究精到。其说《易》所列卦图,皆用一卦变六十四卦,与汉代焦延寿《易林》之说相类似,阐理不用汉儒之易,独承宋儒之易。他推崇朱熹的《易学启蒙》,用以阐述卜筮之法,以三百八十四变为经,四千九百六十变为纬,经为《易》之爻辞,纬取焦延寿《易林》而附之,占则以孔子占变为主。韩邦奇著有《易学启蒙意见》《易占经纬》《洪范图解》《律吕新书直解》《苑洛集》《见闻考随录》《禹贡详略》《苑洛语录》等。

吕 楠

（1479—1542年）明代学者、关中著名理学家。字仲木，号泾野，学者称其泾坚先生，陕西高陵县人。吕楠年少即"志大好学"，整日读书。正德三年（1508年）举进士第一名，授翰林编修。世宗时，任国子监祭酒、南京礼部右侍郎，准其参与朝政。他持正敢言，针砭权贵，后以僭越冒犯之罪被贬于山西，领理解州事务。九年后，因政绩突出复被提任南京考功郎中。在此期间，他开坛研讲理学，风靡江南。晚年，退居家乡高陵办教育，开讲堂，纂志鉴，名震当代。嘉靖二十一年（1542年）逝世，终年六十三岁，谥文简。去世之时，高陵人罢市三日，许多学者都设位志哀。

吕楠的学术思想属程朱学派，他也继承张载，称张载思想是"出于精思力行之后，至论人孝，神化政教礼乐至自孔孟后未有能如是切者也"。他曾受业于渭南薛敬之，后又求学于河东薛瑄之传人。明人称其为"真醇道学"，认为在"关中继张横渠者，泾野一人；在我朝可继薛文清者，亦泾野一人"。称他是自张载之后关学的集大成者。吕楠说《易》专主义理，不论象数。著有《周易说翼》《四书因问》《尚书说要》《春秋说志》《宋四子抄释》《泾野文集》《高陵志》《解州志》等。

黄 芹

字德馨，号畏庵，福建龙岩人。蔡清弟子。正德九年（1514年），以岁贡生授海阳县训导。其《易》说在先天图说的基础上，以陈真晟天地圣人之图、君子法天之图为心学图。认为伏羲八卦横图、八卦圆图皆为赘设；胡一桂于伏羲六十四卦圆图分配节气，也非其本旨；伏羲依据河图以作《易》图，先天八卦合洛书数图，皆穿凿可疑。他坚信先天图出自伏羲，推而至于心学，讲求程朱"心要"，推而至于历法。其说蔓延支离，殊不可解。黄芹著有《易图识漏》等。

林希元

（1482—1567年）明代理学家、教育家。字茂贞，号次崖，福建厦门市翔安区大嶝山头村人。正德十二年（1517年）中进士，起初督学岭南，继而授大理寺评事，后进升为大理寺丞。因得罪朝廷，于嘉靖十四年（1535年）贬谪钦州，嘉靖十八年（1539年）任满后，调广东按察司佥事。林希元在钦州三年，十分重视教育，对文化教育设施竭力维护，修复儒学一所。该所儒学学庠，原建于城南门外，后移于城东门外，经久不修，破败简陋。林希元拨款修缮复学，并于东城隍庙故址建学舍二十间，以供师生员工居住。见公费拮据，他还解囊捐俸，以助办学。

林希元是明中后期福建较具代表性的朱子学者之一，他以程朱理学为宗，力排当时日渐兴盛的王阳明心学。他所提出的教育理念以及对明代教育制度的批判，在科举盛行的当时有振聋发聩的作用。他认为"教化为治之首务"。其作用有二：一是"明人伦"以养顺民。"人伦"即伦理纲常,是人类区别于禽兽的主要标志。因而必须教人以"人伦",使其具有人性。他说:"夕先王治天下,为之农桑,衣食以养其民;又设庠序、学校以教之。盖饱食、暖衣、逸居,无教则近于禽兽。君臣、父子、夫妇、长幼、朋友之伦,乃中国之所以异于夷狄,人类之所以异于禽兽者也。故生王之治既富,而教于人伦,尤所先焉。"他将教育视为人类一种最基本的人性化训练。务使人"感发顺习",即"故民之由于学校者,莫不感发顺习而趋于王道,其秀而颖出者,又递升于王"。只有这样,才能"惑乱不作,天下和平"。二是"育贤才"以佐国君。他认为人才是治理国家的根本,决定着国家的治乱兴衰。他说:"盖贤才国家之器用,乃屋之栋梁,川之舟楫也。屋无栋梁则不建,川无舟楫则不济,国无贤才何以为治?"他希望以"三纲五常"来规范人们的思想和行为:"尊奉三纲,信奉五常,在尽私欲,教化斯行",而"圣人之道载诸经",他认为经书是进行三纲五常教育的最好教材。所以,一生勤于著述经书,著作颇丰。主要有《易经存疑》《四书存疑》《更正大学经传定本》《林次崖先生文集》《荒政丛言》《自鸣稿》《南国谈兵录》等十九种,共计一百四十一卷。

金贲亨

(1483—1568年)字汝白,临海(今属浙江)人。正德二年(1507年)中举人,正德九年(1514年)登进士。历任扬州教授、补南京刑部主事、刑部郎中、江西按察司佥事等。其在任期间,严惩贪官,打击豪民,平反冤狱,颇得百姓好评。在江西,他兼理学务,曾选拔优秀生员数十人,聚集白鹿书院,由他亲自讲学。后来又历任贵州、福建学正。在福建创建道南书院,教育诸生"先行后文",注重品德培养。他还选优秀生员集聚于养正学院,研讨洛闽理学。一生慨然以兴学为己任。金贲亨于隆庆二年(1568年)去世,终年八十六岁。学生称其一所先生。

金贲亨一生潜心研究理学,身体力行。他认为治学之道要在庄敬严肃上下功夫,始终把端正思想作为准则,以自我克制为最大勇敢。他学识精深渊博,在研究《周易》上下过大功夫。其说《易》采自程颐、朱熹以外诸家之说,判断是非不依靠古人,也不否定和打击古人。此得益于澄心涵养,非耳飘目袭者所能及。所采之说计五十余家,譬如胡方平、蔡元定、项平山、游酢、胡云峰、胡双湖、吕东来、杨诚斋、真西山、蔡渊、龚原、苏东坡、尹和靖、程沙随、吴临川、朱震、杨龟山、邵雍、黄勉斋、耿南仲、王童溪、李西溪、李舜臣、徐几、邱富国、张清子、杨文焕、郑少梅、王炎、潘天锡、方逢辰、胡允等都有涉猎,采摘精华,去其糟粕,形成自家之说。金贲亨著有《学易记》《学书记》《学庸记》《道南录》《台学源流》《一所文集》《象山白沙要语》《临海县志》等。

梅鷟 （1483—1553年）明代学者。字致斋,旌德(今属安徽)人。正德八年(1513年)中举人。授官南京国子监助教、盐课司提举。

梅鷟博学强记。钻研古经义,多有不同见解。他怀疑《古文尚书》为孔安国、皇甫谧之伪作,撰写《尚书考异》《尚书谱》力析其伪。他认为伏羲之《易》已有文字记载,应画卦在前,河图后出。伏羲主张出以揲蓍大衍之数当为九十九,以五十之数为体,以四十九为用,没有中五乘十置一不用之理。他认为今传伏羲之说皆为臆撰。他著有《古易考原》《周易集莹》等。在目录学方面,撰有《南雍志·经籍考》(亦名《明太学经籍志》《南雍书目》)、《南雍志》二十四卷,皆为记述南国子监掌故之书。另外,他还著有《春秋指要》《仪礼翼经》等。

王艮 （1483—1541年）明代哲学家,王阳明弟子,泰州学派创始人。初名银,王阳明为其改名为艮,字汝止,号心斋,泰州安丰场(今江苏东台)人。王艮生于世代以烧盐为生的"灶户"之家,七岁受书乡塾,十一岁因家贫而辍学,随父兄淋盐。十九岁随父经商至山东,拜谒孔庙时,受到很大启发,认为"孔夫子亦人也,我亦人也,圣人者可学而至也"。于是日诵《孝经》《论语》《大学》,置书于袖中,"逢人质义,久而信口谈解,如或启之"。三十八岁远赴江西拜于王阳明门下,执弟子礼。王阳明开始觉得他个性高傲,因此替他改名为"艮",即收敛、静止之义。但王艮仍然"时时不满师说",为坚持自己的观点,经常与师争论,他既"反复推难、曲尽端委",又不"拘泥传注""因循师说",自创"淮南格物说",主张:"即事是学,即事是道。人有困于贫而冻馁其身者,则亦失其本非学也。"强调身为天下国家的根本,以"安身立命"作为封建伦理道德的出发点。嘉靖二年(1523年)后,他的学术思想逐渐受到各方重视而广为流传。嘉靖五年(1526年),应泰州知府王瑶湖之聘,主讲于安定学院,针对《易经·系辞》所云:"一阴一阳之谓道……仁者见之谓之仁,百姓日用而不知,故君子之道鲜矣"之说,提出"百姓日用即道"的观点,"愚夫愚妇"都"能知能行",他将其具体形容为"僮仆之往来,视听执行,泛应动作,不假安排"就是"道"。他把"百姓"和"圣人"放在同等的地位,说"百姓日用条理处,即是圣人之条理处""圣人之道,无异于百姓日用,凡有异者,皆谓之异端"。"尧舜与途人一,圣人与凡人一""圣人不曾高,众人不曾低""庶人非下,侯王非高"。这些观点,充分体现了下层广大民众的心理愿望和利益要求,因此,在纷至沓来的求学者中,尤以平民百姓居多,"入山林求会隐逸,过市井启发愚蒙,沿途聚讲,直抵京师",但也不乏著名学者,如徐樾、颜钧、王栋、王襞、罗汝芳、何心隐等,其五传弟子计四百八十余人。

王艮的学识博大精深,包含很广,他在哲学、伦理、社会政治及教育、文化等方面都有独特的建树和丰富详实的论述。他所创立的泰州学派强调："知之为知之,不知为不知,是天德良知也。"他在讲学时别出心裁,按《礼经》制着深衣,戴五常冠,"行则规圆方矩,坐则焚香默识"。他一生布衣,拒绝入仕,其说直指统治者:"使仆父子安乐于治下,仍与二三子讲明此学,所谓师道立,则善人多,善人多,则朝廷正,而天下治矣",故其说被斥为"异端"。嘉靖十九年(1540年),王艮重病缠身,弥留之际,他对其子王襞说:"汝知学,吾复何忧!"他希望泰州学派能传延下去。王艮不信"生而知之"的天才论,而强调后天学习的重要性,这是他自学成才的切身体会,他所创立的泰州学派,被后人赞为开创了"民间儒学派"的先河,"闪烁着主体功能性的思想光辉""在当时儒林中独树一帜"。由于他非经院出身,一生著述不多,着重于口传心授,其撰有《天理良知说》《明哲保身论》《格物要旨》《鳅鳝歌》《复初说》《乐学歌》《孝悌箴》《勉仁方》《大成学歌》《均分草荡议》《王道论》《答徐子直书》等,这些著述或篇章,被后人辑为《王心斋先生遗集》。

张邦奇

(1484—1544年)字秀卿、常甫,号甬川,浙江鄞县布政张家潭村人。张邦奇弘治十八年(1505年)中进士,始由庶吉士授检讨,参与编修《孝宗实录》。正德十年(1515年)任湖广提学副使,修建明山、岳麓、崇正书院。后历官四川提学、福建提学、右庶子兼翰林院侍讲、南京国子监祭酒。嘉靖九年(1530年)任吏部侍郎,迁任吏部右侍郎,署理部务。次年迁左侍郎,代理尚书。此间,武定侯郭勋家人犯法,曾重金行贿求宽恕,遭其坚辞拒绝。嘉靖十七年(1538年)任职执掌翰林院事。嘉靖十八年(1539年)擢升会试主考官、《玉牒》纂修官。同年任太子宾客,充日讲官。两年后升任礼部尚书,因欲照顾年老母亲改任南京兵部尚书。嘉靖二十三年(1544年)卒,赠太子太保,谥文定。张邦奇学宗程朱,与当时著名心学家王守仁私交颇深,但学术思想多有不合。张邦奇著有《易说》《诗说》《书说》《春秋说》《释国语》《大学传》《中庸传》《甬川史说》等作品。

季本

(1485—1563年)明代学者。字明德,号彭山,会稽(今浙江绍兴)人。曾从师于王阳明。初入仕时,任建宁府推官,擢升为御史。其间,宁王朱宸濠在江西造反,王阳明奉旨出兵讨伐。为配合王阳明,季本请求在江西进入福建的要道设防守卫。此时,刚好有某位巡按御史因科举考试之事,想请季本与郡守一同去协办,郡守写信催季本。季本回信说:"建宁府仰仗的只有我们两人。战事迫在眉睫,而往返科举考场要四十余天,现在战事胜负还不确定,地方强盗生事后果也无法预测。

若我们俩人不在,要道谁来守卫? 我们若去科举考场参与考试之事,将来被列出姓名(古代参考官员都要被列出姓名,呈报朝廷),远近传播,人们就会认为我们不知轻重而贻笑大方。"于是他和郡守都没有听从巡按御史的召令,继续坚守要道。此事后来被传为美谈。季本著有《易学四同》《诗说解颐》《春秋私考》《说理会编》等。

郑善夫

(1485—1523年)明代学者、诗人、儒学家。字继之,号少谷,福建闽县人。弘治十八年(1505年)中进士。正德元年(1506年)以候补员召入京城纂修《苏松常镇实录》,于当年完稿。正德六年(1511年),任户部广西主事,出浒墅关督税,他秉公办事,为人称道。但由于宦官当权,不久便辞去官职,回乡筑少谷草堂于金鳌峰下,闭门专心读书。正德十三年(1518年),复召入朝廷任礼部主事。翌年,升任员外郎。正德十五年(1520年),他开始研究天象、历法和日食、月食,推算出每年分秒的误差,对明代数学、天文学的发展做出了贡献。同年,辞去官职,回乡专事谈诗论道。嘉靖元年(1522年),在都御史周季风推荐下任南京刑部郎中。不久,改任吏部。次年,在赴任途中游武夷山,受寒返家,两天后逝世,卒年三十八岁。

郑善夫多才多艺,能书善画,其作品多为历代名士所珍藏。他对数学、历法有较深的研究,著有《奏改历元疏》《日宿例》《时宿例》《序数》《田制论》《九章乘数法》《九归法》《经世要谈》等。其诗文成就较高,他与李梦阳、何景明等人在政治上反对宦官乱政,在文学上提倡复古,主张"文必秦汉""诗必盛唐",作有《贫女吟》《送周方伯入楚》《寇至》等名篇,忧时感事,深刻反映了当时黑暗的社会现实。《明史·文苑传》称:"闽中诗文,自林鸿、高棅后,阅百余年,郑善夫继之。迨万历中年,曹学佺、徐火勃等继起。"郑善夫遗著,现存有《郑少谷全集》二十五卷。

薛 侃

(1486—1546年)明代学者、哲学家、岭南大儒。字尚谦,潮州府揭阳(今潮州市潮安县)人。因曾讲学于中离山,世人称之中离先生。正德五年(1510年)中举人,正德十二年(1517年)中丁丑科进士。世宗在位时,授行人司行人。后因丁母忧,归居中离山,长时期与士子讲学不辍。其师王阳明赠号"中离先生",广被传称。嘉靖七年(1528年),任司人司司正。其间,在江西赣州聆听心学,亲炙阳明之教,深契良知学旨。嘉靖十年(1531年),因上疏言建储事,触怒世宗,被下狱并削职为民,出狱后隐居讲学于中离山,从学者渐众。嘉靖十五年(1536年),远游江浙一带,于青原书院与罗念庵相会,一见如故;随后又至罗浮,讲学于永福寺,东莞众学者将其迎入玉壶洞居住。后来迁居惠州。四年后返归乡里,在家中去世,终年六十岁。隆庆元年(1567年)恢复其官职。赠承仕郎、河南道监察御史。

薛侃为官清正刚直,为学造诣非凡。后人誉为"行义在乡里,名节在朝野"。他传王阳明心学入岭南,明史称"自是王氏学盛行于岭南"。其说《易》谓"即数为图,即图成卦,皆造化自然之理"。所论格致体用皆虚实,以及分辨众儒释《易》之说,皆以王阳明心学理论为准则。薛侃著有《图书质疑》《研几录》等。

舒 芬

(1487—1531年)明代学者、经学家。字国裳,号梓溪,江西南昌进贤(今南昌县塘南乡梓溪大队)人。舒芬天资聪颖,博学多识。正德十二年(1517年)中丁丑科状元,授官翰林修撰。后因谏阻武宗常以打猎巡游和寻欢作乐而荒废朝政,被贬谪为福建市舶副提举,嘉靖年间,又因哭谏世宗善政而入狱,并褫夺俸禄三个月。不久母病故,他丁忧归乡。终因虑国忧民,积郁成疾,于嘉靖十年(1531年)含恨悲愤而逝,年仅四十四岁。世人称之为"忠孝状元"。万历三十六年(1608年),神宗追谥文节。

舒芬以倡明绝学为己任。其学贯诸经,兼通天文律历,尤其精通《周礼》。在易学上他推崇北宋周敦颐的太极图说,认为"太极不离乎阴阳五行之中""以阴阳动静分体用"(《太极释义》)。他视太极为一物,歧阴阳而二之,主张有"天之太极、人之太极、物之太极。自乾男坤女而论太极,则太极万有不同。又自物而论太极,则与人太极又相远矣""天之太极主动,圣人之太极主乎静"(《太极释义》)。舒芬著有《易问笺》《太极释义》《周礼定本》《春秋疑义》《书论》《东观录》《诗碑说》《梓溪文钞》等。

丰 坊

(约1492—1563年)明代著名书法家、篆刻家、藏书家。字人叔、存礼,晚年更名道生,字人翁,别号南禺外史。浙江鄞县(今浙江宁波)人。嘉靖二年(1523年)中进士,授南京吏部主事,改迁南京吏部考功主事。后因故被贬谪通州任同知。虽屡次上言邀官,却终不被起用。最后郁郁而病卒。

丰坊在经史方面有独到见解,他在《世统本纪·序》中说:"人有言,经以载道,史以载事,事与道果二乎哉?""性也者,天理也;道也者,人事也。人事循乎天理,乃所谓道。故古之言道者,未始不征诸事也。言道而遗于事,老之虚,佛之空而已矣!"对经史关系的这种阐述,是对王阳明心学的扬弃。在《易》说上,他认为孔子授《易》于商瞿,文言诸传凡有"所谓也",皆为商瞿的问辞,"子曰"以下文字皆为商瞿收录孔子的答词。他以周公爻辞谓之《易经》系辞。论筮法则以《象》专为卜,《系辞》专为筮,此大抵无据。其论太极图说,谓朱熹得之葛长庚,托名周敦颐,此尤为诬说。丰坊著有《易辨》《古书世学》《鲁诗世学》《春秋世学》《诗说》《十三经训诂》《书诀》《藏书记》等。

薛 甲

明代学者。字应登,号畏斋,江苏省江阴人。薛甲自幼勤学好文,嘉靖六年(1522年)中举人,七年后考中进士,授掌兵科给事中。由于其品性刚直,对世宗迷信道教四次上疏劝阻,被贬放湖广布政司担任照磨,不久又迁升为四川潊庐兵备佥事。由于政绩卓著,很快调往江西任分巡南赣副使。此间,与海瑞交往颇深,因抵触奸相严嵩,不久被罢官归乡。日本海盗集团进犯江阴时,他拍案而起,入城竭尽全力支持江阴县令钱鹤洲抗御倭寇,协助筹集抗倭粮饷、物资,做出了卓越贡献。

薛甲说《易》,除经文外,唯将《彖》《传》全文分列六爻之前;《象》则删除《大象》而存《小象》,分缀六爻之下;对《文言》《系辞》《说卦》《序卦》《杂卦》诸传则全部删除。论《易》主于因象而明理,有时还以老庄之说解《易》,颇有新意。其著有《易象大旨》《四书正义》《心学渊源录》《薛子诸言》《畏斋薛先生艺文类稿》《薛兵宪集》以及《大家文选》等。

胡 经

号前岗,庐陵(今江西吉安)人。嘉靖八年(1529年)中进士。累官至翰林院侍讲、太常寺少卿、提督四夷馆事。其《易》说移乾卦《彖》传"大明终始"三句于"乃利贞"之下。认为蒙卦六爻皆主君臣。凡如此类,大约皆因喜欢标新立异,欲与南宋朱熹之说有所不同。其著有《胡子易演》十八卷。

吕 怀

(1492—1573年)明代学者、理学家、音乐家。字汝愚,号巾石,江西永丰(今江西上饶广丰)人。吕怀从小好学,他师从湛若水,成为湛氏的四大入门弟子(另外三人为何迁、洪垣、唐枢)之一。嘉靖十一年(1532年)中进士,历任兵科给事中、南京太仆少卿等职。

吕怀说《易》主卦变学,分别有宫变、卦变、爻变之例。大旨谓六十四卦为八卦之重叠。属于甘泉学派,认为王阳明良知说与湛氏的体认天理说宗旨相同。他撰写《心统论》,试图以河图之理证明,要得理存心,只在变化气质。指出善学者应求端于天,不应为气质所限制。他著有《周易卦变图传》二卷、《律吕古义》三卷、《巾石类稿》三十二卷、《箫韵考逸》二卷以及《历考庙义》等。

杨 爵

(1493—1549年)字伯珍、伯修,号斛山,陕西富平县老庙镇笃祜村人。嘉靖八年(1529年)中进士,授行人司行人,后擢升御史。曾以母老乞归养。

当时世宗经年不理朝政,热衷于建斋醮、修雷坛,杨爵上书极力谏阻,用词切直,触怒世宗,下诏降罪严刑拷讯,至于血肉狼藉,获刑五年后方得放释。抵家仅十日,复又逮入狱中,继续关押三年。嘉靖二十八年(1549年)去世,终年五十七岁。谥忠介。

杨爵说《易》唯释六十四卦。每卦只载上下经卦辞。然而其训解则六爻、《象》《象》皆有涉及,只是不列其文。说《易》多以人事为主,颇能切中事理。其著有《周易辨说》《中庸解》《山西行》《鹭子行》《杨忠介集》等。

唐枢 (1497—1574年)明代学者。字惟中,号子一,世称一庵先生,归安(今浙江湖州)人。唐枢嘉靖五年(1526年)中进士,授刑部主事。因上疏为李福达罪争辩,提出六"所疑"、六"不用疑"而触怒世宗,削职为民。从此回湖州老家从教。先借安定书院讲学,后在湖州东门外营建"木钟台",设帐讲学;嘉靖四十一年(1562年),湖州知府张邦彦奉巡抚浙江监察御史张宪之意,为唐枢建立书院,额题"吴兴唐一庵书院",从此唐枢在这里专心讲学十几年,直至去世。

唐枢说《易》,以《连山》为文王八卦图,以《归藏》为伏羲方图,于义颇疏。他起初从师湛若水,主张随处体认天理,后来倾慕王守仁"致良知"之学,并力图将两者合而精究,从而调和分歧。其学术思想是"讨真心"三字。"真心"即"道心","讨"即学问、思辨且身体力行。他认为"良知一拈万到,本末具举,今日只欠躬行"。认为心能通天地包万物而居于宇宙中心。主张通过学问思辨笃行之功"以去人欲做存天理工夫",认为"真心"就是"致良知"。唐枢著有《易修墨守》《周礼因论》《礼无剩语》《真谈》《蜀籁》《景行馆论》《一庵语录》等。

王畿 (1498—1583年)明代思想家,阳明心学派主要成员之一。字汝中,号龙溪,浙江山阴(今浙江绍兴)人。年轻时豪迈不羁,嘉靖二年(1523年),参试礼部进士不第,回乡后从师于王阳明,是王阳明最赏识的弟子之一。后协助王阳明授学,时有"教授师"之称。嘉靖八年(1529年)赴京会试,途中惊闻王阳明病卒,立奔广信料理丧事,静心服丧三年。嘉靖十三年(1534年)中进士,官至南京兵部主事。之后曾任南京武选郎中,因其思想为当时首辅夏言所不容而被罢官,去官后,往来于江、浙、闽、越等地,讲学四十余年,所到之处,听者云集,年过八十仍周游讲学不倦。

王畿的学术思想继承王阳明,但与王阳明有所不同。他认为良知是当下现成,不假功夫修正。知识与良知有别,知识不是良知,但在良知的作用下可以变为良知。其思想以"四无"为核心,修正王阳明的四句教。他认为心、意、知、物只一事,若悟得心是无善无恶之心,则意、知、物也无善无恶。他主张从先天心体上立根,自称这是先天之学。认为良知一点虚明,便是作圣之机,往往保住此一点虚明,不为旦昼槁亡,便是致知,而不注重致良知的功夫;强调自由自在的处世态度。黄宗羲认为王畿学说近于释老,使王阳明之学渐失其传。其著作和谈话,被后人辑为《王龙溪先生全集》二十二卷。

李舜臣

(1499—1559年)明代学者。字懋钦、梦虞,号愚谷、未村居士,山东省乐安郡李鹊村(今山东广饶附近)人。嘉靖二年(1523年)以会试第一考中进士,官至太仆寺卿。后曾因反对"兴大礼"得罪皇帝,受廷杖。

李舜臣才识渊博,尤其精于经学。对汉儒关于经、史的注释,悉心探究,颇有独到见解。其所著诗文不务华丽,专尚风味,诗细文赅,为一时名品。他与知名文士章丘李中麓、庆阳李梦阳齐名。一生著作颇丰,著有《易读外编》《易卦辱》《诗序考》《毛诗出比》《尚书说》《礼经读》《春秋左传考例》《三经考》《四经读》《六经直音》《古文考》《愚谷集》《户部集》《符台集》《梦虞诗稿》《谷梁三例》《左传读古文考》等。当时著名文学家王世贞曾评述其文章特色曰:"意至而言,意竭即止,大要不使辞胜意""词语体裁,约之简奥,而指事类情,各极其则,诚少则好矣"。他所编辑的《乐安县志》,体例及史料考证多为明、清时期诸《乐安县志》所借鉴和遵循。

熊 过

明代学者,明朝"西蜀四大家""嘉靖八才子"之一,自贡富顺县人。嘉靖八年(1529年)中进士,任翰林院庶吉士、礼部祠祭郎中。他学识渊博,治学严谨,是著名学者杨升庵的好友。后因议论朝政而得罪皇帝,被罢官流放至云南,流放期间,闭门著述,最后卒于家。其遗著《南沙文集》被收入《四库全书总录》中。

熊过对《易》反复钻研,感悟颇深,在《易》象方面尤有成就。他早年读宋易不合,转而研究汉易,复就读中秘书,尽求古易原说,以深沉之思,神悟妙契,对众儒治《易》之说重加讨索,历时三十余年,而撰成《周易象旨决录》一书。全书以《易》本在象之旨,将象分为有象之象、无象之象,而务求明象。其方法是综汇众说,以心体悟,融会贯通而尽其蕴。复以象为主,义必考古,订正今文,辨证经传。在辨析象旨中,融通三教,阐发义理,在当时与其后一段时期内,其说颇为学者所重视。使其成为"易学在蜀"的重要代表人物。

卢 翰

明代著名学者。字子羽,号中庵,颍州(今安徽阜阳)人。卢翰年少好学,嘉靖十三年(1534年)中举人。先后在山东兖州、藤县、曹县为官,但他均不热心，专意于治学著述。因其博学广识，名震山东，向他拜师求学者不绝于途。不久，他即辞去官职，闭门致力于学术研究。他对典籍、名物、象数、历史、儒道、诸子百家均有著述，尤其对《易经》更是探幽阐微，考核精当。其《易》说专主人事，同时证以卜筮，每爻皆列变卦之图，而杂引经语史事相似者，类附于下，显得颇为冗杂，且其立图较多，时有画蛇添足之处。卢翰著有《易经中说》《鉴易》《春秋解》《月合通考》《中庸图说》《定性书图衍》《图说纲要》《四书中说》《宝嗣全编》《蒙疏义》《养蒙成语》《蓄德录》《道经注》《坛经撮要》《掌中宇宙稿》等，共计十九种，一百二十八卷。

叶　山　（约1504—？）字八白，里籍不详。其十岁始读《周易》，嘉靖二十二年（1543年），在鹿田精舍得杨万里《易传》，悉心读之，深受启发，由此而撰写《八白易传》十六卷，后经反复修改，至嘉靖三十九年（1560年）定稿誊清，藏之于石匮，足见其为学不苟。《八白易传》专释六十四卦卦辞、爻辞，对《彖》《象》《文言》等《十翼》诸文没有涉及，大旨以杨万里《诚斋易传》为摹本，出入子集，佐以博辨，实为借《易经》以言人事，并非尽为经义而作。此书体例先列卦辞、爻辞原文，再加"叶子曰"三字进行解说。《四库全书总目》谓此书所言"往往可以昭法戒"。

姜　宝　（1513—1593年）字廷善，江苏镇江丹阳蒋墅人。姜宝少时从学于唐顺之，嘉靖二十三年（1553年）中进士，授官编修。因不攀附权臣严嵩，而被迁出任四川提学佥事，再迁国子监祭酒，后累官至吏部尚书。据《丹阳县志》记载，姜宝位列名臣，被视为"乡贤"。去世后，人们为他竖立了一座"黼黻文明"的巨石牌坊。

姜宝一生著述颇丰，其著有《周易补疑》十三卷、《四书解略》六卷、《春秋读传解略》十二卷、《春秋事义全考》十六卷、《稽古编大政记纲目》八卷、《资治上编大正记纲目》四十卷、《资治下编大正记纲目》三十二卷、《凤阿文集》三十八卷、《诗集》十卷，还有《湖山聚乐卷序》《请建立义庄疏》《筑内城记》《重修学宫记》《重修普宁寺记》等。

罗汝芳　（1515—1588年）明中后期著名哲学家、思想家、教育家、文学家，泰州学派的代表人物，明末清初启蒙思想家的先驱。字惟德，号近溪，学者称其近溪先生，江西南城泗石溪（今江西南城县天井源乡罗坊村）人。罗汝芳自幼聪明好学，五岁从母读书，稍长便博览群书，并专心于理学。十六岁时赴南昌拜泰州学派代表人物颜钧为师，尽受其学。后得王艮泰州学派真传。嘉靖二十三年（1543年）中举人。次年参加会试后，自认为"吾学未信，不可以仕"，不参加廷对，退居故乡十年之久。

嘉靖三十二年(1553年),再次赴京参加殿试,赐同进士出身,授官太湖(今安徽太湖)知县,两年后,擢升为刑部山东司主事。嘉靖四十一年(1562年),出任宁国府(今安徽宣城)知府,他为政重教化,以讲会、乡约为治,又主持修缮泾县、南陵、太平等县城池,政绩斐然。嘉靖四十四年(1565年)因父丧回乡守制。万历元年(1573年)守制期满,复为朝廷起用,任东昌府(今山东聊城)知府,他治理东昌如同治理宁国,未满三月,即令士民大为叹服。不久,改官云南道巡察副使,分守永昌。万历五年(1577年),官拜右参政。不久,因公进京,应邀于城外广慧寺讲学,朝中人士纷纷前往听讲,此事引起内阁首辅张居正的不满,上疏劾他"事毕不行,潜往京师,摇撼朝廷,夹乱名实"。由此,罗汝芳被罢官归里。万历十六年(1588年)逝世,终年七十四岁。

罗汝芳一生热衷于钻研理学。年轻时,他受程朱学派理学家薛瑄的影响,认为"万起万灭"的私心杂念长久困扰自己,于是在寺中闭关静坐,置水一杯、镜子一面,试图使自己的心如同水和镜子一样平静。后来,从父亲手中得到王阳明的《传习录》,使他领会了"致良知"的学说。十六岁后,拜理学家颜钧为师,他认真学习,探幽索隐,精究细研,逐渐认识到人的道德修养不必从"制欲"入手,接纳了"制欲非体仁论",他认为"大道只在自身"。人的目视、耳听、饮茶、吃饭、早起、夜寐、相对、问答,以至弹子的转动、肌肤的痛感,无一不是"道"的作用和表现。只要具备了肉体的形躯,就有了做圣人的条件。由此形成了自己的理学观点。此后,他四处游访,考察社会,进一步探究学问,并在从姑山创办了"从姑山房",接纳四方学子,从事讲学活动。罗汝芳一生深入下层,宣讲哲理,教化士民,以发人良知和济人急难闻名于世。其学虽源于理学,但却反对"存天理,灭人欲"的正宗教条,提倡用"赤子良心""不学不虑"去"体仁",持见新奇,颇有创建。其著有《孝经宗旨》一卷、《明通宝义》一卷、《一贯编》四卷、《近溪子明道录》八卷、《会语续录》二卷、《识仁编》二卷。另外,还有《近溪子文集》五卷等。多数作品收入《罗如芳集》,包含语录、文集、诗集及附录四部分。

陈士元

(1516—1597年)明代学者、诗人。字心叔,号养吾、江汉潜夫、环中愚叟,小名孟卿,湖北应城西乡陈岭人。陈士元少年时聪颖好学,从小就树立了远大志向。嘉靖十三年(1534年),从师于余胤绪,嘉靖十六年(1537年)乡试中举人,并撰写了《缶鸣集》。嘉靖二十二年(1543年),编《金陵集》。嘉靖二十三年(1544年)中进士,任滦州知州,并编《滦州志》。其间,他还为当地建文笔峰,造祭器,修仓廪,并编撰了《海滨集》。陈士元很想在事业上有所作为,他看到朝廷腐败,便向皇帝上书,要求整饬吏制和财政。他的举措,却招致当朝大奸臣严嵩的反对,并对其谗言陷害,使他的身心受到严重打击。见理想难以实现,于嘉靖二十八年(1549年),他毅然辞去官职，回归故里，游览名山大川，广增见识，并在家乡建"浩然堂"，潜心著述四十余年，写下了大量论著和诗篇。他的著述深得明、清学者推崇，明代萧声润为陈士元所作的《百老歌》写序曰："蒲阳陈养吾先生，学富二酉，著作等身。"清代程大中在其《归云书目记》中写道："养吾……负于济才，牧滦州有能声，旋弃官去，遍游五岳，所至辄为记述，及归里，杜门博考者垂四十年。所著……考有明一代撰述之富。予读先生之书，该博与两家（杨升庵、朱郁仪）等，其独造而不苟同。"清代孙甡曾作《陈养吾墓诗》云："归云著作等身齐，井里空存墓草迷，重勒丰碑三百载，深山不复夜乌啼。"陈士元著有《易象钩解》《五经异文》《论语类考》《孟子杂记》《荒史》等书二十六种，计二百五十二卷；未刊行的还有《新宋史》《新元史》百余卷，《史纂》十卷。另有散佚不传者四百余卷。其著述多收于《明史·艺文志》和《四库全书》中。

徐师曾

（1517—1580年）明代学者、医生。字伯鲁，号鲁菴，南直隶苏州府吴江（今属江苏）人。徐师曾嘉靖二十三年（1553年）中进士，历任兵科、吏科、刑科给事中，隆庆五年（1571年）因病上疏请求致仕，万历八年（1580年）去世，终年六十四岁。

徐师曾幼年习儒，博学多识，兼通医卜、阴阳等。其编有《经络全书》两卷，起初仅有传抄本行世，后由尤乘等修编增订，正式刊行。徐师曾还撰有《周易演义》《医家大法》《文体明辨》《大明文钞》《宦学见闻》《吴江县志》《湖上集》等。共数百卷行于世。

林兆恩

（1517—1598年）明代学者、三一教的创立者。字懋勋，号龙江、子谷子。晚年门徒称其为夏午尼氏、三教先生、三一教主。福建莆田县城内赤柱巷（今荔城区英龙街赤柱巷）人。嘉靖十三年（1534年），林兆恩补邑弟子员，入县学。嘉靖二十五年（1545年）乡试落榜，遂摒弃科名，致力于研究宋儒和王阳明的心身性命之学。即久，心有所悟，认为儒、道、释"其教虽三，其道则一"，于是创造"三教合一学"说。

隆庆元年（1567年）至万历二十六年（1598年），林兆恩将主要精力置于著书立说和传教活动。他的足迹遍及八闽各地，还多次往返于江西、浙江、南京等省市。除了著述和传教外，他还热心于社会公益事业，如募建、修葺宫、庙、寺、观、桥梁、塔刹等；也时常赈济灾民，为百姓排忧解难。林兆恩所创立的修身练性方法——"九序心法"在林兆恩思想和三一教发展演变中占据着十分重要的地位。当时，瘟疫流行，他带领门徒通过传授推广"九序心法"为平民百姓治病。许多官吏、士大夫对此也很感兴趣，按院朱光宇、开府刘思问、都宪刘勋等都曾登门探求治病之方。除此而外,刘兆恩还撰有大量著作,除《易外别传》一卷外,还有《林子圣学统宗三教归儒集》四册、《三教分内集·三教分摘便览》十册六十二卷、《林子全集》三十二册一百一十二卷、《林子会编》三十册一百一十八卷、《林子三教正宗统论》三十六册等,这些著述,分别收于国内以及美国、日本等各大图书馆中。

朱睦㮮

(1518—1587年)明代学者、藏书家。字灌甫,号西宁,周定王六世孙,学者称西宁先生,安徽休宁人。朱睦㮮自幼好学,受家学影响,二十岁便通五经,并开始了自己的私家藏书事业。他苦于藩地开封,不拘于藏书故地,曾不远千里,前往江浙等处,四处搜访旧书古籍,写录补缀,孜孜不倦。后又倾其家财,将明初的两大藏书家族江都葛氏、章丘李氏的万卷藏书尽收囊中。由于其时居汴梁(今河南开封),于是在宅子的西侧建立了藏书楼,命名"万卷堂"。朱睦㮮将其所藏图书分为经、史、子、集四部,并加用各种牙签进行识别。他在《万卷堂家藏艺文自记》中透露,其收藏的经类书籍有六百八十部,六千一百二十卷;史类有九百三十部,一万八千卷;子类有一千二百部,六千七十卷;集类有一千五百部,一万二千五百六十卷。他是当时最为有名的藏书家,藏书之多堪比汉代的刘向。

朱睦㮮精通《易》学、《春秋》等,其论《易》大旨,注疏诸家说《易》之异同,虽荟萃不多,却颇有卓见。如在注"乾坤四德"时,谓程颐《伊川易传》曰:"视本义为胜。"他认为"乾·九二""利见大人,不专指九五";"明夷·九三""不可疾贞",从项安世以"贞"字为句;"井泥"之"泥"应读平声;"勿幕"之"幕"应为"目"字;"数往者顺",应采用王安石之解等等。类似训释在明代释《易》著作中别开生面,非同剽说雷同者可比。朱睦㮮著有《五经稽疑》《春秋诸传辨疑》《革除逸史》《圣典》《镇平世系记》《谥苑授经图》《经序录》《异林》《韵谱》《明帝世表》《周国世系记》《建文逊国褒忠录》《陂上集》等。

陆西星

(1520—1606年)明代著名道士、学者,丹法东派(阴阳派)的创立者。字长庚,号潜虚子,扬州兴化(今属江苏省)人。陆西星年幼聪颖,博览群书,文辞娴熟,但九次乡试均落第。于是他沉潜于道德,深入研究玄理。自称于北海草堂得吕洞宾"阴阳合而成道"的上乘功法等秘传,创建了东派功法,即阴阳派功法,成为道教阴阳派的创始人。陆西星著有《宾翁草堂自记》《道缘汇录》以及吕祖诗集《钟南山人集》,还著有《方壶外史丛书》八卷,其中七卷收入了《阴符经》《参同契》《入药镜》《百字碑》《金丹四百》《龙眉子》《金丹印证诗》《青天歌》等重要经典注疏类作品。另外，还著有《道德经玄览》《悟真篇小序》《参同契口义》等书籍十种。最后一卷收入《有玄肤论》《金丹就正篇》《金丹大旨图》和《七破论》四种概论性著作。陆西星还著有一本笔记手稿《三藏真诠》，内有《法藏》《华藏》《论藏》三卷。另有《南华副墨》《楞严经说约》等。

鲁邦彦

字正卿，河南睢州人。其七岁丧父，家境贫困。从师学习，立志苦读，每日背诵千余言。稍知经义后，就认识到应该向圣贤看齐。嘉靖二十八年（1549年）省试中解元，次年中进士，授行人。他奉命出使唐藩，唐王赠以金银，他婉言谢绝。唐王又赠以礼物，他说："每日有美食、美酒享用，不敢再受礼物。"三年满考，依例其应当选备皇帝侍从官或郎官，但因鲁邦彦不与当时的权臣严嵩结交，所以迟迟不能升迁。后因挂念母亲年老，辞官回乡，闭门谢客，精研经术。当时海内学者多承仰心学大师王守仁，而他却专程、朱之学。隆庆元年（1567年），朝廷下诏寻访先朝俊杰，众臣推荐鲁邦彦，朝廷任其为吏部主事，改光禄丞，他皆不受。专意留心国家时事，经常对当朝掌权者危言忠告。人们私下议论说："鲁君议论太高，怪不得难以升官！"当时杨嵩为吏部尚书，劝鲁邦彦出山从政，写信说："海内以您是否出仕来衡量天下是不是有道。"著名学者耿定向说："临大节不可夺其志，我相信鲁君。"鲁邦彦著有《河图洛书说》《大学讲》《中庸解》《就正录》等，这些著述皆中正精实，发前人所未发之论。巡按御史题其门额曰"理学名贤"。

万民英

（1521—1603年）字汝豪，号育吾，大宁都司（今内蒙古宁城县）人。嘉靖二十九年（1550年）庚戌科进士。先后任河南道监察御史、福建布政司右参议。

万民英对星相、命理研究造诣很深，撰有《三命通会》《星学大成》等专门讲命理的书籍，均被收入《四库全书》中，历史上评价很高。万民英性情刚直，因言语不慎得罪了当朝权贵，他便借扶母灵柩回故里之机而远离仕途，从此隐居三十余年，在家乡建学堂，收弟子。他热衷于慈善与教育事业。李时新等二十几名弟子在他的教导之下均有建树。此外，他还编著了《易经会解》《兰台妙选》《阴符经》《相字心经》等，其中许多至今仍在流行。

来知德

（1525—1604年）明代思想家、哲学家、著名理学家、易学大师。字矣鲜，号瞿塘，四川梁山县（今重庆梁平区）人。来知德自幼聪明好学，八岁能诵,九岁能词,其学以致知为本,尽伦为要。于嘉靖三十一年(1552年)中举人,立下了"原学孔子"的宏愿。他以攻经入手,将明朝召集诸儒纂修的《五经性理大全》日夜诵读。读及《周易》,方知诸儒释经时皆忘了象数,只言义理。他在釜山斗室静坐六年悟道养性,却对《易经》图像无所领悟。从此,下决心离开梁平家乡到重庆与湖北交界处的万州五桥长滩镇那茂林修竹、溪水潺流的虬溪深山丛林中,苦苦研读《易经》原著,终于领悟两千余年前问世的《易经》原意。他以坚忍不拔的毅力,一丝不苟的态度,废寝忘食研究了二十九个春秋,终于使世称绝学的《周易集注》成书问世,创立了有明一代以象解《易》的"来氏易学"。

来知德说《易》主张"理、气、象、数"四者的统一,提出"流行者气,主宰者理,对待者数"(《周易来注·来瞿唐先生圆图》)。认为不能舍象而言理,"《易》卦者,写了物之形,象之谓也,舍象不可以言《易》矣""有象则大小远近精粗之理,咸寓其中,方可弥纶"(《周易来注·系辞下》),把义理和象数结合起来,符合《周易》本身的内容和特征。来氏易学深受程朱理学的影响,既继承和发展了程朱理学,又具有独特而鲜明的时代特征,他的易学思想既包含对中国古代易学思想的继承、对理学的批判和修正,又包含对新思想的吸纳以及对中国古代易学思想的全面梳理和总结,其易学丰富了中国易学思想宝库的内容。恰如著名学者陈奇猷所言:"宋儒治易,程颐准乎理,邵雍主乎数。朱熹为《周易本义》,兼言理数。来氏注易,继朱熹理数之学而加详,其深究易象之旨,则为朱熹所缺略。来氏崛起于明季,为理学一大家,影响颇大。《易经集注》(即来知德《周易集注》)一书,为研究明清哲学史、理学史以及易学史所必读。"

来知德《易》说的独创性主要是关于错综中爻理论。他认为:伏羲之卦主于错,文王之卦主于综。"错者,阴阳横相对也"(《周易来注·易经字义》),或者说"一上一下谓之综"(《周易来注·易学启蒙》)。"错"从横的方面揭示了卦与卦的关系,即阴阳矛盾对立关系,是自然和社会矛盾对立的反映;"综"是从纵的方面揭示了卦与卦的关系,反映了阴阳二气上下流行的过程。中爻说则把内外卦联系起来,"中爻者,二、三、四、五所合之卦也"(《周易来注·易经字义》),又说:"中爻者,阴阳内外相连属也"(同上)。这样就从纵横、内外等方面把六十四卦组成了不可分割的网络结构。又因把错综中爻的理论与卦、爻辞紧密结合起来,用象数诠释义理,使许多难以解释的卦、爻辞豁然明了。其《易》说不仅揭示了《易》卦象与数之间的联系,同时也揭示了象数和义理之间的联系,从而阐明了周易完整的网络结构和严密的系统性。来知德除著有《周易集注》(又称《周易来注》)外,还著有《理学辨疑》《大学古本释》《弄圆篇》《省事录》《省觉录》《日录内外篇》《心学晦明解》《瞿塘目录》《釜山诗集》等。

章 潢

(1527—1608年)明代理学家、哲学家、教育家。"江右四君子"之一。字本清,江西南昌人。章潢自幼聪颖好学,饱读儒学经典,曾任顺天府儒学训导。构洗堂于东湖,聚徒讲学。又主持白鹿洞书院,为人师表,品行端正。乡人称其"自少迄老,口无非礼之言,身无非礼之行,目无非礼之书"(《明史·章潢传》)。章潢曾曰:"学要明善诚身,只与人为善,便是宗。"认为先儒所谓敬穷理、致良知等,虽言各不相同,皆求明性善之功,而不必专执一说,然后以为宗。他服膺陆象山"宇宙便是吾心,吾心便是宇宙,四海百世有圣人出焉:此心皆同"之说,认为这不仅指心,而又指理,指尽心之圣人而言。如果未识真心,则不能遽同往圣。往圣教人辨危存亡之机,即求明此理之同然者,以自尽其心。心之广大,举六合而无所不包,折万殊而无所不入;心之神明,千变万化而无所不用;纵横翕张而莫非圆机。他认为人生之初,其心本无不善,而随人之渐长,而被物引习移,又难以永葆此心而不丧。故不可指众人见在之心而与圣人之心等同。此心虽被外物所移,但本心未泯者,全靠圣贤多方引诱指点。故章潢提倡"存心",认为"天地万物之理,皆具此心,人之所以为人,亦唯学存此心而已"。而"心之所以为心,又唯寂而已"。人性本善,至动而神,至感而寂,显密浑沦,渊浩无际,虚融恢廓,本无外内显微之间,它无一方所,虽至善,乃天理之浑融,不可名状。性善,随人伦之散见,不待安排,随万感万应,各当天则,但"一真凝然,无聚散无隐显,自尔安所止"。认为知为此身之神灵,身为此神之宅舍,良知具足于身中,唯本之于身以求之。仁义礼智,非由外铄我,我固有之。对宋儒将"性"分为天理之性与气质之性的观点,章潢持不同意见,谓孔子言"有物有则",即形色天性之谓。性本含有无、隐显、内外、粗精等具体方面,而后儒竟称还有气质之性。人不能离气质而有生,性不能外气质而别赋。气即性,性即气,浑然无别,不可言气外有性,性外有气。天地化生,游气纷扰,参差万殊,故人之所秉,清浊厚薄,亦因人而异,所不齐者,乃为气质,而并非气质之性。气质有清浊、厚薄、强弱之不同,而性则为一。性能扩而充之,而气质不能拘。气,为质,为性,可以分言之,可以兼言之,可以谓气质为天性,但不可谓之气质之性。认为人可以养性以变化其气质,若说变化气质之性以存天理之性则非也。

章潢说《易》主于言象,故引张行成之说驳斥晁公武公理之论,大抵以疏引《汉上易传》为主,杂引虞翻、荀爽《九家易》及李鼎祚、郑汝谐、林栗、项安世、冯椅、徐大为、吕朴卿等诸家《易》说,并参以己意。其取象之例甚多,不出本体、互体、伏体三类,虽然多数本于古法,然而推衍烦碎,不能尽得经义。章潢著有彰显西学的《图书编》一百二十七卷、《周易象义》十卷,还著有《书经原始》《诗经原体》《春秋窃义》《礼记札言》《论语约言》等。

孙应鳌 （1527—1586年）明代大儒、著名学者、诗人、思想家、教育家。王阳明再传弟子。字山甫，号淮海，贵州清平卫（今属贵州凯里）人。孙应鳌自幼聪颖异常，好学上进，喜读诗文，善作文章，日诵千言。嘉靖二十五年（1546年）中举人，三十二年（1553年）中进士。授官户科给事中，出任江西按察司金事，迁陕西提学副使，晋为四川右参政，不久擢升金都御史。因抵御流寇有方，累迁郧阳巡抚、大理卿、户部右侍郎，后改礼部，充经筵讲官，掌国子监祭酒事宜（全国最高教育行政长官兼全国最高学府校长），继而任刑部右侍郎、南京工部尚书等。其为官勤于体察民情，善于调查研究，向朝廷提出"勤学、励政、亲贤、远奸"等疏谏，深受重视。五十岁时辞官归乡，在清平建孔子院，为家乡讲学，在发展家乡文化教育事业上做出了较大贡献。

在哲学思想上，孙应鳌在晚明王学全盛之时，继承并发展了王阳明的心学思想，通过与浙中王门的王宗沐，泰州王门的徐樾、赵贞吉、罗汝芳、耿定向，江右王门的邹守益父子、罗洪先、胡直、邹元标，南中王门的徐阶，楚中王门的蒋信，黔中王门的李渭、马廷锡等王门弟子的广泛交流，相互切磋，发展了王学理论，形成了独特的心学理论体系。以"六经注我"的心学精神，标新立异，独树一帜。并将此学贯穿到易学上，称天地万物，处处都有易理，只在于人心能否明其理。孙应鳌说《易》不注重文字上的训诂，而更重视借《易》以讲明心学，自畅其说，故其释《易》常常别开生面，令人耳目一新。他著有《淮海易谈》《律吕分解》《学孔精言舍汇稿》等。

李贽 （1527—1602年）明代思想家、文学家，中古自由学派鼻祖、泰州学派的一代宗师。本姓林，名载贽，后改姓李，名贽，字宏甫，号卓吾、恩斋，别号温陵居士、百泉居士，福建泉州人。嘉靖三十一年（1552年）中举人。历任共城知县、南京国子监博士、南京刑部主事，万历年间为姚安知府，后弃官寄寓黄安、麻城，专事讲学与著述。在麻城讲学时，从者数千人。李贽"自幼倔强难化，不信道，不信仙释，故见道人则恶，见僧则恶，见道学先生则尤恶"，以异端自居，反对以孔子学说为家法，猛烈抨击假道学。终被统治者以"敢倡乱道，惑世诬民"的罪名逮捕下狱，最后自杀于狱中。

在哲学观点上，李贽反对以"一""理""太极"为万物本原，反对程朱理学"理在气先""理能生气"的观点。他认为宇宙最初只有阴阳二气，并没有居于阴阳二气之上的"理"。他说"有天地然后有万物，然则天下万物皆生于两，不生于一，明矣。而又谓一能生二，理能生气，太极能生两仪，何欤？夫厥初生人，惟是阴阳二气，男女二命，初无所谓一与理也，而何太极之有？以今观之，所谓一者果何物，所谓理者果何在，所谓太极者果何所指也？"（《夫妇篇总论》《初潭集》）

其说《易》于每卦先列经文，次以己意总论卦象，又附录诸儒之说于每卦之后。其只论六十四卦,对《文言》《系辞》等俱不涉及,还臆改经文移《大象》于《小象》之后。认为乐必九奏而后备,丹必九转而后成,易必九正而后定。故其易著定名为《九正易因》。唯此书不敢诋訾孔子,较他的其他著述着笔谨慎。李贽还著有《焚书》《续焚书》《李氏藏书》《李氏续藏书》《史纲评要》《初潭集》《卓吾老子三教妙述》《李卓吾遗书》《阳明先生道学钞》等。

万廷言 明代学者、经师、理学家。字以忠,号思默,江西南昌人。嘉靖四十年(1561年)中进士。历任礼部郎官、湖广佥事、四川参议、提学副使等职。后辞官归乡,在家隐居三十余年,专心研究学问。师从王阳明弟子罗洪先,成为传承心学的重要人物。在其所研究的诸经中,"尤深于《易》"。其学说以心学为传承,以《易》为依归,将易学概念与义理融入良知学。认为《易》"三百八十四爻,无非心体之流行,不著爻象,而又不离爻象"。以乾、坤、复、坎、离明心体,道体重渊寂,功夫主静无欲,境界冲淡恬愉。其著有《易原》《易说》《学易斋约语》《学易斋前后集》《经世辑要》等。

邓元锡 (1529—1593年)明代中后期著名学者、理学家、历史学家、文学家、著作家。字汝极,号潜谷,江西省新城县城南津(今属江西黎川县日峰镇)人。邓元锡从小敏颖好学,志向高远,少时就读于县城凛山精舍、正宗书院。后分别拜黄在川、罗近溪以及多位有名望的学者为师,嘉靖三十四年(1555年)中举后,便杜门谢客,潜心著述。他认为"浮世功名"是和做学问相背驰的,于是又从邹守益、刘邦采、刘阳等人为学,互相切磋学问,历时寒暑三十载。因其学识渊博,见解深奥,终于成为当时知名的学者,被尊称为"潜谷先生"。

邓元锡的学术思想渊源于王守仁,但又不尽宗其说。他反对当时心学"学惟无觉,一觉即无余蕴,九容、九思、四教、六艺皆桎梏也"之说,认为:"九容不修,是无身也;九思不慎,是无心也。"主静和收摄放心。他读书都要归于《六经》,每日晨起,即令从学者静坐收摄放心,至食时,次第问当下心体,语毕,各因所至为觉悟之。他主张,道本于天,而人的任务是,用"入微"和"防危"的方法,严格遵照古代圣贤的垂训去做,明悉天理,诚信为之,以期达到天人合一的最高境界,并以此来指导生活实践。他的学术思想虽源于心学,但宗旨归于《六经》。他对古典《六经》崇拜至极,由衷赞道:"大哉!先师之《六经》乎,洋洋乎天人之奥,伦物之情备是矣。删述垂训,功至罔极。近世学者,迁滞闻见,迷离于原本。其师心自用,竟口实于《六经》注脚之语,蔑问学而不事。吾深病之。"此言反映了他对当时一些学者离经叛道,仅局限于经书注释而不求甚解等做法的反感,体现了他严谨的治学态度和渊博的学识。

邓元锡一生著述极为丰硕。根据《四库全书总目提要》对他作品的统计,仅收录该书的便多达五部二百余卷。其中,《五经绎》十五卷、《三礼编绎》二十六卷、《函史》上编八十一卷、《函史》下编二十一卷、《皇明书》四十五卷、《潜学稿》十二卷。他所编辑的《五经绎》包括《六经》中的《书绎》《诗绎》《三礼绎》《春秋通》《易绎》,皆收录于《四库全书》的"经部"。他说:"《书》《诗》《礼》《乐》《春秋》,天之五运乎。《易》秉奥符,则其元命也。天道恢恢,岂不大哉?神明默成之至矣。"他尤其擅《易》,晚年更加嗜好。他对《易经》各卦爻均作了注解,并根据《易》文,创作了《先天图原》《后天图原》《周易卦序》《十翼通》《偶图说》诸篇。《易绎》是他死前尚未完稿之书,他说:"《易》理精奥,稍着意见,落言犹难,以俟后圣不惑。"此书后来被其弟子代为刊行。

贺沚

字汝定,安徽省庐州府(今安徽合肥)人。隆庆年间(1567—1572年)中举人。曾任海南文昌知县。在他倡导下创建了蔚文书院,对儒学、理学在海南的传播发挥了重要作用。其《易》说以图书为原本。其六十四卦说、太极图说皆抄摘朱熹之论,并无新发明。他以河图为先天体,洛书为后天用。八卦有先天图,本自道家抽坎填离之说,然将图书分先后天,此论为前人所未有。他还引《阴符经》所称五藏证五行,用以说《易》。贺沚著有《图卦亿言》等。

杨时乔

(1531—1609年)字宜迁,号邱庵,江西广信府上饶(今江西上饶市信州区水南街道滩头)人。嘉靖四十四年(1565年)中进士,历任工部主事、吏部员外郎、吏部左侍郎等职。他为官清廉,对当地百姓多有惠及,民间誉为"杨天官"。万历三十七年(1609年),因积劳成疾,病卒于位上,终年七十九岁,谥端洁。

杨时乔从师于吕怀,不喜王阳明之学。尤其厌恶罗汝芳。其学术宗旨更贴近于程朱理学,是程朱理学的甘泉派代表人物。据《明儒学案》所述,杨氏之学"以天理为天下所公共,虚灵知觉是一己之所得。故必推及其虚灵觉识之知,以贯彻无间于天下公共之物,斯为真儒之学;若单守其虚灵知觉,而不穷夫天下公共之理,则入于佛氏窠臼矣"。《周易古今文全书》提要谓:"其大意在荟萃古今以辟心学说易之谬,所宗惟在程朱,故集中《大学》《周易》诸序,及孔、朱二像碑,皆力辟心学之误云。"在明代理学基础上,杨时乔所倡导的学术思想又有了新的创造和发展,其内容涉及经学、文字学、动物医学、史学等诸多方面。杨时乔著有《周易古今文全书》《端洁集》《马政记》《两浙南关榷事书》等,其中多数著作收入《四库总目》并传于世。

沈一贯 (1531—1615年)明朝学者、诗人。字肩吾、不疑、子唯,号龙江、蛟门。浙江鄞县(今浙江宁波鄞州区)人。隆庆二年(1568年),沈一贯三十八岁时,在科考中考取三甲进士,授官检讨。万历二年(1574年),出任会试同考官。后历任翰林院编修、日讲官兼经筵讲官。因发表关于忠孝的言论使首辅张居正认为他在讽刺自己,长期不予提拔使用。张居正死后他被任命为左春坊左中允兼翰林院编修,不久任侍读学士、右春坊右谕德、吏部左侍郎兼侍读学士,加太子宾客。万历十二年(1584年),擢升詹事府少詹事兼翰林院侍读学士、教习庶吉士,为郭正域师。后官职累至太子太保兼少师、吏部尚书、建极殿大学士。万历二十九年(1601年)成为当朝首辅。辞官归乡十年后逝世,赐太傅,谥号文恭。

沈一贯注重诗文和庄子学说的研究。他的庄注与历史上诸多庄注有所不同,在沈一贯之前,庄注基本上没有批判庄子本身的,而沈一贯则是带着审视的目光来注解和点评庄子观点的。他针对庄子学说的两大弊端,注重把无为与有为、个体感性和社会理性统一起来,并结合个体感性和社会理性的关系,对宋明理学进一步完善,承认和弘扬人心物欲的合理性,他的这一发明在庄学史的研究和中国思想史上具有一定的地位。沈一贯著有《易学》十二卷、《敬事草》十九卷,还有《啄鸣集》《礼洛迦》等。

张献翼 (约1534—1604年)字幼于,号文起,后更名为敉,长州(今属江苏省苏州市)人。张献翼很早就有较高的名声,与其兄张凤翼、弟张燕翼并有才名,时称"三张"。其二十岁时便结识了文豪王世贞,并为王所赏识。当时的文人认为张献翼的才华在其兄张凤翼之上。嘉靖四十三年(1564年),张献翼兄弟三人同时赴考,其兄张凤翼与弟张燕翼皆考中举人,唯独张献翼落榜。后来听说是因为主考官怕兄弟三人同时中举惹来非议,于是便故意裁掉一个,张献翼就成了牺牲品。这次落榜对张献翼打击很大,影响到他的人生轨迹。此后他行为放荡不羁,言行诡异,打扮妖艳,自称有"犬马之性"。这种怪诞的行为一直延续到其生命结束。

张献翼精通《易经》,其说《易》著述,皆平正通达,笃实不支,为人称道。其著有《张氏三易》《周易约说》《读易臆说》《易杂说》《读易韵考》《读易纪闻》《学易标闻》《学易漫闻》等,他曾模仿《颜氏家训》作《教子戒书》,洋洋四万言。另外,还著有《文起堂集》十卷、《纨绮集》一卷。这些书,大多收入《四总库目》而行于世。

曾朝节

（1534—1604年）字直卿，号植斋，湖南临武人。曾朝节自幼隽朗不群，警敏风发，与其弟朝符、朝简一同随父在衡州吏舍读书，每日书声琅琅。知府蔡汝粃循声而往，观其文章，极为赞赏。对其父说："君三子皆人才，必将高门大户，应多加培植。"曾父遂请名师教导兄弟三人。曾朝节十七岁为府学生员，嘉靖三十七年（1558年）乡试第十名，跟从程天津潜心研究王艮的"格致之学"。程天津曾问曾朝节何以号植斋？曾朝节答曰："节固欲自立也，植则卓然无不立耳。"程天津曰："心为性命之宅，诚欲自立，必于性命沃之，当无不茂。"曾朝节十分敬佩程氏之说，从此更加"摄气敛神"，每日与诸先辈考证、切磋学问。

曾朝节高中探花后授翰林编修，任职史馆，充《大明会典》纂修官。万历十三年（1585年）以秩满升任侍讲，负责编纂《六曹章奏》。万历二十年（1592年）七月，任国子监祭酒。万历二十二年（1594年）四月，再升为南京礼部右侍郎兼经筵讲官。他持论公正，从无过激之词。每次都因事进谏，措辞委婉，循循善诱。遇事则多方启迪，力求达于正道。光宗待他以宾客之礼。在任礼部尚书时，他以直言正论为神宗所倚重。居官二十余年，以忠诚勤勉获得皇上眷顾，拟选入阁，他却以年老体衰坚辞不就，请归田里，一连五次上疏，方获准辞官。万历三十二年（1604年），曾朝节病逝于京师寓所。神宗诏遣大学士李廷机、右谕德萧云举谕祭葬如例，赠太子太保，谥文恪。曾朝节著有《易测》《臆言》《经书正旨》《紫园草》《南岳纪略》等，在《四库全书》有存目。

潘士藻

（1537—1600年）字去华，号雪松，江西婺源县桃溪坑头村人。潘士藻生性灵异端重，十八岁即考中秀才，其文笔老练如宿儒。隆庆四年（1570年）举乡荐，与太史焦漪园成为讲学交，万历十一年（1583年）进士及第，与御史大夫邹南皋等人成为明道交，初授温州府推官，任职期间因政绩颇佳，擢升为御史，负责巡视京都北城。多年以后，又升任南京吏部主事，再升为尚宝卿，后于任职中病逝。

潘士藻一生虽担任要职，却一贯主张"克己而后能格心，正身而后能纠邪"。后人对他评价极高，说他"政绩在郡县，风采在庙廊，信义在交游，宗族学术在天下"。潘士藻的著述主要有《谈易述》十七卷、《闇然堂类纂》六卷。《谈易述》收录于《四库全书》经部易类，此书上下经十卷，系辞至杂卦七卷，每一条皆先抒发自己的意见，然后采缀其他各儒之说。此书前有太仆寺丞、南京司业焦竑所作序言，称赞该书主理完善，主象完备。《闇然堂类纂》则收录于《四库全书》子部小说家类，该书借明末风俗凋敝，骄奢横溢而针砭流弊，多含警世之意。这两部书均受到后人好评。

唐鹤征

（1538—1619年）字元卿，号凝庵，江苏武进（今江苏常州）人。隆庆五年（1571年）中进士，历任礼部主事、工部侍郎、尚宝司丞、光禄寺少卿、太常寺少卿、南京太常等职。因屡次上书陈事，受人妒忌，托病归里。后来在无锡东林书院讲学。唐鹤征对于天文地理、九流百家、稗官野史等诸多方面，无不涉猎研究。其学源于王阳明之学，但又不尽相同。其学术思想受父亲唐顺之影响较大，具有较多的唯物主义成分。

唐鹤征对于宇宙本原问题有独特看法，他提出了"乾元生三子"的理论，认为乾元所生三子，曰天、曰人、曰地。人生于乾元，天地亦生于乾元，故并称之曰"三才"。从而否定了"天能生人"的传统说法。他说："乾元"是"气"的别名，"盈天地之间，一气而已。生生不已，皆此也。乾元也，太极也，太和也，皆气之别名也。自其分阴分阳，千变万化，条理精详，卒不可乱，故谓之理非气外别有理也""知天地之间，只有一气，则知乾元之生生，皆是此气"。这种"气本论"的思想可溯源于张载，唐鹤征曾说："盈天地间，只有一气，唯横渠先生知之。"唐鹤征的心性说，也较有特色。他认为，心不过是五脏之心，舍五脏之外无心，"心之官本思""心与行非有二也，自其浑含谓之心，自其运旋谓之行，唯其心之生生不已，故其行之运旋不息"。心的妙处在"方寸之虚"，是容纳"性"的宅所。此"方寸之虚，实与太虚同体，故凡太虚之所包涵，吾心无不备焉，是心之灵即性也"，舍心，则性无所于宅；舍性，则心不得而灵。在认识论方面，他强调"自得"和"悟"。认为君子深造之道，舍自得别无出路；欲自得，舍悟别无得路。他主张"悟"要在学习中进行，学应该"日有孳孳，死而后已"。在知行关系上，他认为知不能脱离行而独立存在，没有行就没有知，他主张"知易行难"。他曾运用老、庄的某些理论解说《周易》，认为事物都是运动变化的。他对孟子所提出的养气之说表示赞赏，认为所谓理、性、神都是气之最清处，养气就是要养得清明之气。他对"格物致知"也有自己独特的看法，不同意王阳明以心、意、知为物而格之的说法，也不同意朱熹的事事物而格之的主张，提出了将"格"训为"格式"，即法则。"格物"就是要使物物皆得其则。在道德修养方面，他强调"慎独"，主张慎于一念未发之前。唐鹤征著有《周易象义》《周易合义》《桃溪札记》《皇明辅世编》《宪世编》《太常遗著》《武进县志》《重修常州府志》《南游记》《元卿三稿》等。有学者认为《北游记》《南华正训》也为其作品。

吴中立

明代学者。字公度，号景山，福建浦城人。隆庆五年（1571年）中进士。因父亲去世，又感于仕禄不能养亲，于是远离仕途，隐入武夷山，结庐于武夷山北部杜葛岩，取名"养恬斋"，并刻诗于岩壁，曰："一径桃花绕竹林，石楼高结万山阴。人间自有桃源路，不用渔郎别处寻。"他一直在此著述终老。著有《易铨》《学庸》和《道德经注》等传于世。在水帘洞、虎啸岩等处留有摩崖石刻。

钱一本

（1539—1610年）明代学者、易学家。字国瑞，号启新，常州武进（今江苏常州）人。万历十一年（1583年）中进士，任庐陵知县，授福建道御史，曾巡按江西、广西。因上《论相》《建储》二疏评论政弊，所言耿直，而遭神宗忌恨，削职为民。罢归乡里后建经正堂，专意讲学著述，潜心钻研六经及濂洛诸书，尤其精研《易经》，历时二十载，撰写了《像象管见》九卷、《像抄》六卷、《续像抄》二卷，其所著不取京、焦、管、郭之说，也不采陈抟、李之才之义，忌谈本体，侧重功夫，就卦爻以求象，就象以明人事祸福。认为：象者，天道；像其象者，尽人合天之道。由辞得象，而后无虚悬说理之病，知象为像，而后有神明默成之学。对言象遗理、言理遗象，仿佛知其象乃不知所以为象之弊极力摒弃。虽间有枝蔓，然偏近于义理之学。钱一本所著《像抄》，虽以像为名，实则推衍发挥陈抟的数学。其所创卦图，以朱熹《周易本义》所列九图为基础，衍为三十二图，且各图皆有说明，纵横比对，自谓言象而理在其中。然孔子所谓"象也者，像也"，象即指卦爻。朱熹《周易本义》所列九图，后儒多有引衍发挥，钱一本又创二十三图借以旁推，尤为枝蔓。其提倡"率性修道""慎独""诚明"，认为"性是先天太极之理，心兼后天妙气；性是合虚与气，心是合性与知觉"。钱一本还著有《四圣一心录》《范衍》及《遁世编》等。

焦 竑

（1540—1620年）明代学者、思想家、藏书家。字弱侯，号漪园、澹园，江宁（今属江苏南京）人。万历十七年（1589年），殿试获第一名，授翰林院修撰、皇长子侍读等职。后因主顺天乡试而被诬陷，贬谪福宁州同知。他师从耿定向、罗汝等人，一生博览群书，于文学、史学、文字学、音韵学、考据学等诸多领域皆有涉猎和建树。思想上倾向王阳明心学，反对程朱理学，反对思想僵化和盲信古人。他与异端思想家李贽交往甚密，交情颇深，因此很受当时正统学派的非议和冷落。

焦竑说《易》以《列子》《皇庭内景经》《抱朴子》诸书为参释，力图调和儒佛。他认定佛经和孔孟"尽性致命"经义相同。其一生著述颇丰。著有《易荃》六卷、《澹园集》四十九卷、《澹园续集》二十七卷、《国史经籍志》五卷、附录一卷、《焦氏笔乘正集》六卷、《焦氏笔乘续集》八卷、《笔乘别集》六卷、《支谈》三卷、《俗书勘误》三卷、《养正图解》二卷、《墨苑序》一卷、《隐符经解》一卷、《逊国忠节录》四卷、《熙朝名臣实录》二十七卷、《焦弱侯问答》一卷等。

陈 第

（1541—1617年）明代学者、音韵学家、诗人、著名藏书家。字季立，号一斋，晚年号温麻山农，福建连江人。陈第六七岁读书，八岁受经于家中。从小心怀报国大志，酷爱藏书。闲暇时还学击剑、读兵书、研兵法。十九岁补弟子员，乡试位列第一名。曾任蓟镇游击将军。其间，写书信给戚继光，献平定倭寇之策。万历三年（1575年）在福州任教官，结识都督俞大猷，俞大猷将陈第举荐给戚继光，使其有机会随戚继光平定倭乱，出守古北口，坐镇蓟门十年。万历十一年（1583年），他辞官周游四海，后归乡建"倦游庐"为住所，另建藏书楼曰"世善堂"，晚年居于此地专心研究古音。认为"时有古今，地有南北，字有更革，音有转移"，著书专论古今音之异同，为后世开辟了深入研究古音的途径。

陈第论《易》于奇偶之数，皆以黑白为阴阳，两仪、四象、八卦皆规方而为圆；于先儒所传卦画方位、先天后天方圆诸图，一一辨其所失，赞图亦有据。其著有《伏羲图赞》《毛诗古音考》《屈宋古音义》《尚书疏衍》《一斋诗集》《两粤游草》《五岳游草》等。

苏 浚

（1542—1599年）明代后期理学家。字君禹，号紫溪，福建晋江苏厝人。万历元年（1573年）乡试中解元，万历五年（1577年）中进士。历任南京刑部主事、陕西参议、广西按察使、广西参政等职。他为官公正廉洁，"政尚简易，兴文化俗"，并善于选拔人才。在广西时，他曾主持修撰《广西通志》，人称信史。后因病乞归，迁任贵州按察使而不赴，居家专心研究理学，成为明代后期著名的理学家。其传世名句"交友四则"曰："道义相砥，过失相规，畏友也；缓急可共，死生可托，密友也；甘言如饴，游戏征逐，昵友也；利则相攘，患则相倾，贼友也。"苏浚著有《易经儿说》《四书儿说》《纬编微言》等。卒后，郡人建祠奉祀，将其与蔡清、陈琛并列。

李廷机

（1542—1616年）明代学者、贤臣。字尔张，号九我，福建晋江新门外浮桥（今属鲤城区）人。李廷机少贫励学，隆庆四年（1570年）举顺天乡试中解元，万历十一年（1583年）会试复获第一名。以进士第二名的成绩受任编修，历任国子监祭酒、南京吏部右侍郎、吏部右侍郎、礼部尚书、东阁大学士。万历四十年（1612年）九月晋任太子太保，同年致仕回乡。万历四十四年（1616年）逝世，赠少保，谥号文节。

李廷机是我国历史上少有的清官贤相，为人一向以严为主，为政则以"清、慎、勤"著称。他在主持浙江乡试与官吏考核时，杜绝舞弊。在南京任职时，一是罢免杂税，使商界复苏；二是解决了南京主帅成山堵断的长江河道，恢复百姓生计；三是捕捉"恶虎"

李文政戍边,为民除害;四是利用财政盈余,修葺罗城、公署、考场、庙宇等公共建筑。在北京任内,他大力革除贡使车马费;停发高丽戍饷;整顿殿试场所;扩建馆舍。万历三十五年(1607年),他屡遭权奸攻击,杜门不出,旋即辞官归里,身无长物。万历四十年(1612年)致仕。李廷机一生勤于著述,著有《易经纂注》四卷、《易答问》四卷,还有《四书臆说》《春秋讲章》《通鉴节要》《性理删》《燕居录》《李文节文集》等,其中多数流传于世。

郭子章 (1543—1618年)明代学者。字相奎,号青螺,蠙衣生,江西泰和县人。郭子章出身于书香门第,少而好学。十岁时父亲便传授他《周易》以及"程传""朱义"等,此后又学习王阳明"心学",打下了深厚的经学基础。隆庆五年(1571年)中进士,授福建建宁府推官、摄延平府事,转为南京工部虞衡清吏司主事,又督榷南直隶太平府、领凤阳山陵(即明祖陵)事。万历十年(1852年)迁任广东潮州知府,万历十四年(1856年)督学四川,不久转任浙江参政、山西巡按使、湖广右布政、福建左布政等职。万历二十六年(1598年),被任命为右副都御史巡抚贵州兼制蜀楚军事,与湖、广、川、贵总督李化龙合力剿平播州杨应龙叛乱,彻底铲平了盘踞播州八百余年、世袭了二十九世的杨氏土司,又多次平定贵州苗、瑶刁民动乱,以显赫功勋赐封兵部尚书、右都御史,加太子少保。其六十七岁时告老还乡,万历四十六年(1618年)逝世,终年七十六岁。

郭子章一生久在官场,但读书不辍。"文章、勋业亦烂然可观矣",史称他"能文章,尤精吏治""于书无所不读""宦辙所至随地著书""著述几于汗牛""以为欧阳永叔之后,一人而已"。据其九世从孙郭子仁统计,郭子章存世著作多达九十二种。其中有《粤草》十卷、《蜀草》七卷、《晋草》九卷、《楚草》十二卷、《家草》七卷、《黔草》二十一卷、《闽草》十六卷、《浙草》十六卷、《闽藩草》九卷、《养草》一卷、《苦草》六卷、《传草》三十四卷,还有《易解》《留草》《播始末》《豫章书》《圣门人物志》《阿育王山志》《马记》《剑记》《六语》《豫章诗话》《郡县释名》等,多收于《四库总目》中。郭子章同时精通医学,万历五年(1847年)撰成《博集稀痘方论》两卷,后由吴勉学收入《痘疹大全八种》中传世。

姚舜牧 (1543—约1622年)明代学者。字虞佐,号承庵,浙江乌程(今浙江吴兴)人。姚舜牧万历元年(1573年)中举人,历任新兴、广昌县县令,他爱民如子,在任职期间深受百姓爱戴。早年他崇尚唐一庵的"许敬之学",故而自号"承庵"。后来,毕一生精力,殚于穷经。六十岁以后著成了《五经四书疑问》,其中包括《易经疑问》十二卷、《书经疑问》十二卷、《礼记疑问》十一卷、《春秋疑问》九卷、《四书疑问》十一卷,还有《诗经疑问》《孝经疑问》等。八十岁以后,他又对此套书进行了重新修订,更名为《重订五经四书疑问》。此外,他还撰有《性理指归》《药言》《乐陶吟草》等书,他所撰写的《药言》一书,是流传甚广的家训名篇。在这部家训中,他结合自己的亲身体会,具体阐释了父子、兄弟、夫妻、妯娌、朋友、邻里之间的伦理关系、道德准则以及治家、立身、择偶、处事等方面的观点。是当时齐家、治世、医心的一部极有价值的教科书。后人称姚舜牧为"圣门国手""治世医王"。

崔师训 (1550—1613年)字继承,号宏召,安徽黄山甘棠人。崔师训万历二十六年(1598年)中进士,授官户部主事,后升任山东洛南道副使,转任福建福宁道参政。在任期间,政声卓著。其精于《易经》,著有《大成易旨》《龙山遗稿》《四书文稿》等。

邹元标 (1551—1624年)明代学者、明东林党首领之一,与赵南星、顾宪成号为"三君"。字尔瞻,号南皋,江西吉水县县城小东门邹家人。邹元标有神童之称,九岁通五经。二十岁时跟随嘉靖进士胡直出游,遍历名山大川,拜访了诸多书院,饱闻各家学说,深受影响,从此立下为学之志。万历三年(1575年),在都匀卫所(后改名南皋学院)讲学。万历五年(1577年)中进士,选入刑部观察政务。他为人敢言,勇于抨击时弊,因反对张居正"夺情",被当场廷杖八十,并发配贵州。从此潜心钻研理学。万历十一年(1582年),回朝廷任吏部给事中,又多次上疏改革吏治,触犯了皇帝,再次遭到贬谪,降为南京吏部员外郎。万历十八年(1590年),他以身有疾患辞去官职,居家授徒讲学三十年,离开仕途。天启元年(1621年),重返朝廷,提出了"简俭、和厚、大约、收拾人才、调养正气、为国家计财用、为小民陈疾苦"等良策,得到了朝廷的认可。天启四年(1624年)卒于家中,终年七十四岁。赠太子太保、吏部尚书,谥号忠介。

邹元标是江右学派的代表人物,他除了师从江右学派的胡直,强调"识仁"外,还深受泰州学派罗近溪等人的影响,讲求赤子之心和"百姓日用即为道"的修养功夫。他还吸收佛家"空"的思想,将其与儒家的道德修养相结合,形成圆融的思想风格。另外,在心性论上还发扬王阳明"无善无恶心之体"的思想,强调"心即理","心体是有无之境的统一",即心体的本质内容是至善,其作用形式具有无滞性。他主张做"日减"的功夫,主张时时排除外界情欲的干扰,反身而诚,切身体悟良知心体。针对王学末流务虚蹈空的弊端,他还提出了自悟和实修相统一的修养功夫,希望能以此来挽救空谈心性的士风。邹元标一生著述颇丰,著有《易毂通》一卷、《四书讲义》二卷、《礼记正议》六卷、《愿学集》八卷、《日新篇》二卷、《太平山居疏稿》四卷、《仁丈会语》四卷、《工书选要》十一卷、《邹南皋语义合编》四卷等。

徐三重

明代学者。字伯同,号鸿州,南直隶松江府华亭(今上海松江)人。徐三重万历五年(1577年)中进士,后经殿试以第二甲登科,授刑部主事。因与宰相张居正观点多有争执,称病辞官返乡。回到七宝后,他捐资主持重修了七宝教寺大殿、兴圣桥和关帝庙,以及祖父创办的徐氏义塾,终年七十八岁。徐三重一生潜心著述,著有《易义》《徐氏家则》《兰芳录》《采芹录》《牖景录》《鸿州杂著》《陷阱篇》《山斋幽事》《史记通表》《读史余言》《言古余论》《历代甲子》《野志》《政要》等二十多部重要著作,分别被收录于《明史·艺文志》《四库全书存目》《文渊阁著录》中,成为传世名篇。徐三重博学多才,是当时江南地区享有盛名的学问家。松江府认其为地方贤达,因此被列入"云间邦彦"而画像刻石陈列在松江醉白石畔,一直留传至今。

魏濬

(1553—1625年)字禹卿,号苍水,松溪城关(今属福建)人。魏濬从小敏慧,才智超人,四岁即能作字对。万历三十二年(1604年)中进士,初任户部观政,后升任河南清吏司主事,奉命监督清理河南、山西两省粮仓。万历三十七年(1609年),朝廷赐"清廉宴"嘉奖,并升任其为山西省郎中。后调任广西提学佥事,主持修造桂林学宫礼器,创办思恩州学。万历四十七年(1619年)擢升为山东布政司参议,天启二年(1622年)调任湖广按察使。当时苗人矿徒闹事,民不得安。他不畏艰险,耐心劝导,喻以德意,使矿徒很快散去。焚毁闹事聚会之巢一千七百余所。由于政绩显著,遂擢升右佥都御史,不久在巡抚湖广任上去世,终年七十三岁。

魏濬一生俭朴,喜读书,勤著述,涉猎广博,立论精辟。其说《易》能博考旧文,兼存古义。他认为文王、周公之《易》,即象著理;孔子之《易》,以理明象,两者明显不同。他在汉、魏、晋、唐诸易家所论象义之中,取精粹纯正者予以摘编,即象以通《易》义。他撰有《易义古象通》八卷、《世略》十五卷、《武略》十八卷、《方言据》二卷、《西事珥》八卷、《纬谈》一卷、《峤南琐记》二卷、《太乙括元》十卷、《东粤事文摘》十卷、《黄领膈》一卷、《峡云阁草》前后集四十卷等。其中,《易义古象通》收录于《文渊阁四部全书·经部·易类》之中,总纂官纪晓岚在给皇帝的奏章中评价这部书"论述精辟,有独特见解,研析颇深,非抄袭雷同者能比"。

顾允成

（1554—1607年）明末理学家、思想家,"东林八君子"之一。字季时,号泾凡,江苏无锡人。顾允成自幼聪敏,十四岁从师张少弦。万历元年(1573年)补为郡诸生,其后在常州知府施观民创办的龙城书院学习。万历十四年(1586年)中进士,虽未授官职,但见有官员诋毁海瑞则愤慨抗疏,结果被以妄奏而夺去冠带,并遣返归家反省。万历十六年(1588年),经南京御史推荐,得以授任南康府教授。此后历任保定府教授、国子监博士、礼部主事等职。万历二十一年(1593年),皇帝下诏"三王并封",他与张纳陛、岳元声共同上疏反对,不久又因弹劾阁臣张位而被贬为光州判官,顾允成没有赴任,而是请辞归家不再复出。万历二十二年(1594年),其兄长顾宪成亦遭革职返家。他遂与兄长重修东林书院并聚徒专心讲学。后来形成了影响一时的"东林党"。万历三十五年(1607年),顾允成病逝于小辨斋,终年五十四岁。天启年中,朝廷追赠其光禄少卿。

顾允成是明末著名的理学家和思想家,对东林学派的产生、形成和逐步完善发挥了重要作用。他一生孜孜以求,锲而不舍,始终坚持不懈地探究儒家理学思想,力图以讲学这面旗帜来召唤社会,以切实有用的学术思想来鼓舞和指导人心,革除当时的朝野积弊,振兴吏治,拯救国家。他的这种爱国实学思想对晚明社会的思想发展起到了重要的推动作用,至今仍受后人的敬仰和推崇。顾允成著有《易图说意言》《小辨斋偶存》等书存世。

岳元声

（1557—1628年）字之初,号石帆,浙江嘉兴人。宋代英雄岳飞十八世孙。万历十一年(1583年)中进士,历任旌德知县、大名府教授、迁国子博士、转监丞。因劾谏阻止选良家女子入宫,又论大臣荫子紊乱国子监监规,被称为"铁监丞"。后升任工部主事,因争三王(皇长子和二弟)并封之事而被革职。归乡后专心研究心理学,构建天心书院,理清乡里积弊。天启初年(1621年),重被召回任南京兵部右侍郎,因弹劾权臣魏忠贤,复被削职罢归。从此以"毋自欺"为座右铭,在家乡聚徒讲学。其著有《易说》三卷,还有《潜初子集》《潜初杂著》《圣学范围图》等。其《圣学范围图》,亦名《范围象教图》,主要阐释儒、释、道三教在当时社会的并存现象,以及在《易经》八卦里的哲学原理。大旨论述应以儒教统摄二教。他将一阳一阴之卦并入剥、复二卦,以剥复图为范释;将二阳二阴之卦并入坎、离二卦,以坎离图为范老;将三阳三阴之卦并入否、泰二卦,以否泰图为儒宗。其《自序》谓仿于孟子指点杨、墨归儒之意。又自认为是宗王氏"良知"之学。此可为当时的标新之说。

郝 敬

（1558—1639年）晚明时期著名经学家、思想家。字仲舆，号楚望，京山（今属湖北）人。郝敬天资聪颖，五岁即随父学习时文及经书，万历十六年（1588年）中举人，次年，进士及第，授缙云知县，后调任永嘉任县令，不久改任礼科给事中、户科给事中。因其不善逢迎权贵，仕途不利，遂辞官而归，建园闭门著书。先后对五经、《仪礼》《周礼》《论语》《孟子》分别作注，一扫先儒训诂之气。郝敬主张："学以行善为宗，以养气为入门，以不动心为实地，以时中为妙用。"他认为，性者静，性在无为之先，本无不善，只是在有为之后，由于"气习胜"的原因，才有不善，如桀、纣、幽、厉等暴君。性即至善，不待养而其体常定，所谓不定者，乃气之动，故其要只在养气。浩然之气，与呼吸之气，只是一气。人心一起念，气即随念而动。真宰凝定，气自蛰伏，中心坦坦，气自舒畅，所以养气又在调心。而"养心先要识心体"，心之本体即"吾儒谓喜怒哀乐未发时气象，禅门谓之本来面目，玄门谓之五行不到处"，此境界万物皆备，乃仁之全体。识此方去日用上护持，工夫才有下落。但人由于习气用事，从有生以来已惯，如"拂意则怒，顺喜则喜，志得则扬，志阻则馁"，故七情交逼，此心不得安宁。因而"须猛力斡转习气，勿任自便"，而"机括"只是在念头上挽回，使"反观自性"，即反观性之本体。他认为性本身就具有"中"的性质，性发皆中节，即植本于此。若但有喜乐无哀怒，或只有哀怒无喜乐，则偏向一隅，便不活泼。所以"必言和者"，是因"中不可见闻，和即可见闻之中；中无思为，和即思为之中"。故无"和"，则"中"为"浮屠之空寂"。所以，性以中和为妙用。

郝敬学问广博，著述宏富。著有《九部经解》一百七十四卷，一百六七十万余言，其中包括《易经正解》《尚书正解》《诗经正解》《孝经正解》等。还著有《山草堂集》，此书分为内编十五卷和外编十二卷，内编有《谈经》九卷、《易领》四卷、《问易补》七卷、《学易枝言》四卷、《毛诗序说》八卷、《春秋非左》二卷、《四库摄提》十卷及附录一卷、《时习新知》六卷、《闲邪记》二卷、《谏草》二卷、《小山草》十卷、《啸歌》二卷、《艺圃伦谈》四卷、《史汉愚按》八卷、《四书制义》六卷、《读书通》二卷，另有《批点左氏新语》《批点史记琐琐》《批点前汉书琐琐》《批点后汉书琐琐》《批点晋书琐琐》《批点三国琐琐》《批点南史琐琐》《批点北史琐琐》《批点旧唐书琐琐》《批选杜诗琐琐》《批选唐诗琐琐》《蜡谈游艺之怀》等，计一百五十二卷，其著作数量之巨，涉猎之广，价值之高，令人叹为观止。

李本固 （1558—?）明代山东一带较有影响的易学家。字维宁，山东临清后堤口村人。万历二十年（1592年）中进士，后任河南归德知府。据后堤口村李氏家谱记载，李家于明初自山西洪洞县迁入临清，居于后堤口村。五世李应中曾官拜朝内顺大夫，其后李家为光宗耀祖，建立牌坊，并将后堤村改为"李家寨"。正德年间，李应中被宦官刘瑾陷害，惨遭灭门抄斩，李应中之子李本固幸免于难，立即逃离本村。后来的戏曲《陈三两爬堂》就是根据当时的历史事实所编写的。李本固著有《周易古本全书汇编》十七卷，已收入《四库全书存目丛书》中。

薛三省 （1558—1634年）字鲁叔、天谷，宁波定海（今镇海）县城人。薛三省万历二十九年（1601年）中进士，授庶吉士、检讨，继而充东宫讲官。天启三年（1623年）后，历任礼部右侍郎兼侍读学士、经筵讲官、《神宗实录》副总裁、礼部左侍郎、吏部左侍郎等职。此时宦官魏忠贤权势日盛，有人劝其前往拜见，被其严词拒绝。不久升任礼部尚书，因上疏坦言政事缺失，触怒魏忠贤一党，被迫害乞休。据说他早晨上疏请辞，即刻准奏。当日冒大雪出京，魏忠贤派内监拦路搜查行李，仅见一领旧裘皮，少许药物。崇祯元年（1628年）复授南京礼部尚书兼翰林学士，其坚辞不赴。居家十年，闭门读书著述。薛三省自奉甚俭，好施惠乡里。崇祯七年（1634年），再次被召用，诏书到达之时他已去世数月，死后赠太子太保，谥文介。薛三省著有《易蠡》《春秋辨疑》《天谷山人诗集》《文集》等。

沈瑞钟 字德培，浙江平湖人。其生于书香门第，父沈懋孝，人称"长水先生"，曾任翰林院编修、南京国子司业、河南巡抚等职，晚年辞官退居中授徒讲学，其拥书万卷，日日笔耕不辍，对沈瑞钟影响极大。其父曾作《周易程朱传义笺》《周易四圣象辞》《周易博议》等，沈瑞钟发扬其父之说，作《易意笺》，十九年后改名为《广易筌》。此著《经》文次序多采用注疏本，唯《乾卦》分节解之，而自《坤》以下，每卦为一说，《系辞》以后，每章为一说。其说偏重义理，多主人事，不取象数之学。《上经》《下经》《系辞传》上下各为一卷，而《说卦》《杂卦》乃付诸《系辞下》之后。自宋代李光、杨万里以来，释《易》之著多以史事证义，沈瑞钟所作《广易筌》也是如此。但其逐卦逐爻务求比例适合，牵强在所难免，且对当代之事引入较多，不免驳杂混乱，遣词用语，也多涉纤佻之习，此为其易著之不足。

王九灵

明代云游道士。字子乾，号赘生，永嘉（今属浙江）人。其活动于万历年间（1573—1619年）。据《校注古文参同契·后序》云："其黄冠褐服，遍游两都五兵。日惟卖药自治。"从师于称为吴英子的道人。又据《校注古文参同契·自序》称，王九灵不苟同于俞琰、陈致虚等人注解《周易参同契》，他"一言一字，必求合于身……若言言字字附会牵合，则亦支离决裂甚矣"。所以他依据古文本作《校注古文参同契》和《参同契补遗三相类》云："敢别为一注。其御政者，只言御政；养性者，只言养性；服食者，只言服食。"其实，只是有限度地承认外丹而已。

高攀龙

（1562—1626年）明代政治家、思想家、易学家。东林党领袖，"东林八君子"之一。字云从，后改存之，号景逸，江苏无锡人。高攀龙万历十七年（1589年）中进士。授行人。因上书指责"陛下身居九重"而被贬谪为揭阳县典史。此时恰逢亲丧，归家料理后事，从此居家三十年未被起用。这期间，他与顾宪成在家乡东林书院讲学，抨击阉党，议论朝政，影响很大，被称为"东林党"。天启元年（1621年），他重被召入朝廷任光禄寺丞，随后升任光禄少卿。又因上疏弹劾阁臣方从哲，被夺禄一年。复官后任大理少卿、刑部右侍郎。天启四年（1624年），擢升左都御史，与左都副御史杨涟等人揭发淮阳御史崔呈秀贪赃秽行，遭魏忠贤诘责，被革职返乡。不久崔呈秀派锦衣卫前往逮捕，迫其投池水自尽。时年六十四岁。崇祯初年（1628年），朝廷为高攀龙平反，赠太子太保、兵部尚书衔，谥忠宪。

高攀龙继承了程朱"理即太极"的思想学说，认为"理"是宇宙万物的本原，"太极"则是天地万物之理的总和，是事物万善至好的标准。所谓"太极者，理之极至处也"（《高子遗书·悟易篇》）。同时认为天地万物的形成，既要有"理"为生成之本，又要有"气"为生成的材料。万物是二者综合而生成的。在理与气的关系上，他坚持程朱以"理"为主的观点，却又极力推崇张载的太虚（气）为万物之本的理论，这就与他的以"理"为本的思想形成了矛盾。在说《易》上，他介乎于朱熹与陆九渊之间，提倡以"心"言《易》，曰："天下有非易之心，而无非心之易，是故贵于学也。学也者，知非易则非心，非心则非易，易则吉，非易则凶，悔、吝。"他主张学《易》以检心，不同于杨简、王宗传等人，引《易》以归"心学"，引"心学"以归"禅学"。高攀龙诠释《易》义，每条不过数言，认为"其知易知其能简，能易简而天下之理得"（《周易易简说·自序》）。他认为，五经注于后儒，《易》注于孔子，说《易》者明孔子之言即明《易》。高攀龙著有《周易易简说》《二程节录》《正蒙释》《高子遗书》等。

逯中立 字与权,号确斋,聊城(今山东聊城市东昌府区)人。万历十七年(1589年)中进士。初授行人,继为吏科给事中,后迁兵科给事中,为七品官。逯中立遇事直言敢谏,因而屡次被贬,由于为高攀龙、顾宪成讼案鸣冤,而被贬为陕西按察司知事。后干脆以病告辞,弃官归乡。回乡后,他与被革职的高攀龙、顾宪成等人汇聚于江苏无锡,重修了东林书院,建立了东林书会。以"实学以救世,天下为己任"为宗旨,收徒讲学,针砭时弊,裁量人物,锐意图新。一度为朝野所倾慕,成为海内学者的楷模。逯中立"家居二十余年,安贫乐道,于《易学》尤邃"。最后病逝于家中。光宗即位后,赠逯中立为光禄寺少卿。

逯中立说《易》不载经文,只标卦名、篇名,博采诸家之说,并附以己见。去取颇为精审,大旨以义理为主,广取却又不失纯正。譬如中孚、复、姤诸卦,均采用了《易纬》卦气起中孚以及一卦值六日七分之说。他平心论义,极力摒除门户之见。逯中立著有《周易札记》《两垣奏议》等。《周易札记》被录入《四库全书》中。

程汝继 易学家。字志初,人称志初先生,江西婺源县溪头乡上溪村人。程汝继从小就十分聪明,读书过目不忘,落笔惊人。弱冠就试即深得主考官喜爱,说他是百年难遇的俊才。万历二十九年(1601年)中进士,初授余杭知县,后任南京刑部郎中,官至袁州知府。

程汝继一生简恬嗜学,尤其对《周易》十分痴迷,他博览群书,发朱子所未发。撰著了大量经学类著作,其中有《周易宗义》十二卷、《周易疏义》四卷。《周易宗义》十二卷被收入《四库全书》集部,《周易疏义》四卷被收入《续修四库全书》。时人称赞他"自有易来至先生而始集大成"。另外,他还著有《后醒子诗奉》。此书广被称道,《三言两拍》作者冯梦龙等十八位当时的名人曾为此书作序和跋。

张介宾 (1563—1640年)明代学者、医学家、易学家。字会卿,号景岳,别号通一子,浙江会稽(今浙江绍兴)人。张介宾自幼聪颖,性格文静,勤勉好学。通易学、天文、兵法,尤为喜好医术。在京师拜名医金英(梦石)学医,尽得其传。后来曾从戎移身于北方,因屡无功业而毅然弃戎就医。从此悉心钻研医学,尤其对《素问》《灵枢》等反复精心研究,历经三十载而著成《类经》三十二卷,又撰写了《类经图翼》等书籍。

张介宾主张医易同源。他以《黄帝内经》为宗,融贯《易》理,撷取诸医家之长,从众说中提炼精华而形成一家之说。他认为探求哲理在于"摅易理精义用资医学变通",

"虽阴阳已备于《内经》,而变化莫大于《周易》"。他从"医易同源""医易相通"的角度出发,对中医学理论进行了深入的探讨和详尽的阐释。通过"明阴阳""辨六变"来分析说明人体生理、病理的发展变化规律。疗病思想以"阳非有余,真阴不足"为中心,以坎卦之象数、水火阴阳之理义,创立了水火命门之说,在临床应用上侧重于补益元阴、元阳。他还创立了许多新方,在中医学温补派中成为主流,为中医学及医易贯通理论做出了卓越贡献。除了《类经》《类经图翼》外,张介宾还著有《类经附翼》《景岳全书》《质疑录》等。

孙慎行　(1565—1636年)明代思想家。字闻斯,号淇澳,江苏武进人。孙慎行自幼酷爱读书,万历二十二年(1594年)中举人。次年,在殿试中又高中进士第三名,授翰林院编修。后累官至礼部侍郎。在韩敬科场舞弊案中,他主张罢黜韩敬,遭到韩敬同党的攻击,被迫辞去官职。熹宗即位后,复被召回,并拜为礼部尚书。在"红丸"事件中,孙慎行上疏无效,遂托病辞官。随后,权臣魏忠贤组织纂修《三朝要典》,将孙慎行定为"红丸案"的罪魁祸首,熹宗下诏将其革职,并遣戍宁夏,未及起行,崇祯帝即位,他才得到赦免。命以原官职协理詹事府事,他坚辞不就。于崇祯九年(1636年)去世,终年七十四岁。

孙慎行专心研究理气性命之学,认为"天理之流行即气数,元无二也"。一气之流行往来,必有过有不及,故寒暑不能不错杂,治乱不能不循环。他反对将性与气质对立起来,指出:"性善气质亦善,以口麦喻之,生意是性,生意默默流行,便是气;生意显然成象,便是质。如何将一粒分作两项,曰性好,气质不好?盖气禀实有不齐,生而愚知清浊,较然分途,如何说得气质皆善?然极愚极浊之人,未尝不知爱亲敬长。此继善之体,不以愚浊而不存,则气质之非不善可知"(《明儒学案》)。他也反对将人心道心分裂开来的观点,提出:"人心道心,非有两项心也。人之为人者,心;心之为心者,道。人心之中,只有这一些理义之道心,非道心之外,别有一种形气之人心也。盖后人既有气质之性,遂以发于气质者为形气之心,以为心之所具者,此些知觉,以理义实之,而后谓之道心。故须穷天地万物之理,不可纯是己之心也。若然则人生本来只有知觉,更无理义,只有人心更无道心,即不然亦是两心夹杂而生也"(同上)。孙慎行著有《周易明洛义纂述》《不语易义》《困思抄》《中庸慎独义》《文钞》,还撰有《玄晏斋集》《明四大家文选》等多种文集。

王三善　(1565—1624年)明代政治家、军事家。字彭伯,河南永城人。王三善万历二十九年(1601年)中进士,授荆州推官。其为官公正廉明,曾平反楚宗等人的冤案。后来任吏部文选,他因才用人,不受权贵左右。泰昌改元(1620年)时,升任太常少卿。天启元年(1621年),转任右佥都御史。此时正值贵州土司安邦彦、奢崇明起兵反明,王三善奉命平叛,擒获奢崇明、蔡金贵、张向极等叛匪,安邦彦逃窜。王三善错误地认为叛乱已平定,打算重设土司治理地方,却不料残余叛匪在安邦彦鼓动下大肆反扑,王三善盘桓后方四十余天,无兵来援,天启四年(1624年)东撤时,不慎坠马,自刎未死,遂被杀害,终年六十岁。死后赠太子太保、兵部尚书,谥忠烈。其著有《周易象注》九卷,还有《易经辩》《四书解》等。

吴桂森 明代学者。字叔美,江苏无锡人。曾随高攀龙、顾宪成在东林学院讲学,并拜钱一本为师学习《易经》。其间,尽读钱氏所著之书,经过日夜讨教,觉得先生之言有"不尽于书"者,先生之意有"不尽于言"者,他以钱一本《像象管见》为本,加以推阐,著成《周易像象述》一书,续表钱氏《像象管见》未尽之意,以明师承。此书经文用注疏本,而删其卦首六画。书中所注,一字一句均认真寻究义理,颇具新意。书的底本另有高攀龙、钱一本朱批。除著有《周易像象注》外,吴桂森还著有《书经说》《曲礼说》《息斋笔记》《真儒一脉》等。

陈际泰 (1567—1641年)明代古文家,"临川四大才子"之一。字大士,号方城,江西临川鹏田陈坊村人。陈际泰幼年家贫如洗,无法与其他孩子一起上学读书,只好借邻家孩子的书,躲在一边偷偷自学。八岁时,得到表兄一本翻烂的《书经》,如获珍宝,刻苦诵读,揣摩其意,慢慢深入其境。十岁,又在外公家药笼中找到一本《诗经》,便日月攻读,下田劳动时也带在身边诵背。二十岁时,认识了邱一敬,两人经常诗书相传,切磋学问。后来回乡,又与章世纯、罗万藻、艾南英结交,创立了"豫章社",一起倡导时文,致力写作,文章称著一时,被誉为"临川四大才子""江西四家"。崇祯三年(1630年),陈际泰才得中举人,崇祯七年(1634年)中进士,时年已六十八岁。崇祯十年(1637年)授行人,后赴贵州监考。崇祯十三年(1640年),其奉旨护送已故相国蔡国用灵柩回乡,次年于济宁途中染病去世,终年七十五岁。

陈际泰才思敏捷,写作速度极快,有时一天写作二三十篇,一生作文多达万篇。史书称誉他"经生举业之富,无若际泰者"。他在八股文方面造诣尤高,将经史古籍融会贯通,自辟门径,借题发挥,驰骋才思,抒发己见,被人称为八股文大家。陈际泰著述多阐发经籍。撰有《易经说意》(又名《读易正义》)七卷、《周易翼简捷解》十六卷、《群经辅易说》一卷、《五经读》五卷、《四书读》十卷,以上均存于《四库全书总目》经部中。文集有《太乙山房集》十五卷、《已吾集》十四卷,清人辑有《临川文选》《临川文献》和《江西五家稿》各一卷。另外,其散文风格多样,亦有一定艺术价值。

陈祖念 字修甫,连江(今属福建省)人。陈祖念喜读《易经》,其说《易》注重实用,每卦详论卦义,又逐爻寻理,皆以切于人事为主。在各卦之末,均总论取象之义,其论多采用互体之说,对汉儒、宋儒皆无偏附。认为"义理无穷,非言之所能尽。故传注于汉,疏义于唐,议论于宋,日起而日变。而《易》之用,则随时随事可以自察。是以君子居则观象玩辞,动则观变玩占。圣人所以言《易》者,如是而已。《传》曰:'精义入神,以致用也。利用安身,以崇德也。'朱文公言:'人能取《易》一卦若一爻熟读而玩之,推于事而反于身,则吉、凶、消、长之理,进、退、存、亡之道,无所求而不得,无所处而不当。'此则致用,利用之义也"(《易用·序》)。陈祖念著有《易用》等。

方时化 明代易学家、史学家、文学家、政治家、雕刻家。字伯雨,号少初,安徽罗田(今安徽歙县)人。方时化万历年间中举人,被任命为叙州府同知。天启年间,任巨野县县令。他喜爱并专心研究《易经》,著有《易引》《易颂》《易疑》《易学述谈》《周易指要》《阴符经质剂》等,还著有《中庸点缀》。天启三年(1623年),刻《巨野县志》十卷,现存于中国国家图书馆。

卓尔康 (1570—1644年)字去病,浙江仁和(今属浙江杭州)人。万历四十年(1612年)中举人。官至工部屯田司郎中,后被谪为常州府检校、大同谏官,终于两淮盐运通判。卓尔康学以经术为本。晚年尤喜论兵,"述战守胜负之道,似尹师鲁。遇事发愤,是是非非,无所忌讳似石守道"。

卓尔康论《易》大旨附会河洛之学,推衍奇偶,纷纭胶葛,展卷如历家之数表。据《明史·艺文志》记载,尔康所撰《易学》共计五十卷,但存世仅有图一卷、《图说》六卷、《说卦传》三卷、《序卦传》二卷、《杂卦传》一卷。且每卷卷首注有"卷之"二字,而空其数,盖刻刊未竟之本。卓尔康还著有《春秋辨义》《诗学》等。

赵献可 (1573—1664年)明代医学家。字养葵,自号医巫闾子,鄞县(今浙江宁波市)人。赵献可自幼聪颖好学,他不但精通医理,而且对《易经》也有很深的造诣。《鄞县志》称其"好学淹贯,尤善于《易》而精于医"。其医学思想受《易经》影响较深,学术中,善于将易理贯通于医学,有独到见解。他颇重视先天水火命门的理论,提出命门为人的一身之主,认为命门的水火即人体的阴阳,五行生克制化实为命门水火功能的演化,是脏腑生机所系,养身必须温养命门之火。他把命门喻为"一身之太极",把两肾与命门的关系喻为坎卦中的两阴爻和一阳爻的关系,认为对命门水火的养护治疗贯穿着阴阳之理。详尽阐发和深化了人体中的命门学说,指出命门为"主宰先天之体",有"流行后天之用",为丰富建立在《易经》基础上的中医理论做出了贡献。赵献可著有《医贯》《邯郸遗稿》《内经钞》《素问注》《经络考》《正脉论》《二本一例》等,其中,《医贯一书》流传较远,影响颇大。

耿橘 字廷怀、蓝阳,献县(今属河北省)人。耿橘少时家境贫寒,其勤奋好学。明万历年间中辛丑科进士。初在献县东关讲学,后任江苏常熟县令。在任期间,为改变风土,首复吴公书院,振兴县学。继而为造福当地民众,他审度常熟地势,大力兴修水利,迅速改变了常熟北高苦旱、南低苦涝的现象。他精心研究水土蓄泄之方,撰写了《水利全书》,指导水利建设。耿橘为官清正干练,很快升任兵部主事、监察御史。他敢疏直谏,从不趋炎附势,因而得罪了上司,之后愤而辞官归乡,引田躬耕,侍奉母亲。清初思想家黄宗羲在其编订的《明儒学案·东林学案》中,将耿橘列为"东林学派"的主要代表人物之一。

耿橘《易》说的特点是:每卦画六爻而将爻辞系于画下,又取反对之卦爻倒过来书写,自称"古易"。此说系依据前人税与权之本。对于《十翼》,则取《文言》"乾'元'者"以下六十六字,"坤至柔"以下三十四字,认为应当纳入《象》文;取《文言》"潜龙勿用,下也"以下一百零七字,认为应当纳入《象》文;又将《系辞传》分为上、中、下三段,凡此均为无据之说。耿橘著有《周易铁笛子》等。

曹学佺 (1574—1646年)明代学者、诗人、藏书家。"闽中十才子"之首。字能始、尊生,号雁泽、石仓居士、西峰居士,福建福州侯官县(今闽侯)洪塘乡人。曹学佺于万历二十三年(1595年)中进士,历任四川右参政、按察使、广西右参议,他以所撰《野史记略》与《三朝要典》得罪权臣魏忠贤一党,被削职为民,回乡隐居二十余年,潜心于著述。唐王在闽称帝后,授其礼部右侍郎,进至礼部尚书。清兵入闽时,自缢殉节。

曹学佺藏书万卷,著书千卷。毕生好学,对文学、诗词、地理、天文、禅理、音律、诸子百家等都有研究。其《易》说专释各卦《象》辞,六爻融会为一卦之义。如其在释"鸣鹤在阴""借用白茅"诸句,颇有新意。然而其对河图、洛书则推阐不当,以漳浦之学越衍越枝。曹学佺一生著作多达三十余种，著有《周易可说》七卷、《书传会衷》十卷、《诗经质疑》六卷、《春秋阐义》十二卷、《春秋义略》三卷、《蜀中人物记》六卷、《一统名胜志》一百九十八卷、《蜀汉地理补》二卷、《蜀郡县古今通释》四卷、《蜀中风土记》四卷、《方物记》十二卷、《蜀画记》四卷、《蜀中神仙记》十卷、《蜀中高僧记》十卷、《石仓诗文集》一百卷、《石仓十二代诗选》八百八十八卷、《蜀中诗话》四卷。另外，还有《宋诗选》四十九卷等。所撰作品共计一千三百二十九卷。至今多数已亡佚，但有一些仍流传在世。

程玉润

字铉吉，苏州常熟人。万历四十一年（1613年）中进士，曾任官部郎。据《经义考》引倪长圩语，程玉润撰有《周易演旨》六十五卷，原无《易窥》之名，该书仅有十册，并不分卷数，应与六十五卷不合。所解仅限于《上、下经》，与程子《易传》相同，大意在于申明畅叙程子《易传》，凡有《传》义与朱熹《周易本义》有歧义处，他便调和其说，力求有所增益。或此书原名为《易窥》，而后改为《周易演旨》，以一卦为一卷，加上《总论》共计六十五卷。现今因《周易演旨》已亡佚，其说确否亦无从考究。

钱士升

（1574—1652年）明代学者。字抑之，号御冷，晚年号塞庵，浙江嘉善魏塘镇人。钱士升天性聪颖好学，万历四十四年（1616年）殿试高中状元，授官翰林院修撰。其时正当阉党窃国，至天启年间愈发猖獗。天启初年（1622年），钱士升以赡养母亲为由乞归，杜门十载。此时阉党正在陷害赵南星、魏大中等人，为营护他们，钱士升变卖家产，四处奔波，颇为东林党所推崇。崇祯元年（1628年），朝廷复用其为少詹事，令主管南京翰林院。崇祯四年（1631年），擢升为南京礼部右侍郎，代理尚书职务。崇祯六年（1633年）九月，召拜为礼部尚书兼东阁大学士，参与机务。进而为太子太保，文渊阁大学士，参与谋划国家大事。钱士升主张"宽以御众，简以临下，虚以宅心，平以出政"。此言切中时弊，当位的思宗虽然采纳了他的治政主张，却已心生不满。不久以"沽名"之罪，将其罢休。

钱士升精心钻研易学，在病危时，犹有"易学垂成，遽尔永诀"之语。他认为宋代易学"邵雍探之于气，程颐探之于理，朱熹探之于象"。他的《易》说，糅合宋易，自屯以下，在每卦前设互卦，后设对卦，举气而理、象兼融之，杂采前人之说，并断以己意。在明人诸《易》解中，持论尚为详审。对河图、洛书他持否定态度。钱士升著有《易揆》《表忠记》《逊国逸书》《增削南宋书》《论扆奏章》《赐馀堂集》《王子近思录》《庄子四篇诠》《楞严外解》等。

钱继登

明代学者。字尔先、龙门,号簀山老人,浙江嘉善(今嘉兴)人。万历四十四年(1616年)中进士,累官至金都御史,巡抚淮阳。其生平矜气亢节,不合于俗。致仕后专心研究经史,尤精于《易》。晚年醉心于禅乘之学,曾作《生圹记》,多涉达生超悟之谈。其著有《易簀》三卷、《经世环应编》八卷,还撰有《壑专堂集》《东郊问耕录》《南华拈笑》《孙武子绎》等。

文翔凤

(1577—?)明代末年理学家、易学家。字天瑞,号太青,陕西三水(今旬邑)人。文翔凤万历三十八年(1610年)中进士,历任莱阳县令、太仆寺少卿等。曾自制五岳冠,并以五岳自号,亦称东极。为官后,他把大部分时间都用在讲学上,以至于"贵达公卿经年不见其面"。

文翔凤作为一名理学家和易学家,积毕生之力钻研宋代易学家邵雍的《皇极经世》一书。邵雍把《周易》归结为"象"和"数",以象数的主观推演去解释《先天图》,从而构造出宇宙发生的图式,文翔凤则在此基础上进一步发展,他用天干和地支相配来解释日食、月食及其对人事的影响等。文翔凤论学的最高宗旨是"事天尊孔而黜佛氏"(《皇极篇·自序》)。这里所说的"天",就是后人所说的人伦,即人与人之间尊卑长幼的社会伦理关系。他说:"天亘万古而常尊……盖人心有不可灭之君父在,所以圣人扼其命而号召之,尊之。"因为父母是生身之人,他们的恩情是至大无比的;而君王是统治我身之人,其义最大,所以上天令我们从心性上尊崇他们。按天命行事,忠君而敬父母,我们就能够成为忠臣孝子。他认为,天是最重要的,我们只要言"尊天",就把忠孝二者都包括在其中了。因此要时刻想到在我们头上有一个万古不灭而又无时不在的"天"的存在。文翔凤的主要作品是《皇极篇》,此为《九极篇》的篇目之一。全书分为诗、文、子、史四部分。其中诗五卷、文部五卷、子部六卷、史部十卷,加上纲目共三十卷,计二十三万九千八百字。他还著有《邵窝易诂》一卷。

刘宗周

(1578—1645年)明代末年著名学者、理学家、儒学大师。字起东,号念台,绍兴府山阴(今浙江绍兴)人。刘宗周出身贫寒,勤奋好学,万历年间中进士。天启初年(1621年)任礼部主事、右通政,因弹劾阉党魏忠贤等人而被革职。崇祯初年(1628年)起分别担任顺天知府、工部侍郎、左都御史等职,终因直言敢谏而屡被贬谪。南明政权覆灭后,绝食二十三天而终,时年六十八岁。

刘宗周学识渊博,兼通经史,被世人尊称为"泰山北斗"。他批判朱、王理学,倡导证人之意、慎独之说和实践躬行的作风。其学之要,在于"诚意""慎独",世人称之为

"千秋正学"。刘宗周曾讲学于蕺山,黄宗羲、陈确等人皆为其门下弟子。后来学者称其为蕺山先生。刘宗周的心性哲学是将理学的内容注入心学的体系之中,使客体之理变为主体之心,客观之理成为主观之意,试图由此统一心学和理学,其实质是以理入心,进而以理代心。他精于《易经》,与福建漳浦的黄道周俱以善解《易经》而闻名,道周长于数,他则长于理。其理多由心得,而不墨守先儒传义。他在《易》说中,删除《说卦》《序卦》《杂卦》三传;至于经文,亦每随意移挪,不如先儒之谨严。其《易》虽仍本着旧说,却已多半不可训解。刘宗周一生著述甚多,内容复杂而晦涩。其著有《周易古文钞》《道统录》《阳明传信录》《刘子全书》《刘子全书遗编》《第一义》《孔孟合璧》《五子连珠》《圣学宗要》《刘氏宗约》《证人小谱》《乡约小相编》等。

陈仁锡

(1581—1636年)明代学者。字明卿,号芝台,江苏长洲(今苏州)人。陈仁锡万历二十五年(1597年)中举人。听说武进县钱一本对《易经》有研究,便前去拜师,逐渐对易学有了较深的领悟。后因多次考进士落第,便潜心于经史的研究。天启二年(1622年),他在殿试中获第三名,授翰林院编修。次年,返乡丁母忧,期满回朝不久,即被提任经筵讲官,并负责起草皇帝文书。天启六年(1626年),宦官魏忠贤冒请边功,欲以皇帝名义赐公爵、给世券,令陈仁锡草拟诰词,被陈仁锡坚辞拒绝。魏忠贤十分恼怒,不久即罗织罪名,将陈仁锡削职为民。崇祯元年(1628年),魏忠贤罪行被清算,陈仁锡重被召回朝廷,后晋升为右中允,负责国子司业事,再升为经筵讲官,参与修纂神宗、光宗两朝实录,书修成后又进升为右谕德。三年后,擢升为南京国子监祭酒,刚刚受命即病逝。福王时赠詹事,谥号文庄。

陈仁锡讲求经邦济世,立志为国效力。他生性好学,著述颇丰。著有《义经易简录》八卷附系辞十篇书十卷、《大易同患浅言》二卷、《易经颂》十二卷《考工记句解》一卷、《周礼句解》六卷,还撰有《皇明世法录》九十二卷、《无梦园集》四卷、《明史艺文志》及《古文奇赏》《苏文奇赏》《史品》《赤函》《四书考》等,其中许多已辑入《四库总目》并行于世。

陆梦龙

字君启,会稽(今浙江绍兴)人。万历三十一年(1603年)中举人,万历三十八年(1610年)举进士。初授刑部山东司主事,晋为刑部山东司员外郎,再升为刑部郎中。万历四十三年(1615年),典试广东。四十五年(1617年),调任广西提学佥事,后又擢升江西承宣布政使司右参议。天启二年(1622年),调湖广任按察司副使、备兵荆西兼江西按察司副使、管九江道。天启四年(1624年),改任贵州右参政。后又任湖广监军,兼湖广承宣布政使司右参政,再调广东任按察司按察使。崇祯三年(1630年),任湖广副使未赴任遂以丁忧去职。复官后改任河南左参政、湖广右参政,巡陕西固原道、河南左参议等。崇祯五年(1632年),重新起任湖广副使,兼分巡东兖道,山东副使。崇祯七年夏,叛匪进犯,攻陷隆德,围困静海,陆梦龙率部奋力抵抗,剩余部将三百余人,被围数重,终不得出,最后战死。朝廷追谥忠烈,赠太仆寺卿。

陆梦龙论《易》融会宋儒诸说,以史实评证,寻文推句。唯不取河图、洛书之说。虽非深研细琢,却颇有创见。其著有《易略》三卷、《梃击始末》一卷,还有评解集《四书解》、评《韩退之集选》和仕官杂记《憨声集》《黔行录》、游记《云门寺记》以及地方志《九江府志》二十一卷等行于世。

董守谕 明末学者。字次公,浙江鄞县(今属浙江宁波)人。天启四年(1624年)中举人,屡考进士不中。鲁王时招为户部贵州司主事。其为人刚直,明朝灭亡后,拒不为官,归乡杜门著书以终,享年六十九岁。

董守谕说《易》以卦变为本,认为六十四卦皆自此而来。他上考郎颉、京房、蜀才、虞翻等诸家之说,并参照宋元诸儒与明代来知德之说,重定卦图,以存古意。每卦皆列古法,并断以己意,以"谕曰"二字以别之。其所言皆持之有据,不同于别家穿凿附会。董守谕著有《卦变考略》《读易一钞》《易余》《易韵补遗》《春秋简秀集》《董户部集》等。

孙奇逢 (1584—1675年)明末儒学名士、理学大家。字启泰,号钟元,因讲学于夏峰村,故学者称夏峰先生。直隶容城(今属河北保定)人。孙奇逢少年即倜傥而有奇节,内行笃修。曾与鹿善继共同钻研性命之学,并与左光斗、魏大中、周顺昌等东林党人交往甚密。天启年间,宦官魏忠贤把持朝政,将东林党六君子逮捕下狱,孙奇逢极力营救并猛烈抨击魏忠贤等人,义声著于遐迩。清兵入关后,因其学问品行广受赞誉,屡次被推荐入朝为官,其坚辞不就。晚年隐居苏门(今河南辉县境内)夏峰村,率弟子躬耕、讲学。康熙十四年(1675年)逝世,享年九十二岁。

在理学上,孙奇逢将朱熹的"格物致知"与王阳明的"致良知"合二为一,指出朱熹和王阳明的穷理、致知和良知均得于孔子,殊途同归,并无矛盾之处,不应将二者对立起来。他提出了"顿从渐来"的顿渐合一说。同时,将"道问学"与"尊德性"合二为一。他还提出了"躬行实践""经世载物"的思想,在行知关系上,肯定了王阳明"知行合一"的合理性。他认为做学问的,不应只是空谈家,而更应注重实践,重视经世致用。

孙奇逢说易的特点为平日谈易有得,摘其体要,以示门人,并非逐句作解。说易不攻图书,也无一字涉及图书。大旨主义理,切人事,以《象传》通一卦之旨,由一卦通六十四卦之义。凡所训释,皆先列己说,后附旧训。主于实学,所言皆有关法戒,可取之处甚多。为学"原本(陆)象山、(王)阳明,以慎独为宗,以体认天理为要,以日用伦常为实际"。与黄宗羲、李颙并称清初三大儒。孙奇逢一生著述颇丰,其著有《理学宗传》《读易大旨》《读易大旨后传》《周易十卦解》《理学传心纂要》《四书近旨》《圣学录》《北学编》《洛学编》《五经近旨》《夏峰先生集》《甲申大难录》等。

黄道周

(1585—1646年)明末学者、书画家、文学家、儒学大师,民族英雄。字幼玄、幼平、螭若,号石斋,福建漳浦铜山(今福建东山县铜陵镇)人。黄道周自幼聪颖好学,少时就有"闽海才子"之誉。二十五岁建立了漳浦东皋书舍,从事讲学著述。三十八岁中进士,先后任天启朝翰林编修、经筵展书官,崇祯朝翰林侍讲学士、经筵展书官,南明弘光朝吏部侍郎、礼部尚书,隆武朝武英殿大学士、吏部和兵部尚书等职。后因抗清失败而被俘,隆武二年(1646年),壮烈殉国。隆武帝赐谥忠烈,追赠文明伯。清乾隆年间改谥忠端。

黄道周学识渊博,贯通古今,通晓天文历数,工书善画,文章风节誉满天下。其《易》说长于论动爻,每卦六爻皆就本卦以观其变。此乃《左氏春秋》《国语》所列古占筮法。黄道周阐明古占法,融于《易》本义,但又特殊强调占术在揲卦中的作用,实与众儒不同。同时,他还以河图、洛书之数自相乘除,创三十五图。其中诗斗差图、诗斗差退限图、诗元命图、春秋元命图等是参以汉人纬书四始五际之说推衍而成,发展而为新的推测之术。他还模拟沈该《易小传》、都絜《易变体义》的典型范例,在每爻之下先列本卦象辞,再列本卦象辞,然后列本爻象辞,但具体著述时与沈该、都絜之书又各不相同。黄道周著有《易象正》。另著《三易洞玑》,主要用卦图来推测吉凶,未言变象,可与《易象正》互为表里。此外,还著有《正洪范明义》《月令明义》《儒行集传》《太玄经》《续离骚》《表记集传》《缁衣集传》《春秋揆》《孝经集传》等。今已将其撰著辑成《黄漳浦先生全集》。

黄端伯

(1585—1645年)字元公,号迎祥,建昌新城(今江西黎川县)人。其生平好佛,曾镌刻私印曰"海岸道人"。黄端伯从小聪颖好学,博览经史。崇祯元年(1628年)中进士,次年被授为浙江宁波推官。崇祯五年(1632年),因母病故而回乡守孝。三年后,改任杭州推官。他办事干练,广知博闻,公务之余,常邀两浙学士讲学于西湖,为当地培养人才。崇祯十年(1637年),考选北上时,又逢父丧而归乡守孝七年。其间,耳闻目睹居住在建昌(今南城县)的益王朱慈炱作威作福、穷奢极欲的种种行为,他义愤填膺,上疏朝廷列举其恶行,结果反被朱慈炱诬陷为离间亲藩。他一气之下弃官为僧,避居于庐山。崇祯十七年(1644年),清兵入关,崇祯帝自缢,福王在南京建立南朝,黄端伯复被授为礼部仪制司主事。弘光元年(1645年)五月,南京失守,福王逃逸,朝中百官皆迎清兵而归降,只有黄端伯拒不投降。行刑时,他整肃冠履,大义凛然,昂首引颈受刃,刽子手心惊胆战,不敢举刀。死后,清军将其敛尸入棺,将灵柩叠至家乡新城,葬于忠孝桥侧。清乾隆时(1736—1795年)赐谥烈愍。黄端伯传世之作有《易疏》五卷,还有《东海集》《庐山集》《瑶光阁集》十三卷(其中诗二卷、杂文十卷),这些著述,均被收入《四库全书》中。

张次仲 (1589—1676年)明代学者。初名允昌,字元岵、孺文,号待轩居士,浙江海宁人。天启元年(1621年)中举人。明朝灭亡后隐居乡里,潜心研究经学,自号浙氾遗农。

张次仲说《易》不涉象数之学,也不讲谶纬迷信,而是以义理为宗,解卦所言直接切于人事。他尽废诸图,廓清虚幻之说,持论笃实。解卦遵用王弼本,同时列郑康成本于简端,以供参照。其所论,如谓八卦因重卦之法,自十六、三十二以至六十四卦,某卦皆由某卦卦变而来,凡此皆为孔子所未言。张次仲著有《周易玩辞困学记》《待轩诗记》《春秋随笔》《左传分国纪事》《待轩先生遗集》等。

方孔炤 (1590—1655年)明代学者、易学家。方以智之父。字潜夫,号仁植,安徽桐城(今桐城市区凤仪里)人。方孔炤万历四十四年(1616年)中进士,授嘉定州知州。后调任福宁知州、兵部主事。天启元年(1621年),由员外郎升任职方司郎中。不久,太监魏忠贤等专权,敢于直言的官员先后被罢免。时值东北边境战事频仍,许多武将畏恐上东北前线作战,纷纷贿赂魏忠贤请求免役,此事被方孔炤揭露,魏忠贤大怒,设计罢免了方孔炤官职。崇祯即位后,诛杀了魏忠贤,恢复方孔炤官职,不久又将其擢升为尚宝司卿。几年后,转任佥都御史,负责巡抚湖广。后因在同农民起义领袖张献忠作战中失利而被逮捕下狱,其子方以智以血书上述,他才得以从轻处理,遣戍绍兴。李自成攻陷北京,崇祯皇帝自缢后,他护送老母归隐白鹿山庄(今桐城县杨桥镇)终老。死后,门人私谥贞述先生。

方孔炤精于易学。罢官后著有《周易时论》二十二卷,《图象几表》八卷、《上、下经》《系辞》《说卦》《序卦》《杂卦》计十五卷。其立说以时为主,故名《时论》。书中对所闻所见所思之忧患尽发于言,多引史事为据,言辞感慨激烈。其讲象数,穷极幽渺,与当时的黄道周、董说等诸家相近。方孔炤自著《凡例》,称"少侍先廷尉,教以三陈九卦"。其父方大镇也治易学,著有《易意》四卷,可见,治《易》乃其家学。此外,方孔炤还著有《尚书世论》二卷、《礼节论》若干卷、《春秋窃论》二卷、《全边纪略》十二卷、《抚楚疏稿》四卷、《环中堂集》十二卷等。

张镜心

（1590—1656年）字孝仲,号湛虚、晦臣,自号云隐居士,河北磁州(今河北磁县)人。张镜心生性雅重,气节沉毅,善断大事。其广览群书,博学多才,通晓《易经》和诗文,在多方面皆有建树。天启二年(1622年)中进士,历任知县、礼科给事中、太常寺少卿、南京光禄寺卿、兵部右侍郎兼右副都御史总督两广军务、兵部尚书等职。甲申之变时,曾千里奔走以避战乱,入清后拒不入仕。晚年归乡里闭门注《易》,对《易经》所言"性命"之义,与孙奇逢先生反复商榷讨论,自有所悟。其著有《易经增注》十二卷,还撰有《云隐堂集》《驭交纪》等,均传于世。

倪元璐

（1593—1644年）字玉汝,号鸿宝,浙江上虞人。倪元璐天启二年(1622年)中进士,历任翰林院编修、兵部侍郎、礼部尚书等职。李自成攻陷北京时,自缢而死。其易学著作今存有《儿易内义》六卷、《儿易外义》十五卷。《儿易外义》大旨在"原始""正言""能事""尽利""曲成""申命"等章目之下取《易传》辞义列三十细目,"假版陈图"而述解之,易图多本着朱熹《易学启蒙》易图次序,专以所制十五版式取八版而成图。然其中有些观点并不同于朱熹,如对"圣人揽镜自照",以自身器官即可求得"河图""洛书"一说,有"圣人不自奇其器而则之,乃则龟、马者,何也"之疑问;对朱熹"各是各底易"也有不同意见,曰:"包牺氏以卦画象天地万物""文王因之制为象文以象卦画""周公因之以系六爻而象卦象""孔子因之以陈十翼";对所谓"伏羲先天图""文王后天图"也有自己见解,曰"先后天二图,疑必皆出于包牺氏也"。他又针对朱熹"半顺半逆"之说曰:"八者顺而数也,则推一往八皆顺也,逆而知之,则摄八来一者逆也。"

倪元璐时处国家内外交患之际,其易学著作也有为忧患而作之意。如开篇"开物成务,前民之道,以所由来,故曰原始;刚柔摩荡,发卦之功,以其本事,故曰正言;触类引申,穷卦极变,以其竭材,故曰能事;祢纶天地,包洪贯纤,以其究功,故曰尽利;化而裁之,其究不废,以其扶败,故曰曲成;平之顷之,其责有归,以其重举,故曰申命"等等论说,皆与时局有关。倪元璐曾上疏力陈魏忠贤遗党之弊,结果被陷害而落职。他在其书卷末"易教"中立出"惕图"八、"击图"六,曰:"教多术矣,于君子惕之,于小人击之",这与其身处逆境有关。"击图之一曰灭耳""击图之二曰灭趾""击图之三曰覆楝""击图之四曰致寇""击图之五曰勿恒""击图之六曰非据",图说中有"今之大贤大奸皆列于鼎矣""小人罪恶日崇盈者,是竭国之蕴也",足见其忧国忠君痛恨奸臣小人之心。《儿易外义》是一部较有新意的易图学著作。所用八版式立图之法,"假版陈图""假图召策",虽其自谓"不免枝游,近于小道",然所释三十《易》义,却可见深厚的易学功底,足以在易图学史上占有一席之地。

何 楷 (1594—1645年)字元子、玄子,福建镇海卫(今厦门南)人。天启五年(1625年)中进士。时值阉党魏忠贤等人乱政,未受官职而归乡。崇祯年间,被召授任户部主事,不久晋升员外郎,改刑科给事中,后又迁任工科都给事中。因其率直敢言,弹劾温体仁、王应熊,复劾杨嗣昌等人而得罪权臣,降职为南京国子监丞。清顺治二年(1645年),随隆武帝朱聿键入闽,擢升为户部尚书,掌都察院事。因不容于邓芝龙,旋而去职。归途中遇贼,被削去一耳,从此郁郁寡欢,最后抑郁而终。

何楷博览群书,尤其精于经学。其《易》说分上、下经,而《彖》《象》《系辞》诸传之文随卦分列,有沿袭费直之意。且其列《十翼》原文,也如田何旧文所列。其分经分传以存古本之痕,而经下所列《十翼》之文则引为互证。在上、下经内又另立"初""中""终"诸名以作划分。其《易》学虽博而不精,但是释文取材宏富,能将汉晋以来诸家之说杂采并陈,不株守一家之言。且力求辞必有据,不悬空臆断,尽弃穿凿附会之说。时有借诂经以言时事,偶发感慨之文。何楷著有《古周易订诂》《诗经世本古义》等。

林胤昌 (1595—1657年)明末理学家、教育家。字为磬,号素庵,福建晋江人。后因避清世宗胤禛讳,而改名林孕昌。林胤昌天启二年(1622年)中进士,历任南北户部、兵部、吏部主事,后迁任员外郎、郎中等。他居官廉能,颇有声望。在任吏部验封司郎中和文选司郎中时,他办理承荫、加衔、袭封、请恤等事项皆秉公而作,不徇私情,令人心悦诚服。内阁给予"极力振剔"的勉励。他为除弊政,荐能臣,屡次上疏直谏,得罪了当时的权臣杨嗣昌、薛国观,被下狱百日,削职为民。此后回到泉州,居里讲学,自明而清,屡征不出,最后终老林泉,终年六十二岁。

林胤昌精心研究易学、理学和心学,他融合易学、理学与心学,提出了"旦气之学",深入阐明"已发未发"之旨。他的讲学活动在明末泉南一带影响颇大,并一直延续入清。林胤昌著有《周易耨义》六卷、《易史象解》二卷、《易史广占》一卷、《春秋易义》十二卷、《素安先生栖绿堂经史耨义》《铨曹奏议》等。

刘日曦 字仲升,彭泽(今属江西)人。天启年间进士。其论《易》杂取邵雍、周敦颐等人之说,以朱熹黑白之位六十四卦横图及六十四卦圆图为"先天",以朱熹八卦横图为"太极",以阴阳序卦图为"先天小成",以乾、坤、坎、离四正卦之卦气图为"后天大成",又列朱熹十数《河图》与九数《洛书》及蔡元定《天地四象图》、邵伯温《一元消长之数图》,以朱熹《周易本义》卷首之图为本参而推衍,另创图冠名并附以论说。刘日曦除所谓"大成""小成"等新概念之外,其说并无新意,所创《序卦》《杂卦》二图,非方非圆,无有出处。其著有《易思图解》等。

秦镛 (1597—1661年)明末哲学家。字大音,号弱水,江苏无锡人。秦镛十一岁从师高攀龙学习经学十四年。崇祯三年(1630年),顺天乡试中举人,崇祯十年(1637年)入南宫,赐三甲进士,从此走上仕途。曾出任江西省清江县知县。为改变当地陋习,他编写了《五劝四禁歌》,在民间传唱,以抑恶扬善。其间,他还完成了《清江县志》八卷的修编工作。后来,被派往曾三次沦为主战场的山东蓬莱任知县,并兼摄黄县政事两个月。明朝灭亡后,明遗臣在南京拥福王称帝,秦镛被任命为河南道监察御史。不久对政事厌倦,辞官归乡,隐居于无锡城东四箭河畔药师庵后的老屋里,闭门读书,专心著述,成为一名哲学家。

秦镛论《易》,据《序卦》而言义理而较少涉及象数,综合后天之易来进行探索。上经分五节,像阳;下经分四节,像阴。每节中又一一分析并引《杂卦》《彖》《象》及爻辞等来为上下经注解。他考证《序卦》《杂卦》,因有先儒疑其非孔子之书,他认为此乃说《易》诸家粗陈梗概所致。至元代萧汉中《读易考原》详述《杂卦》《序卦》之义,才更加明了。秦镛此说比萧汉中所说更加详密,但其中也不乏穿凿附会之处。秦镛著有《易序图说》《周子通书半解》《皇极内编小衍》《参同阁集》《先儒四篇》《大音奏疏》《海海先生年谱》《清江县志》等。

喻国人 明代易学家。字春山,郴州(今属湖南)人。喻国人认为先儒多是非倒置,其论《易》以十为图、九为书,并相互辩证,以九为图取天,以十为书配地。沿袭刘牧之说,倡导河图主生,洛书主克之理。认为伏羲以河图为天则,画乾、坎、艮、震四卦;以洛书为天则,画巽、离、坤、兑四卦。由河图四卦得讼、遁等十六阳卦;由洛书四卦得家人、中孚等十六阴卦。合河图、洛书迭为上下而得否、姤、履、泰等三十二阴阳配合之卦。且揲蓍之数不惟邵雍茫然,诸儒也属妄附。认为有关河、洛之议,早有论断。还认为数九则满,满则损;数六则谦,谦则益。故大易终不外乾九损三,变为坤六;坤六益三,变为乾九。或乾九坤六爻相损益,十八变而成卦。认为朱熹不知《易经》中十年三年七日八日之义,以及"讼卦·九二"三百户之数。关于"三百户"之说,认为合屯、蒙二卦,以屯下蒙上,屯二爻为一年,逆数至蒙五爻,历十爻为十年;合需、讼二卦,以需下讼上,讼二画九,就是九十户,讼初画六,就是六十户;需上画六,就是六十户,需五画九,就是九十户,合计得三百户。而此意数千年不明。又认为天地十二会真数不出五十五,可惜陈抟、邵雍俱未阐明。他推演天地五十五数图,又附以《河洛真传》说,辨龟短蓍长之论。有记载说:假尔泰龟有常,假而泰蓍有常,原龟蓍并重。朱熹随意更改祝词,所以重视泰蓍。其所引证据,皆出自《文舆记》《本草图经》诸书。喻国人还认为先儒解《易》为"变易""交易"总不如《系辞》"生生之为易"五字准确。伏羲以河九洛六为天则,始画八卦,因以木德为王,木主仁,仁为生生真种子,每卦六爻,故推演出五行相生之数来配合。其著有《周易辨正》《河洛定议赞》《全易十有八变成卦定议》《周易对卦数变合参》《河洛真传》《周易先生真传》等。

李陈玉

(1598—1660年)字石守,号谦庵,江西吉水人。天启四年(1624年)乡试中举人,崇祯七年(1634年)中进士。李陈玉童年曾与许声、曾之传交游并共同上书知府,言地方事务,提出施政建议,号称"河上三奇",被朝臣邹元标、罗大纮所赏识。崇祯七年至十三年(1634—1640年),任浙江嘉兴府嘉善县知县,在任期间兴利除弊,捐赠俸禄建立鹤湖书院,功绩卓著,升任礼部仪制司主事,次年改任监察御史。御史任上,侃侃论列,不避权贵,刚直敢疏,著有《台中疏稿》等,被称为"儒林循吏"。顺治六年(1646年)出任南明政权兵部右侍郎兼都御史,顺治十七年(1660年),因兵败殉职。

李陈玉说《易》兼言图画及心性二家之论。言图画者弊在支离破碎,言心性者弊在杳冥恍惚,其说不但未能克服二家之弊,且有所发展。其说有二:一是以先天古易释解图画。显著不同的是,以无极、太极、无极而太极各为一图,共分三图。以英辅九星之名配先天八卦,以疏附先后之名配后天八卦,更加支离破碎。二是以后天《周易》释解经传。虽然也言象数,但多为臆说。如其在《易铃》中曰:"如想真正懂得易学,须将一切训诂辞章全部删除,即使孔子之语也不过易象一端之论,才有出入。"如此等等,令人无所遵循。李陈玉著有《易论》二十一篇。另外,还著有为《楚辞》作注的《楚辞笺注》等书籍。

程道生 明代方术家。字可生,浙江海宁人。其撰有《遁甲演义》。遁甲为古代方士术数之一,《遁甲演义》对遁甲之法及用奇置闰之要论述颇详,深得其精要,是研究奇门遁甲之术的重要著作之一。程道生还著有《射义新书》《九边图考》等。

概要

清朝时期，我国易学哲学进一步发展。复兴汉易成为这一时期的主要潮流，进入易学的朴学阶段，解《易》著作十分宏富。这一时期的主要代表人物有方以智、顾炎武、王夫之、毛奇龄、惠栋、戴震、张惠言、焦循等人。大体可分为两派，一派以惠栋和张惠言为代表，他们大力倡导回归汉易，力求恢复汉易的本来面目；另一派以焦循为代表，主张会通百家，将学问和灵性融贯入易学，从而进一步发掘易学中的哲学内涵。惠栋著有《周易述》《易汉学》《易例》《周易古义》等书，笃守汉易，不敢发挥，并且注重卦象的形成和变化，淡化《周易》的哲学价值；张惠言则专攻虞翻易学，著有《周易虞氏义》。他们是清代复兴汉易的中坚力量。而焦循则不然，他一方面依汉人解《易》的精神，注重象数文字训诂；另一方面又独辟蹊径，力求建立新的易学体系，他著有《易学三书》，即《易章句》《易通释》和《易图略》，成为清代汉易学的另一支重要力量。清代还对河图与八卦的关系进一步深入研究，并取得了较大成就，康熙年间的学者江永研《易》遵从朱熹之说，他在《河洛精蕴》一书中对河图与八卦的关系做出了具有开创性的说明，贡献突出。

在这一时期，以王夫之为代表的气学易学家也脱颖而出，他提出的"气一元论"和"理势合一"的观点，展示了鲜明的唯物主义世界观和历史观，后来这种唯物主义观点被戴震等易学家继承和发展，在学术论辩中得到宣扬。总体上看，清代哲学家对历史上许多易学和哲学问题都做了专门的研究和探讨，建树颇多，发展更加扎实，也为后来易学与哲学的长足进步奠定了新的基础。这一阶段，是为重要的学术守护期。

清朝时期

黎遂球 （1602—1646年）明末清初学者、诗人。字美周,广东番禺板桥乡人。天启七年(1627年)中举人,再应会试不第,陈子壮力荐为经济名儒,他却以母老为由而不赴。南明隆武朝时任兵部职方司主事,提督广东兵援赣州,城被攻破而殉难。年方四十五岁,死后赠兵部尚书,谥忠愍。黎遂球曾参加张溥的复社,是岭南复社的标志性人物。其著述颇丰,著有《莲须阁集》《诗集》《周易爻物当名》等,均收入《明史·艺文志》而传于世。其中,《周易爻物当名》是他代表性的易学著作。他还曾想著《易史》,但没有遂愿。他的著作曾遭禁毁,如《诗风史》《史划》等均亡佚。他在《莲须阁集》《莲须阁文钞》《乾坤正气集》等书中都曾谈到易学,现今这些书是研究黎遂球易学思想的重要文献。

黎氏解《易》,以"人事而看卦爻",他精通《易经》,亦精于史学。曾欲以全史事编大易卦爻,以爻配事,以事例爻,博于义类。极其数,通其变,名为《易史》。张溥赞云:"后人以《春秋》言治乱,不若以《易》言治乱之尤长也。美周天性忠孝,读史尤详。远览近察,悉寓于易。以爻配事,以事例爻,不烦太卜立筮。"(《周易爻物当名·张溥序》)从史学主张看,黎遂球认为:"儒者明经,不过学为人臣""……父之与子也,夫之与妇也,兄之与弟也,不待交而交者也。朋也友也,君之与臣也,必待交而交者也。待交而交,则是非邪正之徒,不可以不辨。君子小人之等,不可以不严。黎子察阴阳之质,定吉凶之性,略置天美,敦举义合,其亦有忧患之思乎"(《周易爻名当物·章序》)。其主张的,仍是以君主心术行为和君子小人之辨为核心,主张君敬臣忠、男主女从和惩忿窒欲之说。于今看来,他的易学主张,也有可观之处。

刁包 （1603—1669年）明末清初理学家。字蒙吉,号文孝先生,晚号用六居士,直隶祁州(今河北安国市)人。天启七年(1627年)中举人,而后居家从事教学。李自成攻打祁州城,他尽散家财聚众固守,城不得破。李自成进京后,欲授以官,他誓死不受。清建国后,拒不出仕,归隐筑"潜室亭""肥遁"两斋,著书养母二十余年。父丧后,哀至须发尽白;母卒,号恸呕血,遂病数月而逝。终年六十七岁。学者私谥文孝先生。

刁包生平为学,以明道为主,创建了"用六学派"。该派尊程、朱而抑陆、王,谓"朱子学似头面颜子而功过之""功似孟子而学过之""博古通今,无不续之书;仰观俯察,无不穷之理;形而上形而下,无不优为之事也"。论学,则强调六经,认为"斯人有六经,如天有日月。不日不月,则天晦矣;如地有山河,不山不河,则地竭矣;如人有耳目手足,不耳不目不手不足,则无所知能而失其所以为人矣"。故"自格物致知,诚意正心,修身以至齐家治国平天下"皆本诸此。在伦理方面,极力宣传忠孝,认为后世"忠义之少"乃由于"孝道之衰"。而孝道之衰则是由于道学不明,"自道学之名为举世所厌薄,而忠孝两字几不知为何物"。若"道学倡明,而人知所向",则可见"孝子忠臣接踵于世矣"。该派强调谨言行以守身,谓"守身之道有三:曰言行不苟,取与不苟,出处不苟"。在修养方面,该派以"求放心"为要,提出"我辈学道,大抵以求放心为主"。而"求放心"的途径则在于敬。该派还突出省察存养的作用,认为"所谓省察者,念头一动,义与利与公与私与?一切内照。果其为义也公也,则引而伸之;果其为利也私也,则遇而绝之"。省察为了存养,若只存养而不省察,"则为无悟之修";省察也离不开存养,只"省察而不存养,则为无修之悟",故"两者相须并进,而非各为自功也"。

在《易》说上,刁包以程颐《伊川易传》为本,虽偶言象数,但都是承北宋陈抟、李之才之学,并非汉以来相传之法。其说推阐义理,足以辅弼程、朱之学。刁包与孙奇逢交好,尤喜高攀龙之书。平生谨言慎行,遵循"言语不苟,取与不苟,出处不苟"的准则行事。其著有《易酌》《四书翼注》《辨道录》《潜室札记》《斯文正统》等。

来集之

(1604—1682年)初名伟才,又名镕,字元成,号倘湖、元成子,浙江萧山长河人。来集之自幼聪颖过人,曾就读于冠山西隐寺,弱龄即通五经、诗词。崇祯十三年(1640年)中进士,授安庆府推官,迁兵部主事。南明福王时官至太常寺少卿。南明弘光政权覆灭后,隐居倘湖之滨,耕读著述以终老。

来集之精通《易经》,兼工词曲。其著有《读易隅通》《易图亲见》《卦义一得》《春秋志在》《四传权衡》《倘湖文集》《南行偶笔》《南行载笔》《倘湖近刻》《倘湖诗余》以及《樵书初编》《樵书二编》等著作,均收入《四库总目》而传于世。他还是著名的剧作家,作有杂剧《蓝采和长安闹剧》《阮步兵陵廨啼红》《铁氏女花院全贞》,以上三剧总名《秋风厨三叠》,又为《挑灯剧》《碧纱笼》和《女红纱》各一本而传演。来集之词风慷慨悲壮,其《应天长江东遗事》十首,赞颂明末抗清殉难的十位烈士,怒发冲冠,正气浩然。但有时词不和律,是为其短。

贺贻孙

(1605—1688年)清初学者、文学家、诗人。字子翼,自号水田居士,江西永新人。贺贻孙九岁能文,被称为神童。年轻时,江右社事正盛,他与万茂先、陈宏绪、徐世溥等人结社于豫章(今江西南昌)。明朝灭亡后,他隐居不仕。顺治七年(1650年),学使慕其名,特列贡榜召其入朝,辞而不就。康熙年间,御史笪重光以"博学鸿儒"再次举荐,书至,贺贻孙愀然道:"吾逃世而不能逃名,名之累人实甚!"遂剪发为僧,潜入深山。晚年,家境益败落,虽布衣蔬食而无愠色,唯以著述自娱,逾四十年而终。

贺贻孙论《易》注释详明,阐发透彻,与史上抄袭雷同者迥异,在明末清初卓然为一家之学,认为"凡卦惟二五谓之中,余皆不中。六爻有内外之义,下三画为内,上三画为外;又有天、地、人之义,上二画为天,中二画为人,下二画为地;又有乘承、比应之义,反对、正对之义,交错之义。易类难穷,此特发蒙之要语"(《易经触义·自序》)。其著有《易经触义》《诗经触义》《诗筏掌录》《骚筏》《激书》《浮玉馆藏稿》《水田居士文集》等。

朱朝瑛

(1605—1670年)明末清初学者、经学家。字美之,号康流,晚号罍庵,浙江海宁袁花人。崇祯十三年(1640年)中进士,授旌德县知县,后升任议制司主事。曾受业于黄道周,并从其游历,深得其传。黄道周称其"沈静渊郁,所目经史,洞见一方。"明亡入清后,隐居二十余年,致力于学问。对经学、天文、勾股之法均深有研究。

其易学出于黄道周,然持论又与黄道周有所不同。其言象数不主邵雍之说,另作先天、后天之图,取一索、再索之序为先天,取对卦、化气为后天,是为独自创见。朱朝瑛著有《读易略记》《读诗略记》《读春秋略记》《罍庵杂述》《金陵游草》等。

连斗山

字叔度,安徽颍川(今安徽阜阳县)人。由廪贡授江宁府训导,后因病告归。居家静心钻研诸子百家,专攻注疏。其《易》说主卦画立意。认为一卦之义在于爻,爻画有刚有柔,因刚柔之画而立象,即因刚柔之道系以辞,其道先在于辨画。他逐卦详列互体,剖析微妙,颇合于情理。认为就爻论爻,才能以《易》解《易》,虽间有附会之失,而错综变化的本旨,尤可从中获得。其著有《周易辨画》《周官精义》《左史合璧》《医学摘要》《全唐诗逊》等。

傅以渐

(1609—1665年)清初史学家。字于磐,号星岩,山东聊城人。傅以渐自幼聪明好学,博闻强记,胸怀大志。"三岁能诵书,五岁熟记经史,不遗一字。"顺治三年(1646年)中进士,并成为清朝定鼎中原后的第一名状元,授官弘文院修撰。先后担任《明史》《清太宗实录》纂修及《太祖圣训》《太宗圣训》的总裁官。累官至武英殿大学士兼兵部尚书。其为官品德端正,任职勤勉,办事谨慎,深得顺治帝赏识和器重。后奉旨与曹本荣共同修撰《易经通注》,着力阐发四圣之精微,衡量诸儒之得失,折中诸论,斟酌比较象数、义理之利弊,熔铸众家之学说,辞简而理明,深受推崇。

傅以渐除《易经通注》外，还著有《贞周斋诗集》等。

黄宗羲

（1610—1695年）明末清初思想家、易学家、史学家、教育家。字太冲、德冰，号南雷，别号梨洲老人、梨洲山人、蓝水渔人、渔澄洞主等，学者称其梨洲先生。浙江余姚人。黄宗羲学问极其渊博，思想深邃，著作宏富。通天文、算术、乐律、经史百家以及释道之学。与弟黄宗炎、黄宗会号称"浙东三黄"，与顾炎武、方以智、王夫之、朱舜水并称"清初五大师"，亦有"中国思想启蒙之父"之誉。

黄宗羲少时从学于刘宗周。青年时领导"复社"反对宦官专权，儿子惨遭杀害。清兵南下时，招募义兵抗清，成立了"世忠营"，被鲁王任命为左副都御史。清朝建立后，拒应博学鸿词科而隐居专心著述。在思想上，他反对旧儒学"君为臣纲"的传统理念，继承和宣传先秦儒家的民本思想，提出了"天下为主，君为客"的新命题。

在《易》说上，他认为圣人以象示人：有八卦之象、六爻之象、象形之象、爻位之象、反对之象、方位之象、互体之象等。后儒所为伪象，有纳甲、动爻、卦变、先天等，四象、四象杂入而七象反晦，故崇七象而斥四象。认为《遁甲》《太乙》《六壬》三书皆主九宫，可参详人事。以郑康成之"太乙行九宫法"证太乙，以《吴越春秋》之占法及《国语·冷州鸠》对证六壬，持论皆有根据。因深究广研心论与象数之学，故能一一洞晓其始末，并尽析瑕疵。他主张"盈天地皆心也"，反对宋儒"理在气先"之说，提出"通天地，亘古今，无非一气而已"，而"理"并非独立存在的实体，而是"依于气而立，附于气而行"。黄宗羲之说不尚空谈，宏纲巨目，论辩精详。但也未免主持太过，有矫枉过正之嫌。其著有《易学象数论》《明儒学案》《宋元学案》《明夷待访录》《孟子师说》《葬制或问》《破邪论》《思旧录》《明文海》《行朝录》《今水经》《大统历推法》《四明山志》等。

方以智

（1611—1671年）明末清初思想家、哲学家、易学家、科学家。字密之，号曼公、龙眠愚者、鹿起山人、泽园主人等，江南安庆府桐城县（今安徽桐城）人。方以智少时参加复社活动，后为复社领袖之一。与陈贞慧、吴应箕、侯方域并称"明季四公子"。崇祯十三年（1640年）中进士，授翰林院检讨，担任皇子定王和永王的讲官。明朝灭亡后，方以智辗转投奔南朝弘光政权，不料受政敌排挤、迫害，改名吴石公，流寓岭南，两广一带以卖药为生。顺治三年（1646年），桂王朱由榔在肇庆称帝，方以智参与了拥立永历政权的活动，并任左中允、少詹事、翰林院侍讲学士，但很快发现桂王政权奸人当道，于是辞官隐遁于湘、桂、粤西一带，过起了"曲肱茅屋鸡同宿，举火荒村鬼作邻"的生活。清兵大举南下时，他在梧州出家为僧，法号弘智，别号大智、药地、愚者大师等。晚年定居于江西庐陵青原山,自称极丸老人。

方以智学识渊博,毕生以气节、学问自许。其博涉多通,对天文、舆地、礼乐、律数、声音、文字、书画、医药、技勇之属,无不通晓,且能考其源流,析其旨趣,曾自言要把古今中外的知识熔于一炉,发明千古不决的道理。提出"一而二,二而一"的命题,由此概括事物的矛盾和矛盾运动。既指出"尽天地古今皆二","相应者皆极相反",又强调"两间无不交,则无不二而一",认为事物都是"相胜而相成"。他还提出"无恒动,人生恒互动,皆火之为也",表明其宇宙观基本是火的一元论。

方以智的《易》说继承家学。曾祖父方学渐著有《易蠡》,祖父方大镇著有《易意》,父亲方孔炤著有《周易时论》。其家传"三世之易"的精髓是"公因反因",即"一在二中,三即一"。其外祖父吴观我的"疑信"思想之深奥在于"三一"说,即以"公因反因"说为核心,会通桐城方氏学派之说,融贯为一,构成了以方氏《易》学为核心内容的哲学体系。方以智发展了家传易学,以易会通佛、道之学,认为"《华严》者,《易》之图也。即其四十二字母,即悉昙与文殊问字,金刚顶之五十母。《大般若经》言一字入无量字,从无量字入一字,以入无字,此亦收尽天地、古今之理。象数,为六十四卦也,而乃以善知众艺名,声音与象相表"(《东西均》)。在象数学各派中,他受邵雍的影响最大,这也是因为体一用三之门路颇符合其哲学"圆"的模式。他认为"天地之易"才是最根本的易,是"四圣之易"的本源。"《易》者,尽情之书也。圣人之情见乎辞,而天地万物之情见矣"(《易余·薪火》)。他不否认《周易》是一本占卜之书,但认为这只是"艺",属于形式,而它的内容在于"立教"。其教化作用,不同于《论语》《孟子》的直言之教,而是通过"见惕立教"即通过惧惊的强制手段,使人们从迷茫中醒悟过来。方以智解《易》强调"不通表达,不可与言《易》"(《易余·礼乐》)。他认为《易》虽可借文字、象数来说明,却不是任何文字、象数所能确切名状的。其解《易》,有时用"象数"法,有时用"义理"法,有时还两法兼用。但其"象数"之解,常常服务于"义理"之解,这是其解《易》的显著特点之一。其易学成一家之言,集桐城方氏学派易学思想之大成。方以智一生著述颇丰,多达百余种,四百余万言。哲学和易学著作有《周易图象几表》《学易纲宗》《易余》《东西均》《药地炮庄》。另外还著有《浮山文集》《博依集》《物理小识》《通雅》《一贯问答》《切韵源流》《性故》《诸子燔痏》《流寓草》《四韵定本》《内经经络》《医学会通》《愚者智禅师语录》等。

钱澄之

(1612—1693年)明末清初学者、诗人。初名秉镫,字饮光、幼光,晚号西顽道人、田间老人,安徽省桐城县(今枞阳县)人。钱澄之少时聪颖,十岁能解禅师语录,十一岁作文顷刻而就。崇祯年间中秀才,曾辅助南明唐王、桂王政权,先后任吉安府推事、翰林院庶吉士、礼部主事、翰林院编修、知制诰等职。后辞官归乡,筑室田间,以课耕著述终其身,享年八十二岁。

钱澄之学识渊博,尤长于诗作,对数学、地理、训诂、经学均有研究,家世学《易》。其易学最初从京房、邵雍等讲求象数,后到兼及义理,虽问《易》于黄道周,实则以朱熹为宗。认为"先天图""河图""洛书"皆因《易》而生,而《易》并非因"图"而作。还认为"图"中奇偶之数为揲蓍之法,而非画卦之本。钱澄之著有《田间易学》《田间诗学》《庄屈合诂》《所知录》《藏山阁文存》《藏山阁诗存》《藏山阁尺牍》等。

顾炎武

(1613—1682年)明末清初著名学者、思想家、史学家、语言学家。初名绛,别名继坤、圭年,字忠清、宁人,亦自署蒋山佣。因仰慕文天祥的学生王炎午的为人,后改名炎武。学者还尊其为亭林先生。他与黄宗羲、王夫之并称为明末清初三大儒。苏州府昆山(今江苏昆山市)人。顾炎武出身名门,少年时读书勤奋,十四岁便考中秀才。青年时经常议论朝纲,参加了"复社"反宦党权贵的斗争。清兵南下时,嗣母王氏殉国,他又参加了昆山、嘉定一带人民抗清起义,起义失败后,他遍访名山大川,潜心治学。后卜居华阴,卒于曲沃,享年六十九岁。

顾炎武学问渊博,对于国家典制、郡邑掌故、天文仪象、河漕、兵农及经史百家、音韵训诂等诸多方面均有研究。晚年治经侧重考证,开清代朴学风气。在思想上,他反对宋明理学的唯心主义玄学,赞成张载关于"太虚""心、理、性、命"的论说,主张"经世致用"的实际学问。他以古音韵学标示《周易》,撰写了《易音》三卷,将《周易》经传文中协韵之字标出古音,并附以解说,通其可通,有不通者则空缺之。其著虽间有穿凿,然而标音、注释、体例皆谨严有法,考核之精确,使求《周易》古韵者参之大有裨益。顾炎武著有《音学五书》《日知录》《天下郡国利病书》《亭林诗文集》《金石文字记》等。

应㧑谦

(1615—1683年)清初学者。字嗣寅,号潜斋,浙江仁和(今属浙江杭州)人。明代诸生。曾传其"生而有文在手,曰'八卦',左耳重轮,右目重瞳"。二十三岁时作《君子自勉论》,潜心于理学,并躬行实践。精通诸经,对历法、田赋、水利、漕运、盐法等均有研究。终生不仕,与钱塘人虞钫、蒋志春等组织狷社,授徒讲学或闭门著述。

其《易》说杂采诸家,注释所取多依先儒训诂之说,不甚精密。首列诸图,认为上经三十卦,下经三十四卦,多寡不均,于是创为上经三十六卦往来之图,下经三十六卦往来之图,一往一来共成七十二卦。其为学曾以程朱为宗,"以穷理格物为本",后对此论有所歧异。应㧑谦著有《周易集解》《礼学汇编》《性理大中》《潜斋文集》《教养全书》《翼书传拾遗》《春秋传考》《论孟拾遗》《学庸本义》《考经辨定》《古乐书》等。

黄宗炎

（1616—1686年）清初学者、易学家。字晦木、立溪，学者称其鹧鸪先生，浙江余姚人。黄宗炎从小受其兄黄宗羲影响，亦受教于明末大儒刘宗周，专心于学，在学问上突飞猛进。与其兄黄宗羲、弟黄宗会合称"浙东三黄"。画江之役，步迎鲁王于苋坝，与兄黄宗羲共同捐家产召募义兵抗清，建立"世忠营"。明亡后，提药笼游历海昌、石门间，以医药养生，或刻印作画以自给。黄宗炎生逢乱世，历经整个明末清初的社会变迁，这在他的思想上烙下了深深的历史印痕。其一生沉入学问，钻研象纬、律吕、轨革、壬遁之学，对各门各类皆有神悟。

黄宗炎论《易》具有独特的方法与视角，他从六书之学出发，以指事、象形、意会等字形、字义为基础，结合《周易》独特的"象"的理学内容与意蕴，紧紧把握"象"和"辞"之间的关系，在总结前人治《易》得失利弊的基础上，既不宗程、朱，也不本陆、王，而是以其彻底的理论反思与剖厥的社会批判精神检视理学、心学、易学及佛、道之学，倾力研《易》二十余年，声著于时。其《易》说极力驳斥陈抟之学，故解释爻象以阐明义理为主。论四圣相传，认为不应在文王、周公、孔子之外，另有伏羲之易为不传之秘。认为《周易》在秦未被焚毁，而独禁其图，转至道家藏匿二千余年，至陈抟始出之说不可信。认为陈抟之图书，乃道家养生之术，此与元代陈应润之说相合。认为周敦颐《太极图说》杂以仙真，伪称《易》道，此亦与朱彝尊、毛奇龄所考略同。黄宗炎著有《图书辨惑》《周易象辞》《寻门余论》《六书会通》《二晦集》《山栖集》等。

王夫之

（1619—1692年）明末清初著名思想家、哲学家、易学家、史学家。字而农，号姜斋、夕堂，自署名船山遗老、一瓠道人等，学者称其为船山先生。明清之际，王夫之与顾炎武、黄宗羲同称明清三大学者。其为湖广衡州府衡阳（今湖南衡阳）人。王夫之自幼遍读群经，十四岁入县学，崇祯十五年（1642年）中举人。明朝灭亡后，清兵南下，他于顺治五年（1648年）在衡山举兵抗击清军。兵败后退至广东肇庆，效力于南明永历政权，获授行人司行人。南明亡后，返归故里。而后，连年转徙于湖南零陵、郴州、耒阳、涟源、邵阳间，之后隐匿于湘西山区，伏处窑洞，课徒授业，潜心著述达四十余年。他一生治学以北宋学者张载为宗，萃其心得，撰为《张子正蒙注》。他学识广博，对经学、史学、文学、诸子百家、名物训诂、典制沿革均有较深研究，兼及天文、历法、数学皆详慎搜阅，参驳古今，旨在探寻"上下古今兴亡得失之故，制作轻重之原"，以便经世致用。他学术成就明显，尤以哲学、史学、文学最为卓著。

王夫之是唯物主义哲学家。他的哲学思想主要反映在以下方面：一是反对禁欲主义。他认为不能离开人欲空谈天理，天理存在于人欲之中。二是提倡均天下，反专制，认为"平天下者，均天下而已"。三是提出"气一元论"。他认为气是宇宙间的唯一实体，而不是"心外无物"。指出天地间存在的一切都是具体实物。一般原理存在于具体事务之中，而不是具体事物依存于一般原理。他说"形而上"和"形而下"虽有上下之分，但不意味着上下之间有界限可以分割开来。从知识的来源上看，任何原理、规律都是从对事物的抽象中得来的，因此，应该是先有具体形器，后有抽象观念。他继承和发展了张载的"气化"论，对宋明理学做了批判性的总结，提出了"虚空即气，气则动者也""气者，理之依也""天下惟气而已矣，通者器之道，器者不可谓之道之器也"等命题。提出了"据器而道存，离器而道毁"的结论。他还说"动而成象则静"，"静者静动，非不动也""动而趋行者动，动而趋止者静"。他的这些话，包含了丰富的辩证思想。四是通过心物之辩，极力反对"生而知之"的先验论。他说"耳有聪，目有明，心思有睿知。入天下之声音研其理者，人之道也。聪必历于声而始辨，明必择于色而始晰，心出思而得之，不思则不得也。岂蓦然有闻，瞥然有见，心不待思，洞洞辉辉，如萤乍曜之得为生知哉？果尔，则天下之生知，无若禽兽"（《读四书大全说·论语·季氏篇》）。认为知识必须凭借感官心知，才能后天获得。五是阐释了"名"与"实"的统一。他认为概念能否如实地摹写现实，逻辑思维能否把握宇宙发展法则，是认识论上的大问题。老子讲"无名"，庄子讲"坐忘"，禅宗讲"无念"，都是认为名言、概念不足以表达变化之道。他提出"克念"的观点，将概念看作一个过程，既不执着于概念使之僵化，也不把概念的运动看作是刹那生灭、不留痕迹的东西，认为应该进行正确的思维。六是提出了理势合一的历史观。对前人所提出的"复古论历史观""循环论历史观"等错误的历史观进行了全面的反思和批判。七是提出人性不是一成不变的，而是不断发展变化的；同时，人性的形成也不全是被动的，可以主动地权衡和取舍。他说：人之初，人未有权也，不能自取而自用也……已生之后，人既有权也，能自取而自用也。

王夫之所倡导的《易》学，大体是"以乾坤并建为宗，错综合一为象；彖爻一致，四圣一揆为释；占学一理，得失吉凶一道为义；占义不占利，劝诫君子不渎告小人为用，畏文、周、孔子之正训，辟京房、陈抟、日者、黄冠之图说为防"（《周易内传·发例》）。"即象以见理，即理之得失以定占之吉凶，即中以示学，切民用，合天性，统四圣人于一贯，会以言以动以占以制器于一原"（《周易内传·发例》）。将象数与义理相统一，是其《易》学的重要特征之一。他认为"物生而有象，象成而有数"（《周易外传》卷一），"天下无数外之象，无象外之数……是故象数相依，象生数，数亦生象"（《尚书引义》卷四)。其象数范围大抵以河图、太极图为基础,以《象传》刚柔、上下、升降、往来为依据,目的在于穷理尽性,揭示天地万物千变万化的规律,"夫象数者,天地也,与道为体,道之成而可见者也"(《周易外传》卷五),他认为如果舍象数这一"道之成而可见者",就不可能认识"道"。其《易》学的另一特征是将象、彖、爻、传相统一,"即象见彖,即象明爻,即彖爻明传,合四圣于一轨,庶几正人心息邪说意云"(《周易内传·发例》),"非象无彖,非彖无爻,非象与爻无辞,则大象、彖爻、辞、占皆不离乎所画之象。《易》之全体在象,明矣"(《周易内传》卷六)。从整体意义上说,一部《周易》,象、彖、爻、传是不可分割的;从局部意义上说,每一卦的彖、爻、辞合起来,也是相对独立的个体。他肯定宇宙的本原是"太极",太极乃乾坤并建之本始,阴阳混合之实体,它"无有一极",仅是一个真实的共相;"无所不极",故充塞两间,孕育万有。太极乃"因缊一气""因缊,二气交相入而包孕以运动之貌"(《周易内传·系辞下》五章)。它分阴阳,一柔一刚,自身包含着"相倚而不离"的矛盾双方,包含着运动的始因。他阐明了物质的永恒不灭,曰"生非创有,死非消灭"(《周易内传·系辞上》四章)。他还以比较的方法,研究了《周易》内、外部关系,认为《周易》所涉及的天文、历法、律吕、医占等义理关系,为《周易》内部的关系;而《周易》与其他儒家经典如《礼》《书》《诗》《春秋》等的关系,则构成《周易》的外部关系。此内、外关系,最后均归结为《周易》与象的关系,"故《周易》者,准天地之神以御象,而不但象数测已然之迹者也"(《周易内传》卷五)。他以《易》"准天地之神",揭示了客观世界的普遍性,并将这种普遍性寓于特殊性之中,即"无方之不行者也",同时又制约着特殊性,即"以御象数";而天文、历法、律吕、地理等,所反映的则是自身特定的具体规律性,即"天地已然之迹",不可妄立一"体",妄定一"方"以限《易》,不可用特殊性取代普遍性。王夫之一生著述极其丰富。主要《易》学著作有《周易内传》《周易外传》《周易稗疏》《周易考异》《周易大象解》等,至于以《易》说理、评史、论政、言志而散见于其他哲学、史学、政论、诗文中者,更是不胜枚举,如《张子正蒙注》《尚书引义》《经义》《读四书大全说》《礼记章句》《说文广义》《思问录》《老子衍》《庄子通》《黄书》《永历实录》《春秋家说》《续春秋左氏传博议》《读通鉴论》《俟解》《楚辞通释》《相宗络索》《宋论》《诗广传》《噩梦》《识小录》《夕堂永日绪论》《岳余集》《莲峰集》《买薇稿》等,多达四百余卷。

董说 (1620—1686年)明末清初学者、文学家、僧人,兼通医学。字若雨,号西庵、鹧鸪生、漏霜等,浙江乌程(今浙江吴兴)人。黄道周弟子,曾从黄道周学《易经》。明朝灭亡后改姓林,名蹇,字远游,号南村,又称林胡子。后随灵岩大师出家,更名南潜,云游四方。董说五岁能读《圆觉经》,并开始学习四书五经。十岁能作文,十六岁补廪,二十岁即可观天象。其精研经史,尤喜读方言、地志、星法、星经、律法、释老之书,皆精通掌握,无意于功名。

其论《易》专主数学,兼取焦赣、京房、陈抟、邵雍之法,参互为一,并融入己意加以推阐。其说主要源于黄道周《三易洞玑图》。后人认为,董说解《易》虽用心研摩,然不免失之于杂;其虽具博辩之才,然论说却近于怪诞,难以为人接受。董说著有《易发》《运气定论》,另有《天官翼》《丰草集》《丰草庵杂著》《上堂晚参》《唱酬语录》《南潜日记》《七国考》《董若雨诗文集》和小说《西游补》等。

曹本荣 （1621—1665年）明清之际学者、易学家。字欣木、厚庵,湖北黄冈人。顺治六年(1649年)中进士,授翰林院庶吉士。顺治八年(1651年),任秘书院编修。顺治十年(1653年),擢升右春坊右赞善兼国子监司业,刊《白鹿洞学规》以教士,转中允。顺治十三年(1656年),升任秘书院侍讲、左春坊左庶子兼侍读、日侍讲幄、辩论经义。其间,他会同傅以渐撰《易经通注》九卷。顺治十四年(1657年)八月,充顺天乡试正考官、经筵讲官,十一月,以失察同考官作弊被革职。顺治十八年(1661年),复任翰林院侍读学士,改国史院侍读学士。康熙四年(1665年),因病辞官归乡,于扬州逝世。

曹本荣之学,从王阳明致良知说,故论次五大儒,以程、朱、薛与陆、王并行,教人以穷理尽性之学。其说《易》熔铸众家之说,发四圣精微,斟酌于象数义理,言简理明。除与傅以渐合著《易经通注》外,他还著有《五大儒语要》《周张精义》《王罗择编》《书绅录》等。

王宏撰 （1622—1702年）清代学者。字修文、无异,号山史,陕西华阴县(今华阴市)人。王宏撰幼年随父在南京读书,他聪明勤奋,主张研究学问要平心静气,评书论人均应求实,甚至对自己最尊崇的人也不应掩饰其过失,对自己所反对的人,更不应抹杀其长处。顺治初年,他游历江南,结交名士。一生无意仕途,潜心治学。顾炎武曾赞其勤学不倦。他擅长古文,字韵精深,文章之外,亦工书法,能仿王羲之,兼学颜真卿和米芾,在关中曾撰书了许多碑志。他还精通金石之学,善于鉴别书法名画。其尤深于《易》,居于华山下,筑"读易庐"。论《易》辟焦赣、京房之术,阐文王、周公之理,立论推本于经义,以北宋邵雍、南宋朱熹之学为归。因笃信朱熹所谓"易本卜筮之书"一说,故著《周易筮述》以展其义。王宏撰还著有《易图象述》《华山志》《砥斋集》《正学偶见述》等。

毛奇龄

（1623—1716年）清代经学家、易学家、文学家。原名甡，字大可、齐于，号小毛生、秋晴、初晴等，浙江杭州萧山城区西河沿人，故称西河先生，亦俗称毛西河。毛奇龄出生于明朝末年，因受家庭熏陶，酷爱读书。五岁开始读四书，八岁读五经，每天由天不亮读到日西沉，对于许多经书都能背得一字不漏。康熙十八年（1679年），康熙帝特召明代遗老的南北才子开"博学鸿儒科"恩科，毛奇龄以博学广识被召入宫中，授翰林院检讨，康熙帝钦命入史馆参与纂修《明史》。康熙二十四年（1685年），任会试同考官。康熙二十六年（1687年），因病辞职而归居杭州竹竿巷其兄长毛万龄家，专心从事著述。康熙五十五年（1716年）病逝，终年九十四岁。

毛奇龄一生以辨定诸经为己任，将大部分精力置于研究经术上。他力主治经以原文为准，而不掺杂别家述说。他反对宋明理学的空谈，讲求经世致用。反对朱熹理学，其著《四书改错》即是对朱熹《四书集注》的抨击。他的《大学知本图说》《仲氏易》等著作，阐述了其独到的经学见解。晚年他撰写了《古文尚书冤词》八卷，进一步表达了他的治经思想。毛奇龄淹贯群书，诗文称冠一世，尤其精于《易》学。其论《易》兼五义：一曰变易；二曰交易，是为伏羲之易；三曰反易，谓相其顺逆，审其相背而反见之；四曰对易，谓比其阴阳，度其刚柔而对观之；五曰移易，谓审其分聚，计其往来，而推移其上下，是为文王、周公之易。故其以《序卦》用作反易，以分篇用作对易，以演易《系辞》用作移易，所言甚辨，虽也有牵强附会之处，然大致引据于古人，皆有所考。南宋朱熹《周易本义》虽载卦变图于卷首，却只言其为孔子之易，未将其与文王、周公之易相联系。毛奇龄则上考干宝、荀爽、虞翻等诸家，凡有卦变、卦综之说，与宋以后相生反对诸图俱列于卷，而以推易折中之图系于后。朱熹谓卦变乃《易》中之一义，而毛奇龄则以其为演画《系辞》之本旨。于《易》之杂说，则征引前人训诂，纠正历代说《易》之失，对王弼、陈抟二派，抨击尤甚。其说虽有强词蔓衍、以辩博济之嫌，但自明代以来申明汉儒之学，使儒者不敢以空言说经，毛奇龄则开了先河。其论《子夏易传》及《连山》《归藏》，所言尤为详赅。自汉以来，言占筮者不止一家，而取象玩占存于世而可验者，以《春秋》为先。毛奇龄将其中有关占筮之例予以汇编，使汉晋以来的占例合于古法者亦随类附见，并据《春秋》诸占以广推三代之筮法，可谓追末而探本。

毛奇龄一生著述宏富，门人蒋枢将其遗集编辑整理，分为经集、文集二部，经集五十种，文集和诗赋、序记及其他杂著，共二百三十四卷。其易著主要有《仲氏易》《推易始末》《春秋占筮书》《易小帖》《太极图说遗议》《河图洛书原舛编》，还有《四书改错》《圣人释非录》《古今通韵》《西河诗话》《西河词话》等，后人将这些辑为《西河全集》。

周 渔

字大西，江苏兴化人。顺治年间进士，授翰林院编修。自称其易说与朱熹《周易本义》、程颐《伊川易传》及古今言《易》诸家大相径庭。其说不仅反汉、宋诸儒之说，对《系辞》《文言》也尽力排诋，认为其并非孔子之说。对《象传》更是不尽相信，凭己意加以去取。其另衍河图之奇偶，驳斥《系辞》"太极生两仪，两仪生四象，四象生八卦"之文。他解六十四卦多有创论，能翻陈出新。著有《加年堂讲易》等。

李 颙

(1627—1705年)明清之际哲学家。字中孚，号二曲，陕西周至人。其早年家境贫寒，无力从师，发愤自学，励志沉研。数年间，博览了经史诸子之书，涉猎了释道百家之学，并能融会贯通，深解其意。顾炎武称赞他，曰："坚苦力学，无师而成，吾不如李中孚。"三十岁以后，李颙奔走于南北讲学，倡扬儒学思想，从学者甚众，后来主讲于关中学院，与孙奇逢、黄宗羲并称三大儒。其间，朝廷屡以博学鸿儒征召，他皆以患病为由坚辞。李颙力主自由讲学，认为"立人达人，全在讲学，移风易俗，全在讲学，拨乱反下，全在讲学，旋乾转坤，全在讲学"(《匡时要务》)。

其论《易》兼取朱熹和陆九渊之学，认为学者当先观陆九渊、杨简、王守仁、陈献章之书，然后再取程颐、程颢、朱熹、吴与弼、薛瑄、吕楠、罗钦顺之书。其著有《易说象数蠡测》《四书反身录》《二曲集》等。

朱彝尊

(1629—1706年)清代学者、文学家、诗人、易学史家、藏书家。字锡鬯，号竹垞、驱芳，晚号小长芦钓鱼师、金风亭长，浙江秀水(今浙江嘉兴市)人。康熙十八年(1679年)，以布衣举博学鸿词科，授翰林院检讨，入直南书房，参与修纂《明史》。朱彝尊博通经史，极喜读书，每次出游必载十三经、二十一史以相随，遇断碑残碣之文，莫不立即考证，并与史传相参校。其学长于考证与诗文，诗与王士祯称南北两大宗。作词风格清丽，为浙西词派的创始者，与陈维崧并称朱陈两大家。他还精于金石文史，购藏古籍图书不遗余力。中年以后，"学问愈博，风骨愈壮，长篇险韵，出奇无穷。"甚得康熙帝赏识，与姜宸英、严绳孙合称"海内三布衣"。

朱彝尊对易学史、易经目录的研究卓有贡献。曾撰写《经义考》对经书进行考证，考证颇为详尽，囊括从周朝到清朝历代《易经》之目，以御注敕撰诸书为首，次为诸经分类，后附谶纬、拟经、承师、刊石、书壁、镂版、著录、通说八门。每经先注其或存、或阙、或佚、或未见。次载原序跋及诸家论断，若有考证亦附注之。据他考证：陆德明《经典释文》、李鼎祚《周易集解》、王应麟《困学纪闻》等书所引《子夏易传》均为伪作。朱彝尊还著有《日下旧文》《曝书亭集》，并编有《词综》《明诗综》等。

胡　渭　（1633—1714年）清代经学家、地理学家。初名渭生，字朏明，晚号东樵，浙江德清县人。胡渭十二岁丧父，随同母亲避乱山间。虽颠沛流离，却勤奋读书。十五岁考入县学，成为秀才，后来又入太学。终因科举命运不佳而专心研究经学并从事教书授徒之业。他认为五经中，《诗》《书》《礼》《春秋》皆不可无图，只有《易》无所用图，六十四卦皆二体六爻之画，即图也。经考察确定宋儒《易》所谓"河图""洛书"乃袭用五代末期道士陈抟之说，而北宋邵雍、南宋朱熹沿用其说，此说方始盛行。他断定图书之说，实乃修炼、术数两家旁分易学之支流，阐释了宋儒与道教的关系。胡渭著有《易图明辨》，在地理考证方面，与他人共同编修了《大清一统志》，另外还撰有《禹贡锥指》《洪范正论》《大学翼真》等。

徐世沐　（1635—1717年）清代学者。字尔瀚、肃瀚，号青麓、青牧，江苏江阴人。徐世沐少孤而立志于学，笃信朱熹，厌恶科举。关中李颙南游时，他与之久谈。李颙曰："子学笃而行未广。"世沐曰："先生行高而学不醇。"遂不苟同。陆世仪创建桴亭学派，恪守程朱理学，以格致、诚正、修齐、治平为程序，以居敬、穷理、省察、克治为工夫，认为"居敬穷理四字，是学者学圣第一工夫"，力斥明末以来空谈心性、不重事功的陋习，倡导实学，以期经世致用。徐世沐与之交往颇深，思想上亦注重切己反求，强调学以致用。徐世沐解《易》多以变爻为主，为宋代都絜之绪余。其法为太卜归法。他还取经传字义，分题赋咏，体例近于歌谣，多达一千余首。徐世沐著有《周易惜阴录》《周易存义录》《周易惜阴诗集》《四书惜阴录》《诗经惜阴录》《性理吟》等。

冉觐祖　（1636—1718年）清代经学家。字永光，号蝉庵，河南中牟人。冉觐祖一生仕途坎坷，二十七岁乡试第一，五十五岁才中进士。五十八岁授翰林院检讨，曾任会试阅卷官。六十七岁辞官归乡，潜心于讲学与著述。其说《易》认为，朱熹分象占，程颐专论理，二者不可偏废。他兼取二家之说，又杂采诸儒之说互相发挥，其中也兼有与朱熹之说不同之处，论"河图""洛书"以《易源启蒙》为本，而认为刘牧"九为河图，十为洛书"是错误的。又认为河图之精蕴，不可拘泥于一端。冉觐祖著有《易经详说》《河图洛书同异考》《四书玩注详说》《五经详说》《正蒙补训》《性理纂要》《天理主敬图》等。

张　英　（1637—1708年）清代学者。字敦复，号圃翁、乐圃，安徽桐城人。康熙二年（1663年）中举人，康熙六年（1667年）中进士。由翰林院编修充日讲起居注官,擢升为侍读学士。康熙十六年(1677年),入直南书房。圣祖每出巡必令他相从,一时诏令,多出自其手。其历任礼部侍郎、礼部尚书、兵部尚书。康熙三十八年(1699年),授文华殿大学士兼礼部尚书。康熙四十年(1701年)致仕,康熙四十七年(1708年)病逝,赐谥文端。

张英素性淳朴,三十余年为官"恪恭尽职",曾先后任《一统志》《渊鉴类函》《政治典训》《平定朔漠方略》等书典的总裁官,对民生疾苦、四方水旱知无不言,是"始终敬慎,有古大臣风"而受爱戴的好官。在说《易》上,他专释六十四卦,而不涉及《系辞》《说卦》《序卦》和《杂卦》,每卦分别立论,只诠释大意而不列经文,大抵以朱熹《周易本义》为宗,但又不尽从其说。如对坎卦之"贰用缶"句,他遵从程颐《伊川易传》,改为"樽酒,簋贰,用缶"。其立说坦畅明白,不务艰深,以经释经,一扫纷纭交错纠缠之见。张英著有《易经衷论》《书经衷论》《四库著录》《聪川斋语》《恒产琐言》《南巡扈从记略》《文端集》《笃素堂文集》《笃素堂杂著》《笃素堂诗集》《存诚堂诗集》等。

方柔如 清代学者。字药房、若文、文蜵,号朴山,浙江淳安人。康熙年间进士。曾任直隶丰润知县。乾隆初年,举博学鸿词时,他不参试。晚年主敷文讲席。他曾从学于毛奇龄,对经史通熟。工古文诗、词,与同城方舟、方苞并称"三方"。其《易》说取四书成语以证《周易》经文,古无此体,甚为标新立异。其著有《周易通义》《十三经集解》《集虚斋文集》《离骚经解》《集虚斋学古文》等。

乔莱 (1642—1694年)清代学者。字子静,号石林、石柯,江南宝应(今江苏宝应县)人。康熙六年(1687年)中进士,授内阁中书。康熙十八年(1679年),举应博学鸿儒词科一等,授翰林院编修,参与编修《明史》。康熙二十四年(1685年)朝廷大考,获列一等四名。皇帝喜其学问优长,文章古雅,令充任日讲起居注官,后擢升中允,负责纂修三朝典训,又迁升侍讲、侍读学士。康熙二十六年(1687年)罢官归乡。晚年修筑"纵棹园",深研经学,潜心读《易》。

乔莱论《易》杂采宋元后诸家之说,并参以己意。前列诸图,不主陈抟河图、洛书、先天、后天、方圆、横直之说,对于卦变亦不取虞翻以后诸家。解《易》以古今得失之例为证,而推求人事之变为主。解古经文亦兼注古韵,将得失互陈。乔莱著有《乔氏易俟》以及《应制集》《直庐集》《归田集》《使粤集》《石林赋草》等诗文集。

李光地 （1642—1718年）清代政治家、理学家、易学家。字晋卿，号厚庵、榕村，福建安溪人。康熙九年（1670年）中进士，授翰林院编修。三藩之乱时，正值李光地回乡省亲，他向朝廷密奏破敌之策，置于蜡丸中上达，由此深得康熙信任，遂擢升内阁学士兼礼部侍郎。在官场复杂的派系斗争中，他善辨风向，进退得体，历任翰林院掌院学士、直隶巡抚、吏部尚书、文渊阁大学士等职。虽多次遭言官及臣僚参劾，攻之甚烈，却因受皇帝宠信，而得以安然为官。他在家乡建有"榕村书屋"，故晚号"榕村老人"，康熙五十七年（1718年）病逝，赐谥文贞。圣祖称他"谨慎清勤，始终一节，学问渊博"。

李光地通晓经学、历算、乐律、音韵，一生笃信并钻研程朱理学。康熙帝常召其入便殿与之讲论。康熙四十五年（1706年），他奉旨编修《朱子全书》《周易折中》《性理精义》等。他所撰《周易折中》以程颐《伊川易传》、朱熹《周易本义》为宗，参入群言，凡确能于经义有所发挥者，都兼收并录其中，而对一切支离幻涉之说，则不予收录。他解经传，宏深简括，对卦爻、象象、时位、得应等均参采河图洛书，对占筮挂扐、正变还互，无不条析其义，进而推明其所以然。他将汉易学与宋易学融会贯通，卓然成一家之说。他将复、无妄、中孚、离四卦视为圣贤心学，利用消息盈虚，以观天道而修人事，与杨简《杨氏易传》的解易之法迥异。其解《说卦传》"天地定位"一节，附言先天诸图，发明易理，兼证以易象而略于数。他解《系辞传》"知者观其象辞，则思过半矣"之义，实注全经，非只解象辞。此论虽与程、朱二家颇有出入，但理足象明，并无违背抵触。李光地著有《御纂周易折中》《周易通论》《周易观象》《李文贞易义》《易义前选》《榕村全集》《榕村诗所》《中庸章段》《论孟札记》等，后人将李光地的著述合编为《榕村全书》《李文贞公全集》。

陈 图 字寄岩，江西永丰人。其论《易》以太极、先天、河洛诸图相结合而推演，支离蔓衍，不可究诘。如周敦颐太极图原本以无极作一空圈，他则将其变为一纯黑圆形，认为阳含于阴，太极是先生阴而后生阳，不是太极生阴阳。他又以名山大川分配六十四卦之阴阳，更属于硬性牵合。其诠释经文，每句必追求韵律，经文中亦多间以图，各图皆奇形怪状，使人不得要领。其著有《周易起元》。

陈梦雷 （1650—1741年）清代学者、文献学家、易学家。字则震，省斋，号天一道人，晚号松鹤老人，福建闽县（今属福建省福州市）人。陈梦雷天资聪颖，少有才名。十二岁中秀才，十九岁中举人，康熙九年（1670年）中进士。授庶吉士，散馆后授编修。康熙十二年(1673年),回乡省亲,被逆贼耿精忠所掳,不得已而入耿幕。耿精忠事败后,他亦被下狱。康熙二十一年(1682年),经刑部尚书徐乾学救援,免死释还。从此一面教书一面著述。康熙二十七年(1698年)九月,康熙巡视盛京(今沈阳),陈梦雷献诗称旨,被召回京师。次年,入内苑,侍奉诚亲王胤祉(康熙三子)读书,在任时恪尽职守。雍正元年(1723年),因受皇室之争牵连,被再度流放到黑龙江,乾隆六年(1741年)卒于戍所。

陈梦雷易说大旨以朱熹《周易本义》为宗,并参以诸家之说。诸家没有涉及的,或所见诸家之说与《周易本义》互异的,则另抒己意予以阐明。他坚持"未有书而先有理"的成《易》观和"理数之备于象"的象数观。通过阐释《易》之成书、《易》之体用、《易》之乾坤等诸方面的问题,提出"未有《易》之书而先有《易》之理""至精至变至神,《易》之体;惟深惟几惟神,《易》之用""《易》乃写乾坤之理"的见解。他认为《周易》意蕴不超出理、数、象、占,故凡数不可显、理不可穷时,便寄之于象。知象则理、数在其中,而占也由象而玩。他解《易》以明象为主,持论多结合人事。诠理虽尊朱熹之学,却不取其卦变之说;取象虽兼采来知德之法,却又不取其错综之论。陈梦雷著有《周易浅述》《松鹤山房集》《天一道人集》《闲止堂集》《盛京通志》《盖平县志》等。其主修《古今图书集成》,声名远播。

查慎行

(1650—1727年)清代学者、诗人、易学家。初名嗣琏,字夏重,后改名慎行,字悔余,号初白、他山。浙江海宁人。康熙四十二年(1703年)中进士,特授翰林院编修,入直内廷。康熙五十二年(1713年),乞休归故里,居家十余年。雍正四年(1726年),因其弟查嗣庭讪谤案,以家长失教罪被逮捕入京,次年放归,不久去世。

查慎行早年从学于著名学者黄宗羲,故不惑于图书之学。他认为河图之数并非圣人作《易》的根据,而是用蓍之据。同时认为河图出于谶纬,并附朱熹"河图生蓍"之论作证。对横图、圆图、方图等,则论其顺逆、加减、奇偶、相错之理。对于卦变说,认为卦变乃朱熹之易,非孔子之易。对于天根月窟则考证诸家之说归之为六:一为老子双修性命之学,无关乎《易》;二为八卦相错说,认为相错是对待而非流行,又称相错者仅八卦,而非六十四卦相错;三为辟卦说,认为十二月变化乃自然之序,阴阳升降不外乎乾坤;四为中爻说,以孔颖达所说二、五为是;五为中爻互体说,称正体则二、五居中,互体则三、四居中、三、四居中由变而成;六为广八卦说,认为说卦取象不尽可解,当阙所疑。查慎行说《易》纯正,明白笃实。著有《周易玩辞集解》《经史正伪》《得树楼杂抄》《随猎日记》《苏诗补注》《黔中风土记》《人海记》《庐山游记》《敬业堂诗集》等。

纳兰性德

（1654—1685年）清代著名词人。原名成德,后改名为性德。字容若,号饮水、楞枷山人。满洲正黄旗人。其父是康熙朝武英殿大学士,一代权臣纳兰明珠。母亲是英亲王阿济格第五女,一品诰命夫人。其家族——纳兰氏,为清初满族最显赫的八大姓氏之一,即后来的"叶赫纳拉氏"。纳兰性德自幼饱读诗书,文武兼修,十七岁入国子监,被祭酒徐文元赏识,推荐给内阁学士徐乾学。十八岁中举人,十九岁参加会试中第,成为贡士。康熙十二年（1673年）因病错过殿试,康熙十五年（1676年）补殿试,中二甲第七名,赐进士出身。两年间,他主持编纂了一部儒学汇编《通志堂经解》,深受皇帝赏识,为后来的发展奠定了基础。他一生多与文人交往,工于词作,风格清新流畅。康熙二十四年（1685年）暮春抱病与好友欢聚,酒醉后一病不起,七日后溘然而逝,年仅三十岁。纳兰性德喜读经史,力搜宋元诸家经解而加以考证,说《易》理数兼备,不主一家之说。他取宋代陈友文《大易集义》、方闻一《大易粹言》二书而合辑之,撰写了《合订删补大易集义粹言》,将宋儒此二书之微义略于此书。此外,纳兰性德还著有《纳兰词》《通志堂集》等。

胡 方

（1654—1727年）清代学者。字大灵,自号信天游,学者称金竹先生,广东新会人。康熙年间贡生。胡方一生淡泊名利,不入仕途,讲求理学,在思想上继承白沙学说,加深了对"心学"的探讨和研究。教人以力行为主。四十岁以后杜门著述。其说《易》虽崇尚朱熹,但能参入己意,与朱熹之说不尽相同。著有《周易本义注》《四子书注》《庄子注》《鸿桷堂诗文集》等。

王心敬

（1656—1738年）清代学者、理学家、易学家。字尔缉,号丰川,陕西鄠县(今属陕西户县)人。王心敬一生涉猎广博,遍览经史,经学造诣深厚。其为诸生时,曾因督学待之不以礼而愤然离去。二十五岁时拜著名理学家李颙为师,相从十年,并主讲江汉学院。四十岁后,成为远近闻名的理学名儒。大学士朱轼在陕西督学时,多次到鄠县向他请教,他也多次被举荐,皆推辞不就。

王心敬精通易学,善推阐易理,主张象义双显的解易方法。其《易》说明白正大,切近人事,颇为笃实,对后学者深有启发。他认为学《易》即可无大过,此为学《易》之本旨,也为学《易》之要领。《易》是道人事之书,阴阳消长,只是借来做影子而已,所以说:易即象,象即像。对阴阳消长看得不明,是影子不真。置象言义,此称悬空;执象舍义,此为泥迹。象义双显,则用体一源,显微无间。如义不关象,不知义取何处。不属卜筮,不知设蓍为何。他认为汉唐之易,流连不舍于训诂;宋明之易,多玩弄聪明。训诂非易，而聪明乱易则易亡。他还认为义言象占，同体共贯，废一不得。后儒纷纷主象、主教、主理、主卜筮、主错综之变，是舍大道而旁入山径。至于对互卦之说、老阴老阳始变之说、错综之说，以及《左传》所载古占法，都斥而不信。王心敬著有《丰川易说》《江汉书院讲义》《荒政考》《尚书质疑》《诗经说》《春秋原经》《诗草》《礼记纂》《关学汇编》《文献揽要》《历年》《洗冤录》《南行述》《家礼宁俭编》等。

李 塨

（1659—1733年）清代思想家、哲学家、易学家。实学派代表人物。字刚主，号恕谷，直隶蠡县（今属河北）人。李塨少时学习刻苦，兴趣广泛，曾向刘见田学数学，向张函白学琴，向赵锡之、郭金城学骑射，向王余佑学兵法，向彭能学书法。二十一岁拜颜元为师，并与颜元共同创立"颜李学派"。康熙二十九年（1690年）中举人。中举后，他游历南北，结交名士，研讨学术，使颜李之学广为传播。六十岁时被授通州学政，未及三月便因母老而辞官归乡。后来在家乡修葺习斋学舍，并讲学其中，一直以讲学著述而终老。

在学术上，李塨批判程朱理学的唯心主义理气观，指出"致虚守寂"之害是宋明亡国的主要原因，提出"理在事中"的命题。他认为"天事曰天理，人事曰人理，物事曰物理"。在知行关系上，认为"知先于行"。其论《易》亦突出人事，认为乾坤四德，终归人事，以下屯、建侯、蒙初筮，每卦皆以人事立言。认为陈抟《龙图易》、刘牧《易数钩隐图》及探无极、推先天者，均使《易》道入于无用，而《参同契》《三易洞玑》类书，则更为异端方技之传，其说足以乱《易》。认为五行胜负、分卦直日、一世二世三世四世诸说，亦皆于三圣所言之外，再生枝节。其驳"卦变"之说，发例于《系辞传》；驳"河图洛书"之说，亦发例于《系辞传》；驳先天、八卦之说，则发例于《说卦传》。其《易》说以观象为主，兼用互体。传注多采纳李鼎祚、毛奇龄、胡渭之说。明代自隆庆、万历以后，言义理者多以心学参入易学，牵持禅学倡以解经；言象数者以奇偶与黑白递相推衍，各类图示日积而愈多，反而置象占、辞变、吉凶悔吝于不问。李塨则引而归之于人事，其为学务以实用为主，指斥程朱、陆王理学皆为空谈。其著有《周易传注》《周易筮考》《大学辨业》《论学》《论语传注问》《恕学文集》等。后人辑有《颜李遗书》和《颜李丛书》。

杨名时

（1661—1737年）清代学者。字宾实，号凝斋，江苏江阴人。杨名时年轻时即研习探索人生哲理和做人道德的性命理学。康熙三十年（1691年）中进士，深得考官李光地赏识和器重，荐选进入翰林院庶常馆深造，后任翰林院庶吉士、检讨。康熙三十三年（1694年），入直南书房。康熙四十一年（1702年），晋升为顺天学政、翰林院侍讲。不久因父母亡故,返归故里服丧。康熙五十一年(1712年)服丧期满,返赴京城候补。康熙五十三年(1714年)担任陕西正考官。康熙五十六年(1717年)授任直隶(河北)巡道,两年后迁任贵州布政使。康熙六十年(1721年)擢升为云南巡抚,成为朝廷封疆大吏。雍正三年(1725年),又擢升为兵部尚书、云南总督兼云南巡抚。雍正四年(1726年)由兵部尚书转任吏部尚书。次年,因题本误载密谕而获罪,雍正六年(1728年),因人上参奏本,以赃私、借欠亏空等事革职,在昆明居行馆居留七年,专治理学,悉心著述。乾隆元年(1736年),乾隆帝以其为人诚朴、品德端方,下诏将其从云南召回,授七十六岁的杨名时为礼部尚书兼国子监祭酒,再一次入直南书房。乾隆二年(1737年)病故,谥号文定,加赠太子太傅,入贤良祠。

杨名时易学多得之李光地,虽《说卦传》及附论《易学启蒙》之类颇推衍先天诸图,却也不至于支离附会。其诠释经传则纯以义理为宗,不涉象数,与程颐、朱熹释义之文不为苟异,也不苟同,明白而笃实。其著有《易义札记》《诗经札记》《四书札记》等。

薛　雪　(1661—1750年)清代医学家。字生白,号一瓢,又号槐云道人、磨剑道人、牧牛老朽,江苏吴县(今苏州)人。与叶桂同时而齐名。薛雪早年从学于名儒叶燮之门,其博学多才,诗文俱佳,又工书画,善拳技。后因母患湿热之病,乃肆力于医学,边学习边实践,技艺日精。薛雪一生为人豪迈而淡泊,年九十岁卒。

其兼治易学,论《易》广采诸儒之说,并参以己见,诠释简明,墨守宋学。著有《周易粹义》《医经原旨》《湿热条辨》《膏丸档子》《伤科方》《一瓢诗话》等。

陆奎勋　(1663—1738年)字聚緱,号坡星、陆堂,浙江平湖人。陆奎勋早年喜读医卜、术算、兵书,工文字,能诗赋。中年后一意说经,好持异论。他学识广博,一时名噪公卿之间。康熙五十八年(1719年),江西巡抚聘其修撰通志,以生员资格与翰林院编修查慎行同列主纂。康熙六十年(1721年)始中进士,改授翰林院庶吉士、检讨,充明史纂修官。其间,所撰拟制诏多为御旨。不久以病乞休离京返乡,乾隆三年(1738年)病逝,终年七十六岁。

陆奎勋论《易》约六成宗朱熹之说,四成依诸儒之论,间以己意训释。此与前人论《易》无大异。他认为伏羲画八卦之时未创卦名;黄帝立蓍数,名以乾、坤、震、巽、坎、离、艮、兑;尧、舜始增屯、蒙等诸卦名,并更定方图卦位;文王定《序卦》的错综与揲蓍用九与用六。于是首列伏羲方图、唐虞方图、连山圆图、归藏圆图、周易卦序图,其说新异,引据则皆不够确凿。陆奎勋著有《陆堂易学》《今文尚书说》《陆堂诗学》《戴礼绪言》《春秋义存录》《陆堂文集》《陆堂诗集》《心印正说》《清史列传》等。

朱 轼

（1665—1736年）清代学者、理学家、易学家。字若瞻，号可亭，江西高安人。康熙三十三年（1694年）中进士，授潜江知县。康熙五十六年（1717年），提任浙江巡抚，其间，筑海塘，建书院，政绩颇丰。康熙六十一年（1722年），召充《圣祖实录》总裁。雍正元年（1723年），加吏部尚书衔，担任太子太保、太子太傅，负责编修《明史》《会典则例》并担任总裁。雍正三年（1725年），授文华殿大学士兼吏部尚书。乾隆元年（1736年），任会试正考官，编修《世宗实录》并纂写《三礼义疏》，俱充任总裁。不久病逝，其卒时，乾坤帝下令辍朝一日，亲临祭奠，赐谥文端。

朱轼学承张载，所学达于政事。其《易》说认为程颐《伊川易传》和朱熹《周易本义》各有异同，为使两者之说统一而减少分歧，能够并行不悖，他对照两义加以摘录并附以诸儒之论，其中诸儒之论有胜过两义者，则舍两义而从诸儒之论，并随附己见。他认为自王弼始弃象而言理，但《易》即象，有象才会有理，理从象生。雷、风、山、泽以及乾马、坤牛、震龙、巽鸡之类，均为象。即使卦之刚柔、上下、应比、承乘，也都未离开象。而纳甲、飞伏等数术之学，也是《易》的一部分，更何况中爻、互卦、倒巽、倒兑、厚离、厚坎之象，皆为卦体之显而易明者。他认为卦有对易和反易，反易之义，先儒有言已备，来知德称综卦为误，程颐不取卦变，谓凡卦皆来自乾、坤，虽合于《彖传》，但终不能完全协和，故遵从朱熹一阴一阳自姤、复之说。认为宋元以来易图不下数千，却多与四圣经义了无关系。故其在著述中一概不录，只分析朱熹各图却并不载图。朱轼著有《周易注解》《周礼注解》《礼记纂言》《易春秋详解》《礼仪节略》《订正大戴记》《吕氏四礼翼》《温公家范》《颜氏家训》《历代名臣名儒循吏传》《广惠编》等。

吴启昆

字宥函，江苏江宁（今属江苏南京）人。康熙六十年（1721年）中进士，官至翰林院编修。其《易》说对象数有所创建，但所言皆宋以来象数，而非汉代象数，故仍不离图书之说。其论卦变，认为《彖传》所载"刚来柔进"之类，必本卦贞、悔二体实有此象而方有此说，并非本卦所无，外卦所有，而必假之以得解。对朱熹《周易本义》逐爻细推，认为此卦自某卦而来，亦兼此一说，欲尽解经义，必先从彼卦而到此卦，联系推解。认为后人尊信朱熹《周易本义》，以其意为正意，遂愈加偏误。认为天地造化不离五行，八卦率领诸卦，分掌五行以用事。刚柔者，立本者也，纲领之八卦是也；变通者，趋时者也，所属之诸卦是也。一切往来屈伸之理无一不在六十四卦变通之中。其书唯总论《易》之大旨，不复为章句加以诠释。其著有《索易臆说》等。

任启运

（1670—1744年）清代学者。字翼圣，号钓台，江苏荆溪人。任启运少时家境贫困，曾借书就月光而读，深夜不辍。雍正元年（1723年）中进士，授翰林院检讨，在阿哥书房行走。高宗即位后，仍命其在上书房行走，署日讲起居注官。不久擢中允，晋升侍读学士。乾隆四年（1739年），担任侍讲学士。乾隆七年（1742年），擢升都察院左金都御史。乾隆八年（1743年），充《三礼》编纂馆总裁官，不久升任宗人府府丞。乾隆九年（1744年）逝世。

任启运创立了钓台学派，此学派因其号命名。该派学综汉宋，以朱熹之学为归，尤其深于"三礼"，在理学上治经考据力求精准，论《易》亦传承朱熹之说，认为读《易》应先观图象，故广引诸图，又分别附以己见。他认为文王、周公卦画出自伏羲图，而伏羲之图出自河洛，五、十为图书之"中"，学《易》若不以五、十为中，即失其本。其说颇为新奇。他诠释经义，则多发前人所未发。大抵观象玩辞，阐释精理，也不全从图书生解。任启运著有《周易洗心》《尚书章句》《尚书传注》《孝经章句》《礼记章句》《宫室考》《孟子时事考》《竹书纪年考》《白虎通正伪》《清芬楼遗稿》等。

晏斯盛

（？—1752年）字虞际，号一斋，江西新喻（今江西上高县）人。康熙六十年（1721年）中进士，改庶吉士。雍正元年（1723年）授检讨。雍正五年（1727年），考选山西道御史。雍正九年（1731年），督贵州学政，迁为鸿胪寺少卿。乾隆元年（1736年），擢升安徽布政使，乾隆七年（1742年），升为山东巡抚，次年，调任湖北巡抚。

晏斯盛论《易》以所传图书为大衍之数，因《大传》之言而得图，不取河洛奇偶之说。认为辞占不遗《象》辞且不取卦变互体之说，则尽废汉易之古法。其说不废象数，也不做诸方象数技术之曲说；不废义理，也不做"理""气""心""性"之空谈，所论笃实而近理。其著有《学易初津》《楚蒙山房易经解》《禹贡解》《诗集》等。

魏荔彤

（约1671—？）清代理学家、易学家、医学家。字赓虞，号念庭、淡庵、怀舫，河北柏乡（今河北邢台市柏乡县）人。魏荔彤天性清高，家学深厚，一生笃志古学，勤于著述。他十二岁补诸生，后以资入为内阁中书舍人。历任凤阳府同知、漳州府知府、江苏常镇道、江苏按察使等职。

魏荔彤解《易》不注重考据、训诂，而重在揭示其中蕴含的微言大义，他曾说："《程传》全而《本义》专，余循朱子说经，然《程传》究为深远耳。"其易学思想属程朱理学一派。论画卦，认为唯与河图、洛书义理相通。认为乾一兑二离三震四巽五坎六艮七坤八非生卦之次序。论爻则兼言变爻,认为在占法上,二爻变者以上爻为主;五爻变者应占不变之爻;四爻变者占二不变之爻,应以下爻为主;其余占本爻与象辞。经文中,上经以乾、坤为首,中间变化重在泰、否;下经以咸、恒为重点,中间变化看损、益。此尤得二篇之关键,颇有见地。其不信先儒扶阳抑阴之说,而予以辩证、驳斥。大意阴阳之中,皆有过与不及,缘于中正和平。德皆有美凶,品皆有邪正。并非阳皆一定为君子,阴一定为小人,阴阳中皆有君子、小人。阳美则德刚健,阳凶则德暴戾;阴美则德柔顺,阴凶则德奸伎。阴阳中的君子俱当扶,小人俱当抑。阴阳二者,一理一气,调剂刚柔损益过于不及,务期如天地运化均平之时。这些观点颇有新意。魏荔彤著有《大易通解》《中西算学通》《古今历法通考》《梅氏历算全书》《怀舫集》等。

惠士奇

(1671—1741年)清代学者、文学家、经学家、易学家。字天牧、仲孺,号丰农、松崖,晚号半农居士,学者称红豆先生。江苏吴县人。康熙五十年(1711年)中进士,授翰林院庶吉士、编修、侍读学士。曾两次担任会试同考官。康熙五十九年(1720年),充任湖广乡试正考官,典试湖南,提督广东学政。历仕康、雍、乾三朝。盛年在繁杂的政务之暇,兼治经史。晚年,对经学研究尤深,他极力矫正汉儒王弼以来空疏说经的弊病,在注疏礼制方面、在古音古字上,极力抵制以往那些似是而非的说法,并援引诸子百家之说,相互引证和说明。

其论《易》杂释卦爻,专宗汉学。他认为汉儒之易,孟喜言以卦气,京房言以适变,荀爽言以升降,郑玄言以爻辰,虞翻言以纳甲,各持异说,而意旨归一,皆不可废。今所传之易,出自费直,费氏本古本,王弼尽改为俗书,又创虚象之说,致使汉易空言说经。其说力驳王弼,以易象为主。他认为易者,象也。圣人观象而系辞,君子观象而玩辞,六十四卦,皆实为象。其著有《易说》《礼说》《春秋说》《大学说》《交食举隅》《琴笛理数考》《红豆斋诗文集》等。

江 永

(1681—1762年)清代经学家、音韵学家、天文学家、数学家。皖派经学的创始人。字慎修、慎斋,徽州府婺源县(今江西婺源县江湾镇)人。江永生员出身,晚年入贡。他博通古今,尤长于考证之学,对音韵、乐律、天文、地理等均有研究。开创了皖派经学的研究之风,其先后在婺源大畈、江湾,城郊宜园、七里亭以及安徽休宁山斗、五城,安徽歙县紫阳书院等地开设学馆收徒授业。弟子众多,著名学者戴震、金榜等人皆为其门下学子。

江永治经能融合众家,并参以新说,突出表现为"经世致用",即从古书中寻求对现实有用的东西,做到广摭博讨,搜集散见,精深研究,穷理辨微,有所创新。戴震称其学"自汉经师康成后,罕其俦匹"。其论《易》笃信朱熹,故承朱熹之说。他以"十"为河图,"九"为洛书,对于大衍之数五十说、参天两地倚数说、揲蓍说、变占说、占法考、互卦说、卦变考、卦象说等,皆抉列精详,论说允当,于后学颇有裨益。其著述甚丰,有《河洛精蕴》《周礼疑义举要》《仪礼释宫增注》《礼记训义释言》《礼书纲目》《深衣考误》《仪礼释例》《春秋地理考实》《群经补义》《律吕新论》《古韵标准》《四声切韵表》《考订朱子世家》《近思录集注》《算学》《律吕阐微》《读书随笔》《音学辨微》《推步法解》《金水二星发微》《冬至权度恒气注历辨》《岁实消长辨》《历学补论》等。

张 叙

(1690—1776年)清代经学家。字冰潢、宾王、凤冈,江苏镇洋(今江苏太仓)人。雍正年间举人,乾隆元年(1736年)举博学鸿词,参试而未被录用。乾隆十六年(1747年)举经学,乾隆二十六年(1757年),以耆年宿学,赐国子监学正。其生平沈潜理学,穿穴经奥,在公卿间卓有声名。先后主讲莲池、白鹿诸书院,门下成就人才甚多。

张叙说《易》采用注疏本,以小象总列于六爻之后,以大象置于彖传之前。考象辞列六爻后已有吴仁杰所传郑本;大象置于彖传前也有周燔本。而他却以为此乃自家创获,不知早有吴、周二本。其图书之说引自邵雍,位置皆依《说卦传》而列,引周敦颐太极图不言八卦,此亦颇为牵合。他驳斥诸儒爻变之说,而以左传所载占法和筮例为自己的论说加以验测。著有《易贯》《诗贯》《孝经精义后录》等。

程廷祚

(1691—1767年)清代学者、易学家。初名默,又名石开,字启生,号绵庄,晚年自号青溪居士。程廷祚家世为新安(今安徽歙县)望族,曾祖程虞卿时,始迁上元(今江苏江宁)。程廷祚为诸生时,初识武进恽鹤生,始闻颜元、李塨之学。康熙五十九年(1720年),李塨南游金陵,他虚心请教,屡次向其问学。读颜元《存学编》,推崇备至。乾隆元年(1736年),诏举博学鸿词,应试而落选,自此不应科举,杜门却扫,以书史自娱。

程廷祚对天文、舆地、食货、河渠、兵农、礼乐之事,皆能竟委探源。考证官名、地名、人名亦颇精当,他曾言墨守宋学者已非,墨守汉学者尤非,故其作多抨击先儒之非。在易说上,他力排象数之学,唯推义理。其阐明爻象,只以《说卦传》健、顺、动、入、陷、离、止、说为准,认为此八义为八卦真象,八者之得失则以所值之重卦为断,应从本爻中探求爻义,而力破承乘、比应等旧解。其考察六爻位则专据《系辞》辨贵贱皆存于位之旨,凡阳爻阴位、阴爻阳位之说,亦尽剔除,尽除汉儒爻变、互体、飞伏、纳甲诸法。其统论易理,通说于道学,其占法订误,认为画有奇偶,九六上下进退于初、二、三、四、五、上各爻位之间,即所谓六爻发挥者,易之变唯在于此;之卦所以可为识别动爻之用,而所取仍在本卦。故其以《洪范》之说为占法,以春秋内外传所载卦例为附会,变乱不与易应。其信理而弃数之言,未免有些矫枉过正。程廷祚著有《程氏易通》《大易择言》《象义求是说》《易说辨正》《尚书通义》《礼说》《鲁说》《春秋识小录》《青溪诗说》等。

陈 法 （1692—1766年）清代著名学者,治水专家。字世垂、圣泉,晚号定斋,贵州安平(今贵州平坝县)人。康熙五十二年(1713年)中进士,授翰林院庶吉士。历任刑部河南司郎中、顺德和山东登州知府,山东运河道、江南庐凤道、淮扬道、大名道。其为官清廉,在任时悉心研究治河方略,以亲身体验著成《河干问答》一书,总结了历代治河经验,对后世治理黄河、淮河、运河皆有重要参考价值。乾隆十年(1745年),河道总督白钟山被弹劾,陈法为之辩解,被革职发配新疆。到新疆后,见当地无水井,乃亲自踏勘,掘地得泉,人民感其恩,取名"陈公井"。后遇大赦归故里,潜心治学,主讲贵山书院二十余年。

其精通易学,以朱熹之说为宗。论《易》多言人事,故释卦爻之辞未尝言天地,雷风诸象亦并不言阴阳。提出"易之为数,虽曰精微,然道不外乎人伦日用,易所言者,人事耳"。他认真剖析并驳斥了来知德的错综之说。其言似有新见,可备一解。陈法著有《易笺》《明辨录》《醒心录》《敬和堂文集》《内心斋诗稿》《犹存集》《河干问答》等,另创有画作《玩易图》。

潘思榘 （1695—1752年）清代易学家。字絜方,号补堂,江南阳湖(今江苏扬州)人。其雍正二年(1724年)中进士,授翰林院庶吉士。雍正六年(1728年),补为刑部陕西司主事,后迁升为郎中。雍正八年(1730年),出任广东南雄知府,擢升海南兵备道、驿粮道。乾隆四年(1739年),任广东按察使。乾隆七年(1742年),迁浙江布政使,之后奉命巡抚安徽,又移镇福建。乾隆十七年(1752年)卒于任所。

潘思榘为官时勤政爱民,宽严有道,昼见属官,夜披案牍,旱则步祷,潦则安恤。在任多有兴革,尤其重视水利建设,蓄水溉田。每逢旱涝,必亲自主持救灾事宜,屡获嘉奖。其论《易》就卦变之法以求象,就象以明理。每卦皆注明自某卦来,称之为时来。汉儒虞翻等诸家,皆有此说;宋儒程颐、朱熹等也明此理。此虽非《易》之本义,却也为

《易》之一义。彖多言象,而变在其中;爻多言变,而象在其中。他认为若不明时来,则不知卦之来处;不求卦变,则不知卦之去往;爻无所不包,旧说凭一根不变之爻讲入身心政治上去,会遗漏许多道理。其著有《周易浅释》《鳌峰讲义》等。

惠 栋

(1697—1758年)清代学者、著名汉学家、经学家、易学家。汉学中吴派的代表人物。字定宇,号松崖,学者称其为小红豆先生。江苏元和(今江苏吴县)人。惠栋生于官宦世学之家,祖父惠周惕、父亲惠士奇皆以治《易》闻名。惠栋自幼受业于祖父、父亲,笃志问学,对家中大量藏书,经史、诸子百家、杂说以及释、道诸类,无不阅读。其学识渊博,通训诂,工诗词,学识以详博见长。其学承顾炎武,一生治经以汉儒为宗,以昌明汉学为己任,终身不仕。他尤其精通汉代易学,继承父辈治《易》传统,专门搜集汉儒易说,加以编辑考订,并附以己见。他追考汉儒易学细密翔实,能博采汉易之长,广辑逸闻,钩稽考证,深入发掘汉易之理,以反对宋易河图、洛书、先天、太极诸说。他认为自王弼《易》推行以来,汉学遂绝。宋元儒者,类以私意揣法,去古渐远,中间言象数之人,又歧为图书之说,此类论说愈衍愈繁,而未必皆四圣之本旨。故经其推阐考证,能一一还汉易之本原。惠栋发掘恢复汉易之学,以荀爽、虞翻之论为主,而参以郑玄、宋咸、干宝等诸家之说,融会其义,自为注而自疏之。他考证汉儒易传以阐明易之本例,总括为九十类,于诸经中深窥古义,一字一句,皆有渊源与出处,汰其杂乱,存其精华。据王应麟所辑《周易郑康成注》记载,惠栋释文皆"一一考求原本,注其出自本书,明其信而有证,极其详赅。其次序先后,亦均从经文厘定,复搜代群书予以补充"。他还为朱熹《周易本义》释音,校勘字句,凡与《周易本义》有疑义处,皆旁采诸汉儒之说,并加以综合,附以古义。在爻象卦变方面,他认为《周易本义》与《易传》本义不合,列出汉儒之说以申明《易传》之义。其易说大抵以汉儒训诂为宗,并以此为准讨论汉学古义,对经学中的许多疑难问题均做了颇为充分的解释。惠栋著有《周易古义》《周易述》《易例》《易汉学》《荀爽易》《新本郑氏周易》《周易本义辨正》《易大义》以及《明堂大道录》《帝说》《九经古义》《后汉书补注》《王士祯精华录训纂》《松崖文钞》《古文尚书考》等。

魏 枢

清代经学家。字又弼、慎斋,河北承德人。雍正年间中进士,官至永平府教授。乾隆初年举博学鸿词,未及参试便卒亡。其为学喜欢研究心经学,尤其精通《易经》。论《易》采用王弼著本,并列朱熹《周易本义》于前,且以己意附于后。其论卦变说,认为刚柔皆应指卦,而不应当指爻。譬如讼卦之"刚来而得中"者,为坎;随卦"刚来而下柔"者,为震下于兑;蛊卦之"刚上而柔下",为坎在巽上;噬嗑、晋、睽、鼎四卦,言"柔得中""柔进而上行"者,皆为离火。他认为凡言刚者皆为阳卦,凡言柔者皆为阴卦,以"刚来柔来"单指卦中某一爻,则不足以尽明其义。其说主要来自来知德的错综之论,认为乾本至健,经错后,则又可以为顺;初爻变巽为入,经错后,则又可以为动;以综而言,则又可以为说。乾二爻变离为明,经错后,则又可以为陷;乾三爻变兑为说,经错后,则又可以为止。以此上推四、五、上各爻,也莫不如此。魏枢著有《东易问》《春秋管见》等。

全祖望　(1704—1755年)清代经学家、史学家、藏书家、文献学家。字绍衣,号谢山,小名补,学者尊称谢山先生。浙江鄞州(今浙江宁波)人。乾隆元年(1736年)荐举博学鸿词,中进士,选为翰林院庶吉士,为李绂所重用。后因李绂与张廷玉不和,散馆后将其降为知县。他愤而辞官不再复出,一心问学,主讲于鄞县蕺山书院和广东端溪书院,同时读经著述,直到终老。

全祖望在学术上推崇黄宗羲,并受万斯同影响,他注重史料校订,精心研究宋末及南明史事,在经学、史学、词科三方面皆有创建。其《易》说认为史上《艺文志》所载《周易》类,由传义章句而后,可归之为蓍龟家、五行家、天文家、兵家、道家、释家、神仙家等不同门类,虽系于《易》,而实非《易》,是旧史卫经发掘之意。而朱彝尊所撰《经义考》一概取之而列于《易》,乱经者莫甚于此,故应予以订正。其著首列《周易乾凿度》等图三十四种,且列通说阴阳灾异及占例之书四十四种,列汉唐诸人卜筮相占之书一百零九种、汉唐诸人三式占验之书四十五种,列律吕家、天文家、兵家、堪舆家、禄命家、医家、相家、占梦家、射覆家、丹灶家之论数十种,分别梳理门户异同,以确其不可列于《易经》之理。还列释、道二家之书十种,区别其源流。再列龟书四十七种,并附以著书著法。全祖望说《易》学殖淹通,文章尔雅,持论有故,言之成理,足以纠《经义考》之舛弊。全祖望著有《读易别录》《鲒埼亭集》及《外编》,《汉书地理志稽疑》《古今通史年表》《经书问答》《句馀土音》等,另外,还七校《水经注》、三笺《困学纪闻》,四十二岁时补辑《宋元学案》。其一生著述不断,临终前还曾自编文集。

黄元御　(1704—1758年)清代著名医学家,乾隆皇帝的御医。名玉璐,字坤载,号研农,别号玉楸子,山东昌邑县人。黄元御少年时代受家学影响,遍览经史著作。三十岁时,因用功过度,突患眼疾,白睛如血,因庸医误用药物使其左目完全失明。后因五官疾患,不准入仕。哀痛之余,他发愤学医,苦读历代中医典籍,深入研究了《素问》《灵枢》《难经》《伤寒论》《金匮玉函经》等著名医学著作,并悬壶济世,在行医的过程中不断总结经验,提高医术水平,很快名声大震。在读书和行医的实践中,他感到除张仲景等"四圣"之外,历代名医持论多有偏失,因误诊致人伤死之事屡有发生,根本原因是所传"四圣"之书错简凌乱,加之传注之文谬误较多所致。因此发愿致毕生精力,对"四圣"之书,从源到流,重加考订,以还其本来面目。乾隆二年(1737年),他开始编撰《伤寒悬解》《素灵微运》《四圣悬枢》《四圣心源》《伤寒说意》《难经悬解》等书籍,对后世医学发展影响巨大。

黄元御不但精通医学,其经学、道学造诣也相当深厚。同时,又精于《易经》。其解《易》颇能沿溯古义。训释以观象为主,观象则依《说卦》所示,同时参以荀爽等九家之说,也兼用互体,据象而推理,不纠绕飞伏、纳甲之术,也不推衍河洛、先天之说,在明清易说中可称为学有根据。他喜好以己意参改古义,合《彖传》《象传》于经,并《文言》为一篇,此法皆依据郑玄之本。改乾卦的次序,使之与坤卦以下同,此法依据王弼本六十三卦之例。还割《系辞》十九卦之说移入《文言》,此法依据吴澄之说。对《系辞》全部移改次序,并多有删节,又割取《说卦》部分内容以补充。对《说卦》本文也有较多改动。他还以孔子《十翼》为稿本,笔削其文,另造一经。黄元御著有《周易悬象》《道德悬解》等。

沈孝瞻 清代著名八字理论家,命理书房派的重要代表人物之一。沈孝瞻天资聪颖,自幼好学,尤喜读子史诸集。其乾隆四年(1739年)中进士,终生着力于命理学理论的研究。认为"人能知命,则营竞之心可以息,非分之想可以屏,凡一切富贵穷通寿夭之遭,皆听之于天,而循循焉各安于义命,以共勉于圣贤之路,岂非士君子厚幸哉!"其命理学著作主要有《穷通宝鉴》《子平真诠》等。

庄存与 (1719—1788年)清代经学家、易学家。字方耕,号养恬,江苏武进(今江苏常州市)人。乾隆十年(1745年)中进士,授翰林院编修,曾四迁内阁学士,督直隶学政,典试浙江。累官至礼部侍郎,在上书房供职十余载。乾隆五十三年(1788年)卒。

庄存与精通六艺,尤其长于《书经》及《公羊》,治经力求"微言大义",提倡今文经学,但也不排斥古文经学,他是今文经学常州学派的首创者。其论《易》以孟喜的六日七分为经,以马融、班固的天官、地理、律历各书志为纬。其文辩而精,醇而肆,旨远而义近,举大而又不遗小。言诸儒所不能言,贯穿群经不囿于一家之说,意蕴深厚,虽词多枝蔓，间涉烦杂，但却非为空谈者所能及。其著有《彖传论》《系辞传论》《八卦观象解》《卦气解》《春秋正辞》等。

茹敦和

（1720—1791年）清代易学家。字三樵，号逊来，浙江会稽（今浙江绍兴越城区）人。茹敦和自幼好学，精通五经，十五岁执教乡里。乾隆十九年（1754年）中进士，授南乐县知县。晚年弃官回乡，埋头钻研《易经》。其易说主要承接汉学，源本象数，旁及名物训诂，间涉传会，终有义据。他依汉儒互体、旁通之变，飞伏之法，比辑彖爻辞例，以证明《说卦》及荀爽、虞翻等各家取象之缘由。对违误者，加以驳正；对夺漏者，加以补缀。共集二百八十事。出象先后，不依八卦序，也不据上下经，而以事类为序，敷陈义据。玩辞考象，多主卦变、互体之说，贯穿群经，以为证据。取坎、离为指要，其义似本于《参同契》。取《说卦传》"昔圣人之作易"及《系辞传》"天数三、地数五""参伍以变""大衍之数""乾三策"等数节，详做诠释，自为图书，以明河图之数及大衍揲蓍之法。说义互有详略，取异卦同辞者，比物连类，相互证引。对单名孤义之卦，考核尤为精细。茹敦和著有《周易二闾记》《重订周易二闾记》《周易象考》《周易小义》《大衍守传》《大衍一说》《八卦方位守传》《越言释》等。

汪 宪

（1721—1771年）清代易学家。字千陂，号鱼亭，浙江钱塘（今浙江杭州）人。乾隆十年（1745年）中进士。官至刑部主事，迁员外郎，后以亲老乞养归乡。

汪宪性喜蓄书，博雅好古，尤长于经学。经常与人研讨经史经义，闲暇时则投壶赋诗，以此为乐，其诗文虽不多，但作必精诣。在诸经中，他更精于《易》学，认为学《易》的目的在于寡过，而欲寡过，唯在知悔，悔存而凶吝渐消，则日趋于吉，故以"存悔"名其易说。其说只解上下经而不解《十翼》，讥驳自汉以来诸儒说《易》之病，是对经与传的倒置。如对文王作《彖辞》，后人不重在探求象之深意而执以象传解象，是只有孔子之易而无文王之易；对周公作爻辞，后人不重在探求爻之深意而执以爻传解爻，是只有孔子之易，而无周公之易。他认为不应以孔子之易而掩盖文王、周公之易。汪宪著有《易说存悔》《说文系传考异》《振绮堂稿》《苔谱》等。

戴 震

（1724—1777年）清代著名学者、语言文字学家、哲学家、思想家。字东原、慎修，号杲溪，休宁隆阜（今安徽黄山屯溪区）人。戴震于乾隆二十七年（1762年）中举人，乾隆三十八年（1773年）被召为《四库全书》纂修官。乾隆四十年

(1775年)第六次会试落第,因学术成就显著,特命参加殿试,赐同进士出身。乾坤四十二年(1777年)逝世,终年五十五岁。戴震治学广博,对音韵、文字、历算、地理无不精通,他还深明义理,曾抨击程朱理学"去人欲,存天理"之说,视个体为真实,对晚清以来的学术思潮产生了深远影响。梁启超称之为"前清学者第一人",胡适称之为中国近代科学界的先驱者。

在宇宙观上,戴震提出了"气化流行,生生不息,是故谓之道"的命题,他把"天"看成是自然的"天",又继承了张载以来的传统,认为天是由物质性的气所形成。指出作为宇宙本体的"道"既包括物质性的气,也包括气的运动规律——"理"。他认为,气是"道之实体",理是气在运动、发展变化中的"不易之则",确切地回答了中国哲学史上道、理、气三者之间的关系问题。他认为,自然界的"理"与社会上的"理"在本质上是一致的,可以互相比附。这一思想集中表现在他的《孟子字义疏证》一书中,在他看来,"善"既是自然规律,也是社会法则,又是人的道德。作为人的道德,具体来说,就是指仁义礼智。他认为,仁义礼智都是人性,也都是人的道德,是和自然界的条理、秩序相对应的。这就是戴震的性善说。这种性善说与孟子的性善说,表象相同,本质上却有所不同。戴震的仁义礼智等"性善",是从实际生活中产生的,而孟子所提倡的"仁义礼智根于心",是在人出生时就具有的,这也是唯物主义与唯心主义的区别。戴震认为,仁是自然界和人类社会运动和发展的总规律。他说:"一阴一阳,盖天地之化不已也,道也。一阴一阳,其生生乎!其生生而条理乎!以是见天地之顺,故曰一阴一阳之谓道。生生,仁也,未有生生而不条理者。"他认为,仁,不但是一切事物运动发展的准则,也是人的道德的最高准则,说:"至贵者仁。"戴震认为人欲的正确处理,就是天理。他驳斥宋儒说:"性之欲不可无节也。节而不过,则为依乎天理,非以天理为正,以人欲为邪也。"他对天理下的定义是:天理者,节其欲而不穷人欲也。是故欲不可穷,非不可有。有而节之,使无过情,无不及情,可谓之非天理乎?对天理和人欲从理论上全面地加以分析,是戴震哲学思想的中心,也是他在近代思想史上所做出的重要贡献。戴震一生著作宏富,主要著有《原善》《尚书今文古文考》《春秋改元即位考》《诗经补注》《方言疏证》《声类表》《声韵考》《考工记图注》《孟子字义疏证》及《筹算》《勾股割圆记》《六书论》《尔雅文字考》等,他还经手校订了《水经注》《仪礼集释》《周髀算经》《孙子算经》《张丘建算经》《夏侯阳算经》《海岛算经》《五曹算经》诸书。

钱大昕 (1728—1804年)清代著名学者、史学家、汉学家。字晓征、辛楣,号竹汀,晚号潜研老人,江苏嘉定(今上海嘉定)人。钱大昕幼时聪慧,博览群书,无经不通。凡经史、文艺、音韵、训诂、历代典章制度、官职、民俗、地理、金石以及中西历算之法，莫不晰其是非。曾师从惠栋、沈彤。早年，以诗赋闻名江南。乾隆十六年(1751年)，清高宗弘历南巡时，他因献赋获赐举人，授官内阁中书。乾隆十九年(1754年)中进士，擢升翰林院侍讲学士、编修。乾隆三十四年(1769年)，入直上书房，授皇十二子书，并参与编修《热河志》，与纪晓岚并称"南钱北纪"，后来又参与编修多种书籍。任詹事府少詹事，充乡会试考官，提督广东学政。乾隆四十年(1775年)，因居丧归里，引疾不仕。嘉庆初年(1796年)，仁宗亲政，廷臣致书劝出，皆被其婉拒。钱大昕归乡三十年，潜心授徒与著述，曾先后主讲于钟山、娄东及紫阳书院，门下弟子二千余人。

钱大昕治学以"实事求是"为宗旨，虽主张从训诂以求义理，但也不墨守汉儒家法。同时主张把史学与经学置于同等重要的地位，以治经的方法治史，这对转变当时的学术倾向影响甚大。其论《易》认为汉唐以前儒家与方士皆未论及先天与后天，先天、后天之说出自宋初方士，后代儒家却尊信此说，并欲取而凌驾于文王、孔子《易》说之上，这是上下颠倒与错乱。其论虞翻之卦，认为之卦便是变卦。虞翻说《易》，专取旁通与之卦。旁通，如乾与坤、坎与离、艮与兑、震与巽等，交相变化即是。之卦则以两爻交易而得一卦。乾卦和坤卦为诸卦之宗，复、临、泰、大壮、夬等阳息卦；姤、遁、否、观、剥等阴消卦，皆从乾卦和坤卦来；而诸卦又生于消息。临卦二之五为屯，观卦上之初也为屯；临卦初之上为蒙，观卦五之二也为蒙，故屯、蒙不从临卦和观卦而来。遁卦二之五为鼎，大壮卦上之初也为鼎；遁卦初之上为革，大壮卦五之二也为革，故鼎、革二卦也不从遁卦和大壮卦而来。而虞翻却说，鼎为大壮上之初，革为遁初之上，可见其义偏颇。还说鼎就是离二之初，革就是兑三之二；又取颐说为临二之上，坎为观上之二，离为遁初之五等等，这些都是自取其乱之例。其在论郑玄爻辰之例时认为：郑玄初习京房易，又从马融受费直易，费直撰有《周易分野》一书，其爻辰之法应出自此书。钱大昕著有《潜研堂文集》《十驾斋讲新录》《二十二史考异》《音韵述微》《一统志》《续通志》《续文献通考》《天球图》《唐石经考异》《经典文字考异》《声类》《三史拾遗》《诸史拾遗》《通鉴注辨证》《先德录》《养新录》《恒言录》《诗集》等。

刘一明

(1734—1821年)清代道教内丹家。号悟元子，别号素朴散人，山西平阳府曲沃县(今山西闻喜县东北)人。乾隆年间西北地区全真道龙门派第十一代传人，其所著《会心内集》自述云：年十七(乾隆十五年)身患重病，百药不效。次年赴甘肃南安养病，愈医愈重，喜遇真人赐方，沉疴尽除。十九岁外出访道，二十二岁在榆中(今甘肃)遇龛谷老人授以内丹秘诀，遂师之。此后，为求参证，居京师四年、河南二年、尧都(今山西临汾县南)一年、西秦(今甘肃靖远县)三年，来往不定者四年。

十三年间,三教经书无不细玩。然于疑难处,总未释然。乾隆三十七年(1772年),复游汉上,得遇仙留丈人,经其指点,十三年疑团始被解释。其后半生一直隐居于金城(今属甘肃省兰州市)南边栖云山巅,名其洞曰"自在窝"。在此设坛传教,著书立说。

刘一明精通内丹,兼通医理,也善治《易》。他能以道家之言解《易》,尽将丹法寓于《周易》图卦系辞之中,将养生与《周易》义理有机地融合在一起,运用河图、洛书、卦象、爻象系统地阐述了穷理之真、尽性之真、至命之真。他认为《易》并非卜筮之书,乃为穷理、尽性、至命之学。他还认为《易》即图与书(即指宋儒所言之五行数与九宫数)的综合。学者欲知卦理,须玩图、书,图、书为《易》之根本。《易》即图与书之发挥。其释《易》分伏羲易、文王易、孔子易三部,以卦画为伏羲易,《十翼》为孔子易,因卦爻辞为周朝文王、周公所作,即为《周易》。刘一明著有《易理阐微》《孔易阐真》《象言破疑》《阴符经注》《道德经会要》《修真九要》《参同直指》《悟真直指》《指南针》等,他还著有《眼科启蒙》《经验杂方》《经验奇方》《杂疫症治》等医书。

金榜

(1735—1801年)清代学者、礼学家、易学家。字辅之,号檠斋,安徽歙县人。金榜从小以博学深造为志,曾拜一代宗师江永为师,与朴学领袖戴震和程瑶田同学,经常相互切磋学问。不久,他又投入古文大家刘大櫆门下学习。乾隆三十七年(1772年)中进士,授翰林院修撰。由于其天性恬淡,不喜仕途,很快便以丁忧之由告假归家,以后借病不再复出,潜心钻研经史、礼仪,著书讲学,在学术上造诣日深,名声渐大。

金榜对古代三礼之学研究很深,著有《礼笺》三卷。一代名师戴震亦对其礼学造诣深为叹服。在《易》学上,金榜宗东汉郑玄之说,认为经书中不著周官占筮之法,而《左传》《国语》所载者,唯有六爻法。后世凡遇数爻变者皆有占。古之占法,尽失其传。其有感于此,乃作《周易考古》以正视听。其说大多有据,为前人所未发。所著《礼笺》,博采旧闻,撼密撷要,对古代天文、地域、田赋、学校、庙堂、车旗、器服等皆有考证。其另著有《海曲方域小志》等。

邵宝华

清代易学家。字荆献,号纯斋,河南西平县吕店乡邵湾村人。宋代易学家邵雍后裔。其性格恬淡自适,终生不仕,摒绝世务,隐居著书。生而颖悟,博览诸家,读书过目成诵,并擅长绘画。寿至一百零三岁。其继承祖学,专心学《易》,对义理象数知几如神。解《易》对经传注释极其简略,着重阐释义理,很少涉猥脚数,间引史事以相参证,然多有不确切者。曾论山河大地有八卦之象,论地球形状及日蚀月蚀等,均与近今西欧某些论说相切合。其著述颇丰,著有《周易引端》《周易解》《周易说约》以及《四书余鉴》《邵注四书》《自省观人表》等,今唯《周易引端》行于世。

吴鼐 清代学者。字大年,号拙庵,金匮(今江苏无锡)人。乾隆年间进士,授工部主事。吴鼐自幼嗜学,沉涵于六经,尤精于《易》。其《易》说诠释文句颇为简明,认为《文言》分上下,而《彖辞》《象辞》应不分上下。他将每卦《彖辞》以卦名割系于卦画之下,每爻又于句下截断体例。他认为论说《易大传》大衍之数者,自西汉以来共十三家,皆支离附和,唯独宋末元初石涧老人(即俞琰)之说终得其义。他罗列诸家之义,一一加以驳正。他认为太极一而已,衍而为奇为阳仪一,衍而为偶为阴仪一,是为太极生两仪。又由阳仪之一衍而为奇为太阳一;衍而为偶为少阴二;又由阴仪之上衍而为奇为少阳三;衍而为偶为太阴四;是为两仪生四象。又由太阳之上衍而为奇,为乾一;衍而为偶,为兑二;又由少阴之上衍而为奇,为离三;衍而为偶,为震四;又由少阳之上衍而为奇,为巽五;衍而为偶,为坎六;又由太阴之上衍而为奇,为艮七;衍而为偶,为坤八;是为四象生八卦。太极之一乘两仪之一二为四,四象之一二三四乘八卦之一二三四五六七八为四十六,合之为大衍之数五十,太极本体不用,故用四十九,其论可备一说。吴鼐著有《周易大衍辨》《易象约言》《三正考》等。

王琬 渭南(今属陕西)人。积毕生之力,研究易学。其说《易》大旨围绕图书学,所说颇有新意。论来知德认为其将太极图列于河图前,其图黑白各半,明是阴阳图,不应称为"太极"。论洛书认为无关乎卦画,《系辞》并举图书,不过顺带而言。论伏羲八卦次序及六十四卦次序时,更改邵雍右阳左阴为左阳右阴,认为这样才合于逆数。论伏羲六十四卦方位,认为既然有圆图,方图实为多余,可以不作。论文王八卦次序"帝出于震"一节、"乾坤生六子"一节,认为义有不同。生蓍之数,观未言天地万物有太极,而言"易有太极",可得其旨。认为来知德所谓错卦,即横反对卦;所谓综卦,即竖反对卦,不必另外添立名目。论《周易本义·筮仪》,认为第一变归奇之策,通挂一数,不是五就是九;二三变除去第一变所挂之一而不用,唯于本数策中挂一策,仍复合而通数其奇,因此四八与初之五九不同。来知德认为第一变不通挂一数,所见为是。但认为二三变并不挂一,则少象三一营,只三营而非四营了。唯第一变挂一而归奇,不必通挂一数,二三变即用第一变所挂之一而归奇,也不必通挂一数,这些都为得到不是四就是八,无所谓不是五就是九。王琬说《易》只以《十翼》兼象辞、爻辞而论数,未免偏颇,亦无古之考证。其解经也多敷衍成文,缺少精义,其注重只在图说。著有《周易集注》《图说》等。

孙星衍

（1753—1818年）清代著名藏书家、目录学家、考据学家、书法家、经学家。字渊如，号伯渊，江苏阳湖（今江苏武进）人，后迁居金陵。孙星衍少时即天赋异常，过目成诵，与杨芳灿、洪亮吉、黄景仁共同以诗文见长，声闻乡里。袁枚称他为"天下奇才"。其于乾隆五十二年（1787年）中进士，授翰林院编修，迁任刑部主事。乾隆五十九年（1794年）升刑部郎中。不久又任山东道台、署理按察使等职。在任清廉勤勉。嘉庆十六年（1881年），在任山东布政使时因病归乡，三年后客居扬州，参与校刊《全唐文》等。嘉庆二十一年（1816年）主持南京钟山书院，并先后主讲泰州安定书院、杭州诂经精舍等书馆与学院。嘉庆二十三年（1818年）因病去世，终年六十六岁。

孙星衍一生好学，博览群书，对经史、音韵、训诂、诸子百家及金石文字等都有研究。其工篆书，擅诗文，精校勘，勤于著述。其易说取李鼎祚《周易集解》并合王弼《周易注》，又采集马融、郑玄等诸家之注及唐代史征《周易口诀义》中古注，附于其后。将许慎《说文》、陆德明《经典释文》以及晁说文《音训》所引经文异字异音都收入其中。搜罗颇为丰富，抉择亦很精当。孙星衍著有《周易集解》《尔雅广雅训诂韵编》《仓颉篇》《寰宇访碑录》《金石萃编》《孙氏家藏书目录内外篇》《芳茂山人诗录》等。

张惠言

（1761—1802年）清代词人、散文家、经学家、易学家。原名一鸣，字皋文、皋闻，号茗柯，江苏武进（今江苏常州）人。嘉庆四年（1799年）中进士，改庶吉士，充任实录馆纂修官。嘉庆六年（1801年），改翰林院编修，后卒于任上，年仅四十二岁。

张惠言早年治经学，工于辞赋，尤精于易学。与惠栋、焦循一同被后世称为"乾嘉易学三大家"。其易说被海内推为绝学。张惠言认为不尽其辞而欲论其是非，犹如以偏言断狱。而汉魏解《易》者惟虞翻之说较为详备，故其独宗虞氏，穷探力索，专攻虞说，求其条贯，明其通例，释其疑滞，申其亡阙，表其大旨，被誉为虞氏易专家。他认为虞说宗旨，以阴阳消息六爻，发挥旁通，升降上下，归于乾元用九而天下治，依物取类，贯穿比附，始若琐碎，及其深入解剖，离根散叶，畅茂条理，精深于大道，此为后儒所罕及。虞氏最精之义，为八卦消息成六十四卦。以阳出震为复，息兑为临，盈乾为泰，泰反否，括囊成观，终于剥而入坤，复反于震，阳亏于巽，消于姤，遯于艮，虚坤为否，否反泰，复成大壮，壮于夬而就乾，复入于巽，为十二消息。以坎、离、大过、颐、小过、中孚为坎离、乾坤之合；以谦导出师、同人、比、大有为体，坎、离是乾、坤交剥、复之消息，屯、鼎为将出震之消息，豫、小畜、萃、大畜、蹇、睽为夬、夬中间之消息，蒙、革为大过，颐为将出姤、巽之消息，蛊、随、益、恒为泰反否之消息，旅、丰为特变，震、巽、艮、兑为变伏，而不旁通。因其传虞氏易，必然广涉汉易，故对汉易诸家颇有精研。他认为郑玄、荀爽皆为费直学，故将两家学说合为一书。驳郑玄卦爻无变动，其称象辞，认为七、八者象，九、六者变，经称用九、用六，而辞皆七、八，名与实不相应。驳郑玄爻辰说，认为乾坤六爻，上系二十八宿，依气应变，称为爻辰，如此则三百八十爻，其象仅十二爻而止。驳荀爽以乾升阴降为消息，认为阳常宜升而不降，阴常宜降而不升，是姤、遁、否之义，大于既济。他有感于王弼《周易注》行世后，而古众儒之说皆废；孔颖达《周易正义》行世后，而古《周易》书皆消。为追补古说，他辑录唐代陆德明《经典释文》、李鼎祚《周易集解》以及其他有影响的书籍，各为《别录》，对诸家之说，精细研究，苦心考证，一一述其源流，辨其异同，并断以己意，认真评点。他认为《易纬》亦出于圣门而不可废，而八纬之中，唯有《稽览图》讲六日七分，通卦验讲八卦暑气，《乾凿度》讲阴阳消息，此三书存《易》之大义，应深入研究。而历代《易》图，须加以辨正。他列出所应辨正的《易》图有：河图洛书、刘牧"太极生两仪"及"天地数十有五"诸图、赵仲全《古太极图》《参同契》纳甲图、《皇极经世》《读三易备遗》《卦变图》等，皆搜据旧文，悉心研究并加以辨正。张惠言著有《周易虞氏易》《周易虞氏消息》《虞氏易礼》《虞氏易候》《虞氏易言》《虞氏易事》《周易郑氏注》《周易荀氏九家》《周易郑荀义》《易义别录》《易纬别录》《易纬略义》《易图条辨》，还另著有《茗柯文》《茗柯图》《读仪礼记》等。

江藩

（1761—1831年）清代学者、经学家。字子屏，号郑堂，晚号节甫，江苏甘泉（今江苏扬州）人。江藩监生出身，惠栋的再传弟子。其性情豪放，乐于游览。早年受业于余萧客、江声，博览群经，熟读史事，曾主持淮安丽正书院。由京师至岭南后，又被聘为《广东通志》纂修官。

江藩将经学分为汉学和宋学两大派，从而使清代经学源流脉络分明，厘然可考。然其治经偏重汉学，笃信谨守，有较深的门户之见。其说《易》亦谨守其师惠栋家法，以荀爽、虞翻之说为主，精于训诂，援引古文，详解经义，能发前人所未发。惠栋曾著《周易述》未成而卒，他模仿惠栋《周易述》体例，撰著《周易述补》，续成其书。他所作《河赋》数千言，为人争录。江藩另著有《汉学师承记》《尔雅小笺》《宋学渊源记》《隶经文》《炳烛室杂文》《乐县考》《国朝经师经义目录》《江湖载酒词》等。

焦循

（1763—1820年）清代哲学家、经学家、数学家、戏曲理论家。字理堂、里堂，晚号里堂老人，江苏甘泉（今江苏邗江黄珏镇）人。焦循早年就读于扬州安定书院，三十三岁曾赴山东居于阮元（时任山东学政）家中，后随阮元至浙江。嘉定六年（1801年）中举人，应试礼部不第，即返乡侍奉母亲不再出仕。母亲病卒后，以足疾为由闭户十余载，筑"雕菰楼"，读书著述数百卷，涉及经史、历算、声韵、训诂等诸多方面，其用力最为精深的，主要是《周易》《论语》《孟子》三书。尤其对《易经》，他反复学习、钻研，自谓"承祖父之学，幼年好易"（《易通释·自序》）。其读《易》经常三更不眠，夜以继日。善于用数学原理及音韵训诂整理《易经》，时为钱大昕、王鸣盛所推重。他自称发明了《易经》所讲"旁通""相错""时行"三义，称以数理解释《周易》，所疑尽释。他以治《易》方法通释诸经，认为"名主其形，理主其数""名起于立法之后，理起于立法之先"（《加减乘除释·自序》），以先天抽象的"数""理"形式论述哲学问题，将一切事物的变化归之为"理之一"或"数之约"（《加减乘除释》卷二）。乾嘉时期，诸儒皆索尚汉学，而他却能够独自指出并纠正荀爽、虞翻、郑玄等诸汉儒之谬，王引之赞其说"一一推求，至精至当，足使株守汉学者爽然自失"，可谓一代豪杰之士。其订正孔颖达疏《周易正义》之舛漏，援据精确，足以补《周易正义》所不及。他认为《易》至春秋，淆乱于术士之口，许多谬误载于《左传》，他以比例、旁通之说代之，推而求出《易》义。其易说自成一家，然而也有诸多不当之处，如驳荀爽、虞翻"卦变"之说时，以"少则一卦五六变，多则十余变"为说，也难言适当。焦循著有《易学三书》，即《易章句》《易通释》《易图略》和《易余龠录》《易话》《注易日记》《易广记》《周易补疏》，另著有《天元一释》《加减乘除释》《开方通释》《群经宫室图》《论语通释》《孟子正义》《六经补疏》《古文尚书辨》《毛诗物名释》《邗记》《北湖小志》《扬州府志》《医说》《李翁医记》《雕菰集》《里堂诗集》《里堂词集》《仲轩词》《剧说》《曲考》《花部农谭》等。

阮元

（1764—1849年）清代学者、文学家、汉学家。字伯元，号芸台、雷唐庵主，晚号怡性老人，江苏仪征人。乾隆五十四年（1789年）中进士，入翰林院任庶吉士、编修。乾隆五十六年（1791年）升任少詹事，入直南书房。两年后，提督山东学政、浙江学政。嘉庆三年（1798年）任户部左侍郎、会试同考官。不久又赴浙江任巡抚，在此任职约十年。嘉庆六年（1801年），他在杭州建立"诂经精舍"，聘王昶授辞章、孙星衍授经义，培育英才。其后又分别任湖南、浙江、江西巡抚、两广总督等。嘉庆二十五年（1820年），在广东创立学海堂书院。道光六年（1826年），迁云贵总督，旋又晋升体仁阁大学士。道光十八年（1838年）致仕，返回扬州定居，先后加太子太保、太傅。道光二十九年（1849年）去世，终年八十六岁。谥文达。

阮元自幼好学,淹灌群书,学识渊博。在经学、方志、金石学及诗词等方面都有很高的造诣,尤以音韵、训诂之学见长。其精于《易经》,论《易》据宋士行注疏本,并以唐石经、宋相台本,山井鼎七经考文所引宋本、足利本,钱遵王所校宋单疏本,明钱保孙所校影宋注疏本,以及闽本、汲古阁本,参互校订;取闽本略例,附于十行本,撰成《周易校勘记》。阮元还主编《经籍纂诂》、校刻《十三经注疏》、汇刻《学海堂经解》一千四百卷。另外著有《畴人传》《积古斋钟鼎彝器款识》《研经室集》《广陵诗事》《定香亭笔谈》《小沧浪笔谈》《石渠随笔》《两浙金石志》《山左金石志》《三家诗补遗》《考工记车制图解》《诗书古训》《仪礼石经校勘记》《儒林传稿》《选项印宛委别藏提要》等。

李富孙

（1764—1843年）清代学者。字既汸、芗汲,浙江嘉兴人。李富孙嘉庆六年(1801年)拔贡生。他继承家学,深研经史,与伯兄李超孙、从弟李遇孙共称"后三李"。其曾从卢文弨、钱大昕、王昶、孙星衍出游四方,受诸儒影响颇深。

李富孙论《易》兼采惠栋、钱大昕等诸家之说,作为对《易经》异文辨述的佐证。他认为《易经》异文甚多,文字因读音不同而异,意义又因文字不同而异。文字有古今、有通假,有时还因误传而致讹,纷纭杂糅,难以厘清。故旁征博引,力释《易经》异文。认为因李鼎祚辑汉以来三十五家易注,成《周易集解》一书,使汉学保存至今,得以见其一二;但诸家之说,没有采入者尚多,遗文剩义间见于《经典释文》《书》《诗》《三礼》《春秋》《尔雅正义疏》及《史记集解》《后汉书注》《隋唐书》《李善文选注》《初学记》《北堂书钞》《太平御览》和唐宋诸儒说《易》等书中。李富孙尽力条录并辑于《周易集解》之后作为释《易》的补充,未取者也未作为渣滓。由于其博采广选,弥补了李鼎祚《周易集解》所不及。但也由于采撷面广量大,难免有所疏漏。李富孙著有《七经异文释》五十卷、《说文辨字正俗》八卷、《李氏易解剩义》三卷、《校经庼文稿》十八卷,另著有《梅里志》《曝书亭词注》《鹤徵录》《愿学斋文钞》《汉魏六朝墓铭纂例》等。

宋咸熙

（1766—?）清代藏书家。字德恢,号小茗,仁和(今浙江杭州)人。嘉庆十二年(1807年)中举人。宋咸熙家中富有藏书,其继承父志,广聚图书。因其父号茗香,故建藏书楼为"思茗斋"。楼内所藏图书,广借他人,供贫寒家子弟阅读。

宋咸熙博学而精于考据。在易说上,根据宋儒吕祖谦依《汉书·艺文志》所撰《古周易》十二卷(原书已佚),在董真卿《周易会通》中采撷《音训》旧文,并按吕祖谦所释《上经》《下经》《彖传》《象传》《系辞》《文言》《说卦》《序卦》《杂卦》等篇章的次序,用陆德明《经典释文》之例,辑成《古周易音训》二卷,力求复吕祖谦《音训》之旧。同时,也使《经典释文》得此书以互相堪证。宋咸熙另辑有《夏小正》《桐溪诗述》,还著有《思若斋集》《耐冷谭诗话》等。

臧 庸 (1767—1811年)清代学者、文学家、考据学家、经学家。本名镛堂,字在东,更字西成,号拜经,江苏武进人。臧庸性格沉默敦厚。乾隆五十四年(1789年),卢文弨主持常州书院,臧庸前往学习经学,成绩优异。后经钱大昕、王昶、段玉裁等人推荐,先后入毕沅、阮元幕中,协助纂修《经典纂诂》、校勘《十三经注疏》等。嘉庆十五年(1810年),又应吴其颜之聘,助修《中州文献书》,翌年,因病卒于吴氏馆中,年仅四十五岁。

在易说上,臧庸认为马融《周易章句》、王肃《周易注》均佚于宋,朱熹《周易本义》每引王肃,大抵依据《经典释文》,也未见原书。他以孔颖达《周易正义》、陆德明《经典释文》、李鼎祚《周易集解》等书为线索,采辑成《马王易义》一卷,书中按语,殊多精核,持论平正,长于校勘。马融易学本为郑玄易学之先河,其著为研究郑学提供了重要的参考。臧庸还著有《子夏易传》《校郑康成易注》《拜经日记》《拜经堂文集》《月令杂说》《说诗考异》《乐记二十三篇注》《孝经考异》等。

端木国瑚 (1773—1837年)清代学者、诗人、易学家。字子彝、鹤田、井伯,晚号太鹤山人,浙江青田县城太鹤山麓人。端木国瑚嘉庆三年(1798年)中举人,嘉庆十三年(1808年)会试不第,不久授为知县,呈请改任教职。道光十年(1830年)被举荐赴京,令其为皇陵选址。次年二月,授任内阁中书,御赐"黄马褂",并再任知县,他仍奏请改任教官。道光十三年(1833年),六十一岁时中进士,仍被授为知县,其再次请辞,改任内阁中书。道光十七年(1837年)三月,辞官归乡,隐居瑞安,同年九月病逝。

端木国瑚七岁开始学《易经》,受业于阮元,并深得赏识。他通晓天文地理,精通阴阳术数,《易》学则承自家之学,研究尤为精深。其治《易》以象数为宗,欲将汉宋众儒,焦京陈邵之学皆尽包罗其中,融合为一。他认为《易》之旨尽于《十翼》,《十翼》之作为圣人之情见于辞,故其说《易》皆重于以情见辞。端木国瑚著有《易例》一卷、《周易指》三十八卷、《易断辞》一卷、《周易图》五卷、《周易葬说》三卷,另著有《太鹤山诗集》《太鹤山文集》《地理元文注》等。

任铁樵 （1773—?）清代的八字命理学家，浙江人。原本家境殷实，二十岁时遭遇家庭变故，家产典卖精光。此后遂精心于命理学研究，并以为终生之业。曾代人写信、写春联、择吉、批命。五十岁以后，其所疏的《滴天髓》一书刊印出版，全书注释严谨，自成体系，以古老的五行理论为论命的根本。抛弃神煞、纳音等旧说，饱含深厚的哲学内涵和丰富的命理学经验，堪称中华命理学的大成之作，被后代命理学者视为典范。

宋翔凤 （1776—1860年）清代学者、文学家、经学家。字虞庭、于庭，江苏长洲（今苏州）人。宋翔凤嘉庆五年（1800年）中举人，选授泰州学正，后改安徽旌德县训导。其历任湖南新宁（今湖南资兴）、耒阳等县知县。咸丰九年（1859年），以名儒重宴鹿鸣，加知府衔。

宋翔凤受业于其舅父庄述祖，生平淹贯群籍，精通训诂名物，尤其长于治经。通过舅父传授，深知经学要义，并发扬光大，成为常州学派的著名学者。对后来龚自珍、康有为思想的形成产生了一定的影响。其舅庄述祖发明《归藏》之说，世人多不明晓，他解释说：《归藏》首坤，坤辟亥壬甲之所藏，六壬六甲之占皆本于《归藏》。其考证《周易》经文异同，与李富孙《周易异文笺》有所出入，虽不及李富孙详备，但研究细密程度则在李富孙之上。凡见于《说文》《音义》及其他书籍的，均一一疏注并阐发论证。宋翔凤著有《周易考异》《卦气解》《论语说义》《论语郑注》《大学古义说》《孟子赵注补正》《孟子刘熙注》《四书释地辨正》《尚书说》《尚书谱》《尔雅释服》《小尔雅训纂》《五经要义》《五经通义》《过庭录》《论语发微》《经问》《朴学斋札记》等。

许桂林 （1779—1822年）清代经学家。字同叔，号曰南、月岚，别号栖云野客，江苏海州板浦（今江苏连云港）人。许桂林十二岁参加童子试考取秀才，被学官称为"奇才"，二十岁按试淮海获取第一名，嘉庆十四年（1809年）、嘉庆二十年（1815年）又两次获海州科试第一名，嘉庆十七年（1812年），以《腹稿赋》一文取得"拔贡生"。嘉庆二十一年（1816年）中举人。

许桂林一生博览群书，不贪求功名利禄，始终以教书为生。他长于诗词文学，对古算术及天文星算、历算也深入研究，尤精通诸经之学，主张"说经当以经为主，与经合者为是，与经违者为非"。他认为"《易》皆乾所生"，《易》道有三：一曰造化，二曰学术，三曰治道。故而他在《易》著中于图书、象数、占筮、律历、算术、声音、训诂、身心、性命、人事、治道等无不涉及，取汉学中反对、爻变、互卦、爻辰、纳甲、六日七分、应世、游归之术,分别加以论说。对清儒《易》说也广引博采,偶尔校勘音读。许桂林著有《易确》二十卷、《春秋谷梁传时日月书法释例》四卷、《毛诗后笺》八卷、《春秋三传地名考证》六卷、《汉世别本礼记长义》四卷、《大学中庸讲义》二卷、《四书因论》二卷、《许氏说音》十二卷、《说文后解》十卷、《宣西通》三卷、《算牖》四卷,此外还著有《味无味斋文集》《味无味斋外集》等。

苏秉国

清代经学家。字均甫,号蒿坪,南清河(今属上海崇明)人。苏秉国性情淳朴,从无"诳言"。年轻时即发愤"穷经",立志"阐明天人之旨,根极理要"。他荟萃汉、魏、宋、元以来百余家《易经》研究成果,著成《周易通义》二十二卷。其《易》说不信汉学爻辰、卦气,也不信宋儒河洛、先天等,只信朱熹之说。他认为王弼、程颐其意似直,以意取象无复,又有所自来,犹如诗文比兴与孟子之比喻。其论贞悔,认为爻辞在其变,以本爻不变者为贞,变者为悔。有的本爻藏而变宜戒,就是贞吉悔亡,不兼举。其大小之论,认为《易》以阳为大,以阴为小,传所谓"齐大小",是存于卦中,所以《易》对阴阳刚柔之德,每以"大""小"二字概括。其往来之论,认为凡言往来,都是就上下体而言,又推及《象传》,认为凡言刚来柔来,刚上刚下,柔上柔下,以及往有功、往得中之类,也如象辞所指之例,绝无它义。至于爻辞言往来则仅就爻位而言,与象不同。其论设卦观象,认为六画之卦上下二体,其象容易穷尽,因此不得不取于互卦。汉人说《易》多用互体,是考于《系辞》"杂物撰德,非其中爻不备"。其论《系辞传》"天一地二"与"易有太极"节,认为后来有人说河洛、先天之学皆出于此,此说与传不合,都是依经立义,不可苟同。苏秉国注《易》有与汉《易》经文相异之处,皆依《周易折中》定本,遇可采诸家之说,均载入注中。持论有据,辞简义昭,语实理至。其另著有《筹运议》等。

方 申

(1787—1840年)清代易学家。本姓申。其少孤,被舅父收养为子,遂从舅方姓,以申为名。字端斋,江苏仪征人。其受学于刘文淇,年逾四十始应童子试。通晓《易经》,尤其精通汉虞氏易。其易学著作颇丰,著有《诸家易象别录》《虞氏易象汇编》《周易卦象集证》《周易互体详述》《周易卦变举要》等。

朱骏声

(1788—1858年)清代学者、经学家、文字训诂学家。字丰芑,号允倩,晚号石隐,自署元和(今苏州)人。曾主讲江阴县吴江、荆溪及嵊县萧山书院。道光五年(1825年)中举人。道光六年(1826年)任黟县训导,迁任扬州府学教谕。

朱骏声少时聪颖,异于同龄人。四岁即通四声,十三岁受读《说文解字》,十五岁师从钱大昕。钱大昕对他十分欣赏,曾言"吾衣钵之传将在子矣"。朱骏声博学多通,娴习经史,擅长诗赋辞章,尤其精通《易经》。他综合汉、宋以来各家易说,详论短长,训诂穷其源流,且广引古籍蕴义、史实,借以证明人事。其对卦变互卦中文义相通者,钻研尤细尤详。对郑玄爻辰说、古今占象征验、阴阳术数等皆深入考研,并增订卦辞古韵。其著述颇丰,著有《六十四卦经解》八卷、《学易札记》四十二种、《易郑氏爻辰广义》《易互卦扈言》《易章句异同》《易消息升降图》《易答记》《周易汇通》,另外还著有《说文通训定声》《通训定声补遗》《传经堂文集》《尚书古注便读》《礼仪经注一隅》《夏小正补传》《小学识馀》《小尔雅约注》《春秋左传识小录》《春秋三家异文核》《春秋乱蛾考》《春秋平议》《秦汉郡国考》《离骚补注》《六书假借经证》《天算琐记》《岁星表》《经史答问》《诗传签》等。

李道平

(1788—1844年)字遵王,号远山、蒲眠,又称涢上先生,湖北省安陆县(今安陆市)人。李道平幼时秉承家训,刻苦读书,嘉庆十三年(1808年)考中秀才,嘉庆十八年(1813年)癸酉科拔贡,得获候选直隶州判。嘉庆二十三年(1818年)中举人,获拣选知县。道光十二年(1832年)登壬辰恩科明通榜,挑充国史馆誊录官。不久以教谕衔归乡,专心授徒讲学。

李道平论《易》主要依据惠栋、张惠言之书,发挥虞翻易说,尽力将虞氏隐词奥义阐发详细,使读者一览而知其门径。对他家之说也随文注释,句疏字柝。同时,列诸家易说凡例,自卦气至二十四方位,共十条,详述端尾,并附以图示,使人颇得要领。他认为古人说《易》,言象数则义理在其中;后人说《易》,言义理则内隐象数。又认为作《易》者,不能离开象数而设爻象,说《易》者就不能外象数而空谈性命。认为占筮之辞应据古法而断,并引经师之论相证。李道平著有《周易集解纂疏》《易筮遗占》《四书外义》《诗旨述三》《读经款启录》《读史款启录》《款启余录》《安陆文献考》《涢小纪》《理学正传》《丧礼从宜》《有获斋文集》《壬辛赋存》《嘎有获斋试律》《四书时文录》《春秋经义》《云梦考》《陪尾考》《安陆县志补刊》等。

黄式三

(1789—1862年)清代学者、易学家。字薇香,号儆居,晚号知非子,浙江定海人。黄式三幼年读书成癖,父病多年,衣食盥洗皆由其亲自服侍。道光十四年(1834年)赴乡试时,闻母暴病去世,他驰归恸绝,发誓再不应试。从此专心治学,"以治经为天职",博览诸子百家,斟酌古今,会通汉宋,择是而从,不拘门户之见,分别研读了《论语》《尚书》《春秋》《易经》等经典著作,经常中夜自思,怵然不寐。暮年更爱言礼,认为"礼可以怡情,可以淑性,可以定命"。

黄式三论《易》力求卦、爻、象三者贯通。其言卦辞,以一意相承;言爻辞,也以一意相承。释《系辞》中衰世之义,认为是伏羲氏衰而神农氏作,为《易》兴之时,以此来申明郑玄重卦之义。他认为先儒注《易》随文曲衍,或象与爻悖,或爻与爻悖,彼此矛盾,卦义难明,此为象、爻、卦关系未清,所释不当。同样为"有它",在比卦中为正爻,在中孚中则为正应;同样为"中行",在师、泰卦中为三、五,在复、益中则为三、四,如此前后矛盾,易例何存? 此为同辞合释不当。说"见群龙无首",却忘记乾"为首"之本义;说"龙战于野,其血玄黄",却忘记"震为龙,为玄黄"之由来,此为管窥狭小,整体不明,分析判断不当。认为因不信"八卦成列"之文,才有伏羲六十四卦之图出;因不信"乾坤二策,当期之日"之文,才有焦延寿、京房六日七分卦气之说出。如此使术数滋疑,经传益晦,此为通释不当。有鉴于以上诸多不当,其撰著《易释》,力图贯穿经义,辨析是非,一反标榜汉宋学之陋习。然其书亦间有穿凿附会,不当之处甚多。黄式三还著有《复礼说》《崇礼说》《约礼说》《论语后案》《春秋释》《诗丛书》《诗序说通》《诗传笺考》《周季编略》《儆居集经说》《书启蒙》《黄氏塾课》《古体诗》等。

姚配中

(1792—1844年)清代经学家、易学家。字仲虞,安徽旌德人。姚配中家境贫寒,自幼好学,弱冠之年已博览经史,旁通百家之言。其为师教授乡里二十余年,同时著书立说。其嗜好并精心钻研《易经》,对清代经学家张惠言《周易虞氏义》倾心研读,并依据李鼎祚《周易集解》,研究诸家之说,认为诸家《易》中,唯有郑氏之易最优,进行了深入发掘,但苦于其义简略,又撷取东汉荀爽、虞翻等各家之说加以弥补,凡荀、虞等家所未及者,则附加按语,申明己意。其所附按语,也本着郑玄家法,由卦象求义理,繁征博引,奥衍宏深。他虽推崇郑玄,却又不墨守其说,而是择善而从,无附会穿凿之语。其基本易学观点为:首先,对《易》的范畴,他认为除了《易》的经传而外,天地自然也为易,而且是最先存在的易,《易》书为圣人效法天地自然之易而作,《易》既成书,君子便应参效卦爻象与卦爻辞,谋求与易道的契合。其次,关于《周易》的作者,他认为画与爻的区别为圣人作《易》的分界线,伏羲作画,创制八卦并重为六十四卦,文王演画为爻,定卦名,系以卦爻辞,孔子作《易传》。再次,对于《周易》的称谓,他认为"周"为周流普遍之义,易字除了象征日月阴阳和凸显坎离两卦外,还兼有简易、变易、不易三义,因天道之周流而后易道方显,故曰"周易"。最后,对《周易》性质的认定,他认为《易》本是卜筮之书,圣人寓道于卜筮,目的是为了借卜筮而推行教化。在对元气的解释上,姚配中认为太极即"元","元"又可分化为乾元与坤元,乾坤二元化生出阴阳二气,并主宰着阴阳二气的变化,先生成天地,交感为和合之气,进而化生万物。他以数为中介将"元"与卦爻画联系起来,认为"元"为气之始,气的流行反映为数的变化,圣人观数之阴阳变化,作画演爻,七八为画,九六为爻,画变成爻,爻极则画,他将六十四卦卦、画、爻的关系视为元气流行与转换的关系,以自己独特的观点撰成《周易参象》十四卷,用七八九六之义,以与月令之五神、五虫、五音、五味、五祀、五脏及干支十二律相比附,杂引《大戴礼记》《小戴礼记》《洪范》《五行传》《淮南王书》《春秋繁露》《律书》《纬候说》《白虎通义》等来证明,以卦象说七十二候,依据孟喜《卦气图》,即以四正卦主四时、六十四卦主六日七分,复取八卦用事各四十五日之说,错综参用。其义均本于卦气,此乃汉学之遗风,也是惠栋、张惠言学说之遗法。姚配中著有《周易姚氏学》《周易通》《论月令》,另外还著有《琴学》《书学拾遗》《智果心成颂》等。

曾钊

(1793—1854年)清代学者。字毓修、勉士,广东南海九江镇人。曾钊道光五年(1825年)拔贡生,任合浦县教谕,后迁任钦州学正。他平生笃学好古,尤深于汉学,对群经训诂,考据订正,皆详查无遗。家中藏书数万卷,其逐本选阅,或雇人日夜影写、或怀饼誊抄秘本、校勘讹字脱文,反复推敲。积七八年,得数万卷。自是研求经义,文字则考自《说文》《玉篇》,训诂则稽之《方言》《尔雅》,虽奥晦难通,而因文得义,因义得音,类能以经解经,确有依据。其将所校之文撰成《字林》,供学者评点。此举深得当时大学者、两广总督阮元赏识,特聘其为学海堂学长,并邀至家中教授其子。鸦片战争期间,曾钊献堵河防守策,并协助办理完成筑石坝、建炮台、泊兵船、屯团勇等事宜,立下功勋。

曾钊精通《易经》,是继清代张惠言之后研究虞氏易的专家,说《易》完全以虞氏之说为准。其说力补张惠言之说的疏漏,比张惠言之说更加缜密,但也不无失误不当之处。曾钊著有《周易虞氏易笺》《虞书命义和章解》《毛郑异同辨》《毛诗经文定本》《周礼注疏小笺》《论语述解》《校增字林》《二十部古韵》《诗说》《音读》《异物志》《杨议郎著书》《读书杂记》《面城楼文存》《面城楼集》《始兴记》《交州记》等。

马国翰

(1794—1857年)清代学者、汉学家、文献学家、藏书家。字词溪,号竹吾,济南历城南劝夫庄人。马国翰自幼随父在山西任上读书,他学习勤奋刻苦,少时就显露出文思敏捷的才能。十九岁时,在家乡考取秀才,此后近二十年,先后在古祝、冶山及鲍山黄石兴隆寺等地开设学馆,以教书为业。道光十二年(1832

年)中进士,历任陕西敷城、石泉、云阳知县。道光二十四年(1844年),出任陕西陇州知州。

马国翰生活的时代,正值汉学盛行。他早年即对许多珍贵古籍的散佚极为痛惜,倾心于古书的辑佚工作,细心购置和搜藏书籍,先后共搜罗收藏各类图书五万七千余卷,他"殚心搜讨,不遗余力,晚归林下,犹复孜孜,纂辑无虚日",尽力将唐以前散亡、毁失的图书,从各种著作的注释和引文里,从许多有关文献保留的片辞只字中剔抉出来,加以考订,辨别真伪,分门别类逐一汇纂成册,定名为《玉函山房辑佚书》。他先后共辑佚书五百九十四种,编辑成七百余卷,形成我国有史以来文献学的浩繁巨著。其中多部易学著作,均保留在其所撰的《玉函山房辑佚书·经部·易类》中,成为后世考证《易》学的重要资料。马国翰还辑有《玉函山房文集》《玉函山房诗集》《夏小正诗自注》《月令七十二候诗自注》《农谚》《目耕帖》《竹如意》《红藕花轩泉品》等。

丁 宴

(1794—1875年)清代经学家、易学家、文学家、校勘学家。字俭卿,号柘堂、柘唐,别号柘翁、俭翁、淮亭、石亭居士等。丁宴性情颖敏,自幼好学,尤其嗜好各类典籍,他博闻强记,勤学不辍,于道光元年(1821年)中举人,曾在籍办堤工、司赈务、修府城、浚市河。咸丰间在两江总督帐下主事兴团练、广积贮、守要隘、抗击农民起义等。后由侍读提任内阁中书并加三品衔,直到八十二岁去世。

丁宴精通《易经》,尤好郑玄之学。治经不拘汉宋,他认为汉儒正其诂,宋儒析其理,二者不可偏废。其释《易》多采三国时期虞翻《易注》、王弼《周易注》、北宋程颐《伊川易传》及南宋朱熹《周易本义》,参考比较,择善而从,而不墨守一家之说。丁宴一生著述颇丰,达四十七种一百三十六卷。主要有《周易解诂》《周易述传》《易经象类》《周易论卦浅说》,另外还著有《孝经述注》《尚书余论》《禹贡集释》《毛郑诗释》《郑考补注》《郑康成年谱》等。

凌 堃

(1796—1862年)清代易学家。字仲讷,自号铁箫子,浙江乌程人。凌堃年幼聪异。生母死后,不得后母怜爱,独自逃往山西,一路乞食,后得人收留指教,从此遍习壬道、轨革、阴阳诸家之术,替人揲蓍相宅多得奇验。不久又学易筋经神功,自称武侠。道光二十一年(1841年),应顺天乡试中第,请教于阮元,从此研习经学。晚年授任金华教谕,死于洪杨之难。

凌堃论《易》以汉学为本,综采自唐代李鼎祚之前诸儒之说,以明古法,以溯文字训诂之原,以发古义,以得古象。对李鼎祚以后之说,亦择善而用。其诠释乾、姤、同人、履四卦,每卦又分六十四卦,大抵与汉人焦延寿所撰《易林》相似。凌堃著有《周易翼学》《凌氏易学》《尚书述》《春秋理辨》等。他还精通医理,著有《医学宝笈》,明确阐述了医经医理,对后世医学的发展颇有启迪。

丁叙忠

（1800—1869年）字仲伦,号秩臣,清末著名数学家丁取忠的长兄,湖南长沙县河西都北湖塘(今属长沙市望城区高塘岭街道白芙堂社区)人。丁叙忠乃名门之后,其父丁宏会在族中德高望重,据清同治《长沙县志》载,丁宏会"性慷慨,急人之急推解无所吝。尤喜读宋五子书,禅心朴学,教家有法,一门孝友,乡里矜式"。此家风对丁叙忠影响很大。

丁叙忠年轻时在城南书院就读,"读书务求根底,尤潜心于宋五子书,探讨不遗余力"。此时,与左宗棠、罗泽南为友,相互切磋学问,砥砺品行。后来丁叙忠主讲长沙求忠学院,门下弟子数百人。后人评述,丁叙忠学问、文章、道德均为时贤所推崇,堪称湘中一代名儒。湘潭王闿运曾撰《三丁先生传》曰:"叙忠少则复习程、朱之书。言动必依礼,喜言易,与浏阳朱慎甫友,各有著述。然好读史事,取史事相类者手卷,藏于箧中。又作咏史诗,自黄、农至胜朝,凡古今咏史诗篇,悉编名甄录,亦自录稿数十万言。泛览文辞,无所不诵。而年未四十,已成老儒,大布深衣,教授乡里,乡先达皆敬礼之。叙忠和易而谠论严正,观人于本源,不以穷达成败为贤否。虽师程朱,言是非未尝假借。至其诱导后进,随其所及,引之于道。弟子彭嘉玉、李寿蓉传文学,恒琛称良史,犹未云得其一体也。"丁叙忠著有《读易通解》十二卷和《贩书偶记》等。

彭申甫

（1807—1887年）清代易学家。字丽崧,湖南长沙人。其研究易学二十余年,论《易》志在兼治众儒,故其作全录李鼎祚《周易集解》、王弼《周易注》、韩康伯《周易注》、程颐《伊川易传》、朱熹《周易本义》全文,同时博采陆德明《经典释文》,孔颖达《周易正义》以及汉、魏、南北朝、隋、唐、宋、元、明诸家《易》说,又对清代惠栋、张惠言、丁叙忠、俞樾等重要易学家之作,凡能陈述阐发王、韩、程、朱四家之说的,均予以辑录,并间下按语,申明己见。对上下经每卦首列经文,再列《象传》《象传》。《象传》合大、小象为一,然后依次列出《系辞》(上、下)、《文言》《说卦》《序卦》《杂卦》,并附陆德明、李鼎祚、陈抟、程颐、胡一桂等纳甲说,宋儒河洛、先后天诸图以及朱熹筮仪、蓍策方法,广搜博引,兼收并蓄,包罗弘富,详加辨正。不专一家一术,条理清楚,通说有法。彭申甫著有《易经解注传义辨正》四十六卷并附《图说辨正》二卷。还著有《杂园文集》《诗集》《诗集补遗》《楚辞注辨正序》《讲舍约说四则》等。

金士麟 字仁甫、瑞甫,江苏武进人。武进廪贡生,曾任翰林院庶吉士。工诗,善写墨梅。其说《易》以来知德为宗,兼综象数与义理,为宋元易说支流。其著有《易义来源》《野草堂诗集》《毗陵画征录》等。

俞 樾 (1821—1907年)清代末期著名学者、文学家、经学家、易学家、古文字学家、书法家。字荫甫,自号曲园居士,浙江德清城关乡南埭村人。现代诗人、红学家俞平伯的曾祖父。俞樾道光三十年(1850年)中进士,选为庶吉士,授翰林院编修。后因受咸丰皇帝赏识,迁任河南学政。后被御史曹登庸劾奏"试题割裂经义"而被罢官,遂移居苏州,潜心学术达四十余载。先后讲学于苏州紫阳、上海求志、德清清溪、归安龙湖等书院,主讲杭州诂精舍三十余年,成为闻名全国的国学大师。海内及日本、朝鲜等国向他求学者甚众,章太炎、吴昌硕、日本井上陈政等皆出其门下。俞樾治学以经学为主,旁及诸子学、史学、训诂学,乃至戏曲、诗词、小说、书法等,可谓博大精深。尤其精通《易经》,论《易》之旁通变化,深得要领。他认为一卦通于它卦谓之"通",不通于它卦谓之"穷";穷于它卦,而自变其阴阳不正以为正,谓之"变化"。他认为"易有互体,乃古法"(《周易互体征》)。引《左传·庄公二十二年》"陈侯之筮遇观之否曰风,为天于土上山也"之注"自二至四有艮,象艮有山",用以证明在孔子论《易》之前已有互体之说,并取《周易》爻象中有关互体者加以解释。还认为朱熹《周易本义》解"帝出乎震"一章为文王八卦,而非伏羲八卦。认为伏羲八卦方位,尚未有人能确申其理,其反复探究伏羲八卦方位之理,发扬阳升阴降之论,颇有条理。其考证卦气直日,以订正日说之讹误,推阐六十四卦次第之蕴义;推求易象,触类引申,大旨与焦循之说有所出入,而论述详密则远超焦循。因俞樾精通训诂之学,故能通过训诂而求义理,且无穿凿附会之嫌。其基于河图、洛书之学久已偏离原意,而汉宋诸儒又分门别户,歧见甚多,故专心加以探索,进而阐发观象玩辞、观变玩占之大义。俞樾著有《易贯》《艮宦易说》《玩易篇》《易穷通变化论》《周易互体征》《八卦方位说》《卦气直日考》《卦气续考》《邵易补原》等,另外还著有《群经平议》《诸子平议》《古书疑义举例》《茶香室经说》《曲园俞楼杂纂》《春在堂全书》等共计五百余卷。

何秋涛 (1824—1862年)清代学者、地理学家。字愿船,福建光泽人。何秋涛道光二十四年(1844年)中进士,授刑部主事。咸丰年间,擢升员外郎、懋勤殿行走,曾代理保定莲池书院院长。其自幼喜好地理学,能历数府厅县名及其四境所至。亦喜研读经史诸学。说《易》糅合近人驳郑玄爻辰之说而设为十难,自为解答。认为爻辰之义，必有所受，今所能见者，或有残缺，并非郑玄之全书，是非已难全知，不应以讹缺弃置。其著有《周易爻辰申郑义》《校正元圣武征录》《北徼汇编》，另著有《王会篇笺释》《一镫精舍甲部稿》等。

张步骞 清末易学家。字乘槎，湖南益阳人。诸生。其终生玩《易》，尤习来氏易。说《易》无处不以"错综""中爻""旁通"等来阐明易象，又以易象证字形，谓之点画编旁，无一不与八卦相合。譬如认为乾为金，凡字从金者皆属乾；坤为土，凡字从土者皆属坤。认为阴阳之理蕴于河图，伏羲画卦本于河图，文王本于伏羲，周公本于文王，孔子又本于伏羲、文王、周公之旨。说《易》者必溯源于河图而后可。曾历论西汉以来诸《易》家之短长。著有《易解经传证》《易理寻源》等。

黄以周 （1827—1898年）清代学者、易学家。本名元同，后改以周，以元同为字，号儆季、哉生，浙江定海紫微乡（今属浙江舟山市）人。易学家黄式三之子。黄以周幼承父教，以"传经明道为己任"。同治九年（1870年）中举人。历任遂昌、海盐县训导，处州府学教授，特荐加为内阁中书。光绪十六年（1890年）任教授。应江南学政黄体芳聘请，在江阴南菁书院主讲十五年，江南许多名士皆出其门下。黄以周边讲学边治学，广泛搜集汉至清代典章制度，深入考释古代礼制、学制、国封、官职、田赋、乐律、刑法、名物、占卜等，纠正旧注中诸多谬误。其对《礼》《易》研考尤深。

黄以周治《易》遍搜古注，互证得失，务求准实。"本着学必求古，而古亦未必尽是，亦惟适是而从"（《周易古训订上经·自序》）的原则，说易不分汉、宋，也不偏于义理或象数，杂采古义，并以己意加以折中。其审定文字，以唐代陆德明《经典释文》、李鼎祚《周易集解》为据，详列异同而不做改动。共辑录自汉至清诸儒不下七十人，皆节取各儒解说经传之通义、阐明文字之训辞，又取东汉许慎《说文》、刘熙《释名》、三国张揖《广雅》诸书中相关辞节，以为佐证，择善而从。其注兼采《子夏传》、马融、郑玄、荀爽、宋衷、虞翻以及黄显、干宝、蜀才、卢氏诸家之说，以简为要。疏则杂引汉儒、宋儒之言，以辨析为职。并以疏引旁通诸例说明取象因由。对汉儒卦气、爻辰、纳甲、世应、飞伏，宋儒推先天、太极、河洛数，元明推陈抟、邵雍，清人推孟喜、京房之说用以释《易》者，一概弃之不用。黄以周著有《周易故训订上经》《周易注疏賸本》，另外还著有《礼书通故》百卷、《子思子辑解》《经训比义》《古义世本》《黄帝内经集注》《军礼司马法》《儆季杂著》等。

唐宗海

(1847—1897年)清末医学家。字容川,四川彭县人。唐宗海少时钻研儒学,后因父病,乃移志医学。光绪十五年(1889年)中进士。他学识广博,主张"好古而不迷信古人,博学而能取长舍短",善于将易学、中医学、西方医学熔为一炉,运用易学和西方医学解释中医理论,强调医易相通,晚年尤其重视医易学研究。他认为易是医之源,医为易之绪,"不知易,无以言大医"。他重视《周易》"交易"和人身八卦理论,并深入加以研究,通过撰写《医易通论》《医易详解》等书努力搭建医易之间的桥梁,是迄今论述医易关系的重要专著之一。唐宗海另著有《血证论》《本草问答》《金匮要略浅注补正》《伤寒论浅注补正》《中西医判》《中西医解》等。

沈竹初

(1849—1906年)清代易学家、风水师、堪舆学家、玄空风水说的主要代表。原名沈绍勋,浙江省钱塘人。沈竹初少时家境坎坷,年仅三岁父亲去世,十三岁时,太平军攻陷杭州,全家七口人惨遭杀害,母亲投井自尽,沈竹初则被太平军掳去。次年,英国将领华尔帮助清人剿灭太平军,才救出沈竹初。华尔将其收为养子,并请专人教他学习中学和西学。不久,华尔在战争中身亡,沈竹初便被另一英国将领聘为翻译在英军中从事。有一次,在中英军务联系中,沈竹初见到北洋大臣李鸿章,他建议开凿一条由牛庄至西伯利亚的运河,用以加强军事防务及交通需要,却遭到李鸿章的拒绝。沈竹初感到信念受挫,从此弃军开始从商。

沈竹初从小就对《易经》和风水学有浓厚的兴趣,他也很想找一个合适的地方安葬早已过世的父亲。于是,翻遍古籍,并对许多古墓进行考察。开始时,他学习三合派风水,屡经验证,发现三合派风水有许多谬误和不足之处。后来,在研究比较中,感到玄空风水学比三合派风水更加灵验,于是全身心地投入研究。1875年,二十六岁的沈竹初与姻亲胡伯安来到无锡,付重金向章仲山借《宅断》来观看,二人利用一整夜将整部《宅断》抄录下来。此后花了许多时间解通了蒋大鸿、章仲山一脉玄空风水之学,并补入新的注释,在原来的基础上,发展了玄空风水之学。沈竹初所创设的玄空风水理气之术,开辟八卦,消息律吕。其行山定穴堪舆,一律以卦象律吕为本,上生下生,用黄钟、林钟之类参断;择年择月时,则采用卦气生旺,如辟乾候大有之类。卦爻律吕之用,有阴有阳,有消有破,有生有合,这一套相地的方法,是他运用《易经》的义理学说而推演创造的。沈竹初著有《周易易解》等,他的学说,对其后堪舆学和风水学影响很大。

皮锡瑞

(1850—1908年)清末学者、著名经学家。字鹿门、麓云,湖南善化(今湖南长沙)人。皮锡瑞光绪年间中举人,三应礼部试均未中,遂专心讲学著述。他景仰西汉今文经学大师伏胜之治《尚书》,将其居所署名"师伏堂",学者因而称其为"师伏先生"。光绪十六年(1890年),他主持湖南桂阳州(今桂阳县)、龙潭(今溆浦县)书院讲席。光绪二十四年(1898年)任"南学会"会长,进行了多次学术演讲,所言贯穿汉、宋,宣扬保种保教,纵论变法图强。戊戌变法后,他被顽固派所诋毁,革除了举人身份,并逐回原籍。此后,便杜门著书,直至终老。

皮锡瑞博览群书,经学造诣深厚。在论《易》上,他对三易名义、画卦重卦、文王周公系辞、孔子易传、汉宋家法、古今宗派等尽皆涉及。分别考其流别,辨其得失,并断以己意,力求给学者以正确论断。其说大旨斥象数而主义理,认为应以施雠、孟喜、梁丘贺章句之学为《易》之正传;以焦延寿、京房阴阳灾变之说为《易》外别传。而孟喜之卦气说、郑玄之爻辰说也应属别传。虞翻自言五世说传自孟喜易,并引《参同契》日月为易以明坎离之用,又言曾梦道士坎以三爻,其学杂出于道家,不应视为典要。且汉儒言六十四卦直日用事,何以震、离、坎、兑四卦未收入其内?乾、坤为诸卦之宗,何以与诸卦并列?宋自陈抟、邵雍以来,图书之说盛行于世,朱熹虽或依或违于其间,而《周易本义》之九图及《易学启蒙》所载,或杂出自其门人,亦难为定论。俞琰曾明言图书为道家之书,养生之著,而今诸儒仍据以说《易》。以上种种,皆可谓大惑。是故三国魏时王弼有摧陷廓清之功,北宋程颐有卓然不惑之识,而且程颐《伊川易传》不杂以老庄之玄言,说理尤为精切,远胜于王弼。他评汉儒学术,颇多持平之论,不彼此相害。对清儒易学,独举张惠言、焦循二家,列为治《易》之法。皮西瑞著有《易经通论》《五经通论》《经学历史》《今文尚书考证》《尚书大传疏证》《史记引尚书考》《春秋讲义》《王制笺》《郑志疏证》《三疾疏证》《圣证论补评》《鲁礼禘祫义疏证》《六艺论疏证》《孝经郑注疏》《驳五经异义疏证》《师伏堂丛书》《师伏堂笔记》《师伏堂日记》等。

概 要

进入近现代,尤其到了20世纪70年代前后,易学和哲学的研究出现了一些新的特点,大体可归纳为四个方面:一是更加注重对《周易》经传文字的注释。代表作有尚秉和的《周易尚氏学》和高亨的《周易古经今注》《周易大传今注》,其中高亨注释的《周易》水平最高,他将《经》与《传》分开,认为《经》是卜筮之书,《传》则是哲学著作,并深入发掘了《易传》的哲学内涵。二是加强考证,重视从历史的角度去理解《周易》卦爻辞中的事件。代表作有于省吾的《双剑誃易经新证》、顾颉刚的《周易卦爻辞中的故事》及《周易系辞传观象制器的故事》,李镜池的《周易探源》和胡朴安的《周易古史观》等。三是注重对易学史上的著作加以评述而寓哲学思想于其中。如杭辛斋的《易楔》《学易笔谈》、朱谦之的《周易哲学》、高亨的《易大传的哲学思想》,金景芳的《易通》等书,使易学研究呈现了新面貌。四是用现代科学证《易》。20世纪30年代,沈仲涛所著《易与科学》问世之后,又有薛学潜所著《易与物质波量子力学》及其简本《超相对论》二书,还有丁超伍的《科学的易》相继问世。这些著述,以科学比附《周易》,注重在易学哲学的思想启发下进行科学的发明和创造。

进入20世纪80年代以后,易学研究进入了更加活跃的时期,出现了多元化的特点。易学和哲学史、易学的象数和义理、易学和文化史、易学与美学、易学与医学、易学与养生学、易学与现代管理学等结合更加紧密。这些研究,使易学和哲学进一步契合,其超时空的价值更加凸显,易学和哲学的发展呈现了空前发达的水平。

近、现代

魏元旷 （1856—1935年）近代学者。原名焕奎，字斯逸，号潜园、逸叟，江西南昌人。光绪二十二年（1896年）中进士，历任刑部主事、民政部署高等审判厅推事等职。魏元旷博学广闻，辛亥革命后返归故里，应胡思敬之邀，校勘《豫章丛书》，并任《南昌县志》总纂，此书与胡思敬《盐乘》并称近代江西两部名志。

魏元旷对《易经》研究颇深，认为《易》是周之书。《连山》《归藏》不名《易》；文王非为卜筮而作《易》；重卦必为文王所作；八卦即古之文字；阴阳老少、乾一兑二之说不足信；太极生两仪、两仪生四象、四象生八卦，乃大衍之法，而非画卦之序；《十翼》成于孔子之门弟子；邵雍所传后天图，并非文王所作，而应为黄帝、神农所作；邵雍所传伏羲四图，除《先天方位图》外，其余三图皆为伪作；《易》之诸图亦不必毁等等。魏元旷著有《易独断》和《蕉鹿诗话》《潜园诗集》《蕉鹿随笔》等。

张锡纯 （1860—1933年）近代名医。字寿甫，河北省盐山县人。张锡纯出身书香门第，自幼饱读经书，习举子业。曾两次乡试未中，于是遵父命改而学医。在学医的过程中，追根溯源，对《易经》《黄帝内经》等古代典籍无不披览，反复研读，认为"中华'苞符'之秘启自三坟，伏羲易经、黄帝内经、神农百草是也"。其理"至精至奥""余蕴犹多"，从而指明了中医学的真正渊源。此外，他还认真钻研西医十余年，认为西医新异文理，原多在中医包括之中。他提出中参西理论，即以中医为主体，沟通中西医，以更全面地发展医学。张锡纯著有《医学衷中参西录》三十余卷。

叶德辉 （1864—1927年）近代学者、藏书家、经学家、文字学家、目录版本学家。字奂彬，号直山、郋园，湖南湘潭人。光绪十八年（1892年）中进士，授吏部主事。不久便辞官返乡，专心研究学问，治学以经学为主。叶德辉政治上较为保守，曾协同保守党攻击戊戌变法和辛亥革命，大革命时期被抓捕处决。

叶德辉生平好学，又有藏书之癖，至辛亥革命之年，叶氏"观古堂"藏书已达四千余部、二十万卷之多。其精通版本目录学，先后编纂了《观古堂书目丛刻》《书林清话》《古今夏时表》《元朝秘史》等，其中《书林清话》对后世影响最大，此书批评了一些人"薄今爱古"的偏弊。在《易》学上，他热衷于研究星命，善采前人四柱之说，以人初生年月日所直日辰、干支相生克、盛衰丘亡等相基酌，推断人之寿夭贵贱利害等。其著有《星命真原》《经学通诂》以及《观古堂藏书》《郋园读书志》等。

谭嗣同

（1865—1898年）近代著名政治家、思想家。字复生，号壮飞，湖南浏阳人。谭嗣同早年曾在家乡湖南倡办时务学堂、南学会等，主办《湘报》，并倡导开矿山、修铁路，宣传变法维新，推行新政。光绪二十四年（1898年），他参加领导戊戌变法，失败后被杀，年仅三十三岁。是"戊戌六君子"之一。

谭嗣同一生致力于维新变法，主张中国要强盛，只有发展民族工商业，学习西方资产阶级的政治制度。他是维新派中的最激进者。谭嗣同的生活年代正处于晚清新旧中西混杂的思想格局中，他交往师友众多，强调兼收并蓄。光绪二十三年（1897年），他在南京"闭户养心读书，冥探孔、佛之精奥，会通群哲之心法，衍绎南海之宗旨，成《仁学》一书"，将哲学、宗教、科学冶为一炉。他在此书《序言》中说："凡为仁学者，于佛书当通《华严》及心宗、相宗之书，于西书当通《新约》及算学、格致、社会学之书，于中国书当通《易》《春秋公羊传》《论语》《礼记》《孟子》《庄子》《墨子》《史记》及陶渊明、周茂叔、张横渠、陆子敬、王阳明、黄梨洲之书。"可以看出，他的思想来源包括了经学、理学、佛学、诸子学和西学。经学提倡今文经学；理学提倡王阳明、陆九渊的心学；佛学提倡禅宗、华严宗、唯识宗；诸子学提倡庄子、墨子及王船山、黄宗羲等人的思想；西学攻格致、算学、社会学。可见他的学说综合了诸多方面，形成一个融中西古今之学于一体的庞杂体系。谭嗣同的《仁学》共五十篇，分为二卷，五万余字。因他在而立之年就参加社会革命而英勇就义，使得他的《仁学》成为难得的学术绝唱。

杭辛斋

（1869—1924年）近代著名易学家。名慎修、凤元，字一苇、夷则，浙江海宁县人。光绪十五年（1889年）县试第一名，补博士弟子员，次年入北京国子监，后考入同文馆，弃科举、习新学。曾两次被光绪皇帝密旨召见，赐"言满天下"象牙章一枚，授内阁中书。

杭辛斋出身贫寒，少时当过学徒，后来发愤读书。1905年加入同盟会，其锐意革命，先后创办了《中华报》和《京话日报》，后因揭露军机大臣纵容士兵抢掠行凶等而被查封，杭辛斋也因此而被捕入狱。在狱中得遇异人传授易学真传，出狱后乃遍搜古今论《易》之书而精心钻研，并组织建立了"研几学社"，与众学者共同研讨《易经》，同时从事易学著述，撰写了大量易学著作。其中主要有《易楔》《学易笔谈初集》《学易笔谈二集》《易数偶得》《读易杂识》《愚一录易学订》《沈氏改正揲著法》等。这些著作被编辑为《杭氏易学七种》而刊行。

章炳麟

（1869—1936年）近代著名学者、思想家、哲学家、国学大师、民族民主革命家。原名学乘、字枚叔，后易名为炳麟。因慕顾绛（顾炎武）的为人行事而改名为绛,号太炎,世人称"太炎先生"。浙江省余杭县人。章炳麟出身于书香门第,幼年受祖父及外祖父的民族主义思想熏陶,逐渐形成具有个人特色的民族主义观。光绪十七年(1891年)遵从父亲章睿(古文经学家)的遗命进入杭州诂经精舍,师从俞樾学习经史,又向黄以周、孙诒让、谭献等著名学者求教,形成了经学、史学、文字、音韵、考据、训诂和文学等诸多方面的深湛造诣,成为学识渊博的学者。由于其富有民族主义思想,早年曾从事反清革命,故而在维新运动中积极参与,1904年又与蔡元培等人发起成立了光复会,并参加同盟会,主编《民报》,后来赴日本,在东京讲学。1911年武昌起义后回国,主编《大共和日报》,并担任孙中山总统府枢密顾问。章炳麟曾"七被追捕,三入牢狱,而革命之志终不屈挠"。1924年,脱离孙中山改组的国民党,以讲学为业。他在苏州设立"章氏国学讲习会",竭力宣扬国学,提倡读经复古。

章炳麟视《周易》为古史,认为《周易》为历史的结晶,即今之社会学。并从音韵、训诂的角度为八卦释名。其一生著作颇丰,易学著作有《八卦释名》《与吴检斋先生论易书》,另外还著有《章氏丛书》《章氏丛书续编》《章氏丛书三编》《章太炎全集》《国学讲习会略说》《国故论衡》《国学概论》《菿汉三言》《国学略说》《章炳麟论学集》《章太炎政论选集》《章太炎的白话文》《章太炎说文解字授课笔记》等。

尚秉和

(1870—1950年)近代著名易学家。字节之,号石烟道人,晚号滋溪老人。在京寓所植有双槐,学者称其为槐轩先生,河北省行唐县城西南滋河北岸伏流村人。尚秉和少时就读于本地龙泉书院,后又赴保定莲池书院游学,从师于吴汝纶,遍读经史,精研辞章,颇有创获。光绪十七年(1891年)中进士,光绪三十年(1904年)被选入进士馆,研习法政,后任警部主事、员外郎。宣统元年(1909年),入京师大学堂为教习。次年回家丁父忧,结束后复官为民政部员外郎。辛亥革命后任内务部科长、署理营缮司司长。约十年后辞官执教于国立清华大学。1929年受聘沈阳萃升书院主讲席三年。日本侵陷东北后,赴北平任中国大学教授。1936年受聘执讲于保定莲池讲学院。卢沟桥事变后,居家不出,闭门著述。抗战胜利后,被聘为南京国史馆纂修。1950年病故。

尚秉和平生不善言辞,于学则无所不窥。不仅精通方术、医药,又工绘事,善于鉴赏金石文玩。其著作甚丰,遍涉经、史、子、集,其所撰《辛壬春秋》《历代社会风俗事物考》颇为世人重视。尚秉和尤精于《易》学,针对前人的不同论断重新注释了《周易》,创立了"周易尚氏学",全面考究汉《易》象数学的特点,详探《左传》《国语》《逸周书》,尤其是《易林》中久已为人忘却和忽视的《周易》内外卦象、互象、对象、正反象、半象、大象等百二十余象的应用规律。立说与取象多有创见,不苟同于先儒之说。时称贤者的王树柟称其"将二千年《易》家之盲词呓语说一一驳倒，使西汉《易》学复明于世，孟子所谓其功不在禹下"(忤埔《焦氏易林注叙》)。尚秉和的主要易学著作有《周易尚氏学》二十卷、《焦氏易林注》十六卷、《焦氏易诂》十二卷、《易林评议》十二卷、《读易偶得录》二卷、《左传国语易象释》一卷、《太玄筮法正误》一卷、《周易古筮考》十卷、《周易时训卦气图易象考》一卷、《连山归藏卦名卦象考》一卷，另外还撰有《易说评议》《洞林筮案》《郭璞洞林注》《易卦杂说》《易筮卦验集存》《周易导略论》《易注》等。

王国维

（1877—1927年）近代享有国际声誉的著名学者。初名国桢，字静安、伯隅，初号礼堂，晚号观堂，又号永观。浙江海宁人。王国维出身于书香门第，从小聪颖好学，少时在其父王乃誉的指导下博览群书，涉猎了传统文化的许多领域，逐步形成了读书的志向和兴趣。他早年追求新学，受资产阶级改良主义思想的影响，把西方哲学、美学思想与中国古典哲学、美学相融合，深入研究哲学与美学，形成了独特的哲学、美学思想体系，继而攻词曲戏剧，后又治史学、古文字学、考古学。郭沫若称他为新史学的开山之人。王国维平生学无专师，自辟户牖，成就卓越，贡献突出。他在哲学、教育、文学、戏曲、美学、史学、古文字学等方面均造诣深厚，多有创新，为中华民族的文化宝库留下了广博精深的学术遗产。

在哲学上，王国维运用西方哲学的方法来梳理中国哲学所进行的开创性工作，很大程度上决定了20世纪中国哲学研究的雏形。他深入研究以叔本华、康德为代表的西方哲学家的思想发展脉络，并用以分析和整理中国哲学的问题和概念，积极做出自己的评论。得出结论说："哲学者，论自然、人生、知识等之根本原理之学也。"他试图用他所掌握的西方哲学观念来整理和讨论中国哲学的主要问题，梳理中国哲学的一些基本范畴。他认为从总体上看，中国哲学侧重于道德哲学和政治哲学的研究和阐释，而缺乏纯粹的形而上学的兴趣和成果。从范畴整理来说，他最有代表性的作品是《论性》《释理》《原命》这三篇文章，这些文章中的主要观点是受日本人元良勇次郎《伦理学》的影响。在当时，王国维对西方哲学的了解远远超越了同时代的人，他为20世纪中国思想界整理古代哲学传统创立了一种范式，这种范式的基本特征就是以西方的哲学问题为出发点，以西方哲学模式为依托所进行的中西方哲学相融合的探索。王国维一生著作宏富，涉及各方面的著作六十余种，最有影响的作品有《人间词话》《曲录》《观堂集林》等，他自编定《静安文集》《观堂集林》刊行于世。逝世后，另有《遗书》《全集》《书信集》等出版。今人整理出版其遗著、佚著多种，涉及哲学、史学、文学、美学、考古学、词学、金石学和翻译理论等诸多方面。

胡朴安 （1878—1947年）近代历史学家、文字训诂学家。名韫玉,字仲明,号朴庵、半边翁。安徽泾县西乡溪头村人。胡朴安光绪年间中举人,十九岁开始设馆授徒,并不断自学,对于数学、文学、文字学、历史等皆深入研究并有所成就。清末参加同盟会和南社,在上海担任《民主报》等七家报社记者和编辑,后来又任中国公学、上海大学教授等职。1937年初,他因劳累过度而患脑溢血,导致半身不遂。但他思想乐观,在回复郑逸梅信时还风趣地说:"去夏犯病,幸而不死,遂成偏枯,半耕半读之胡朴安,变成半死半生之胡朴安。幸而右手尚能写字,可堪告慰耳。"抗战胜利后,他偏瘫痊愈,出任上海通志馆馆长、上海文献委员会主任委员等职,直至逝世。

胡朴安一生喜欢读书,对于经、史、子、集及各类古代典籍,不问版本美恶,凡遇适用者,皆节衣缩食而求之。读书时边思考边做笔记,积累了大量写作、编书的素材。对于《易经》一书,他认为其所言虽为天道,实则借天道以明人事。他将《易》之简易、变易、不易的原则引用于政治生活。其著有《周易古史观》《易经之政治思想》《易制器尚象说》《中国文字学史》《中国训诂学史》《庄子章义》《国学汇编》《朴学斋丛书》《尚书新义》《墨子学说》《南社诗话》《俗语典》等。

黄元炳 （1879—?）近代易学家。字星若,室名忘我斋。江苏无锡人。黄元炳潜心励学,博学多闻,尤其通晓《易经》。其说《易》兼及汉宋,旁搜博采,努力探寻易学本源。能融象、数、理于一炉,即体即用,多有阐发。其著有《学易随笔》《易学探原经传解》(包括《易学入门》《河图象说》《经传解》《卦气集解》四种,六十余万言)、《阴符经真诠》等。

吴承仕 （1881—1939年）近代经学家、古文字学家、教育家。字绂斋、检斋、桥斋,号展成、济安。安徽省歙县昌溪乡人。吴承仕十七岁中秀才,十八岁中举人,二十三岁参加举贡会考,获殿试一等第一名,被点授大理院主事。辛亥革命后任司法部佥事。他曾受业于章炳麟门下,深入研究文字、音韵、训诂之学及经学。与黄侃、钱玄同并称章门三大弟子。在北京大学、中国大学任教,在北京师范大学国文系任教授、系主任多年。与在南京大学任教的黄侃有"北吴南黄"两大经学大师之称。晚年接受马克思主义,加入了中国共产党。

吴承仕在对《周易》的研究上,认为《易》本卜筮之书,名物为象数所依,象理为义理而设,象数与义理应相互参用,才能明辨《周易》大旨。其著有《检斋周易提要》与《章太炎先生论易书》《经说二首》,另外还著有《经籍旧音辨证》《经典释文序录疏证》

《说文略说笺识》《三礼名物》《三礼名物略例》《经学通论》《淮南旧注校理》《六书条例》《尚书三考》《尚书今古文说》《国故概要》《小学要略》《男女阴释名》《说文韵表》《公羊徐疏考》《语言文字之演进过程与社会意识形态》《丧服变除表》《丧服要略》《论语老彭考》《释车》等。

袁树珊 (1881—?)近代术士、著名命理学家、星象家、医学家。名阜,以字行,晚号江上老人,江苏镇江人。其父杨开昌,深谙经术,旁通诸子百家,尤精医术。袁树珊幼承家学,深究岐黄,并精心研究命理之学。其就读于北京大学,并赴日本留学,在东京大学攻读社会学。学成归来,专心于星相学、命理学研究,同时以医卜行世。20世纪30年代,因勤于钻研,学问广博,成为镇江星相命理学界的佼佼者,蒋介石、何应钦、吴佩孚等社会名流,纷纷向其求卜问命。袁树珊一生著述颇丰,著有《命谱》《新命理探原》《大六壬探原》《选吉探原》《中西相人探原》《述卜筮星相学》《中西相人探原》《标准万年历》,另外还著有《诊断汇要》《行医良方》《图翼治法》《本草万方撷英》等。

潘谷神 (1883—1946年)近代易学家、民主主义革命家。原名潘善庆,字竹孙,号祖彝、祖诒、谷公,笔名谷神,福建省崇安县人。潘谷神生于闽北富贵之家,早年留学日本,通晓日、法、德文及世界语。辛亥革命后,任中华民国第一届参议员,主编《福建民国日报》。抗战期间,曾任广东省立文理学院教务长、中山大学师范学院教授等职。

潘谷神长期致力于马克思主义哲学研究,并攻治易学,受罗素数理哲学影响,易学研究逐渐由"易数"贯通"易理"及"易象"发展而形成自己独特的易学理论体系,被称为"中国辩证法"或"易论理学"。其易学著作有《易论理学》《自然辩证与易经》《易经之现代观》等。

刘师培 (1884—1919年)近代学者、经学家。字申叔,曾更名光汉,号左庵,江苏省仪征人。刘师培少承家学,博览群书,精通经史子集。与同时代人相比,其西学造诣颇深,可谓"学贯中西"。1902年中举人,1917年他被蔡元培聘为北京大学教授,讲授中古文学、三礼、尚书和训诂学,兼职北京大学附设国史编纂处。1919年,与黄侃、马叙伦、梁漱溟等成立"国故月刊社",成为国粹派代表。同年因肺结核而病逝。

在治学上，刘师培不囿于一经一传，不立门户之见，他对《春秋》三传进行了比较研究，提出了一些新的学术观点，发现了一些新的学术问题，为《左传》研究打开了新思路。他提出《左传》成书早于《公羊传》和《谷梁传》。在论《易》上，他认为《易经》为数学所从生，上古时期，数学未明，即以卦爻代数学之用。他考证《连山》《归藏》，阐述司马迁述《周易》之义。著有《春秋左氏传古例诠征》《春秋左氏传例略》《春秋左氏传答问》《春秋左氏传时月日古例考》《读左札记》《中国中古文学史》《读书随笔》《国学发微》《周礼古注集疏》《礼经旧说考略》《逸礼考》《古书疑义举例补》《论文札记》等，所著被后人辑为《刘申叔先生遗书》。

丁超五　(1884—1967年)清代秀才，福建省邵武人。毕业于福州格致书院，早年先后参加同盟会、国民党。1913年，当选为国会众议院议员。1924年，丁超五被孙中山指派为中国国民党"一大"代表，他拥护孙中山"联俄、联共、扶助农工"三大政策，赞成国共合作。1926年，在国民党"二"大会议上当选为国民党候补中央执行委员，在1949年前的历届国民党全国代表大会上均被选为中央委员。1931年，出任邓演达创设于上海的华东大学校长，后因该校被迫停办而去职。同年下半年，由国民党政府派赴南洋考察侨务。"九一八"事变后，回国与许翼公、吴山等在上海组织中韩民众大同盟，派人分赴美、苏进行"国民外交"。1935年，担任国民党政府监察院江苏区(包括宁、沪两特别市)监察使。同年与台湾进步人士谢南光在上海创办进行反日宣传的华联通讯社并担任该社董事长。

抗日战争前后，丁超五潜心于《易经》研究，颇有成就。其著有《科学的易》一书，1941年由上海新华书局出版发行，该书被列为创新派著作，1996年由上海三联书店出版新版本，改名为《易经科学探》。

熊十力　(1885—1968年)当代哲学家、佛学家、史学家、国学大师，新儒学开山祖师。原名继智、升恒、定中，号子真、逸翁，晚号漆园老人。湖北黄冈县(今黄冈市)上巴河张家湾人。熊十力少时家境贫寒，酷爱读书，尤其喜爱晚明诸儒和王夫之的书，同时常以宋范仲淹"先天下之忧而忧，后天下之乐而乐"的名句鞭策自己。青年时考入湖北陆军特别学堂，并在"日知会"学习，与刘子通等人联合军学界人士成立了"黄冈军学界讲习社"，参与讲习。1908年回乡，先后在百福寺白石书院孔庙、马鞍山黄龙岩东岳庙讲学。其间，阅读了大量朱熹、程颐、王夫之的易学著述，对阴阳、乾坤的关系有了新的理解，萌生了"坤元"即"乾元"，"动"乃"静"之主的思想。在不断学《易》的过程中,他颇感宋易虚伪,汉易烦琐,唯独欣赏王夫之的易学思想。1912年,他与同人发起成立了"证人学会",以"证明人道,立人极,振学风为宗旨"。同年,他对佛教表现出兴趣,在武汉拜访了月霞法师,并师从欧阳竟无学习佛学。从1919年开始,他先后执教于南开大学、北京大学、武汉大学等,抗战期间讲学于四川复性书院。

熊十力将佛学研究与哲学相结合,历时十年之久出版了《新唯识论》一书。在《新唯识论》序言中,马一浮将熊十力与王弼、龙树并提,称其学识创见超越道生、玄奘、窥基等佛学大师。蔡元培说:"熊十力乃二千年来以哲学家立场阐扬佛学最精深之人。"其哲学最突出之处,是他的体大思精的本体枣宇宙论,这一体系的深刻性、独特性、宏大性,使得他的哲学已经无可争辩地成为近代中国哲学走向世界的典范。熊十力与其三个弟子(牟宗三、唐君毅、徐复观)和张君劢、梁漱溟、冯友兰、方东美被称为"新儒学八大家"。解放后,熊十力继续在北京大学从事学术研究活动。晚年,由佛归儒,合佛归《易》。其一生著作颇丰,著有《新唯识论》《破"破新唯识论"》《十力论学语要》《佛家名相通释》《体用论》《明心篇》《乾坤衍》《原儒》等。

徐乐吾 (1886—1949年)近代著名命理学家,被称为"命界奇士"。其在自评文中曰:"六十二岁丁亥,冲命,火又被泄克,寿元至此而终。如六十一岁不死,当至六十三岁戊子年,决不能延至六十四岁的己丑岁,因戊子年申子辰乃大水局故。"后来他恰因心脏病逝于六十三岁,可见其自评之准确。徐乐吾一生著述颇丰,著有《子平真诠评注》《子平粹言》《子平一得》《穷通宝鉴》《命理寻源》《命理杂格》《命理一得》《命学新义》《滴天髓补注》《滴天髓征义》《乐吾随笔第一集》《乐吾随笔第二集》等。

钱玄同 (1887—1939年)近代思想家、语言文字学家,新文化运动的倡导者。原名钱夏,字德潜、中季,号疑古、逸古,浙江吴兴(今浙江湖州市)人。钱玄同1906年留学日本,就读于早稻田大学文学系,与鲁迅同修章太炎的文字学。1907年加入同盟会。1910年回国,在浙江海宁、嘉兴等地教学。1913年9月到北京,在北京高等师范附中教国文,后升任国文系教授。1915年兼任北京大学中文系教授。1917年在《新青年》刊物上发表了《寄陈独秀》《寄胡适之》等许多文章,积极倡导文学革命,反对封建文化。同年参加教育部国语研究会。1918年参与《新青年》的编辑工作。1919年任教育部国语统一筹备会常驻干事,《中国大辞典》编辑主任。其间,潜心于音韵学、文字学的研究。1923年参与创立国语罗马字拼音委员会。1928年任北平师范大学中文系主任、教授,直至病逝。

在对《易经》的研究上,钱玄同有《周易》中阴阳两爻为男女生殖器之说,并曾探讨汉代今文易的篇数之真相与变迁问题。其著有《文字学音篇》《重论经今古文学问题》《古韵二十八部音读之假定》《古音无邪纽证》等。

胡适

(1891—1962年)现代著名思想家、文学家、哲学家。原名嗣穈,学名洪骍,字希疆,适之,笔名胡适,以倡导"白话文"、领导新文化运动闻名于世。胡适幼年就读于家乡私塾,十九岁考取庚子赔款官费生,留学美国,师从哲学家约翰·杜威,1917年回国,受聘为北京大学教授。1918年加入《新青年》编辑部,与陈独秀共同成为新文化运动的领袖。其间,他大力提倡白话文,宣扬个性解放和思想自由,率先从事白话文学的创作,发表了第一批白话诗。"五四运动"后,他同李大钊、陈独秀等接受马克思主义的知识分子分道扬镳,转向倡导改良,改变了他"二十年不谈政治,二十年不干政治"的态度,于1920年代办《努力周报》,1930年代办《独立评论》,1940年创办"独立时论社",1938—1942年出任民国政府驻美大使,1946—1948年任北京大学校长,1957年任台湾中央研究院院长,1962年在台北病逝。

胡适一生的学术活动主要集中在文学、哲学、史学、考据学、教育学、红学等方面,撰写了大量相关著作。在哲学上,他提倡实验主义、自由主义、大同主义和乐观主义,主张"以实践的精神在事实中发现问题,并努力改善现实""要有容忍的精神,真正自由的社会是有包容性的社会,要允许不同政见、不同观点的人生活在一起,允许有不同的声音,不同的政治理想,这样的社会才会有真正的自由""人生在于奋斗,即使在潦倒的窘境,也要对前途乐观自信,把每一种微小进步都看成是巨大希望,努力种下现在的新因,才能收获将来的善果"。胡适在哲学上的主要成就,是他第一次突破了千百年来中国传统历史和思想史的固有观念标准、规范和通则,完成了一次范式性变革。在近现代哲学史上,自胡适后,又有一批哲学家,如熊十力、梁漱溟、冯友兰、冯契等人不断精进,不仅彰显了中国哲学的现代化进程,而且显示了胡适在中国传统哲学向现代转换中的开创之功。胡适著有《中国哲学史大纲》《尝试集》《白话文学史》《胡适论学近著》和《胡适文存》等。

郭沫若

(1892—1978年)现代著名历史学家、考古学家、文学家、剧作家、社会活动家。幼名文豹,原名开贞,字鼎堂,号尚武。郭沫若早年留学日本,后来受斯宾诺沙、惠特曼等人思想的影响,决定弃医从文。回国后,与成仿吾、郁达夫等人组织"创造社",积极从事新文学运动。1923年后系统学习马克思主义理论,提倡无产阶级文学。1926年参加北伐,担任国民革命军政治部副主任。1927年蒋介石清党后,参加了中国共产党领导的南昌起义。1928年因被国民党政府通缉,流亡日本。1937年抗日战争爆发后回国,担任军事委员会政治部第三厅厅长,后改任文化工作委员会主任,团结号召进步文化人士从事抗日救亡运动。中华人民共和国成立以后,当选为中华全国文学艺术界联合会主席。1958年至1978年任中国科技大学首任校长。历任政务院副总理兼文化教育委员会副委员长等职。

郭沫若学识渊博,对甲骨文字、中国古代史和儒家学说均有较深刻的研究。曾对《易经》和《易传》的作者和创作年代进行深入考证。其一生著作宏富,涉及史学、文学、考古学、古文字学等诸多方面。易作主要有《周易之制作时代》(收入《青铜时代》),另外还著有《中国古代社会研究》《奴隶制时代》《甲骨文字研究》《卜辞通纂》《古代文字之辩证的发展》《中国古代史的分期问题》《中国古代社会研究》《十批判书》,文学作品有《女神》《长春集》《星空》《潮汐集》《屈原》《孔雀胆》《棠棣之花》《卓文君》《蔡文姬》等,均收入《郭沫若全集》三十八卷中。

蒋伯潜

（1892—1956年）近代学者、经学家、教育家。名起龙、尹耕,浙江富阳新关乡(今大源镇)人。蒋伯潜自幼熟读十三经,曾以钱玄同、马幼渔为师,又先后问学于章太炎、梁启超、康有为诸先生,在经学、文学、校雠、目录学等方面打下了深厚的基础。1938年赴上海大夏大学、无锡国学专修学校任教,兼任世界书局特邀编审。抗战胜利后出任杭州师范学校校长。建国后任浙江图书馆研究部主任,后转入浙江文史馆。

蒋伯潜毕生致力于学术研究,尤其精于《周易》。他认为《周易》对"易"与"象"做阐发者,则在乎"辞"。今人读《易》,须借"辞"以明"易""象"之理,然又不可执着于文辞以求有得。蒋伯潜著有《周易概论》(即《十三经概论》第一编)、《诸子与理学》《经与经学》《十三经概论》《诸子通考》《校雠目录学纂要》《中国国文教学法》等。

沈仲涛

（1892—1980年）近代藏书家。号研易楼主人,浙江省山阴(今绍兴)人。沈仲涛早年承父业在上海经商,后来到商务印书馆、启明书局供职多年,随后又经商,并以其经商所赢得利润购书收藏。他与著名出版家王云五交情颇深。1949年,沈仲涛随国民党政府迁居台北。承家学源渊,他酷嗜书籍,购藏善本书不遗余力。民国期间,杨绍和"海源阁"、傅增湘"双鉴楼"、李盛铎"木犀轩"、潘祖荫"滂喜斋"等藏书大家的书相继流散,他先后购得百余种,数千册,还有宋版书三十二种、元、明版书五十种,清版和手抄本、手稿本八种,大多为孤本秘籍。沈仲涛所建藏书楼为"研易楼",藏书印有"沈氏研易楼所得善本书""山阴沈仲涛珍藏秘籍"等章数枚。迁居台湾时,他曾精选珍善之本数千册装船运输,不幸轮船沉没,所运书籍尽毁。现仅存为当时随身携带的千余册书。1980年,将其所藏图书尽数捐给台湾故宫博物院。沈仲涛著有《易与科学》《华英易经》等。

顾颉刚 (1893—1980年)现代历史学家、编辑出版家、社会学家,疑古派史学代表人物。原名诵坤,字铭坚。1920年毕业于北京大学哲学系。历任北京大学助教、讲师,厦门、中山、燕京、云南、齐鲁、中央、复旦、兰州等大学教授,中山大学语言历史学研究室主任,中国科学院(后改为中国社会科学院)历史研究所研究员。

顾颉刚出生于书香门第,自幼受到严格的家庭教育,熟读四书五经,养成了博览群书的良好习惯。1908年十六岁时,即与王伯祥、叶圣陶等人在苏州草桥学堂合办了《学艺日刊》的油印刊物,尝试编辑出版工作。1918年与傅斯年、罗家伦等成立了新潮社,出版《新潮》杂志。在以后的学术活动中,大部分时间均用于论证和考辨中国古代史,同时深入钻研和考证了《易经》,发表了大量有关论著,主要有《周易卦爻辞中的故事》《周易系辞传观象制器的故事》《论易系辞传》《五德终始说下的政治和历史》《西周的王朝》等。

范文澜 (1893—1969年)现代著名历史学家。初字芸台,后改字仲沄、仲潭,浙江绍兴人。范文澜出身于书香门第,自幼熟读四书五经。1913年,入北京大学文预科,翌年,入文学本科国学门。1918年,在沈阳高等师范学堂任教。1926年,加入中国共产党并致力于马克思主义历史学研究。先后在南开大学、国立河南大学、北京师范大学、中国大学、辅仁大学等学校任教讲学。同时,主编了《中国通史简编》《中国近代史上编》等。除此,他还对《周易》进行了深入研究探讨。他认为《易经》是卜筮之书,《易经》中包含有丰富的历史资料。范文澜著有《易经概论》《中国经学史的演变》《经学讲演录》《正史考略》《文心雕龙注》《捻军》《范文澜史学论文集》等。

梁漱溟 (1893—1988年)现代著名思想家、哲学家、教育家、社会活动家、国学大师。原名焕鼎,字寿铭,笔名寿名、瘦民、漱溟,后以漱溟行世。蒙古族,出生于北京。梁漱溟早年受泰州学派的影响,曾在中国发起过乡村建设运动,并取得了可借鉴的经验。其一生将主要精力放在研究人生问题和社会问题上,是现代新儒家的代表人物之一,有"中国最后一位大儒家"之称。

梁漱溟"是一个有思想,且又本着他的思想而行动的人"。他把孔子、孟子、王阳明的儒家思想,佛教哲学和西方柏格森的"生命哲学"糅合在一起,把整个宇宙看成是人的生活、意欲不断得到满足的过程,提出以"意欲"为根本,又赋予中国传统哲学中的"生生"概念以本体论和生物进化论意义,认为"宇宙实成于生活之上,托乎生活而存者也""生活就是没尽的意欲和那不断的满足与不满足罢了"(《东西文化及其哲学》)。在东西方文化观上,他把人类文化划分为西洋、印度和中国三种类型,称"中国文化是以意欲自为调和、持中国其根本精神的",与向前看和向后看的西方和印度文化有别。中国文化以孔子为代表,以儒家学说为根本,以伦理为本位,它是人类文化的理想归宿,比西洋文化要来得"高妙"。他认定"世界未来的文化就是中国文化复兴",认为只有以儒家思想为基本价值取向的生活,才能使人们尝到"人生的真味"。他断定中国是一个"职业分途""伦理本位"的社会,缺乏"阶级的分野",因此反对阶级斗争理论,认为应该通过恢复"法制礼俗"来巩固社会秩序,并"以农业引导工业的民族复兴"。梁漱溟著有《东西文化及其哲学》《中国民族自救运动之最后觉悟》《乡村建设理论》《中国文化要义》《人心与人生》《东方学概观》《中国人》《印度哲学概论》《唯识述义》等,编有八卷本的《梁漱溟全集》。

薛学潜 (1894—1969年)字毓津,江苏省无锡市旺族人。薛学潜在北洋军阀政府期间担任过江苏省议员、国会议员,曾参与起草《中华民国宪章草案》。1937年,他撰著了《易与物质波量子力学》一书,这本书是他以现代自然科学治《易》的早期著作之一,按照一定的结构特点将六十四卦排成方阵,并力求揭示其中的数理逻辑。最后证明量子力学和物质波的许多定律、公式都与易卦方阵相契合。由于此书的论证过程较为烦杂,不便于普通人阅读,作者又将其简化成普及本,定名为《超相对论》。1964年该书重版于台湾,并更名为《易经数理新解》。

冯友兰 (1895—1990年)现代著名哲学家、哲学史家、教育家、新理学体系的创立者。字芝生,河南省南阳市唐河县人。冯友兰七岁上学,从小就学习《诗经》《论语》《孟子》《大学》《中庸》《尚书》《易经》和《左传》等典籍,反复诵读,牢记于心,文化功底深厚。1912年,他以优异成绩考入上海第二中学高中预科班,其间的学习,使他对哲学和逻辑学产生了浓厚的兴趣。1915年入北京大学哲学系。1924年获美国哥伦比亚大学博士学位。归国后,先后任清华大学教授、哲学系主任、文学院院长、西南联合大学教授、文学院院长等职。他是第四届全国人大代表、第二至四届政协委员,第六、七届全国政协常委。曾获美国普林斯顿大学、印度德里大学、美国哥伦比亚大学名誉文学博士。

冯友兰是中国现代史上杰出的哲学家、思想家,是对中国哲学史、中国思想史、中国学术史诸多领域做出重大贡献的伟大学者。他的《中国哲学史》是继胡适《中国哲学史大纲》之后又一部有广泛影响的中国哲学史著作,代表了20世纪30年代中国哲学史研究的最高水平。在这部巨著中,他着力论证了儒家哲学在中国哲学史上的正统地位。为他后来创立新理学思想体系积累了材料,做了必要的理论准备。1990年7月,他的七卷本《中国哲学史新编》全部完成。这部书,具有很高的学术价值和相当重要的历史意义。它奠定了中国哲学史的学科基础,在中国哲学由近代走向现代的发展历程中,是一座里程碑。

冯友兰还深入研究探讨《易经》《易传》中所内含的哲学思想,认为《易经》和《易传》是中国哲学史中不可多得的重要著作,对其后中国哲学的发展具有深刻而广泛的影响。他认为《易经》是一部占卜之书。冯友兰的易学著作主要有《易传的哲学思想》《易经的哲学思想》《周易学术讨论会代祝词》等,还著有《论孔丘》《觉解人生》《新世训:生活方法新论》《贞元六书》《三松堂全集》等。

金岳霖

(1895—1984年)现代著名哲学家、逻辑学家、新道家代表人物。字龙荪,湖南长沙人。北京清华学堂毕业,曾留学美国。后来在英、德、法等国留学并从事研究工作。1925年回国,1926年与冯友兰等人创办清华大学哲学系。新中国成立后,历任清华大学教授、系主任、文学院院长,北京大学哲学系教授、系主任。金岳霖是把西方现代逻辑介绍到中国的主要人物,他把西方哲学与中国哲学相结合,建立了独特的哲学体系,培养了一大批有较高素养的哲学和逻辑学专门人才。他所撰著的《论道》《逻辑》和《知识论》,奠定了他在中国哲学界的地位,他在中国哲学史上首次构建了完整的认识论体系。

金岳霖是第一个运用西方哲学的方法融会中国哲学精神,建立自己哲学体系的中国哲学家。他所创建的哲学体系,主要包括本体论和认识论两部分。《论道》一书表达了他的本体论,《知识论》一书则表达了他的认识论观点,他的认识论是以本体论为基础的。在哲学本体论方面,他提出了"道""式""能"三个基本哲学范畴,认为个别事物具有许多殊相,而殊相表现共相。个别事物还具有一种不是殊相和共相的因素,这就是"能"。而那些可以有能而不必有能的"样式"就是可能。由所有可能构成的析取就是"式"。他认为,能出于式中的可能是事物的变动生灭,乃至整个现实世界的过程和规律,也就是"道"。在认识论方面,金岳霖认为有独立于认识主体的本然世界。其中,一方面有个别事物的变动生灭,另一方面有普遍共相的关联。认识主体通过认识活动就可获得许多关于本然世界的意念、概念、意思和命题。认识主体同时又应用已获得的意念、概念、意思和命题,去规范和指导他对本然世界的认识。金岳霖认为,认识有一个发展过程,但本然世界是可以认识的。金岳霖还是最早把现代逻辑系统介绍到中国的人。他深入研究逻辑学,把逻辑方法应用于哲学研究,取得了显著成绩。他本人的哲学理论就是以细密的逻辑分析见长,他的著作具有精深分析和严密论证的特色,这是当时其他学者所少有的。金岳霖还著有《罗素的哲学》《道,式,能》《说变》《自然》《势至原则》《释必然》等。

钱 穆 （1895—1990年）现代历史学家、思想家、教育家、国学大师。字宾四,晚号素书老人,江苏无锡七房桥人。钱穆七岁入私塾,熟读中国传统文化典籍。十三岁入常州府中学堂学习。1912年因家贫而辍学,后在家中自学。1930年以后,历任燕京、北京、清华、四川、齐鲁、西南联大等大学教授,以及无锡江南大学文学院院长。1949年迁居香港,创办新亚书院。1966年,移居台湾台北市,在台湾中国文化书院任职,为台湾中央研究院院士,台湾故宫博物院特聘研究员。1990年在台北逝世,终年九十五岁。中国学术界尊其为"一代宗师",也有学者谓之为中国最后一位士大夫、国学宗师,与吕思勉、陈垣、陈寅恪并称为"史学四大家"。

钱穆一生专注于国学研究,自学成才,毕生弘扬中国传统文化,撰写了大量著作,各类专著即多达八十余种。他高举现代新儒家旗帜,在大陆、香港和台湾都产生了巨大影响。其《易》学著作有《论十翼非孔子作》《易传与小戴礼记中之宇宙观》,还著有《论语文解》《论语要略》《孟子要略》《周公》《墨子》《先秦诸子系年》《国学概论》《老子辨》《中国历代政治得失》《中国近三百年学术史》《国史大纲》《文化与教育》《中国文化史导论》《孟子研究》《中国社会演变》《国史新论》《宋明理学概论》《阳明学述要》《秦汉史》《中国历史研究法》《中国思想史》《中国历史精神》《中国文化精神》《现代中国学术论衡》《中国史学发微》等。

杨献珍 （1896—1992年）现代马克思主义哲学家、理论家、教育家。原名杨奎廷,曾用名杨仲仁,湖北省郧县安阳镇人。其早年就读于湖北省第八高等中学。1940年起从事中国共产党干部教育工作。曾担任中共中央高级党校校长兼党委第一书记、中共中央党校顾问。在长达半个世纪的岁月里,他致力于马克思主义哲学的研究、宣传和教育。是马克思主义哲学中国化具有代表性的哲学家之一,是哲学界的领军人物。

杨献珍提出"思维与存在的关系这个哲学根本问题也是实际工作中的根本问题"的命题,主张用"两种范畴的同一性"理论与唯心主义的同一性划清界限,认为"思维和存在的同一性"是唯心主义命题,"思维和存在有同一性"是辩证法命题。他认为,只有掌握对立统一规律,才能克服思想方法上"在绝对不相容的对立中思维"的形而上学片面性。经过深入考察研究,他指出:"合二而一"是中国古代思想家关于对立统一规律的一种表达方法,也是一种光辉的辩证法思想。"'一'代表一种事物,'二'代表两个对立面,意思就是说,统一的事物是由两个对立面构成的。"他始终坚持并倡导"合二而一"的命题,运用中国式的话语和哲学表述方式来表达对立统一规律,将理论语言转换为大众化语言,为我们提供了马克思主义哲学研究、创新、传播的范式,为从"左"的"斗争哲学"转向科学的"和谐哲学"提供了理论支撑。杨献珍著有《论恩格斯否定了思维和存在的同一性》《论敌后抗日根据地的社会性质问题》《论党性》《什么是唯物主义》《我的哲学"罪案"》等。

于省吾 （1896—1984年）现代古文字学家、历史学家。字思泊,号双剑诊主人、泽螺居士、夙兴叟,辽宁省海城县（今海城市）人。于省吾1919年毕业于沈阳国立高等师范学校。历任奉天萃升书院院监、辅仁大学讲师与教授、北京大学教授、燕京大学名誉教授、故宫博物院专门委员、东北人民大学历史系教授、古文字研究室主任兼校学术委员会委员、中国古文字研究会理事、中国考古学会名誉理事、中国语言学会顾问兼学术委员、中国训诂学会顾问、国务院古籍整理出版规划小组顾问等职。

在《易经》研究上,于省吾认为易学即象学,研究《易经》须从研究易象入手。其著有《双剑诊易经新证》《甲骨文字释林》《双剑殷契骈枝》《双剑诊殷契骈枝续编》《双剑诊殷契骈枝三编》《双剑诊吉金文选》《双剑诊吉金图录》《双剑诊古器物图录》《商周金文录遗》《论语新证》等。

宗白华 （1897—1986年）现代哲学家、美学大师、诗人、现代新道家代表人物。安徽安庆市小南门人。宗白华毕业于上海同济大学,后赴德国法兰克福大学、柏林大学攻读哲学、美学等课程。1925年回国后先后在南京大学、北京大学任教,曾任中华美学学会顾问和中国哲学学会理事。他是我国现代美学的先行者和开拓者,被誉为"融贯中西艺术理论的美学大师"。

宗白华树立了以艺术品似的创造来探寻人生的基本立场。他认为,艺术问题,首先是人生问题,"艺术式的人生",才是有价值、有意义的人生。他塑造了一种淡泊、灵启式的生活方式,追求纯粹的中国艺术,力图体验中国艺术至境的乐趣。他把中国哲学、中国诗画中的空间意识和中国艺术中的典型精神,融合成"三位一体",并将"一阴一阳之谓道"的《易经》真谛纳入其中,努力体现一种精神,即:人生悟道、道合人生、个体生命与无穷宇宙的相应相生。宗白华把中国体验美学推向了极致,后人很难再出其右。他作为一个审美悟道者已成为一种道显而美的象征。宗白华的主要著作有《美学散步》《艺境》《宗白华全集》等。

方东美

(1899—1977年)现代著名哲学家。安徽桐城县(今安徽枞阳县杨湾乡大李庄)人。方东美出生于书香赓续的名门望族,他曾在安徽桐城中学、南京金陵大学、美国威斯康星大学、俄亥俄州立大学学习。1924年博士毕业后回国,先后任教于金陵大学、南京中央大学、台湾大学、东吴大学等。

方东美是现代哲学史上一位学贯中西、成就斐然、自成体系的卓然大家。其哲学思想在世界哲学界占有重要地位,享誉海内外。夏威夷大学哲学系主任查理摩尔教授认为他是当代"中国最伟大的哲学家";日本著名禅学大师铃木大拙先生也称赞他的哲学著述"冠绝一时,允称独步"。方东美毕生致力于学术事业,圆融佛、儒、道三家,会通中西哲学与文化,建构了以生命为本体、统摄万有、兼容并包、宏大精深的哲学体系,使之达到了前所未有的理论高度。

方东美的整个哲学体系是对《易经》的创造性诠释与发展,他以生命为中心建构他的本体哲学架构,是与《易经》"生生之谓易"的原理相契合的。他在所著《哲学三慧》中,由"无名之指"衍生出"情理二仪",此由"太极无名"而显现的"情理二仪"实为本体所涵泳,两者各自体现了本体系统的原始意象。"无名之指"与"情理二仪"作为生命与世界的根源可彰显为不同的本体观念。他认为,人类心灵中蕴含一种本体智慧,世界各民族的哲学创造与文化精神即为此种智慧所范导。方东美重点论述了中国、希腊与欧洲三种文化类型,后来他又把这种论述扩展到印度,把世界文化剖分为四大传统。他断认世界文化的前途在于诸种文化多途并进和浑融互洽的演进中。方东美钦慕中国古代哲学的完美与高度,希望中国哲学与文化恢复先秦儒家、道家健康饱满的生命精神。他吸纳中国古代的生命哲学思想,又努力糅合现代西方柏格森、怀特海哲学,乃至古代华严哲学,并以儒家的《易经》哲学加以贯通。方东美著有《中国人生哲学概要》《科学哲学与人生》《中国人生哲学》《原始儒家道家哲学》《生生之德》《生生之美》《新儒家哲学十八讲》《哲学三慧》《实验主义》《华严宗哲学》《中国哲学精神及其发展》《中国人的人生观》《方东美先生全集》等。

闻一多　（1899—1946年）现代学者、诗人。本名闻家骅，字友三，湖北省黄冈市浠水县人。闻一多生于书香门第，自幼爱好古典诗词和美术，五岁入私塾，十岁就读于两湖师范附属高等小学。1912年考入清华大学留美预备学校。1916年开始在《清华周刊》上发表系列读书笔记。1925年在美国留学期间创作了诗集《七子之歌》。1928年出版了第二部诗集《死水》。1932年于青岛赴北京清华大学任中文系教授。1946年7月被国民党特务暗杀。

闻一多兴趣广泛，尤其喜爱中国古代诗集、诗话、史书、笔记等。在易学方面，他认为《周易》阴阳爻代表男女生殖器，认为《周易》卦名同卦爻辞的内容（即所占问之事）有联系。经考证认为乾卦中的"龙"乃龙星，其出没标志着四时节气的变化。闻一多著有《周易义证类纂》等。

朱谦之　（1899—1972年）现代哲学家、哲学史家、东方学家、文化学家、中外思想文化比较学家。福建省福州市人。朱谦之幼时父母双亡，由姑母抚养成人。民国初年，入省立第一中学学习，他熟读经史，曾因自编并发表《中国上古史》《英雄崇拜论》等而知名于乡里。1929年东渡日本，从事历史哲学研究。回国后任暨南大学教授。1932年起在中山大学工作，曾任中山大学历史系主任、哲学系主任、文学院长等职。1950年院系调整中，被调往北京大学哲学系任教授，1964年调往中国社会科学院哲学社会科学部世界宗教研究所任研究员。

朱谦之在中国哲学史、中外关系史和东方哲学三个方面的研究尤为突出。对中国哲学史的各个阶段都有系统认知。他个性独立，在哲学追求上倡导"虚空粉碎，大地平沉"的虚无主义理想，他以"考今"为目的，将过去的历史用现代的思想来看待，除了解释古代社会与人物是什么外，还要看它今天有什么意义。他对文化的类型和作用有独到见解，认为文化的根本类型，在知识生活上表现为四种：即宗教、哲学、科学、艺术。他认为世界文化体系，不属于宗教型就属于哲学型或科学型。他认为印度文化为宗教文化，中国文化为哲学文化，西洋文化为科学文化。而要复兴中国，必须从中国哲学和中国文化着手。朱谦之著有《辩证唯物论与历史唯物论教学大纲》《中国哲学史简编》《中国哲学史史料学》《周易哲学》《老子哲学》《老子校释》《李贺》《中国哲学于欧洲之影响》《中国古代乐律对于希腊之影响》《王充著作考》《新辑本职确镶》,还有《日本哲学史》《日本的朱子学》《日本古学及阳明学》《中国禅学思想史》《韩国禅教史》等。

高亨

（1900—1986年）现代古文字学家、先秦文化史研究和古籍校勘考据专家。初名仙翘,字晋生,吉林双阳人。高亨1924年考入北京大学,1925年入清华大学研究生院,师从梁启超、王国维。1926年毕业后从事教学工作。历任河南大学、东北大学、武汉大学、齐鲁大学教授。

高亨一生笃志于弘扬中国传统学术。研治诸子,遵循乾嘉重于考据遗风,往往胜解经义,发前人所未发,力求做到后出转精。其治《周易》,一改前人"以经解传,以传解经,经传互解"的旧习,首次经传分解,开创了中国现代《易经》"义理派"解《易》的新方法。高亨著有《周易古经今注》《周易古经通说》《周易杂论》《周易大传今注》以及《甲骨金石文字通鉴》《文字形义学概论》《古字通假会典》《诗经今注》《老子正诂》《庄子今笺》《墨经校诠》《文史述林》等。

沈宜甲

（1901—?）现代学者、著名冶金专家和机械发明家,安徽舒城人。沈宜甲十二岁前读四书五经,之后舍弃中文教育,专心学习西文并从事科技研究。1918年,在国立北京工业专门学校机械系毕业后,赴法国勤工俭学,并专攻数理。1928年毕业于法国国立矿冶大学。回国工作两年后,再度赴欧,不久定居比利时,一心从事科学研究。抗日战争爆发后,曾回国在桂林开办工厂,支援抗战。其间,发明了用无烟煤气代替汽油,并在桂林创建了一家无烟煤气机制造厂。1957年重返比利时,继续进行科学研究工作,先后获得三十多项发明专利。

沈宜甲也注重研究中国古代文化。他认为"《周易》一书为周代之中国文化结晶品,包罗万象,亦若百科全书,含有哲理、数理、医理、物理（包括天文、宇宙来源）、生理……及命理"。其著有《科学无玄的周易》等。

李镜池

（1902—1975年）现代易学家。字圣东,广东开平金鸡镇横岗村人。李镜池早年就读于广州协和神学院,20世纪20年代中期赴燕京大学,在国学研究所师从陈垣、许地山、顾颉刚等先生学习道教史、古史研究等课程,并选《周易》作为专题研究。二十九岁时,他应顾颉刚之嘱,编撰《周易五书》。1931年,他先后任教于广州协和神学院、燕京大学、岭南大学,分别讲授"中国文学史""中国学术思想史""中国古代宗教研究"等课程。1952年,中国大学院系调整之后,他在华南师范学院中文系任教授,直至1950年代末期因患脊椎灰质炎而退休。1960年后寓居广州北郊埋头著述。

李镜池酷爱《易经》,研究《周易》超过半个世纪。晚年患病时已行走不便,上楼梯也需人扶持,但仍每天盘腿在床研读《周易》十几个小时,留下了上百万字的释《易》遗著。流传较广的有《周易通义》《周易探源》等。这些著述在世界思想史上影响较大。世界著名学者李约瑟在《中国科学技术史》中引用了李镜池关于《周易》的论述。20世纪80年代后期,哈佛大学杜维明教授还带着李镜池的《周易探源》来华讲学。

金景芳 (1902—2001年)现代著名历史学家、文献学家、易学家、国学大师。辽宁省义县人。金景芳1923年毕业于辽宁省立第四师范学校,1940年考入乐山复性书院,师从马一浮、谢无量等从事儒学研究。1941年到四川三台的东北大学工作,先后担任文书组主任、中文系讲师、副教授、教授等职。解放后任东北文物管理处研究员、东北图书馆研究员兼研究组组长。1954年调入东北人民大学(后更名为吉林大学)历任历史系教授、历史系主任、历史系名誉主任、古籍研究所教授、顾问、博士生导师,兼任国家古籍整理出版工作领导小组顾问、东北易学研究院顾问、中国孔子基金会顾问、国际儒学联合会顾问、中国先秦史学会顾问等职。

金景芳毕生致力于中国先秦史和儒学研究,同时花费了许多精力研究《易经》。他力图用马克思主义理论来合理解释《周易》研究中的疑难问题。他认为《易经》中包含着宇宙以往和未来的全部现象。金景芳著有《周易讲座》和《学易四种》(包括《易通》《易论》《说易》和《关于周易的作者问题》),还著有《春秋释要》《论宗法制度》《中国奴隶社会的阶级结构》《也谈关于老子哲学的两个问题》《中国古代史分期商榷》《商文化起源与我国北方说》《孔子思想有两个核心》《中国奴隶社会的几个问题》《论井田制度》《中国奴隶社会史》《孔子新传》《〈尚书·虞夏书〉新解》等。

屈万里 (1907—1979年)现代学者。字翼鹏,山东省鱼台人。屈万里早年曾任职于山东省立图书馆、南京中央图书馆、中央研究院历史语言研究所等。后任台湾大学中文系教授,并先后应聘为美国普林斯顿大学、加拿大多伦多大学、新加坡南洋大学客座教授。

屈万里是一位学植深厚、具有广泛国际影响的国学大师。其在经学、古代史、甲骨文、目录版本、图书文献等方面均有卓越成就。其《易》学功底深厚,曾在台湾组织"中华民国易经学会",先后担任该会的副理事长、理事长等职,并在学会创办《中华易学月刊》，兼任社长。其著有《先秦汉魏易例述评》《汉石经周易残字集证》《汉魏石经残字校录》《说易》《说易散稿》《周易卦爻辞成于周武王时考》《易卦源于龟卜考》《易损其一考》，以及《尚书释义》《诗经释义》《〈殷墟文字甲编〉考释》《谥法滥觞于殷代论》《图书版本学要略》《子部杂家类之新的分类问题》等。

苏渊雷（1908—1995年）现代历史学家、佛学家、易学家。原名中常，字仲翔，晚署钵翁，又号遁圆，浙江省平阳县人。苏渊雷雅好文艺，兼擅书画，笔墨洒脱，尤长于文史哲的研究，尤其对佛学和易学研究独到，在国内和国际上均享有盛誉。其论《易》取证老庄，旁参佛理，远及西哲，近引诸儒，凡有胜义妙论和独到见解者，皆加以引发，互为参证。苏渊雷著有《易通》《易学会通》《天人之际三纲领——论易传的三才之道》《名理新论》《玄奘》《佛教与中国传统文化》等。

张岱年（1909—2004年）现代著名哲学家、哲学史家、思想史家、易学家、国学大师。字季同，别号宇同，河北沧县人。张岱年1933年担任清华大学助教，1936年完成名著《中国哲学大纲》。1952年调任北京大学哲学系教授。1978年起担任中国哲学教研室主任。1979年中国哲学史学会成立，他被推选为会长。先后担任中国社会科学院哲学研究所兼职研究员、中国哲学史学会会长、中华孔子研究会会长、清华大学思想文化研究所所长等职。

张岱年的学术研究分为三个方面：一是中国哲学史的研究；二是哲学理论问题的研究；三是文化问题研究。关于中国哲学史的研究，他对先秦诸子、汉魏哲学、宋明理学、明清实学都进行了研究。他注意阐明中国传统哲学中的唯物论与辩证法思想。在20世纪30年代，一般认为宋明理学分为程朱理学和陆王心学两大派别，张岱年则提出在程朱、陆王两派之外，还有以张横渠、王浚川、王船山为代表的气一元论。他特别注意对于中国哲学史上概念范围的阐释，认为中国古典哲学有自己的一套概念范畴，与西方哲学与印度哲学都不同。研究中国哲学必须对中国哲学的概念范畴有深刻的理解。他在中国哲学方面的主要著作是《中国哲学大纲》《中国哲学发微》《中国伦理思想研究》《中国古典哲学概念范畴要论》等。关于哲学理论方面的研究，他通过大量阅读恩格斯、列宁的哲学著作，赞同辩证唯物论哲学，同时通过阅读英国哲学家罗素、穆尔等人的著作，对于他们的逻辑理论也颇为欣赏，写了《论外界的实在》《谭理》《哲学思维论》等著作和文章，用逻辑分析方法对唯物辩证法进行阐释，认为逻辑分析方法与唯物辩证法是相辅相成的。张岱年将清代学术分为三种，即义理之学、考据之学和辞章之学。他更加注重研究义理之学和考据之学，认为宋明哲学中的气一元论哲学是中国哲学的宝贵财富，值得宣传与弘扬。他高度评价中国古代哲学中的唯物论传统和辩证法思想，试图将中国哲学中的唯物论与马克思主义辩证唯物论结合起来，在方法论上，他既强调分析，又主张综合，试图将分析与综合结合起来，实现分析与综合的统一。张岱年一生著述丰富，除上述著作外，还著有《周易与传统文化》《易传与中国文化优良传统》《论易大传的著作年代与哲学思想》，以及《知实论》《事理论》《品德论》《求真集》《玄儒评林》《文化与哲学》等。

唐君毅　（1909—1978年）现代学者、哲学家、哲学史家、现代新儒家的重要代表人物之一。四川宜宾人。唐君毅出身于书香门第，幼承庭训，接受过良好的旧式教育。年轻时，就读于中俄大学、北京大学、毕业于中央大学哲学系。早年颇受梁启超、梁漱溟、熊十力学术的影响，曾任教于华西大学、中央大学、金陵大学，担任过江南大学教务长。1949年到香港，与钱穆、张丕介等人创办新亚书院，并兼任教务长、哲学系主任等职。1958年与徐复观、牟宗三、张君劢联名发表现代新儒家的纲领性文章《为中国文化敬告世界人士宣言》。1963年香港中文大学成立，他受聘任该校首任文学院院长和哲学讲座教授，1967年任新亚研究所所长。

唐君毅一生驰骋于东西哲学领域中，为建立一个道德理想主义的人文世界而殚精竭虑，埋头笔耕，留下了数量惊人的著作，在当代中国哲学界几乎无人能够与之比肩。由于他的著作宏富，涉猎范围广，所关联的内容又极为博杂，故不易清晰划分，众说也不尽相同。根据他本人归纳总结，其著作可分为四类：第一类为"泛论人生文化道德理性之关键之著"，包括《人生之体验》《道德自我建立》《心物与人生》《文化意识与道德理性》等书；第二类为"评论中西文化，重建人文精神、人文学术，以疏通当前时代之社会政治问题之一般性问题"的合集，包括《人文精神之重建》《中国人文精神之发展》《中华人文与当今世界》《中国文化之精神价值》等书；第三类为"专论中国哲学史中之哲学问题，如心、理、性命、天道、人道之著"，此即著名的《中国哲学原论》，分为《导论篇》《原性篇》《原道篇》《原教篇》四部分；第四类为"表示个人对哲学信念之理解及对中西哲学之评论之著"，包括《哲学概论》《生命存在与心灵境界》等。此四类著作，在写作时间以及所涉及的内容方面，都相当集中，明显地构成了唐君毅思想发展的不同阶段和他一生著述的主要脉络。唐君毅的著作，除上述四类中的各部书外，还有《中西哲学思想之比较论文集》《爱情之福音》《青年与学问》《中国文化之花果飘零》以及《病里乾坤》等。

牟宗三

（1909—1995年）现代学者、哲学家、哲学史家、新儒家的重要代表人物之一。被誉为近现代中国最具"原创性"的"智者型"哲学家。字离中，山东省栖霞人。1928年考入国立北京大学预科，两年后升入哲学系，1933年毕业。先后任教于华西大学、中央大学、金陵大学、浙江大学，以讲授逻辑和西方文化为主。20世纪30年代，曾主编《历史与文化》《再生》杂志。1949年，赴台北师范学院与东海大学任教。1954年受聘为台湾地区教育部学术审议委员。1960年应聘至香港大学主讲中国哲学。1986年由香港大学转任香港中文大学新亚书院哲学系主任。1974年自香港中文大学退休，任教于新亚研究所。其后又任教于台湾大学、台湾师范大学、东海大学、中央大学。1984年荣受台湾地区行政院国家文化奖章。

牟宗三为新儒家代表人物。他认为现代新儒学的人物为"道统之肯定，即肯定道德宗教之价值，护住孔孟所开辟的人生宇宙之本源"。他独立翻译康德的三大批判，融合康德哲学与孔孟陆王的心学，以中国哲学与康德哲学互相诠解。牟宗三的思想受熊十力的影响很大，他不仅继承而且发展了熊十力的哲学思想，自言其为学经历了三个阶段：20世纪30年代至40年代为第一阶段，主要从事逻辑学、知识论和康德知性哲学研究；20世纪50年代为第二阶段，研究重心转移至中国历史文化及中国文化的出路问题；20世纪60年代为第三阶段，又转而从头梳解中国传统的儒、释、道三家之学，而尤重于宋明理学的研究。这以后，牟宗三较多地着力于哲学理论方面的专门研究，努力谋求儒家哲学与康德哲学的融通，并力图重建儒家"道德的形而上学"。其主要著作有《周易的自然哲学与道德涵义》《理则学》《道德的理想主义》《历史哲学》《中国哲学的特质》《名家与荀子》《生命的学问》《时代与感受》《心体与性体》《才性与玄理》《佛性与般若》《智的直觉与中国哲学》《现象与物自身》《圆善论》《名理论》《政道与治道》《康德的道德哲学》等。

艾思奇

（1910—1966年）现代哲学家、教育家、革命家。原名李生萱，云南腾冲人，蒙古族。1925年，艾思奇考入云南省立一中，开始接触马克思主义，与聂耳结为好友。早年留学日本。于1937年到延安，历任抗日军政大学主任教员、中央研究院文化思想研究室主任、中共中央文委秘书长、《解放日报》副总编辑等。新中国建立后，任中央高级党校哲学教研室主任、副校长、中国哲学会副会长、中国科学院哲学社会科学部学部委员。艾思奇长期从事理性主义哲学研究、宣传和教育工作，注意把理性主义哲学通俗化和大众化。积极与各种非理性主义哲学论战，在捍卫辩证唯物主义和历史唯物主义方面做出了突出贡献。1966年，他突发心脏病逝世，终年五十六岁。

艾思奇是中国最早使理性主义哲学大众化的人,他一生通过自己的不懈奋斗,努力将哲学变为群众手里的锐利武器。他认为,"理性主义不是教条,而是行动的指南",我们既不能把哲学理论当作死板的教条和可以到处硬套的公式,也不能认为"哲学无用",它作为科学的彻底批判性的世界观,不仅能认识和说明世界,更重要的是可以改造世界。他同时提出,学习、研究和应用科学世界观,不能离开历史观。因为在实践中,必然遇到社会历史问题,要遇到性质和战略、策略等问题,这些都要依靠正确历史观的指导,才能获得妥善解决。不仅如此,还需要努力学习精通理性主义的其他理论,如经济学、社会学等,才能做到真正精通理性主义哲学,做到善于具体应用,避免片面性、狭隘性和公式主义,正确指导革命斗争,最终获得胜利。他的重要著作《大众哲学》是较早地创造性地系统传播科学世界观基本原理的书籍,它是广大人民群众所接触的第一部比较完整的哲学教科书,极大地促进了理性主义哲学在中国的传播和中国理性主义哲学思想的形成和发展。这部著作首次把哲学从哲学家的课堂上和书本里解放出来,使其成为群众手中的尖锐武器。毛泽东说:"艾思奇是好哲学家,好就好在老实忠厚,诚心诚意做学问。"马洪说:"我学习革命的哲学,就是从读他的《大众哲学》入门的。艾思奇同志是我的启蒙老师。他的革命精神、治学态度是我终身学习的师表。"蒋介石到台湾以后,曾多次提出让大家学习《大众哲学》,说:我不是败给中共的军队,我是败给艾思奇先生的《大众哲学》。艾思奇还著有《哲学与生活》《辩证唯物主义刚要》《艾思奇文集》等。

韦千里

(1911—1988年)现代著名命理学家。浙江嘉兴人。复旦大学文学系毕业。韦千里少负奇才,年轻时就在上海挂牌算命,并开馆授徒。西安事变时期,宋美龄女士曾请其占卜六壬神课,所言多灵验。由此与年长于他的命理学大师袁树珊同享"南袁北韦"的大名。其一生著述颇丰。从二十二岁起,先后出版了《精选命理约言》《韦氏命学讲义》《千里命稿》《相法讲义》《命运答疑问》《呱呱集》等。1979年赴台北讲学,1987年在讲学时被踩伤,1988年病逝于香港。

黄寿祺

(1912—1990年)现代文学家、教育家、易学家。字之六,号六庵,自号巢孙,晚号六庵老人,学人尊称其黄老。福建省霞浦县小南区盐田人。黄寿祺幼承家学,早年求学并执教于北平的中国大学。新中国成立后,长期担任福建师范大学中文系主任。晚年担任福建师范大学副校长。历任中国古代文学硕士研究生导师、中国《周易》研究会顾问、中华诗词学会和中国韵文学会顾问,并拟任美国《易经》研究院院长。

黄寿祺一生酷爱《易经》,对于《易经》攻研最久,感悟极深。他曾以象数、义理为本干,深入考证《春秋》内、外传诸占例,究搜博采,进行精辟辨析。晚年又将《易传》中所引孔子之言与《论语》相对照,分析和研究孔子的教育思想。其易学著作甚丰,著有《六庵读易前录》四卷、《六庵读易续录》一卷、《周易要略》十卷、《嵩云草堂易话》二卷、《尚氏易要义》五卷、《历代易家考》五卷、《易学群书平议》七卷,论文有《论易学之门庭》《从易传看孔子的教育思想》等。

冯契

（1915—1995年）现代著名哲学家、哲学史家。原名冯宝麟,浙江诸暨人。

1935年,冯契考入清华大学哲学系,抗战爆发后,赴延安、河北等地参加抗日工作。1939年,前往西南联大复学,1941年毕业。他在清华研究院读研究生期间,曾从学于金岳霖、汤用彤、冯友兰等。离开西南联大后,任教于云南大学、同济大学、复旦大学等。并陆续在《哲学评论》《时与文》《展望》等杂志发表学术论文与杂文。冯契在中国哲学、西方哲学与马克思主义哲学方面的底蕴与造诣极深,他创造性地构建了中、西、马融合的"智慧说"哲学思想体系,深刻揭示了中国哲学精神的特点,其哲学创慧反映了时代精神,哲学成果提升了当代中国哲学的水准。

冯契在哲学研究中,以智慧的探索为中心,涉及中国哲学史、认识论、价值论、伦理学、美学、逻辑学等诸多领域。其代表作"智慧说三篇"(《认识世界和认识自己》《逻辑思维的辩证法》《人的自由和真善美》)和"中国哲学史两论"(《中国古代哲学的逻辑发展》《中国近代哲学的革命历程》)等,代表了20世纪八九十年代中国哲学与中国哲学史研究的最高水平。冯契运用历史与逻辑相统一及科学的比较方法,梳理了中国古代哲学演进的历史脉络以及其中的逻辑环节,对中国古代哲学的历史特点做了深入分析,并对认识论做了广义解释。他认为,中国哲学相对于西方哲学,较早地发展了辩证逻辑。每当中国达到总结阶段时,就有哲学家或逻辑学家对辩证思维的形式进行考察,提出辩证逻辑的原理。譬如在先秦哲学的总结阶段,《易传》《荀子》《内经》等就形成了初步的辩证逻辑系统,到了宋明时期,从沈括、张载到王夫之、黄宗羲,辩证逻辑又有了进一步的发展。冯契进一步指出,与辩证逻辑的发展相应,中国较早地发展了辩证法的自然观,这种自然观以气一元论为基础,将"道"理解为阴阳的对立统一。他的这一看法不同于所谓中国人"重人生轻自然,长于伦理而忽视逻辑"的流行之论。他还认为,广义的认识过程包括两个飞跃,即从无知到知的飞跃和从知到智慧的飞跃。从无知到知的过程发端于实践中获得的感觉,这种感觉或经验所涉及的只是名言之域,而认识并不仅限于经验领域,他同时指向性与天道,后者即是智慧之域。如果说认识论的前两个问题主要关联着经验知识,那么,智慧则更多地涉及认识论的后两个问题,即关于性与天道的认识。冯契认为,逻辑思维能够把握具体真理,即人能够在有限中认识无限,在相对中揭示绝对,而这一过程即表现为从知识到智慧的飞跃。冯契还主编了《辩证唯物主义和历史唯物主义》《哲学大辞典》《中国近代哲学史》等,现有十卷本的《冯契文集》传于世。

任继愈 (1916—2009年)现代著名哲学家、佛学家、历史学家。字又之,山东省平原人。任继愈1942年至1964年在北京大学哲学系任教,先后讲授中国哲学史、宋明理学、中国哲学问题、朱子哲学、华严宗研究、隋唐佛教和逻辑学等课程,同时在北京师范大学教授中国哲学史课程。1964年,负责筹建了国家第一个宗教研究机构——中国科学院世界宗教研究所,担任所长。从此,他更加专心致志地用唯物史观研究中国佛教史和中国哲学史。他曾多次在国外讲学并进行学术访问。1978年至2005年,担任国家图书馆馆长,其间,当选为国际欧亚科学院院士。2009年7月逝世,终年九十三岁。

任继愈把总结中国古代精神遗产作为一生的追求和使命,在用马克思主义总结中国古代哲学的工作中,他是做得最好的一位。其主要贡献有:①主编的《中国哲学史》(四卷本),成为国内大学哲学系的基本教材,培养了大批的哲学工作者。20世纪70年代后期,他又主编了《中国哲学发展史》(七卷本)。并发表了许多有价值的哲学与史学论文。②把对佛教哲学思想的研究作为研究中国哲学的组成部分。从20世纪50年代后,他连续发表了数篇研究佛教哲学的文章,受到高度重视。后来出版了《汉唐佛教思想论集》,成为新中国用马克思主义研究宗教问题的奠基之作。1964年,他奉毛泽东主席和周恩来总理之命,组建了世界宗教研究所,培养了一大批宗教研究人才。其间,他又主编了《中国佛教史》《中国道教史》《宗教大辞典》《佛教大辞典》等重要典籍。③提出了"儒教是教说",这一判断从根本上改变了学术界对中国传统文化性质的看法,是认识中国传统文化本来面貌的基础性理论建树。得到普遍的赞同。④领导了传统文化资料的整理工作。他先后主持了《中华大藏经(汉文部分)》的整理和编纂工作,全书共一百零六册,一亿零贰佰万字,主持编纂了《中华大典》,约七亿字。⑤他始终坚持以科学无神论为思想基础的马克思主义宗教观,用无神论思想批判形形色色的有神论,创办了以宣传无神论为宗旨的杂志《科学与无神论》,影响很大。除上述主要哲学和宗教学著作外,任继愈还著有《老子今译》《魏晋玄学中的社会政治思想略论》《范缜"神灭论"今译》《墨子》《老子新译》《老子全译》《佛教与东方文化》《墨子与墨家》《天人之际》《老子绎读》《竹影集》《任继愈禅学论集》《任继愈自选集》等。

饶宗颐 （1917—2018年）现代著名学者。享誉海内外的学界泰斗和书画大师。字固庵、伯濂、伯子，号选堂，广东潮安人。饶宗颐1949年到香港，1952年至1968年曾于新亚书院、香港大学任教，1968年至1973年被新加坡大学聘为中文系首任讲座教授兼系主任，其间兼任美国耶鲁大学研究院客座教授及台湾中央研究院历史语言研究所研究教授，1973年任香港中文大学中国语言及文学系讲座教授兼系主任，至1978年退休，之后在法国、日本以及中国内地、台湾及澳门周游讲学。

饶宗颐在当代中国汉学界享有崇高声望，当代国学家先后有钱锺书、季羡林与之并称，称"南饶北钱"或"南饶北季"。饶宗颐曾获多项奖誉、荣誉博士及名誉教授衔，包括法兰西学院儒林汉学特赏、法兰西学院外籍院士、巴黎亚洲学会荣誉会员、法国索邦高等研究院首位华人荣誉人文科学博士、中国国家文物局及甘肃省人民政府授予的敦煌文物保护和研究特别贡献奖、香港政府大紫荆勋章以及香港艺术发展局终身成就奖等。2011年，他被推选为西泠印社第七任社长，2013年，在上海展览中心举行的第五届世界中国学论坛上，他被授予"世界中国学贡献奖"，2014年9月，他获得首届"全球华人国学奖终身成就奖"。

饶宗颐在学术与艺术上的造诣均达到较高水平，他集学问与艺术于一身，其博洽周流、雅人深致的境界，成为当代罕有的国学名人。他在自己的文化世界中所具有的自信、自足、圆融、和谐的特点，对中国后来的文化艺术发展具有重要的启示作用。饶宗颐一生著述宏富，可分类为：敦煌学、甲骨学、词学、史学、目录学、楚辞学、考古学（含金石学）、书画八大门类，各种论著计五十余部，论文四百多篇。他喜爱《易经》，将《易经》视为东方的《圣经》。1974年，长沙马王堆出土了西汉帛书《周易》抄本，立即引起他的高度关注，凭着帛书的影印照片，写出了具有重要学术价值的《略论马王堆〈易经〉写本》一文，提出了六方面的研究成果。他指出马王堆帛书的卦序与现行本的卦序不同，出土帛书以"乾"为首，继之为"艮"（现行本则为乾、坤、震、巽、坎、离、艮、兑），他将其与"京氏易"八宫卦乾、坎、艮、震、巽、离、坤、兑的排序比较，认为马王堆写本开其先河，而现行本卦序与同时代燕人韩婴所传相同，与帛书本出于不同传本。他又将帛书本与汉代"中古文本"相比较，认为二者相近，充分肯定了帛书本的文献价值。他还将帛书本《周易》与西汉初年长沙贾谊的《新书》中的易说相比较，认为"墓中《易经》写本适当贾谊时代，谊在长沙所见之《易经》及传，当为此类，其时《系辞》与《说卦》尚未离析也"。他这种信手拈来即有所获的才能，令专家们叹服。说：饶宗颐对马王堆帛书并非全面研究，"但只要触角所及，莫不一针见血、入木三分，只有博学多才的通儒才能达到如此境地"。

南怀瑾　（1918—2012年）现代学者、诗文学家、佛学家、教育家、国学大师。浙江温州人。年轻时，南怀瑾曾在华西坝金陵大学研究社会福利学，并潜心于佛典。1943年，他结识了袁焕仙，遂成为忘年之交。当年，袁焕仙携南怀瑾赴渝礼请虚云老和尚回成都灵岩寺成立了维摩精舍弘法，南怀瑾追随左右，成为维摩精舍开山首座弟子，并潜心修道参禅。闭关三年后，南怀瑾前往四川、西康、西藏等地参访各派宗教，到处寻师，逐渐形成了对儒、释、道的独特见解。1949年，他随国民党迁至台湾，并受邀到台湾的多所大学、机关、社会团体讲学，后旅居美国、香港等地，晚年定居于苏州太湖大学堂。2012年9月因病逝世，终年九十五岁。

南怀瑾精通儒、释、道等多种典籍，全身心致力于中国传统文化的建设与传播。为推动中华文化复兴运动，他与钱穆、胡适、林语堂、牟宗三、唐君毅等人在台港两地往来演讲，阐述传统文化，并发起成立了中西精华协会。1977年，他在台湾成立了"老古出版社"，并开设"老古文化事业公司""十方书院"等文教机构，传扬文、史、哲、佛学说，努力提升民众文化教育水平。南怀瑾一生著述较多，其著作多以讲演后整理为主。其著有《论语别裁》《孟子旁通》《易经杂说》《易经系传别讲》《我说参同契》《原本大学微言》《老子他说》《庄子喃哗》《列子臆说》《圆觉经略说》《人生的起点与终点》《小言黄帝内经与生命科学》《禅与生命的认知初讲》等三十余部，其中，许多已被翻译成各种外国语言而流行于世界各地。

殷海光　（1919—1969年）现代哲学家、逻辑学家。原名殷福生，湖北黄冈团风县人。殷海光曾从师于著名哲学家、逻辑学家金岳霖先生。1942年，在西南联大哲学系毕业后，进入清华大学哲学研究所，专攻西方哲学。曾在金陵大学（原中央大学）任教。抗日战争爆发后，加入青年军。1949年到台湾，并进入台湾大学哲学系任教。在台湾，殷海光反极权、反暴政。蒋介石等人对他恨之入骨，动用党政军特对他进行长期而残酷的迫害。1969年，在悲愤中去世。殷海光虽然仅活了50岁，却留下了800多万字的著作，代表作品有《逻辑新引》《思想与方法》《中国文化的展望》等。

在几十年的治学生涯中，殷海光一直把介绍西方的形式逻辑和科学方法论到中国视为己任，他认为中国文化中认知因素极为缺乏，必须依靠西方实证论哲学的输入来补救。他努力钻研分析哲学与文化问题，并将自己学习的理论活用于批评工作。他不仅是一位思想敏锐的学问家，而且是一位傲骨嶙峋的批评家。他的文章尖锐深刻，语言流畅简练，逻辑性强，论据有力，至今也无人能够超越。他去世后，其培养的弟子有的成为20世纪七八十年代台湾反抗暴政的风云人物，有的成为知名哲学家、史学家，如李敖、柏杨、颜元叔、龙应台、司马文武等，都曾受到殷海光思想的巨大影响。从20

世纪 80 年代开始,大陆、台湾和香港先后掀起了殷海光著作的出版热,台湾出版了十八卷本的《殷海光全集》,香港出版了多卷本的殷海光著作,大陆多家出版社也先后出版了殷海光的《中国文化的展望》(上、下卷)、《殷海光文集》及十八卷本《殷海光全集》和两种《殷海光学术研讨会论文集》。在殷海光的家乡,湖北人民出版社还出版了《殷海光传》《殷海光与蒋介石》、四卷本《殷海光文集》。最近,台湾哲学家、台大哲学系教授刘福增先生捐巨资在南京大学设立了"殷海光逻辑奖学金"。另外,北京大学、清华大学、南京大学、复旦大学、南开大学、中山大学等数十所高校和社会科学研究机构,均有一批中青年学者正在专门研究殷海光的学术和思想。

汤一介

(1927—2014 年)现代著名哲学家、哲学史家、哲学教育家、国学大师。湖北省黄梅县人。1951 年毕业于北京大学哲学系。先后担任北京大学哲学系教授、博士生导师、中国哲学与文化研究所名誉所长、中央文史研究馆馆员、中国文化书院院长、中国哲学史学会顾问、中华孔子学会副会长、中国东方文化研究会副理事长、中国炎黄文化研究会副会长、国际价值与哲学研究会理事、国际儒学联合会顾问、国际道学联合会副主席、第十九届亚洲与北非研究会顾问等职。2003 年,汤一介担任《儒藏》编纂中心主任、首席专家。

汤一介继承其父,和父亲汤用彤共同搭建了魏晋玄学的理论构想,这是汤一介学术上的重要成就之一。他曾尝试从历史发展的总体上提示出中国哲学的概念、命题和理论体系。在《论中国传统哲学范畴诸问题》中,他提出了中国哲学的概念范畴问题,为中国哲学建构了一个范畴体系。在《论中国传统哲学中的真善美问题》中,他进一步提出中国哲学用以看待"真、善、美"的三个基本命题,即"天人合一"(讨论"真"的问题,即宇宙人生的根本问题)、"知行合一"(讨论"善"的问题,即做人的根本道理)、"情景合一"(讨论"美"的问题,即审美境界问题),而"知行合一"和"情景合一"这两个命题,是以"天人合一"为基础而对宇宙人生不同侧面的表述。在《再论中国传统哲学中的真善美问题》中,他把中国哲学中的三大哲学家与德国古典哲学的三大哲学家做了对比,借此说明老子、孔子、庄子对"真、善、美"认识的不同,同时也说明中国哲学与西方哲学在这一问题上的不同认识。他认为,由于中国哲学以"天人合一"为基础,因此无论是儒家、道家还是佛家,都是以"内在超越"为特征的哲学体系,这和西方哲学以"外在超越"为特征很不相同。因以"知行合一"来规范人的行为,使中国人大都有强烈的社会责任感和历史使命感,树立了"内圣外王"的理想观念,认为"圣人"(即道德高超的人)最宜于做"王"(最高统治者),这种政治哲学与西方哲学也大不相同。汤一介还深入论证了"和而不同"的观点,认为 21 世纪人类社会所面临的主要是"和平与发展",这就更需要调整好不同文明传统的国家与国家、民族与民族、地域与地域之间的关系,而中国古已有之的"和而不同"可以作为全球伦理的主要原则,在解决和平与发展上发挥作用。汤一介著有《中国儒学史》《中国哲学史与中国思想史》《略论王弼与魏晋玄学》《郭象与魏晋玄学》《早期道教史》《儒道释与内在超越问题》《魏晋南北朝时期的道教》《佛教与中国文化》《非实非虚集》《在非有非无之间》《和而不同》《生死》《中国传统文化中的儒道释》,还有《"河洛文化"小议》《关于建立〈周易〉解释学问题的探讨》《论"天人合一"》《儒家思想与生态问题——从"易,所以会天道、人道"说起》《儒学的和谐观念》等。

庞 朴

(1928—2015年)现代著名哲学家、中国哲学史专家、文化史专家、儒学泰斗。原名声禄,字若木,江苏淮阴人。1954年于中国人民大学哲学系研究生毕业后,一直在山东大学任教、曾任山东大学讲师和教授、《历史研究》主编、《中国社会科学》副总编辑、中国社会科学院研究员、山东大学特聘教授、博士生导师、联合国教科文卫组织《人类科学文化发展史》国际编委会中国代表、"国际简帛研究中心"主任等职。2010年,被山东大学评为终身教授。

庞朴先生的学术研究领域十分广泛,他在中国哲学史、思想史、文化史、古代天文历法以及出土文献等方面均有精到的研究。1982年,他率先发出"应该注意文化史"研究的时代性呼声,20世纪90年代后,他从文化现象入手,致力于中国辩证思想的研究,试图由此解读中华文化的密码。他从黄帝的传说开始,用黄帝的故事说混沌,用"伯乐相马"谈认识论,从"庖丁解牛"谈实践论,通过出土文物,如纺锤谈"玄"学,如此等等,最后归结为中国的辩证思维。他认为,中国式的思维方式,最重要的就是"圆融",在《易经》中叫作"圆而神"。儒家称之为中庸之道,中和之德;道家谓之得其环中,以应无穷。西方所谓的"否定之否定",差可比拟。这是中华智慧,也可以叫作"一分为三",这种三分法是中国思想文化的特色,是中国思维方法的精髓。庞朴在读史时还发现,在以太阳和太阴为授时星相以前,古代中国曾有很长一段时间以大火(心宿)为生产和生活的纪时根据。大火昏起东方之时,被认作一年之始;待到大火西流,则预示冬眠来临。此外如大火晨昏中天、火伏、晨见等,也都被作为从事相应活动的指示。他称这种纪时方法为"火历"。认为,天文史上不少费解的难题,如二十八宿的顺序何以逆反、太岁纪年法的旋转方向为何与日月五星相左、干支古代写法中为何有两个"子"字等等,都可以以火历来澄清。这一发现,在天文历法中颇有新意。庞朴的主要著作有《儒家辩证法研究》《稂莠集》《文化的民族性与时代性》《白马非马——中国名辩思潮》《一分为三——中国传统思想考释》等。他的易学著述有《周易古法与阴阳观念》《阴阳:道器之间》《原象》《"太一生水"说》《方以智的圆而神——〈东西均·所以〉篇简注》《相反与相因——方以智〈东西均·反因〉篇注释》《说"错综"》《阴阳五行探源》《〈五行篇〉评述》《五行漫说》《竹帛〈五行〉篇比较》等。

李泽厚 （1930— ）现代哲学家、思想家。湖南长沙宁乡县人。毕业于北京大学哲学系,毕业后就职于中国社会科学院。现为中国科学院哲学研究所研究员、巴黎国际哲学院院士、美国科罗拉多学院荣誉人文学博士,德国图宾根大学、美国密歇根大学、威斯康星大学等多所大学客座教授。李泽厚主要从事中国哲学、近代思想史和美学研究。

　　李泽厚的主要哲学思想,是他率先肯定了实践对审美主体和审美对象的主体地位,提出了"主体性实践哲学"这一观点,其中包括"积淀说""情本体""工具本体"等内容。"积淀说"是李泽厚美感论的基石。他认为,外在自然的人化使客体成为美的现实,内在自然的人化使主体获得美感。从外在自然的人化到内在自然的人化,这个过程就是"积淀"。在美感中,社会与自然、理性与感性、历史与现实、人类与个体具有真正的、内在的、全面的交融合一。李泽厚所提出的"情本体"概念,是他将美学的立足点转移到精神层面的表现。他说:"从程朱到王阳明到现代新儒家,讲的都是'理本体''性本体'。这种'本体'仍然是使人屈从于以权力控制为实质的知识—道德体系或结构之下。我以为,不是'性'('理'),而是'情';不是'性(理)本体',而是'情本体',不是道德的形而上学而是审美形而上学,才是今日改弦更张的方向。""工具本体"的提出与李泽厚对马克思主义历史唯物论的重新理解有关。他认为,人以使用—制造工具的社会劳动实践来获得生存并区别于其他动物,这是马克思主义唯心史观的核心部分,他只接受这个理论的核心部分,不赞成唯物史观的其他理论。他更强调阶级在矛盾斗争中的妥协、协调和合作,认为这是社会存在的常态和阶级关系的常态,尽管这种常态中充满着剥削和压迫、冲突和斗争、不公和残酷。他希望任何人在社会中都能活得有尊严,得到别人的尊重,不仅满足物质利益的需求,同时满足追求自由平等的精神需求。李泽厚的主要著作有《美的历程》《中国古代思想史论》《中国近代思想史论》《中国现代思想史论》《批判哲学的批判》《美学论集》《美学四讲》《李泽厚哲学美学文选》《世纪新梦》等。

李学勤 （1933— ）现代著名历史学家、古文字学家。北京人。李学勤自幼喜爱读书,1951年曾就读于清华大学哲学系,1952年夏离开清华,以临时工身份进入中国科学院考古研究所,辅助曾毅公、陈梦家编著《殷墟文字缀合》一书,从此涉入中国古代历史研究领域。他注重将传世文献与考古学、出土文献研究相结合,在甲骨学、青铜器、战国文字、简帛学以及与其相关的历史文化领域等众多领域,均有卓越建树。现担任清华大学出土文献研究与保护中心主任、教授,国际欧亚科学院院士、国务院学位委员会历史评议组组长、夏商周断代工程专家组组长、首席科学家,中国先秦史学会理事长,曾任英国剑桥大学、美国加州大学等多所外国名校的客座教授及国内多所高校的兼职教授。2013年获首届汉语人文学术写作终身成就奖,2014年获得首届"全球华人国学奖终身成就奖",2018年1月,被评为清华大学首批文科资深教授。

李学勤在同辈学者中以视野开阔、学识渊博、善于利用新发现及海外的考古资料、国外汉学研究成果和多学科结合治学而著称。他是第一个综合研究战国文字的人。他所提出的殷墟甲骨分期"非王卜辞说"与"两系说",虽引起争论,但最后终成定论。李泽厚称赞其为大陆学界第一人。在古文字学方面,由于其见识深邃,常被学者与裘锡圭先生并称为当世两大权威。李学勤著述丰硕,其主要著作有《周易溯源》《走出疑古时代》《夏商周年代学札记》《中国青铜器的奥秘》《东周与秦代文明》《马王堆汉墓帛书》《睡虎地秦墓竹简》《英国所藏甲骨集》《新出青铜器研究》《中国青铜器概说》《古文字学初探》《中国古代文明研究》《文物中的古文明》《清路集》《缀古集》《拥彗集》《四海寻珍》等。

方立天

(1933—)浙江永康人。北京大学哲学系毕业。历任中国人民大学哲学与宗教学教授、教育部人文社会科学重点研究基地中国人民大学佛教与宗教学理论研究所所长、中央文史馆馆员、中国宗教学会顾问、中国哲学史学会副会长、《中国哲学史》杂志主编、教育部人文社会科学研究专家咨询委员会委员、教育部古籍整理委员会委员、中国文化书院导师等职。主要从事中国佛教和中国哲学的教学与研究,尤其是在中国佛教思想史研究领域卓有建树。

半个多世纪以来,方立天躬耕于人大校园,相继开设了中国哲学史、中国古代哲学问题、佛典选读、佛教概论、佛教哲学、佛教与中国文化、魏晋玄学、隋唐佛学等课程,发表著作十七部,文章三百七十余篇,培养国内外博士和硕士研究生四十余名。方立天认为,心性和直觉是中国佛教哲学的两大要点。从思想文化的旨趣上看,儒释道都是生命哲学,都强调人要在生命中进行向内磨砺、完善心性修养,最终成圣成贤,这也是三教合流的思想基础。佛教作为一种外来文化,与中国传统文化有明显的差异,其融入中国文化的立足点就是心性学说。他对中国佛教的直觉现象予以高度重视,认为这是中国佛教哲学最富特色和价值的部分之一。他利用现代学术方法解析这一具有浓郁宗教色彩的实践方式,为科学地了解佛教的宗教实践开辟了研究途径。他认为,直觉思维方式并非为佛教所独有,中国传统的儒家和道家也拥有丰富的直觉思维资源,而且与佛教直觉是相同的。三者之间相互影响而各有特点,"中国佛教重视空观是区别于中国固有哲学直觉论的根本特点,而中国佛教重视把自心与真理、本体结合起来进行观照,以鲜明的圆融直觉思维,则是有别于印度佛教直觉论的主要特色所在"。他认为"有人在追求外在物质财富时,忽略了内在价值和精神生活。甚至在富裕舒适的生活中丧失了人性和价值。物质生活提升,精神生活下降;科学知识增多,道德素养欠缺……这是一种价值危机,它成为当今人类进步的重大障碍,也成了人类社会诸多问题的根源之一"。方立天著有《中国哲学研究》《中国古代哲学问题发展史》《中国佛教哲学要义》《中国佛教研究》《魏晋南北朝佛教论丛》《慧远及其佛学》《方立天文集》《法藏评传》等。

张立文

(1935—)现代著名哲学家、哲学史家。浙江温州人。1960年于中国人民大学历史系毕业并留校,在哲学系中国哲学史教研室任教。现任中国人民大学哲学院一级教授、哲学院博士生导师、中国人民大学孔子研究院院长、学术委员会主席,中国传统文化研究中心主任。兼任中国周易研究会副会长、国际儒学联合会顾问、国际易学研究会理事、国际退溪学会理事、日本东京大学客座研究员、中国炎黄文化研究会理事、中国文化书院导师等职。

张立文在其五十多年的学术和教学研究中,建构了中国哲学逻辑结构论、传统学、新人学的理论思维体系,率先建构了化解人类所共同面临的五大冲突(人与自然、社会、人际、心灵、文明)和五大危机(生态、社会、道德、精神、价值)的和合学哲学体系,培养硕士生、博士生、博士后、访问学者、进修生近百名。张立文著述宏富,主要专著有《周易思想研究》《周易帛书今注今译》《宋明理学研究》《宋明理学逻辑结构的演化》《朱熹思想研究》《朱熹评传》《心学之路——陆九渊思想研究》《正学与开新——王船山思想研究》《朱熹与退溪思想比较研究》《退溪哲学入门》《李退溪思想研究》《中国哲学逻辑结构论》《传统学引论》《新人学导论》《和合学——21世纪文化战略的构想》《中国哲学范畴发展史》(天道篇、人道篇)、《中国近代新学的展开》《和合与东亚意识》《中国和合文化导论》《和合哲学论》《自己讲、讲自己——中国哲学的重建与传统现代的度越》《张立文文集》38辑等。他还与其他学者共同编著有《中国学术通史》《中外儒学比较研究》《道》《理》《心》《性》《天》《变》《气》《退溪书节要》《东亚哲学与21世纪丛书》计四十余本。其著作多次获北京市、教育部、国家社会科学基金优秀成果奖和国际退溪学学术奖。名字被收入国内名人录及英国剑桥、美国、印度等国的名人录。

成中英 （1935— ）现代著名哲学家、教育家。美籍华人，生于江苏南京。成中英早年从师于一代哲学宗师方东美先生，1955年毕业于台湾大学外文系，1958年获华盛顿大学哲学与逻辑学硕士学位，1963年获哈佛大学哲学博士学位。他终生热衷于中国儒学文化的研究和探索，致力于将中国哲学介绍到西方世界。20世纪70年代曾担任台湾大学哲学系教授兼主任，自1983年起，开始执教于美国夏威夷大学哲学系，同时兼任多所大学的客座教授。他是《中国哲学季刊》的创立者和主编、国际中国哲学学会、国际易经学会、中国哲学高级研究中心、远东高级研究学院等国际性学术组织的创立者和主席，国际中国管理和现代伦理文教基金会的奠基人。他创立了美国国际东西方大学并兼校董会总监并任校长，东西方文化中心传播研究所高级顾问，美国耶鲁大学哲学客座教授、美国纽约市立大学客座哲学教授，日本国际基督教大学客座教授，台湾大学哲学系主任兼哲学研究所所长，中国人民大学客座教授，北京大学哲学系客座教授，西安交通大学客座教授，上海师范大学兼职教授、博士生导师等。

成中英在全球积极推进中国哲学现代化与世界化。他运用逻辑分析与本体诠释的方法重建中国哲学，开创了当代中国哲学与中西比较哲学研究的新途径，促进了中西哲学的深入交流。他对中国易学哲学与儒家哲学的研究做出了卓越贡献。在其他领域，如中西语言哲学、本体学、本体诠释学、整体伦理学、康德研究等方面也多有建树。成中英还是当代中国管理哲学的开创者，其所著《c理论：中国管理哲学》，创导动态和谐辩证管理，为综合创新中国管理哲学奠定了基础。成中英著有《易学本体论》《周易策略与经营管理》《中国哲学与中国文化》《科学真理与人类价值》《归纳法理论研究》《戴震原善研究》《中西哲学精神》《知识与价值》《合外内之道：儒家哲学论》《创造和谐》《本体与诠释》《当代中国哲学》《中国文化的新定位》等，他还发表了近百篇哲学与其他学术论文。

陈鼓应 （1935— ）福建长汀人。1949年随父母赴台湾，1956—1963年先后就读于台湾大学哲学系及哲学研究所，师从著名哲学家方东美、殷海光。1973年，因参与台湾大学校园内的保钓运动，发表时论，被当局解聘，引发了长达两年左右的著名"台大哲学系事件"。1979年离台赴美，任美国加州大学柏克莱校区研究员，1984年到北京大学任职。1997年，台湾大学为其平反，他再次回到台大任教，直至退休。2010年起，受聘为北京大学哲学系"人文讲座教授"。

陈鼓应是享誉国际的道家文化学者。他撰写的《老子注释及评介》《庄子今注今译》已行销四十余年,成为研习老庄的经典读本。他提出了《易传》哲学思想属于道家的观点,一反两千年来《易传》思想属于儒家的旧说;他主张的"中国哲学道家主干说",影响日益广泛。他主编了《道家文化研究》学刊,还著有《老子今注今译》《庄子哲学》《老庄新论》《黄帝四经今注今译》《周易注释与研究》《易传与道家思想》《道家易学建构》《管子四编诠释》以及《悲剧哲学家尼采》《尼采新论》《存在主义》《耶稣新画像》等书。他退休后仍在台大哲学系及文化大学兼课。2003年起在国立高雄师范大学经学研究所主讲《道家思想研究》科目。《道家的人文精神》获全球华人国学大典"子部学奖"。

邵伟华

（1936— ）现代易学家、命理学家。湖北鄂州人。其幼年生活在湖北咸宁市,青中年落户于西安,晚年定居于深圳。其从事过工、农、商、兵,当过干部,致力于易学、相学、四柱、建筑风水等方面的研究,并有独到见解。1987年起分别出席了国际和全国《周易》学术研讨会,发表了许多著作和论文,活跃于国内外易学界。

邵伟华是享誉世界的著名预测学专家,他在学术上的主要贡献是:敢置生死于不顾,勇闯易学禁区,继承、捍卫、弘扬我国的易学事业;努力把易学应用于现代科学,为国家的经济建设服务;敢于发明创造,易学科研成果显著,1999年以来,已荣获国家四项专利成果;经过近二十年的研究,他以大量命理实例证明了四柱预测学是破译人类生物遗传基因的标志,为中国古代科学以其独特的预测方法与世界先进的科学接轨做出了重要贡献。他还制定了易学工作者的道德规范,明确提出易学的根本任务是全面提高中华民族和全人类的文明素质。邵伟华著有《周易与预测学》《周易预测例题解》《四柱预测学》《周易预测学讲义》《流年运程》等。

刘大均

（1943— ）现代哲学家、易学家。山东邹平人。现任中央文史研究馆馆员,中国周易学会会长,教育部人文社会科学重点研究基地山东大学易学与中国古代哲学研究中心主任,山东大学终身教授、博士生导师,《周易研究》主编。刘大均天资聪明,学习成绩优秀,1961年高中毕业后曾连续三年报考山东大学,皆因家庭问题而未能如愿,于是下决心走自学成才之路。他遵照外公的盼咐,白天干临时工,晚间攻读外公留下的易学书籍,背诵六十四卦以及《系辞传》等,写下了几十万字的读书笔记。1978年,他的第一篇文章《读史释易》在《中国哲学》上发表,时任中国科学院院长的胡乔木看了这篇文章,破格向山东大学推荐这位没有大学文凭的社会学者,经过几轮考核,他终于进入山东大学,成为一名专门的哲学和易学的研究者。经过数十年的研究和探讨,他对易学中许多重大疑难问题提出了新的重要见解,形成了象数和义理兼顾的易学研究路数。

刘大均在易学上的主要贡献是:①在山东大学首倡建立了"周易研究中心",在中国建立了"易经研究学会""易经学社",创办了中国学术史上第一份易学研究专刊《周易研究》,发行二十八个国家和地区,夯实了我国易学研究和发展的基地。②积极推进与台湾的易学研究对话,第一个揭开了同根同祖远在海峡对岸易学同仁的大门。③加强了易学与现代科学的结合与研究,推动易学走向世界,走向未来。夏威夷大学教授成中英先生曾赞誉其为"推动当今大陆易学研究迈出重大里程碑的人"。刘大均主要著有《周易概论》《周易古经白话解》《周易传文白话解》《周易全译》《周易讲座》《纳甲筮法》《今、帛、竹书〈周易〉综考》等,他还主编了《大易集成》《大易集要》《大易集述》《象数易学研究》一、二、三辑。

黎 鸣 (1944—)现代哲学家、作家。号称"思想狂徒""哲学乌鸦",江西南昌人。1961年毕业于江西大学物理系,后进入中国科技大学研究生院控制论与系统工程专业。长期进行逻辑学、控制论、文化人类学等方面的研究。

黎鸣最重要的学术贡献是,把哲学的基础从二元论转化为三元论。他认为,人生追求的终极目标是智慧。因为在人类历史中,只有智慧,才真正是永垂不朽的;除此之外,无论权力、金钱、名望,都会随着肉体一道速朽。他说,人生智慧有三:一是坚定地信仰真理;二是顽强地求知善;三是敦厚地仁爱美。无论任何人,只要遵循这条"坚定""顽强""敦厚"的人生之道,就不至于"白活",才可能真正上承祖先,下启后人,才可能真正提升和光大中华民族,并最终有利于整个人类世界建立文明社会。黎鸣著有《信息哲学论》《中国的危机》《人性与命运》《人生的求索》《人类的新生》《人性的外衣》《影响世界历史的三个犹太人——千年的三个天才——马克思、弗洛伊德、爱因斯坦评传》《中国人性分析报告》《中国人为什么这么"愚蠢"》《西方哲学死了》等。其中,《中国人为什么这么"愚蠢"》《西方哲学死了》等著作曾连续引发哲学界的深刻讨论。

赵汀阳 (1961—)当代哲学家。广东汕头人。研究领域为哲学、伦理学、政治哲学、美学。涉及精神政治的秘密、共在存在论;从我思到我行,个人、个人主义及其困境,政治哲学的反思等等。他在方法论、伦理学和政治哲学方面多有理论创新,其"可能生活"理论和"无立场分析方法"为现今知名理论。赵汀阳现任中国科学院哲学研究所研究员、中国社会科学院互动知识中心主任,兼任首都师范大学哲学系北京讲座教授、清华大学伦理和宗教中心客座研究员、北京大学应用伦理学中心客座研究员、东北师范大学历史文化学院客座教授、浙江大学和河南大学哲学系客座教授、欧盟国际跨文化研究院学术委员会常委、中国项目主任、联合国教科文"哲学日"中国项目主持,法国"跨文化关键词大百科全书"学术常委、中国部分策划人,法国哲学世界协会中国分会副主任等职。赵汀阳著述颇丰,著有《哲学的危机》《论可能生活》《一个或有问题》《画说哲学:思想之剑》《直观》《长话短说》《没有世界观的世界》《观念图志》《天下体系:世界制度哲学导论——今日思想丛书》《坏世界研究:作为第一哲学的政治哲学》《每个人的政治》《思维迷宫(爱智书系)》《美学和未来的美学》《哲学的元性质》《〈老子〉的解释问题》《儒家政治的伦理学转向》《本体论的困难》《新概念本体论》等。

梁之永 (1964—)当代哲学家、书法家、作家。别名梁缺、梁咏,广东罗定人。大学本科学历,其有志于学,称求学时,"生虽无华裳,心却存万卷";工作后,不为名利累,读书乐其中。从"学而知—知而思—思而行"的人生演绎中,逐步实现"仰望—求索—无痕"的境界超越。

梁之永认为:"恶道谓穷,善道谓通。是故小人道穷,君子道通""穷通何须问,得失自有因。若知玄中数,天理始为真"。他系统地总结了"天人十大辩证关系",提出了"天人互善""天人互泰""理性时空""窓命守道"等哲学命题,在国内有较大影响。梁之永的主要代表作品为《穷通刍论》,该书以"观天察地论人事,立身处世明哲义"为主题主线,彰善瘅恶、激浊扬清,集思想性、理论性、实践性、实用性、创新性、教益性、启迪性为一体,充满正能量,堪称"智慧的心灯"。此作出版后,被国内许多主流媒体宣传报道。梁之永还著有《仰望》《期盼》《求索》《无痕》《中国人的天命观》《桑梓集序》《梁之永书法选》等。

许向东 (1966—)当代学者、哲学家。甘肃陇西县人。1999年在郑州大学新闻系读硕士,2002年进入中国人民大学新闻学院攻读博士。现任中国人民大学新闻学院副教授、新闻系副主任、中国人民大学非营利组织研究所研究员。许向东通晓医道、喜欢音乐和书法,专心于社会科学理论的学习和研究,并富有成果。

许向东通过编著《自我论》创立了自我论哲学原理。认为物质一旦产生,就伴随产生了物质保持其存在形式和状态的倾向,这就是物质的自我。惯性是物质自我最简单最单纯最直接的表现形式,随着物质内部组织结构的复杂化,物质自我的表现形式也复杂化了。他还通过编著《太空相对论》创立了太空相对论学说。认为在太空的星际之间真空不是绝对的,而是相对的。在不同的相对真空之间存在着相对高压区和相对低压区,在高压区会自然而然地对天体产生向低压区推动的力,就像地球陆地上的龙卷风和大海里的海浪旋涡一样,造成了天体向低压区中心的运动。这样就造成同银河系相类似的旋涡状天体。他还以太空相对论为基础,提出了地球空心说、无水生命假说。认为地球的内部不是实心的,由于内部温度过高,同时在地球绕太阳运动的离心力作用下,产生了《易经》太极图中阴阳鱼的效果。地球上的生命也不是因为有水和氧气的原因而形成的,而是物质以自我为内在动力,由低级到高级,由简单到复杂不断变化而形成的。物质这种内在的保持自身存在状态的趋向,使物质的结构和自我保护的形式和手段越来越复杂,从而形成了地球上的生命物质。在其他星球上,只要存在物质三态变化的环境,即有气态、液态和固态的变化,就有可能形成生命物质。所以随着地球人的发展,所面临的星际空间的挑战是多方面的。他还将自我论思想理论同医学相结合,进行探讨和研究,在医学研究中找到了一个新的突破口。许向东的主要著作有《自我论》《太空相对论》《微子论》《灵魂的研究》《如何认识传统文化》《从儒学思想谈精神文明建设》《人生劳动金钱》《义与利》等。

图书在版编目(CIP)数据

中国历代易学家与哲学家/白卓然,张漫凌编撰.—哈尔滨：黑龙江人民出版社,2018.7（2020.6 重印）
ISBN 978-7-207-11453-2

Ⅰ.①中… Ⅱ.①白… ②张… Ⅲ.①哲学家—列传—中国 Ⅳ.①K825.1

中国版本图书馆 CIP 数据核字(2018)第 184489 号

责任编辑：李　珊　杨晓娟
封面设计：白　晔　王　锐

中国历代易学家与哲学家

白卓然　张漫凌　编撰

出版发行：黑龙江人民出版社
地　址：哈尔滨市南岗区宣庆小区 1 号楼
邮　编：150008
网　址：www.longpress.com
电子邮箱：hljrmcbs@yeah.net
印　刷：北京一鑫印务有限责任公司
开　本：787×1092　1/16
印　张：20
字　数：380 千字
版　次：2018 年 7 月第 1 版　2020 年 6 月第 2 次印刷
书　号：ISBN 978-7-207-11453-2
定　价：96.00 元
版权所有　侵权必究　　　举报电话：(0451) 82308054
法律顾问：北京市大成律师事务所哈尔滨分所律师赵学利、赵景波